동아시아 문명교류사 2

동아시아 청동기문화의 교류와 국가형성

동아시아 문명교류사 2
동아시아 청동기문화의 교류와 국가형성

김정열, 오강원, 이청규, 최몽룡, 심재훈, 미야자토 오사무,
니콜라이 아나톨리예비치 보코벤코, 디마자브 에르덴바타르

단국대학교 동양학연구원 엮음

학연문화사

- 동아시아 문명교류사 2 -
동아시아 청동기문화의 교류와 국가형성

2012년 10월 31일 초판 1쇄 인쇄
2012년 10월 31일 초판 1쇄 발행

글쓴이 · 김정열, 오강원, 이청규, 최몽룡, 심재훈, 미야자토 오사무,
       니콜라이 아나톨리에비치 보코벤코, 디마자브 에르덴바타르
엮은이 · 단국대학교 동양학연구원
펴낸이 · 권혁재

편집 · 조혜진
출력 · 엘렉스출력센터
인쇄 · 한영인쇄

펴낸곳 · 학연문화사
등록 · 1988년 2월 26일 제2-501호
주소 · 서울시 금천구 가산동 371-28 우림라이온스밸리 B동 712호
전화 · 02-2026-0541~4 | 팩스 · 02-2026-0547
E-mail · hak7891@chollian.net

책값은 뒤표지에 있습니다.
잘못된 책은 바꾸어 드립니다.

ISBN 978-89-5508-287-6 94910

  * 이 책은 2011년도 '동양학국제학술회의'의 성과를 정리한 것이며
    동북아역사재단의 출판지원에 의해 간행되었다.

간행사

　단국대학교 東洋學硏究院은 1970년 설립된 이래 한국문화를 중심으로 동아시아의 역사와 전통문화에 관한 다양하고 깊이 있는 연구 성과들을 쌓아왔다. 그동안 희귀자료를 발굴 정리한 〈동양학총서〉와 전문 학술지인 『東洋學』을 매년 발간하였으며, 30여 년 동안 심혈을 기울여 세계최대의 한문 사전인 『漢韓大辭典』(16권)을 완간하여 동아시아 인문학 연구의 새로운 지평을 열었다.
　이러한 성과를 바탕으로 동양학연구원은 2010년 개원 40주년을 맞이하여 그동안의 학술성과를 정리하고 동아시아 인문학의 발전을 위해 '동아시아의 문명교류'라는 새로운 국제학술회의를 기획 개최하게 되었다. 최근 동아시아는 활발한 교류를 통해 보다 가까운 사이가 되어가는 반면 '동북공정' 등 自國史 중심의 폐쇄적인 연구 경향도 나타나고 있으며, 이는 영토 분쟁 등 국가와 민족 간의 갈등을 초래하게 되었다. 이를 해소하기 위해서는 갈등과 대립보다는 동아시아 연구자들의 상호이해와 연구증진을 위한 공동의 장이 자주 마련될 필요가 있다. 이러한 의미에서 새롭게 시작하는 '동양학국제학술회의'는 객관적이고 균형 잡힌 시각에서 동아시아를 바라보는 학문적 효과를 얻는 동시에 동아시아 주변국들 간에 화해와 교류를 위한 초석이 될 것으로 기대된다.
　그 첫 번째 학술회의는 2010년 10월 〈동아시아 문명의 기원과 교류〉라는 주제로 중국, 일본, 러시아, 몽골 등의 해외석학들과 국내의 관련 저명학자들이 참석하여 북방초원지역, 요서, 요동, 송눈 평원, 연해주, 한반도, 일본열도 등으로 구분하여 각 지역의 문명 기원과 주변지역과의 교류 관계에 대한 발제와 토론이 이루어졌으며, 그 연구 결과는 『동아시아문명교류사1-동북아시아의 문명기원과 교류』로 간행된바 있다. 올해 간행하게 된 『동아시아문명교류사Ⅱ 동아시아 청동기문화의 교류와 국가형성』은 지난 2011년 11월 11일 단국대에서 열린 제 41회 '동양학 국제학술회의-동아시아 문명교류2'를 정리한 것이다. 두 번째 학술회의에는 한국, 일본, 몽골, 러시아의 학자가 참여하였으며, 한반도를 둘러싼 동아시아 제 지역의 청동기문화의 발생과 교류현상 및 이를 바탕으로 한 국가형성에 관한 8편의 글이 발표되었다. 여기에서 한반도는 물론 시베리아의 미누신스크 지역으로부터 몽골초원지역, 중국의 황하유역과 요서 및 요동, 일본열도의 청동기문화의 양상과 주변지역과의 교류 현상이 체계적으로 검토되었으며, 이를 통하여 동아시아 청동기문화의 교류현상은 물론 한국을 비롯한 동아시아 여러 민족의 국가형성 계기가 밝혀지게 되었다.

이 책은 학술회의의 성과를 정리 보완한 것으로 "한국과 동북아의 청동기문화와 복합사회", "동아시아 청동기 문화의 교류와 국가형성", "북방 초원 지역의 청동기 문화"로 구성되어 있다.

첫 번째 '한국과 동북아의 청동기문화와 복합사회' 편에는 김정렬의 〈遼西 지역의 청동기문화와 복합사회의 전개〉, 오강원의 〈동북아시아 속의 한국 청동기문화권과 복합사회의 출현〉, 이청규의 〈동북아지역에서의 多鈕鏡 副葬墓의 전개〉 등 3편의 글을 실었다.

김정렬은 요서지역의 청동기문화를 하가점하층문화(夏家店下層文化), 위영자문화(魏營子文化), 하가점상층문화(夏家店上層文化), 십이대영자문화(十二臺營子文化)로 나누어 체계적으로 고찰함으로써 한반도 청동기문화의 원류와 그 영향을 알아보았다.

그에 따르면 요서 지역은 기원전 2000년경에 이르러 청동기시대에 접어든 후 다양한 유형의 청동기문화가 성립·발전되어 갔으며, 생산력의 증대에서 말미암은 분업화, 계층화로 그 사회 구조에 질적인 변화가 일어났다고 한다. 특히 이 지역의 청동기문화는 한국 청동기문화의 성립과 발전에 직접 관련되어 있으며, 그것은 고조선의 성립과 발전 문제를 해결할 수 있는 단서를 제공할 가능성도 있다고 보았다.

하가점하층문화 시기에 요서 지역은 취락과 인구의 증가가 이루어지고 다수의 취락이 군집을 이루며 계층적 질서로 조직되는 단계에 도달해 있었으나, 계층 사이의 격차는 크지 않았으며, 권력은 공동체에서 탈피할 정도로 고도화되지 않았다. 위영자문화의 경우도 청동예기의 매장구덩이로 보아 중원지역의 정치집단과 일정한 갈등관계를 구축하고 있었으며, 상당한 권력을 갖춘 수장(首長)이 존재하였음을 알 수 있으나 수장층은 청동예기를 집단적인 목적 하에 소비한 만큼, 아직까지 공동체의 규제에서 탈피하지 못하는 수준의 권력을 장악하는 데 머물러 있었다고 보았다.

하가점하층문화의 소멸 이후 약 500년의 세월이 지나 하가점상층문화라는 새로운 유형의 청동기문화가 발생하여 번영하였는데, 석성 등의 대형 유적은 아직 확인되지 않지만, 인구 규모는 하층문화와 견주어 크게 손색이 없고, 사회 내의 기능적인 분업도 상당한 수준에 이르렀으며, 청동기로 구성된 부장품의 규모도 보아 더욱 강력한 지배계층이 출현하였음을 알 수 있다. 이것은 이 시기 수장층이 장악한 권력이 고도화되었음을 의미한다. 노로아호산 이동 대능하 지역에서는 십이대영자문화가 위영자문화의 뒤를 이어 성장했다. 십이대영자문화권의 대형무덤에서는 선행한 위영자문화와는 달리 최고 수준의 귀중품이 수장 개인의 부장품으로 매납되었다는 점으로 보아 그 수장층이 상당한 정도의 부와 권력을 집중하고 있었으며 일정 규모의 복합사회가 존재하고 있었음을 알 수 있다고 하였다.

오강원은 한국의 청동기문화를 지석묘·석관묘·석곽묘와 비파형동검·세형동검·다뉴기하문경·선형동부 등을 공유하는 지역문화권으로 규정하고 요서와 요동, 길림, 한반도에 걸쳐 검토하는 동시에 군장사회로 대표되는 복합사회 출현 시기를 검토하였다.

그에 따르면 한국 청동기문화는 선사·고대 중국문화권에 대비되는 북방문화권에 포괄될 수 있으나, 그 가운데에서도 지석묘·석관묘·석곽묘(묘제), 비파형동검·세형동검·비파형동모·다뉴기하문경·선형동부(청동기), 발형토기·정가와자형호(흑색마광장경호)(토기) 등을 공유하고 있는 매우 특색 있는 지역문화권으로서 그 공간적 범위는 지금의 한반도·요령성·길림성 중부·연변조선족자치주·연해주 남부로 규정하였다.

한국 청동기문화권 내에도 가장 먼저 군장사회 단계의 복합사회에 진입한 것은 대릉하 유역의 십이대영자문화로 기원전 8세기에 사회적 위계화, 전문적인 수공업, 군장을 상징으로 하는 엘리트 계층이 모두 출현한 복합사회였다. 기타 지역에서 군장사회에 진입한 것은 기원전 6~5세기 십이대영자문화의 요동 지역으로의 확산에 따라 형성된 심양 일대의 정가와자유형이다. 정가와자유형의 사회문화적 영향력은 상당하였던 것으로 여겨지는데, 정가와자유형의 출현과 동시에 요동 남부의 쌍방유형이 해체되기 시작하여 이 지역의 묘제가 지석묘제에서 토광묘와 석곽묘로 전환되었고, 요동 지역의 토착 유형들이 새로운 성격의 유형으로 전환되었으며, 요동을 비롯한 주변 지역의 비파형동검 등의 청동기가 요서 양식으로 대체된다. 한편 정가와자유형의 존속 기간 동안, 즉 기원전 5~4세기 무렵에는 길림시 등지의 서단산문화 집단 또한 군장사회로 발전한다.

한반도는 송국리유형의 후기를 고려할 수 있는데, 확실한 것은 남성리유형기에는 군장사회에 진입한다고 보았다.

이청규는 종교의기이자 무구(巫具)로서 제사장들이 보유했던 청동거울, 그 가운데서도 다뉴경(多鈕鏡)이 부장된 무덤들의 역사문화적 의미를 고찰하여 동북아시아의 국가형성의 계기를 밝히고자 하였다. 그에 따르면 다뉴경은 대릉하유역에서 한반도를 거쳐 일본 구주(九州)지역에 이르는 범 십이대영자문화권을 나타내는 유물이며, 다뉴경 부장묘는 이 문화권에 속한 고조선, 부여, 한 왜의 범주에 속하는 소국(小國)들의 수장들의 무덤으로서, 다뉴경 뿐 만 아니라 다른 청동기 및 토기부장품들이 부장되어 있는데, 이는 당시의 chiefdom 사회의 수장들을 중심으로 한 정치상황 뿐만 아니라 범 대영자문화권 내의 기술교류를 반영한다고 한다.

다뉴경은 중국 동북지역에서 한반도와 일본열도에 걸쳐 당시 엘리트들이 제사장(祭司長)의 신분과 지위를 과시하는 위세품(威勢品)인데, 전파과정에 따라 대릉하지역의 A형, 요동과 길림지역의 B형, 한반도 서남부와 일본 구주지역의 C형 다뉴경으로 발전되어갔다고 한다. A형으로부터 B형 다뉴경의 등장은 연(燕)나라의 동진으로 고조선의 강역이 이동한 것에 기인하며, C형은 중국 동북지역에서는 발견되지 않고 한반도 서북한과 서남한 지역, 일본 구주(九州)지역에서 발견되는데, 이는 다뉴경(多鈕鏡)을 최고 위세품(威勢品)으로 채용하는 계층이 상위급 수장(首長)에서 차상급 이하의 엘리트로 내려갔음과 일본 구주 지역의 소국들이 한반도 서남부지역의 마한지역(馬韓地域)과 교류하고 있었음을 보여준다고 한다.

두 번째 '동아시아의 청동기문화와 국가 형성' 편에는 최몽룡의 〈청동기·철기시대와 한국문화〉, 심재훈의〈서주 청동예기를 통해 본 중심과 주변, 그 정치 문화적 함의〉, 宮里 修의〈일본열도의 청동기와 국가형성〉등 3편의 글을 실었다.

　최몽룡은 세계 문명사에서 청동기문화가 갖는 의미와 흐름을 조망하는 동시에 최근에 조사된 청동기 유적들의 사례를 통해서 한국 청동기 문화의 발전과정을 설명하였다. 그에 따르면 최근의 발굴조사에 의해 한반도의 청동기시대의 시작이 만주지역과 비슷한 기원전 2000년~기원전 1500년을 오를 가능성이 한층 높아졌음을 지적하여 주목된다. 그 시기에 대해 신석기시대와 청동기시대 조기(早期)인들이 약 500년간 공존하면서 신석기인들이 내륙으로 들어와 농사를 짓거나 즐문토기의 태토나 기형에 무문토기의 특징이 가미되는 또는 그 반대의 문화적 복합양상이 나타기도 하는데 이는 통혼권(通婚圈)(intermarrige circle, marriage ties or links)과 통상권(通商圈)(interaction shpere)의 결과에 기인한다고 하였다. 지석묘와 석관묘 등 청동기 시대의 묘제를 검토하고 지석묘가 만들어진 년대는 기원전 1500~기원전 400년으로 보았으며, 석상분 계통은 시베리아의 안드로노프 문화와의 상관성을 지적하였다. 다만 고조선의 국가형성시기를 청동기시대가 아닌 철기시대에 진입한 위만조선으로 보는 것은 재고의 여지가 있다.

　심재훈은 중국 서주(西周)시대 청동기문화와 주변에의 영향을 검토하고, 청동기를 통한 서주 중기의 '예제혁명'에 주목하였다. 그는 서주 시대 중국 전역에서 제작된 청동예기의 발전 양상을 네 가지 공간의 층차 속에서 분류하였다. 우선 왕기(王畿)지역 출토 청동예기들을 토대로 서주

시대의 표준을 설정하고, 중후기의 의례개혁에 초점을 맞추어 그 변천 양상을 살펴보았다. 그 다음에는 진국(晉國)과 응국(應國)을 중심으로 분석한 봉국(封國) 청동예기의 발전 양상을 살펴보았는데, 서주 왕실의 그것과 거의 일치하여, 왕기와 봉국들 사이의 문화적 일체성을 확인할 수 있었다고 한다. 반면에 괴(乖)와 악(噩), 강(彊)를 비롯한 주(周)에 복속과 이반을 반복한 주변 정치체들의 청동예기는 대체로 주의 그것을 따랐지만, 명문이나 기물의 양식에서 토착성이 두드러질 뿐만 아니라 의례개혁의 양상도 나타나지 않아 주에의 미숙한 동화와 독자성을 추구한 흔적이 동시에 드러난다고 하였다. 이방 지역에도 주의 청동예기들이 산발적으로 유입된 흔적이 나타나지만, 이들 지역 귀족들의 주식(周式) 예제에의 동화 의지를 추정해내기는 어렵다. 따라서 주식의 예제가 구현된 청동예기의 수용 여부가 동주(東周)시대부터 개념화된 화이(華夷)의 구분에 일조했을 것이라고 하였다.

미야자또는 한반도로부터 들어온 일본의 청동기문화를 검토하고 야요이문화를 중심으로 국가형성의 단계를 살펴보았다. 그에 따르면 일본 국가형성사 연구는 고대(7세기), 고분시대(5세기), 야요이시대(3세기)를 획기로 다루어 왔으며, 그 중에서 야요이시대는 시역 통합이 긴건되고 권력자가 대두한 시대였는데, 당시의 청동제기를 대표하는 동모와 동탁이 본래의 실용적 도구로서의 기능을 상실하고 점차 제기로 특화되어 각각 단계적으로 배타적 제사권을 형성하였으며, 이것이 야요이시대 지역 사회의 통합과 연동되고 확대한 지역 사회를 연결시키는 상징으로 기능하였다고 한다. 야요이시대 종말기가 되면, 분구묘 제사가 청동기제사와 교체되고 초기 국가로 평가되는 고분시대의 전방후원분 제사로 이어졌다. 야요이

시대 청동기제사와 고분시대 전방후원분 제사 사이에는 단절이 있다는 평가도 있지만, 제사로 넓은 지역을 연결한다는 구조가 형성된다는 점에서 야요이시대 청동기제사를 국가형성사 맥락에 넣을 수 있다고 주장하였다. 다만, 청동기의 제의화를 기준으로 야요이시대 전체를 군장사회로 보기는 어렵다고 생각된다.

세 번째 '북방초원의 청동기 문화' 편에는 보꼬벤코의 〈남(南)시베리아 미누신스크 분지의 청동기시대 고대 문화들〉과 에르덴바타르의 〈몽골 초원의 청동기 문화와 석인상 연구〉를 실었다.

러시아의 보꼬벤코는 동아시아 청동기문화에 큰 영향을 준 남시베리아 미누신스크 지역의 청동기문화를 가장 이른 시기인 아파나시예보 문화(기원전 4~3천년)에서부터 타가르문화(기원전 천년대 전반)까지를 현장조사를 토대로 체계적으로 검토하였다.

이 지역의 청동기 문화는 **아파나시예보 문화**(기원전 4~3천년기)에서 기원하며, 그 문화의 기원에 대해서 첫째 흑해 북안에서 도래하였다는 설, 둘째 남동카스피아해 유역에서 서시베리아, 카자흐스탄, 알타이를 지나 예니세이와 남서 몽골로 도래하였다는 설, 셋째 중부아시아의 토착문화라는 설을 소개하였다. 아파나시예보 문하는 **오쿠네보 문화**(기원전 25~17세기)와 **안드로노보 문화**(기원전 17~15세기)로 계승되는데, **오쿠네보 문화**는 유전적으로 아파나시예보 문화와는 관련이 없었던 새로운 문화의 주민들이 이 지역에 앞서 살았던 주민들을 밀어낸 결과로 이루어졌고 하며, 오쿠네보 문화는 카자흐스탄 북부와 동부 혹은 서시베리아에서 도래한 안드로노보 문화에 의해 대체되었다고 한다.

카라수크 문화(기원전 14~10세기)는 후기 청동기 시대 북방 초원의 대표적인 청동기 문화이며 중국의 상왕조와도 교류하며, 고조선문화에도 영향을 주어 주목받아 왔다. 그에 따르면 기본적으로 그 문화는 예니세이강 중류의 미누신스크의 산악 사이 스텝 분지들에 분포하며, 남시베리아와 중부아시아에서 고도로 발전된 청동주조생산 중심지들을 가진 청동기 시대 후기의 가장 강력한 문화였다고 한다. 카라수크 문화의 기원과 문화 내용을 소개하였으며, 대다수 주민들이 유럽계이지만 일부 몽골인종이 공존하였을 가능성이 있다고 추정하였다. **타가르 문화**(기원전 9세기~기원후 2세기)는 물질문화가 다양한데, 특히 곡괭이투부와 전투용 도끼 및 청동 주조 솥으로 대표되는 잘 만든 청동 유물들이 많다. 이는 매우 수준 높은 청동주조업의 오랜 전통을 증명해 주는 것이라고 하였다.

　미누신스크 분지의 고대 문화들은 남시베리아와 남동아시아 문화들 사이의 문화적 통합 및 접촉이 있었음이 분명하지만 앞으로의 공동연구를 통해 이러한 현상을 구체적으로 밝혀야 할 것을 제안하였다.

　몽골의 에르덴바타르는 알타이와 몽골초원의 청동기 문화가운데 전기의 치예무르치예크 문화와 후기의 사슴돌 문화의 석인상에 대해 살펴보았다. "치예무르치예크(切木尔切克) 문화"는 우리 학계에는 잘 알려져 있지 않으나 중국 新疆에서 알타이, 몽골 서부지역에 걸쳐있는 문화로 그들이 남긴 독특한 석인상은 흥미를 불러일으킨다. 그에 따르면 기원전 2500~1800년에 해당되는 "치예무르치예크 문화"는 서쪽에서 동카자흐스탄을 경유하여 알타이 지역으로 유입되어 형성되었으며 그 주민들은 유럽계 인종의 특징을 보인다고 한다. 이들은 기원전 2000년 경 몽골 알타이 지역에 상주하면서 석인상이 있는 판석묘(석곽묘, 돌널무덤)를 남겼으며,

석인상을 통해 볼 때 그 주민들은 유목민들이었다고 한다.

청동기 후기 시대의 "사슴돌 문화"는 동-서로는 몽골의 헨티 산맥 동쪽 기슭에서 알타이 산맥 서쪽기슭까지, 남-북으로는 알타이산맥 남쪽의 고비에서 사연 산맥과 바이칼 호수 남쪽까지의 지역에 걸쳐 있는데, 사슴돌은 몽골-바이칼 형, 알타이-사연 형, 유라시아 형의 세 가지 형태로 구분되며, 세가지 유형의 사슴돌 모두에 사람을 묘사한 것이 있으므로 이는 청동기 후기의 부족들이 남겨놓은 석인상이라고 보았다.

이 책에서는 한국고대문화의 요람인 요서, 요동의 청동기문화는 물론, 우리 민족문화의 기원과 관련된 남시베리아 미누신스크 지역, 몽골초원과 황하유역의 청동기문화를 검토하는 동시에 한반도와 일본열도에서의 청동기문화의 발생과 이들 지역 간의 교류 관계를 구체적으로 고찰해 보았다. 이를 통해 그 동안 쟁점이 되어왔던 동북아시아 청동기시대의 고고학 자료를 객관적인 입장에서 이해하는 동시에 그것을 토대로 동북아시아 일대에서 펼쳐진 한국 고대문화와 주변문화와의 교류 현상과 복합사회의 출현을 검토하여 이후 전개되는 고대국가의 형성계기에 대한 실마리가 풀리게 되었다고 생각된다.

최근 중국학계에서 신석기문화인 요서의 '홍산문화'로 부터 요하유역의 청동기 문화 전부를 〈요하문명〉으로 명명하는 동시에 중국문화의 원류중 하나라는 〈요하문명론〉을 제시함으로써 동아시아 고대문명에 대한 관심이 어느 때보다 높아지고 있다. 다만 동북아 지역에서 전개된 청동기제 문화 유형의 비연속적 성격과 고고학적 조사 자료의 부족은 이 지역 청동기사회의 복합화 과정을 통시적이며 일관된 시야로 포착하는 데 커다란 장애가 되고 있다. 그러한 가운데서도 최근 활발한 발굴성과에 힘입어 한반도 주변 지역의 문화편년이 점차 올라가고 있는 것이 동아시아 학계의 경향이며, 이에 따라 문명의 개시 년대에 대한 다양한 이론이 제시되고 있으나 한국학계에서 이를 정리하고 수용하는 속도는 한계를 갖고 있는 느낌이며 한국고대문명의 발생 연구와 문명이론은 답보상태에 있다. 이를 극복하기 위하여 무엇보다 한반도의 문화와 주변문화의 교류와 교류루트 및 관련성에 대한 비교 검토가 집중적이고 지속적으로 이루어질 필요가 있으며, 이야말로 향후 한국고대문화의 정체성을 밝히는 동시에 고립된 단위에서 벗어나 동아시아사 전체 속에서 생각할 수 있는 계기가 될 것으로 생각한다.

이 책이 나오기까지 많은 분들의 도움과 수고가 있었다. 동양학국제학술대회를 개최할 수 있도록 물심양면으로 도움과 격려를 아끼지 않으신 단국대학교 장호성총장님과 학술대회에 참가하여 주옥같은 논문을 발표해 주신 최몽룡 교수님을 비롯한 국내외 학자 여러분에게 먼저 고마움을 전하며, 학술대회 개최 때마다 도움을 주신 동북아역사재단 관계자 여러분과 학술대회의 진행과 책의 편집 및 교정에 힘써준 동양학연구원 식구들에게도 감사의 말씀을 드린다. 아울러 어려운 출판여건에도 불구하고 이 책의 출간에 기꺼이 응해주신 학연문화사 권혁새 사장님과 편집부 직원 여러분께도 감사의 인사를 올린다.

2012년 10월
단국대학교 동양학연구원장   서 영 수

차 례

간행사 · 서영수(단국대학교 동양학연구원장) ·· 5

Part 1 한국과 동북아의 청동기 문화와 복합사회

제1장 遼西 지역의 청동기문화와 복합사회의 전개 · 김정열
    Ⅰ. 서론 ·· 27
    Ⅱ. 요서 지역 청동기문화의 전개 ·· 30
    Ⅲ. 청동기시대 요서 지역 사회 ·· 37
    Ⅳ. 결론 ·· 63

제2장 동북아시아 속의 한국 청동기문화권과 복합사회의 출현 · 오강원
    Ⅰ. 머리말 ··· 75
    Ⅱ. 동북아시아의 청동기문화와 한국 청동기문화권 ················· 76
    Ⅲ. 한국 청동기문화권에서의 복합사회의 출현 ······················ 88
    Ⅳ. 맺음말 ·· 109

제3장 東北亞地域에서의 多鈕鏡 副葬墓의 展開 · 이청규
    Ⅰ. 머리말 ·· 121

Ⅱ. 銅鏡의 型式分類와 時期區分 ·········· 122

Ⅲ. A型 多鈕鏡 段階(紀元前 9~5世紀) ·········· 126

Ⅳ. B型 多鈕鏡 段階(紀元前 4~3世紀) ·········· 130

Ⅴ. C型 多鈕鏡 段階(紀元前 3~2世紀) ·········· 133

Ⅵ. 結 論 ·········· 139

Part 2 동아시아의 청동기문화와 국가 형성

제4장 청동기 · 철기시대와 한국문화 · 최몽룡

Ⅰ. 머리말 ·········· 149

Ⅱ. 청동기시대 ·········· 155

Ⅲ. 철기시대 ·········· 173

Ⅳ. 맺음말 ·········· 176

제5장 서주 청동예기를 통해 본 중심과 주변, 그 정치 문화적 함의 · 심재훈

Ⅰ. 머리말 ·········· 189

Ⅱ. 서주 청동예기의 표준과 그 추이 ·········· 191

Ⅲ. 표준의 고수: 봉국(封國) 출토 청동예기 ·········· 202

Ⅳ. 동화와 미숙한 독자성 추구: 주변세력 ·········· 215

V. 주식(周式) 청동기의 유입, 그 예제에는 무관심: 이방 ·········· 226
　　VI. 맺음말 ·········· 230

제6장 일본열도의 청동기와 국가형성 · 宮里 修
　　I. 머리말 ·········· 239
　　II. 청동무기류 제사권 ·········· 239
　　III. 동탁제사권 ·········· 242
　　IV. 야요이 제사권과 고분제사 ·········· 244
　　V. 맺음말 ·········· 247

Part 3 북방 초원의 청동기 문화

제7장 남(南)시베리아 미누신스크 분지의 청동기시대 고대 문화들 · Н. А. Боковенко
　　I. 머리말 ·········· 257
　　II. 아파노시예보 문화 ·········· 261
　　III. 오쿠네보 문화 ·········· 267
　　IV. 안드로노프 문화 ·········· 272
　　V. 카라스크 문화 ·········· 275

Ⅵ. 타가르 문화 ·· 283
　　Ⅶ. 맺음말 ··· 292

제8장　몽골 초원의 청동기 문화와 석인상 연구 · Д. Эрдэнэбаатар
　　Ⅰ. 몽골지역의 청동기 문화 연구 ·························· 303
　　Ⅱ. 치예무르치예크 문화의 석인상 ························ 306
　　Ⅲ. 치예무르치예크 문화의 기원과 범위 ···················· 314
　　Ⅳ. 사슴돌 문화 ·· 320

집필자 사진과 약력

김정열

숭실대학교 사학과 및 동 대학원 졸. 중국사회과학원(中國社會科學院)에서 박사학위 취득.
현) 동북아역사재단 연구위원.
주요 저작: 『동북분화와 유연문명(역서)』, 『요하유역의 초기 청동기문화(공저)』

오강원

강원대학교 사학과, 한국학중앙연구원 한국학대학원 졸. 문학박사. 영남대학교 민족문화연구소 연구원, 동북아역사재단 부연구위원 역임.
현) 한국학중앙연구원 조교수.
주요 저작: 『비파형동검문화와 요령 지역의 청동기문화』, 『서단산문화와 길림 지역의 청동기문화』

이청규

서울대학교 고고미술사학과 및 동대학원 졸. 문학박사. 제주대학교 교수, 한국청동기학회 회장 역임.
현) 영남대학교 문화인류학과 교수.
주요 저작: 「고조선과 요하문명」, 『고조선 단군 부여』, 『요하유역의 초기 청동기문화(공저)』

최몽룡

서울대학교 고고인류학과 및 동 대학원 졸. 하버드대학교 대학원 인류학과 졸. 철학박사. 문화재위원회 위원, 한국상고사학회 회장, 서울대학교 고고미술사학과 교수 역임.
현) 서울대학교 고고미술사학과 명예교수.
주요 저작: 『21세기의 한국고고학 Ⅰ~Ⅳ』, 『인류문명발달사』, 『인물로 본 고고학사』, 『한국 청동기 철기시대와 고대사회의 복원』

심재훈
단국대학교 사학과 및 동 대학원 졸. 시카고대학교 대학원 동아시아언어문명학과에서 박사학위 취득. 시카고대학교 전임강사 역임.
현) 단국대학교 사학과 교수.
주요 저작: 『화이부동의 동아시아학(역서)』, 『고고학 증거로 본 공자시대 중국사회』

宮里 修(미야자토 오사무)
와세다(早稲田)대학교에서 박사학위 취득. 와세다대학교 문학학술원 연구원 역임.
현) 高知縣埋藏文化財センター 조사원.
주요 저작: 「私と朝鮮考古學」, 「粘土帶土器文化の地域的樣相について」

Nikolay Anatolievich Bokovenko(니콜라이 아나톨리에비치 보코벤코)
우크라이나 국립과학아카데미(National Academy of Sciences of Ukraine) 연구원 역임.
현) 상트페테르부르그 러시아 과학아카데미 물질문화사연구소(Institute for the History of Material Culture of the Russian Academy of Sciences, St. Petersburg) 선임연구교수.
주요 저작: "Climate Change and the Expansion of the Scythian Culture after 850 BC: a Hypothesis", "The Emergence of the Tagar Culture"

Diimaajav Erdenebaatar(니마사브 에드덴바다르)
몽골 과학아카데미(Mongolian Academy of Sciences) 교수 역임.
현) 몽골 울란바타르대학(University of Ulanbaatar) 교수.
주요 저작: "A Xiongnu Cemetery Found in Mongolia(공저)", "Khirigsuurs, Ritual and Mobility in the Bronze Age of Mongolia(공저)", "A Xiongnu tomb complex: Excavations at Gol Mod 2 Cemetery, Mongolia (2002-2005)(공저)"

Part I. 한국과 동북아의 청동기 문화와 복합사회

遼西 지역의 청동기문화와 복합사회의 전개

김 장 열

김정열

숭실대학교 사학과 및 동 대학원 졸. 중국사회과학원(中國社會科學院)에서 박사학위 취득.
현) 동북아역사재단 연구위원.

주요 저작: 『동북분화와 유연문명(역서)』, 『요하유역의 초기 청동기문화(공저)』

Ⅰ. 서론

이 글에서 다루게 될 이른바 '요서(遼西)'는 자연지리적 범주에 입각하여 요하(遼河) 이서의 지역을 널리 지칭하는 것은 아니다. 이 글의 요서는 문화권의 개념에 가까우며, 그 구체적 범위는 장충배(張忠培)가 대략 의무여산(醫巫呂山) 이서에서 서랍목륜하(西拉木倫河) 양안에 걸친 지역까지로 설정한 것에 따른다[1]. 이 지역에는 서랍목륜하와 함께 노합하(老哈河), 대·소릉하(大·小凌河) 등의 주요 하천 및 지류가 흐르며, 동북에서 서남 방향으로 뻗은 노로아호산(努魯兒虎山)이 그 중부를 관통한다. 이 산을 경계로 해서 요서 지역은 동, 서 양측의 독립된 단원으로 구분할 수 있으며, 이것은 왕왕 고고학적 문화유형의 분계선과 일치하기도 한다.

이 지역에서 최초로 등장한 청동기문화는 하가점하층문화(夏家店下層文化)이다. 하가점하층문화는 기원전 2000년경부터 시작되었으므로, 이때가 이 글이 다루는 시간적 상한이 된다. 한편 요서 지역에 철기문화가 보급되는 것은 전국시대 연(燕)문화의 진출과 확산으로 말미암은 것이라 이해되고 있으며, 기원전 300년경에 일어났다고 전해지는 연장(燕將) 진개(秦開)의 동호(東胡) 공벌(攻伐)이 그 상징적 사건으로 간주된다. 따라서 이 글의 시간적 하한은 대체로 기원전 4세기경이 될 것이다.

위와 같이 규정된 시공의 범위 내에서 성립, 발전한 청동기문화에는 하가점하층문화(夏家店下層文化), 위영자문화(魏營子文化), 하가점상층문화(夏家店上層文化), 십이대영자문화(十二臺營子文化) 등 각종 유형의 문화가 포함되어 있다.[표 1] 최근에는 요서 지역 청동기문화기의 최후 단계에 수천문화(水泉文化), 정구자유형(井溝子類型), 십이대영자후기유형(十二臺營子後期類型), 오노하사유형(五道河子類型) 등 새로운 유형의 문화를 설정하려는 움직임도 있지만, 여기에서는 이들을 다루지 않는다[2]. 그것은 이들 새로운 문화유형의 설정이 정당한가 하는 본질적인 질문과는 아무런 관계가 없다. 단지 이들 문화유형이 식별된 지 얼마 되지 않아, 아직까지 본격적인 연구를 위

---

1) 張忠培, 「遼西古遺存的分區·編年及其他-"環渤海考古學術討論會"上的發言」, 『遼海文物學刊』 1991: 1.
2) 趙賓福, 「遼西地區漢以前文化發展序列的建立及文化縱橫關係的探討」, 『東洋學』 49, 2011, 10쪽.

한 자료적 기반이 갖추어져 있지 않다고 판단했기 때문이다.

일반적으로 인류문명사는 청동기시대에 들어 커다란 전환점을 맞이하게 된다고 이해된다. 그것은 생산력 증대, 인구 증가, 분업의 발달과 국가의 출현 등으로 대표되는 일련의 과정으로 정리된다. 다만 이와 같은 일련의 변화는 짧은 시간 내에 이루어지지 않으며, 상당한 시간에 걸친 진화적 과정으로 이해된다. 그러므로 요서 지역의 청동기문화기에 그 사회 구조에 어떤 질적인 변화가 발생하게 되었으리라 상정하는 것은 전혀 놀랍지 않다. 중국학계는 물론 외국학계에서도 이에 관한 연구는 꾸준히 진행되어 왔다.

특히 하가점하층문화기에 이 문화의 권역에 널리 분포하는 성곽취락을 통해서 요서 지역에서 권력의 등장과 사회의 통합을 확인하여 보려는 시도는 그다지 낯설지 않다.3) 특히 한국학계는 이 지역에서 발견된 청동 유물과 한반도 출토 청동 유물과의 관계에 주목하고, 이 지역이 한국 청동기문화의 성립 및 발전과 매우 밀접한 관계를 가지고 있다고 생각한다.4) 따라서 요서 지역에 대한 고고학적, 역사학적 연구는 우리 학계의 주요 관심사이기도 하다.

그럼에도 불구하고 요서 지역에서의 청동기문화 발전과 사회 복합화의 전개에 대한 통시적인 연구는 간헐적으로 진행되었을 따름이며, 크게 활성화되었다고 여겨지지 않는다. 그것은 무엇보다 자료의 비균질성(非均質性)에 말미암은 바가 크다. 예컨대 하가점하층문화에 대해서는 취락과 그에 수반된 각종 유적에 대한 조사가 중점적으로 진행된 데 반해, 그 이외의 다른 문화 유형에 대해서는 유물, 특히 청동 유물을 중심으로 한 형식학적 연구가 학계의 주요 관심사가 되어 왔다. 따라서 이 지역 청동

---

3) 이 문제에 대한 연구현황은 '이재현, 「요서 지역의 문명 및 초기국가 형성에 관한 연구현황과 문제점」, 송호정 외, 『중국 동북지역 고고학 연구현황과 문제점』, 동북아역사재단, 2008' 참조.

4) 徐榮洙, 「古朝鮮의 位置와 疆域」, 『韓國史市民講座』 2, 일조각, 1988; 吳江原, 「西遼河上流域의 靑銅短劍과 그 文化에 관한 연구-銅劍의 系統과 使用集團問題를 중심으로」, 『韓國古代史硏究』 12, 1997; 이청규, 「동북아지역의 多鈕鏡과 그 副葬墓에 대하여」, 『韓國考古學報』 40, 1999; 이청규, 「靑銅器를 통해 본 古朝鮮과 주변사회」, 『北方史論叢』 6, 2002; 宋鎬晸, 『한국고대사 속의 고조선사』, 푸른역사, 2003 등.

기사회의 복합화 과정을 균질적인 자료에 입각하여 통시적이며 일관된 시야로 포착하는 일은 아직 용이하지 않다. 게다가 요서 지역에서 전개된 청동기 제 문화의 비연속성은 어려움을 배가시키는 요인이 된다. 이 지역에서 번영한 상기의 청동기문화 4종은 모두 선행하는 문화와의 단절성을 농후하게 시사하고 있다. 그것은 동일한 문화적 배경을 가진 인적 집단이 이 지역에 장기간에 걸쳐 거주하면서 사회조직을 발전시켜 나가지 못했음을 의미한다.

그러나 최근에는 요서 지역의 고고학적 조사 자료가 신속하게 증가하고 있으며 빠른 속도로 공개되고 있다. 특히 중국 자체는 물론 외국과의 협력을 통해 요서 지역의 선사・역사문화를 대상으로 한 대한 광역적, 계통적 지표조사가 활발하게 진행되는 것도 주목할 만한 현상이다[5]. 자료의 증가는 두말할 나위 없이 이 지역의 청동기 사회에 관한 심층적인 이해에 도달할 수 있는 열쇠를 제공할 것이며, 광범위한 지역에 걸쳐 시행되는 계통적 지표조사는 조사 지역의 취락 분포와 조직에 대한 거시적 이해에 큰 도움을 줄 것이다.

이 글은 요서 지역 청동기시대의 사회에 관한 논의이다. 특히 그 사회의 복합화 양상과 시간적 추이에 따른 변화에 대한 지금까지의 고고학적 연구 성과를 바탕으로 그 발전의 맥락을 묘사하는 데 초점을 맞춘다. 바꾸어 말하면 청동기시대 요서 지역의 복합사회 발전에 대한 지금까지 연구가 달성해 온 업적을 정리함으로써 관련 연구의 진전을 위한 미래의 목표와 경관을 설정하고 조망하는 것이 이 글의 기본적인 목적이다. 이를 통해 해당 지역의 복합사회가 가진 특성과 초기 정치체의 성격을 통시적으로 이해하는 데 도움이 되기를 기대한다.

---

[5] 赤峰中美聯合考古研究項目, 『內蒙古東部(赤峰)區域考古調查階段性報告』, 科學出版社, 2003; 遼寧省文物考古研究所 외, 「遼寧大凌河上游流域考古調查簡報」, 『考古』 2010: 5.

II. 요서 지역 청동기문화의 전개

1. 요서 지역 청동기시대 제 문화의 분포 범위와 연대

요서 지역에서는 기원전 2000년경부터 청동기문화가 시작되며, 하가점하층문화(夏家店下層文化)가 그 초기 단계에 해당된다. 하가점하층문화는 북으로 서랍목륜하(西拉木倫河) 양안, 남으로 연산산맥(燕山山脈) 이북, 서로는 칠로도산(七老圖山), 동으로는 의무려산(醫巫閭山)에 이르는 광대한 지역에 분포하며, 특히 노합하(老哈河) 중·상류 유역과 대릉하(大凌河) 중·상류 유역에 위치하는 적봉시(赤峰市)와 조양시(朝陽市) 일대를 중심으로 번영하였다. 유적은 매우 조밀하게 분포되어 있어, 오한기(敖漢旗) 일대에만 약 2000여 곳의 유적이 확인된다. 하가점하층문화는 대체로 기원전 2000년경부터 기원전 1500년경까지 존속된 것으로 이해되며[6], 그 하한 연대를 약간 내려 보는 견해도 있지만[7] 본질적인 이견은 없다.

연대(B.C.)	努魯兒虎山 이서	努魯兒虎山 이동
2000	하가점하층문화	하가점하층문화
1500		
1400		
1300		위영자문화
1000		
900	하가점상층문화	십이대영자문화
600		
400		

[표 1] 遼西지역 청동기문화의 서열과 연대

---

6) 궈다순·장싱더(저), 김정열(역), 『동북문화와 유연문명』, 동북아역사재단, 2008, 545~547쪽.

기원전 1300년경을 전후하여 하가점하층문화 분포 지역의 동부에 해당하는 대·소릉하(大·小凌河) 유역에서 위영자문화(魏營子文化)가 발생한다. 한동안 '위영자유형'이라 불렸으나[8], 한가곡(韓嘉穀)이 독립된 문화유형으로 간주하여 '위영자문화'라는 명칭을 제안한 이래[9], 후자의 명칭이 정착되었다. 위영자문화는 당초 노로아호산(努魯兒虎山)과 의무려산 사이의 좁고 긴 지역에 제한적으로 분포하는 것으로 인식되었으나, 이후 노로아호산 이서의 노합하 유역에서도 이 문화에 속하는 유적이 일부 확인되었으므로, 지금은 이 문화의 권역을 다소 넓혀 생각하는 견해도 있다[10].

위영자문화의 시간 범위에 대해, 연구자들은 그 상한을 기원전 1300년경으로 보는 데 대체로 동의하나, 그 하한에 대해서는 서주(西周) 전기경, 즉 기원전 1000년경으로 보는 견해[11]와 서주 말·춘추(春秋) 초, 즉 기원전 800년경으로 보는 견해[12] 등 상치하는 견해가 있다. 위영자문화의 절대연대를 추정하는 주요 근거는, 이 문화의 청동기 매장 구덩이에서 출토되는 중원식 청동예기(青銅禮器)의 형식학적 편년에 의거한 것인데, 위영자문화 유적에서 발견된 중원식 청동 예기의 연대 하한은 대체로 서주 중기경이기 때문에, 이 문화의 하한 연대는 서주 중기, 즉 기원전 10세기경으로 이해하는 것이 타당하다[13].

한편 하가점하층문화 권역의 서부 일대, 즉 노로아호산 이동의 서랍목륜하와 노합하 일대에서는 하가점상층문화가 하가점하층문화의 뒤를 이어 발전하였다. 하가점상층문화의 시간적 위치는 탄소연대측정과 출토유물의 형식 등을 통해 추정된다. 용두산(龍頭山) 유적 M1 출토 목관(木棺) 파편 측정치는 3240±150B.P.이며 임서(林

---

7) 烏恩岳斯圖, 『北方草原考古學文化研究』, 科學出版社, 2007, 5~7쪽.
8) 喀左縣文化館, 「記遼寧喀左縣後墳村發現的一組陶器」, 『考古』 1982: 1.
9) 韓嘉穀, 「燕史源流的考古學觀察」, 『燕文化研究論文集』, 中國社會科學出版社, 1995.
10) 烏恩岳斯圖, 앞의 책, 96-97쪽; 궈다순·장싱더(저), 김정열(역), 앞의 책, 776쪽.
11) 烏恩岳斯圖, 위의 책, 97쪽.
12) 董新林, 「魏營子文化初步研究」, 『考古學報』 2000: 1.
13) 김정열, 「요서 지역 출토 상·주 청동예기의 성격에 대하여」, 이청규 외, 『요하유역의 초기 청동기문화』, 동북아역사재단, 2009, 81~85쪽.

西) 대정(大井) 유적 F2 주거지 출토 목탄 2점의 측정치는 각각 2720±90B.P.와 2970±115B.P.이다[14]. 아울러 내몽고 적봉시 녕성현(寧城縣)의 남산근(南山根) 유적, 소흑석구(小黑石溝) 유적, 북산취(北山嘴) 유적 등에서 출토되는 중원식 청동예기 제작 연대의 하한선은 춘추 전기경이다[15]. 내몽고(內蒙古) 오한기(敖漢旗) 주가지(周家地) 유적의 연대는 이들보다 약간 늦은 춘추 중기, 즉 기원전 600년경으로 추정된다. 따라서 하가점상층문화는 기원전 1000년경부터 기원전 600년경까지의 시간 범위 내에 위치하는 것으로 생각된다[16]. 이 연대관에 따르면 하가점하층문화가 소멸된 이후 약 3~5세기의 시간이 경과한 후 비로소 하가점상층문화가 발전하기 시작하는 셈이 된다.

대·소릉하 유역에서 위영자문화의 뒤를 이어 번영한 것이 십이대영자문화(十二臺營子文化)이다. 십이대영자문화는 특히 대릉하 중류 일대를 중심으로 발달하였으며, 당초 이 유형의 문화에 속하는 유적에서 하가점상층문화와 동일한 유형의 유물이 출토되어 하가점상층문화의 한 하위 유형[이른바 '릉하유형(凌河類型)']으로 인식되기도 하였다[17]. 이후 주영강(朱永剛)은 이 문화가 하가점상층문화와는 구별되는 특징을 가지고 있다는 점을 분명히 밝히고 이를 독립된 청동기문화로 설정하였는데[18], 류국상(劉國祥)은 이 문화의 표지유물인 비파형동검이 하가점상층문화와의 그것과 달리 그 형태에 통일적 경향이 나타나고, 청동기 장식 문양에도 일정한 특징이 공유된다는 점에 주목하여 주영강(朱永剛)의 견해를 지지하였다[19].

십이대영자문화의 문화퇴적층은 위영자문화와 전국시대(戰國時代) 중기문화 사이에 개재되어 있기 때문에 대체로 기원전 10세기경에 시작되어 기원전 4세기경까지

---

14) 烏恩岳斯圖, 앞의 책. 176쪽.
15) 김정열, 「하가점상층문화에 보이는 중원식 청동예기의 연대와 유입 경위」, 『韓國上古史學報』 72, 2011.
16) 烏恩岳斯圖, 앞의 책, 176쪽.
17) 郭大順, 「西遼河流域靑銅文化硏究的新進展」, 『中國考古學會第四次年會論文集』, 文物出版社, 1985, 187~189쪽.
18) 朱永剛, 「夏家店上層文化的初步硏究」, 『考古學文化論集』 1, 文物出版社, 1987.
19) 劉國祥, 「夏家店上層文化靑銅器硏究」, 『考古學報』 2000: 1, 485~487쪽.

존속된 것으로 이해되고 있다. 요녕성(遼寧省) 금서현(錦西縣) 오금당(烏金塘) 유적, 객좌현(喀左縣) 남동구(南洞溝) 유적, 노야묘(老爺廟) 과수목영자(果樹木營子) 유적 그리고 릉원현(凌源縣) 삼관전자(三官甸子) 유적 등 묘지에서 출토된 중원식 청동 꺽창「과(戈)」은 전국시대 전기의 것이고, 객좌현(喀左縣) 대성자진(大城子鎭) 남구문(南溝門) 유적 석곽묘에서 출토된 직인검(直刃劍), 대구(帶鉤), 첨수도폐(尖首刀幣) 등은 춘추시대의 것이며, 삼관전자(三官甸子) 무덤에서 출토된 청동 정(鼎)은 전국시대 중기경의 것이다. 이들 유물의 연대 또한 유물 퇴적층의 상호관계를 통해 추정된 연대관과 모순되지 않는다[20].

2. 요서 지역 청동기시대 제 문화의 계통

요서 지역 청동기문화의 서막을 연 하가점하층문화가 어디에서 기원했는지에 대해서는 크게 두 가지의 이견(異見)이 있다. 하나는 요서 지역에서 선행 발전한 후기 신석기문화, 즉 홍산문화(紅山文化)에서 소하연(小河沿)문화로 이어지는 문화계보를 계승하여 발생한 것으로 이해하는 견해이다[21]. 다른 하나는 중원지역에서 발달한 후기 신석기문화 및 청동기문화 전통의 영향 하에 발생한 변종으로 인식하는 견해이다[22]. 후자의 경우는 대전자(大甸子) 유적에서 발견된 화(盉), 작(爵), 규(鬶) 등의 토기([그림 6] 8~12)가 중원지역 이리두문화(二里頭文化)에서 관찰되는 동류 유물과 유사하다거나, 하가점하층문화 채색 토기에 보이는 주요 도안이 상대(商代) 청동예기에 보이는 그것과 밀접한 연관성을 있다는 것을 근거로 한다.

현재까지의 조사 및 연구 성과를 볼 때 전자가 보다 타당한 것으로 생각된다. 일찍이 유관민(劉觀民)은 석붕산(石棚山), 석양석호산(石羊石虎山), 백사랑영자(白斯朗營子) 남대지(南臺地) 유적 등, 하층문화에 선행하는 해당 지역의 신석기 후기 문화 유적에

---

20) 烏恩岳斯圖, 앞의 책, 228쪽.
21) 궈다순·장싱더(저), 김정열(역), 앞의 책, 2008, 615~618쪽.
22) 王立新 외, 「夏家店下層文化淵源雛論」, 『北方文物』 1993: 2.

서 출토된 토존(土尊)과 하층문화의 토존(土尊)이 매우 유사하다는 점을 지적한 바 있고, 서광기(徐光冀)는 대전자 유적에서 출토된 옥기와 홍산문화(紅山文化)의 옥기가 거의 동일할 뿐만 아니라 채색 토기의 도안 역시 홍산문화의 그것과 유사한 점이 많다는 점을 지적한 바 있다[23]. 대전자(大甸子) 유적에서 출토된 이리두문화 계통의 각종 토기는 현지에서 제작된 것이 아니라 원거리 교역을 통해 입수되었다고 보는 미야모토의 견해도 참고해야 할 것이다[24].

위영자문화의 기원에 대해서도 이견이 있다. 우선 위영자문화와 하가점하층문화의 친연관계를 상정하는 견해이다. 곽대순(郭大順)은 하층문화의 매우 많은 요소가 위영자유형에 의해 계승되었다고 주장하고[25], 오은악사도(烏恩岳斯圖)는 아래와 같은 세 가지 근거에 의거하여 곽대순(郭大順)의 견해를 지지하였다. 첫째, 위영자문화는 하층문화에 후행(後行)하며, 위영자문화에 속하는 주요 유적은 하층문화 유적 위에 중복된 상태로 발견된다. 둘째, 하층문화 후기의 토기는 그 태토, 기형과 문양 등에서 위영자문화로 계승된다. 셋째, 위영자문화에서 발달한 청동기는 하층문화의 기초 위에서 발전한 것이며, 특히 청동제 나팔형 귀걸이는 하층문화의 동류(同類) 유물과 흡사하다[26].

반면 친연성보다 단절성을 주요한 측면으로 보려는 견해도 있다. 예컨대 조빈복(趙賓福)은 하가점하층문화와 위영자문화의 토기에서 공히 승문(繩紋)을 볼 수 있지만, 위영자문화의 경우는 승문을 말평(抹平)하여 하층문화의 그것과는 다른 느낌을 주는 것, 양 문화에 보이는 통형 소면역(素面鬲)의 형태에서는 양자의 관계를 보기 어려울 정도로 유사성을 찾을 수 없으며, 이것은 다른 토기의 경우도 마찬가지라는 것, 하층문화의 토기는 주로 점토질인데 반해 위영자문화의 토기는 주로 사질이라는 것 등의 이유를 들어 양 문화의 토기 계통에는 본질적인 차이가 있다고 주장하였다[27].

---

23) 烏恩岳斯圖, 위의 책, 25~27쪽.
24) 宮本一夫, 『中國古代邊疆史の考古學的硏究』, 中國書店, 2000, 88~100쪽.
25) 郭大順, 「試論魏營子類型」, 『考古學文化論集(一)』, 文物出版社, 1987, 91~92쪽; 궈다순·장싱더(저), 김정열(역), 위의 책, 781-784쪽.
26) 烏恩岳斯圖, 앞의 책, 34쪽.

오은악사도(烏恩岳斯圖)가 제시한 증거 가운데 이 문화의 유적이 하가점하층문화의 유적 위에 중복되어 발견된다는 주장은 특별히 의미 있는 증거라 보기 어렵다. 또한 위영자문화의 청동기는 중원에서 입수한 청동예기[28]와 환수도, 투부 등 이른바 북방계에 속하는 것으로 구성되어 있으며, 귀걸이 등의 일부 장식품을 제외하면 하층문화의 그것과 직접적인 관련은 없다[29]. 따라서 위영자문화가 하층문화 이래의 지역적 문화 전통을 계승했다고 보기 어렵다.

하가점상층문화의 기원에 대한 논의는 다소 복잡한 양상으로 전개되어 왔다. 위에서 언급한 바와 같이 상층문화 유적은 하층문화 유적 위에서 중복된 상태로 발견되는 경우가 많지만, 하층문화와 상층문화가 처음 식별되었을 때부터 양 문화의 내용에 보이는 상당한 차이 때문에 둘 사이에 직접적인 계승관계를 상정할 수 없다는 것이 지배적인 견해였다[30]. 그런데 1970년대 초에 이르러 하층문화와 상층문화 사이

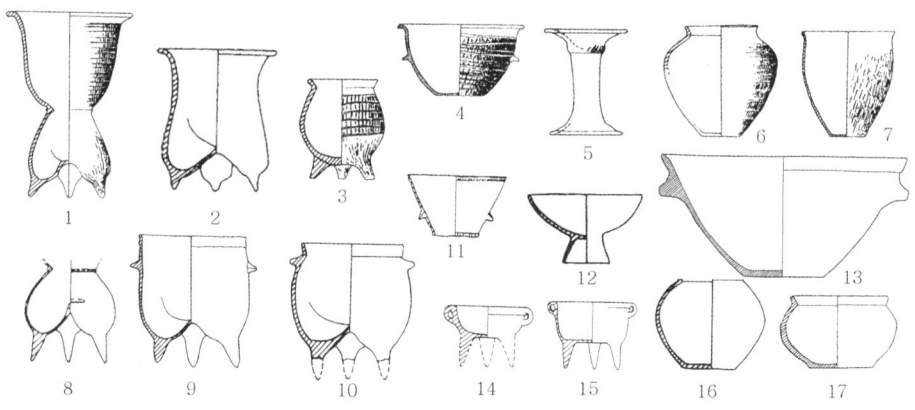

[그림 1] 하가점하·상층문화 토기 (궈다순·장싱더, 앞의 책, 548쪽; 오은악사도(烏恩岳斯圖), 앞의 책, 200쪽에서 재편집)
1~7. 하가점하층문화 8~17. 하가점상층문화

---

27) 趙賓福, 앞의 논문, 2011, 9쪽.
28) 김정열, 앞의 논문, 2009, 110~119쪽.
29) 董新林, 앞의 논문, 2000, 19~25쪽.
30) 中國科學院考古硏究所內蒙古發掘隊, 「內蒙古赤峰藥王廟·夏家店遺址試掘簡報」, 『考古』 1961: 2, 80~81쪽; 中國科學院考古硏究所內蒙古工作隊, 「赤峰藥王廟·夏家店遺址試掘報告」, 『考古學報』 1975: 1, 141~144쪽.

에서 위영자문화가 식별되고, 위영자문화가 위치하는 시간적 범위가 바로 하·상층 문화 사이의 공백을 메우는 것이 분명해지면서 상층문화의 기원 이해에 새로운 변수가 등장하게 되었다.

이를테면 곽대순(郭大順)은 위영자문화가 하층문화를 계승하여 발생하고, 이후 이 것은 다시 상층문화의 하위유형인 상층문화 '릉하유형(凌河類型)'으로 계승되어 갔다고 함으로써 상층문화가 위영자문화를 매개로 하여 하층문화 이래의 지역 문화전통을 계승하였다고 이해하였다[31]. 그러나 근년에 들어 그가 설정했던 이른바 '능하유형(凌河類型)'을 상층문화의 한 하위 유형이 아니라 독립된 별개의 문화 유형으로 구분하여 십이대영자문화(十二臺營子文化) [혹은 '릉하문화(凌河文化)'라고도 한다]로 설정하면서, 위영자문화와 상층문화의 관계에 대한 곽대순류의 논의는 무의미해졌다. 뿐만 아니라 위영자문화의 주요 분포지역은 대·소릉하 유역이고, 상층문화의 주요 분포지역은 서랍목륜하와 노합하 유역이므로 양자의 분포지역 역시 서로 중첩되지 않는다.

시간적인 측면과 공간적인 측면을 고려하면 하가점상층문화에 선행하는 청동기문화 유형은 하가점하층문화이다. 따라서 상층문화와의 친연관계를 설정할 수 있는 가장 유력한 후보는 역시 하층문화일 것이다. 그러나 양자의 문화 내용에는 커다란 차이가 있다. 예컨대 상층문화의 취락에는 하층문화의 취락에서 널리 발견되는 성곽이 보이지 않고, 하층문화의 주요 묘제인 토광묘는 상층문화의 석관묘와는 확연히 다른 묘제이다. 하층문화의 토기는 기형과 문양은 물론 태토와 제작수법에서도 상층문화와 현저한 차이를 보인다[32]. 그리고 상층문화의 청동기는 중원에서 유입된 일부 청동예기를 제외하면, 병기와 공구, 차마구(車馬具)와 장신구에 이르기까지 북방계에 속하는 것을 주류로 한다[33]. 이와 같은 사실을 고려하면, 하층문화와 상층문화가 직접적인 계승관계에 있다고 보기는 어렵다.([그림 1] 참조)

---

31) 郭大順, 앞의 논문, 1987, 91~92쪽.
32) 烏恩岳斯圖, 앞의 책, 180~200쪽.
33) 烏恩岳斯圖, 위의 책, 180~195쪽; 205~215쪽.

십이대영자문화가 존속한 시간적 범위는 상당히 넓어 서주(西周) 중기부터 연문화(燕文化) 진입 이전까지 약 600년간 이어진다. 상당수의 연구자는 십이대영자문화가 위영자문화를 계승하여 발전한 것이라 주장한다. 시간적 위치로 볼 때 위영자문화와 십이대영자문화가 선후로 서로 연결되며, 그 문화 내용에서도 상당한 계승성이 보인다는 것이다. 그러나 양 문화는 토기 기형에서 뚜렷이 대조되는 양상을 보인다. 예컨대 십이대영자문화 유적에서는 삼족기(三足器)가 보이지 않고 평저(平底) 토기가 주류를 이루는 반면, 위영자문화에서는 역(鬲)과 언(甗) 등 삼족기가 유행한다. 청동단검의 형태도 위영자문화의 직인형(直刃形)에서 십이대영자문화의 비파형으로 바뀌는데, 후자는 그 형태가 매우 특징적이어서 전자가 그대로 발전한 것이라고 볼 수 없다. 또한 위영자문화의 무덤은 대부분이 토광목곽묘이지만, 십이대영자문화의 그것은 소수를 제외하면 대부분이 석곽묘이다. 이처럼 양 문화에는 토기와 무기의 형태부터 무덤의 구조까지도 뚜렷한 차이가 나타나기 때문에, 십이대영자문화가 위영자문화를 계승했다는 주장은 수용되기 어렵다.

위에서 본 것처럼 요서 지역에서 전개되어 간 각 유형의 청동기문화 사이에서는 계승적인 측면보다는 단절적이며 비연속적 속성이 더욱 분명하다. 그것은 이 지역의 청동기문화가 서로 다른 문화적 배경의 집단에 의해 전개되었으며, 동일한 문화적 계보에 속하는 집단이 이 지역을 지속적으로 점유하며 그들의 사회를 발전시키지 못했음을 의미한다.

Ⅲ. 청동기시대의 요서 지역 사회

1. 하가점하층문화의 사회

요서 지역에서 최초로 정거생활을 시작한 것은 기원전 6000년기의 흥륭와문화인(興隆窪文化人)이다. 이들은 일상적으로 토기를 사용하고, 다양한 형태의 석제 농기구를 이용하여 농업에 종사한 것으로 알려진다. 이들은 하천에 가까운 배산임수의 비교적 얕고 평탄한 구릉 위에 사각형의 반지하식 주택을 일정한 구획 하에 배치한 취락을 건설하였으며[34], 흥륭와 유적과 백음장한(白音長漢) 유적 등에서 보듯이 일부 취락에는 환호도 설치되었다[35]. 이후 기원전 5000년기에 들어 성장한 조보구문화(趙寶溝文化)의 취락 자료는 충분하지 않으나, 홍산문화기(紅山文化期)에 들면 취락이 집체화(集體化)되고 계층화되는 경향이 나타난다.

홍산문화인은 높지 않은 구릉의 남쪽 혹은 동쪽 경사지에 취락을 건설하였으며, 3~10만㎡에 달하는 대형 취락도 건설하였다. 홍산문화에 보이는 대형 취락은 취락 사이에 계층화가 어느 정도 진행되고 있었다는 사실을 암시할 뿐만 아니라, 우하량(牛河梁) 유적과 같은 대형 구조물을 구축할 수 있는 권력자의 등장도 시사한다[36]. 그러나 전반적으로 보면 홍산문화기의 인구 규모는 아직 낮은 수준으로, 이들 사이에서 사회적 기능의 조정과 통합을 주요 목적으로 하는 발달한 정치조직이 등장하였는지 여부는 분명하게 알 수 없다[37].

그런데 기원전 3000년기의 최후기에 들면서 요서 지역에서는 급속한 인구증가 현상이 나타난다. 이것은 유적 개체수의 비약적인 증가를 통해 입증된다. 1999년부터 2001년까지 중국과 미국의 학술연구기관 및 대학으로 구성된 적봉중미연합고고연구(赤峰中美聯合考古研究) 프로젝트 팀은 내몽고 적봉시(赤峰市) 서남부와 서북부 일대, 765.4㎢의 면적에 걸쳐 계통구역조사를 진행하였다. 이것은 광역에 걸친 지표조사를 통해 유적의 위치와 유물 산포면의 면적을 측정한 것으로 그 결과는 아래의 [표 2]와 같다.

유적은 문화 속성은 토기에 나타나는 특징을 기준으로 평가되었으며, 조사된 시기는 흥륭와문화기(기원전 6000-기원전 5300)부터 요대(遼代)(916-1125) 전후까지 약 7000년간이다. 조사결과에 따르면 각종 통계 수치의 혁명적인 변화는 기원전 3000년기 하

---

34) 궈다순·장싱더(저), 김정열(역), 앞의 책, 236-241쪽.
35) 田廣林, 『中國東北西遼河地區的文明起源』, 中華書局, 2004, 140~141쪽.
36) 궈다순·장싱더(저), 김정열(역), 앞의 책, 406-415쪽.
37) 赤峰中美聯合考古研究項目, 앞의 책, 30~32쪽.

문화	유적 수량	채집점 수량	채집점 면적(km²)	토기편 수량	100년당 토기편 수량	밀도/면적 지수	100년당 밀도/면적지수
興隆窪	17	19	0.18	56	7	1.18	0.16
趙寶溝	29	39	0.37	320	43	7.95	1.06
紅山	160	246	2.69	1803	120	41.73	2.78
小河沿	36	43	0.44	237	30	6.07	0.76
夏家店下層	379	801	8.51	8997	1000	466.80	51.87
夏家店上層	348	768	10.25	10100	1443	451.29	64.47
戰國-漢	254	439	4.82	4694	587	206.34	25.79
遼	455	720	8.10	6635	737	502.60	55.85

[표 2] 적봉시(赤峰市) 서남부 일대 각 시대 수량화 지수 (赤峰中美聯合考古項目, 앞의 책, 178에서 선별 인용)

가점하층문화의 출현과 함께 일어났다. 이 문화의 유적 수량은 홍산문화의 그것에 비해 약 2.3배가량 증가하였으며, 유물산포면의 면적 역시 약 4배가량 증가하였다. 유적의 개체수 만을 따지면 홍산문화의 유적은 평균 약 4.8km²에서 하나씩 발견되는데 반해 하가점하층문화 유적은 평균 약 2km²에서 하나씩 확인된다. 이 수치는 유적의 밀도를 고려하면 더욱 현격한 차이로 증폭된다. 예컨대 홍산문화의 밀도/면적지수는 41.73인데 반해 하가점하층문화의 그것은 466.80으로 양자 사이에는 약 10배가량의 차이가 있다. 여기에 문화존속기간을 변수로 대입하면 그 차이는 2.78에서 51.87로 더욱 확대되어 약 19배가 된다. 지표조사 과정에서 나타날 수 있는 조사자의 자의성과 유물산포면 면적의 평가에 개입될 수 있는 주관성 등을 고려한다 하더라도, 위의 통계가 전하는 메시지는 분명하다. 하가점하층문화기에 들어 폭발적인 인구 증가가 일어난 것이다.

인구의 증가를 이끈 것은 농업이다. 하가점하층문화 유적에서는 기경(起耕)에서 중경(中耕), 수확, 그리고 곡물 가공까지 농업생산의 전 과정에 걸쳐 사용된 다양한 석제 및 목제 농기구가 확인되며, 탄화된 기장류 곡물도 드물지 않게 발견된다. 이것은 하가점하층문화가 발달한 집약적 농업을 배경으로 성장하였음을 알려주는 지표이다. 하층문화 유적의 문화층이 전반적으로 두껍고, 출토 유물도 풍부한 것은 이 문화의 주인공들이 농업을 생업으로 하여 오랜 시간 동안 한 곳에 정착 생활하였음을 보여주는 분명한 증거이다[38].

농업의 발달은 전문적 수공업의 탄생과 원거리 교역 개시의 배경이 되었다. 전문적 수공업이라면 청동제품 등 금속기와 옥기 및 토기 제작 공업 등을 꼽을 수 있다. 기왕에 발견된 이 문화의 청동제품은 대개 귀걸이, 반지, 지팡이 머리 장식 등 소형 장식품이며, 수수영자(水手營子) 유적에서 출토된 길이 80cm가량의 격창도 있다. 아직 청동제 용기(容器)는 발견되지 않았으나, 당시의 청동기 제조업은 내범과 외법으로 구성된 복합범을 사용하는 수준에 이르렀으며, 따라서 용기의 제작도 가능하였으리라 추정된다[39].

옥기(玉器)에는 부(斧), 월(鉞) 등의 예기류(禮器類)와 결(玦), 환(環), 구운형기(鉤雲形器), 새・거북・물고기 모양 장식품 등 장식류 그리고 고형기(箍形器)와 같은 특수한 기능을 위한 물품 등이 포함되어 있다. 옥기의 제작에는 판식법(版飾法), 관찬법(管鑽法), 마연법(磨研法), 선조기법(線彫技法) 등 다양한 제작기술이 동원되었으며, 이는 하가점하층문화인이 숙련된 공예수준을 가지고 있었음을 보여준다[40]. 토기 가운데서 특히 주목되는 것은 채색 토기이다. 이것은 소성 후의 토기 표면에 홍색과 백색의 광물 안료를 사용하여 도안을 그린 비실용기로서 하가점하층문화의 권역 각지에서 널리 확인된다. 도안은 매우 다양하여 모두 170여 종에 달한다. 정(鼎), 관(罐), 호(壺), 존(尊), 궤(簋) 등 각종 토기의 구연과 복부에 그려지는데, 높은 기술적 수준이 필요했다고 판단된다. 하가점하층문화의 청동기, 옥기, 일부 토기 등에 보이는 기술적 성취는 전문화된 장인집단이 이 문화의 사회에 존재하고 있었음을 암시한다[41].

원거리교역은 이 지역에서 제작된 바 없는 특정한 형태의 유물이나 생산되지 않는 물자의 존재를 통해 추정된다. 예컨대 대전자(大甸子) 유적에서 출토된 화(盉), 작(爵), 규(鬹) 등 정교하게 제작된 회백색 토기([그림 6] 8~12)는 고도로 숙련된 중원의 전업기술자에 의해 제작된 것이며[42], 해패(海貝)는 하가점하층문화의 권역에서 생산

---

38) 王立新,「遼西區夏至戰國時期文化格局與經濟形態的演進」,『考古學報』 2004: 3, 255~266쪽.
39) 궈다순・장싱더(저), 김정열 역, 앞의 책, 559~560쪽; 烏恩岳斯圖, 앞의 책, 19~21쪽.
40) 劉國祥,「大甸子玉器試探」,『考古』 1999: 11.
41) 이청규,「신석기-청동기시대의 요서지역 무덤의 부장유물과 그 변천」, 이청규 외,『요하문명의 확산과 중국 동북지역의 청동기문화』, 동북아역사재단, 2010, 54~57쪽.

되지 않는 물자이다43).

한편, 하가점하층문화의 사회적 경관에서 주목되는 것은 석성(石城)으로 둘러싸인 취락이다. 이 시대의 취락은 대부분 취락의 외곽을 둘러싼 형태로 성곽을 갖추고 있다. 구릉과 대지 위에 건설된 성은 대부분 석축으로 하류의 방향을 따라 선상으로 분포하며, 평지에 건설된 성은 대개 토성으로 하곡지대를 벗어나 개활지로 전개되어 간다. 1960-70년대에 걸쳐 중국사회과학원 고고연구소 내몽고공작대는 적봉시 북쪽을 흐르는 음하(陰河)와 영금하(英金河) 북안의 약 100km에 걸친 지표조사를 시행하여 하가점하층문화 성지 43곳을 발견하였다.([그림 2] 1) 조사자인 서광기(徐光冀)는 당초 발견된 성지를 3개의 군으로 분류하였는데, 첫 번째 그룹은 윤가점(尹家店)에서 삼좌점(三座店)까지 20km 범위 내 20기, 두 번째 그룹은 초두랑(初頭朗)에서 당포지(當鋪地)까지 약 20km 범위 내 12기, 세 번째 그룹은 왕가점(王家店)부터 수지(水地)까지 약 20km 범위 내 5기이다. 서광기(徐光冀)에 따르면, 하가점하층문화에서 확인된 이 세 그룹의 성지는 각각 대·중·소형으로 구성되어 있으며, 각 그룹에서 규모가 가장 큰 것이 해당 그룹의 중심취락이 된다44).

대개 성곽은 잠재적인 적대세력으로부터 취락이나 군사시설을 보호하기 위한 수단으로 이해된다. 따라서 성의 출현은 이 시대에 사회적 긴장이 고양됨에 따라 집단 간의 갈등이 상존하였음을 의미한다. 삼좌점(三座店)이나 강가둔(康家屯) 석성에 보이는 치(雉)는 성벽의 방어적 기능을 제고하는데 기여했을 것이며, 하가점하층문화의 석·골제 화살촉 등이 인명살상용으로 개량되고, 그 출토량이 공전의 증가를 보이는 것은 이 시대에 전쟁이 빈번하게 일어났음을 입증하는 증거이다45). 또한 성곽의 건설은 비교적 커다란 사회적 비용의 투여를 필요로 하여, 거기에는 대형 토목공사를 기획하고 추진할 수 있는 권력의 존재는 물론, 비생산적 노동 투여를 감당할 수 있는

---

42) 宮本一夫, 앞의 책, 89쪽.
43) 赤峰中美聯合考古研究項目, 앞의 책, 33쪽.
44) 徐光冀, 「赤峰英金河, 陰河流域的石城遺址」, 中國社會科學院考古研究所 編, 『中國考古學研究-夏鼐先生考古五十周年紀念論文集』, 文物出版社, 1986.
45) 田廣林, 앞의 책, 181~183쪽.

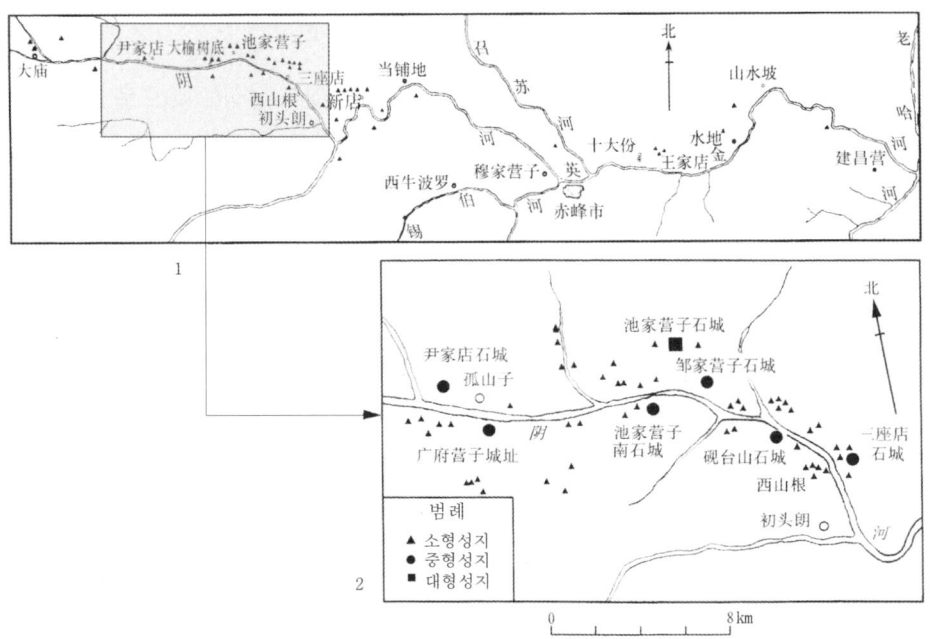

[그림 2] 英金河, 陰河 유역 하가점하층문화 城址 분포

해당 사회의 공공적 재화가 필요하다. 그런 의미에서 하층문화에 보이는 위와 같은 취락 군체(群體)는 군사적 갈등에 대비하기 위해 일정한 범위에 걸친 구심적 성격의 정치적 공동체의 탄생으로 이해된다. 즉 하가점하층문화의 사회는 개개의 취락이 분산적으로 거주하는 단계를 넘어서서, 집단의 이익을 공유하는 상당수의 정치적 공동체를 창출하는 단계에 도달한 것이다.

그러나 위에 보는 것과 같은 하가점하층문화의 사회진화 단계에 대한 일반적인 평가에 동의하지 않는 견해도 있다. 이재현은 이 시기의 성곽 발견 사례가 크게 증가하여 성곽은 당시의 취락에서 '특별한' 어떤 것이 아니라는 점에 주목하였다. 그는 이 시기의 취락을 둘러싼 성은 비록 성곽이란 이름으로 불리고는 있지만, 대부분 그 규모가 크지 않기 때문에 이것을 축조하기 위해 대규모 인력이 동원될 필요가 없었을 뿐만 아니라, 여기에 정치와 종교의 중심지를 상정하기도 어렵다고 판단하였다. 그는 이 시대의 성곽이 넓은 범위에 걸쳐 고루 분포하며 그 크기도 들쑥날쑥하여 어떤 법칙성도 찾을 수 없다는 서길수의 경험적 판단[46]을 인용하면서, 하가점하층문화의 성곽의 규모에 나타나는 대형과 소형의 차이는 취락의 규모에 따른 자연스런 차이이며, 현재의 자료로서는 대형 성지라고 해도 주변과 차별화되는 정치, 경제, 의례 등 권력의 중심지로 해석할 수 없다고 생각했다. 그에 따르면, 하가점하층문화의 성곽은 구릉과 골짜기가 많은 하가점하층문화의 자연환경에서 맹수의 공격으로부터 거주민과 가축을 보호하기 위한 시설로서 출현했으

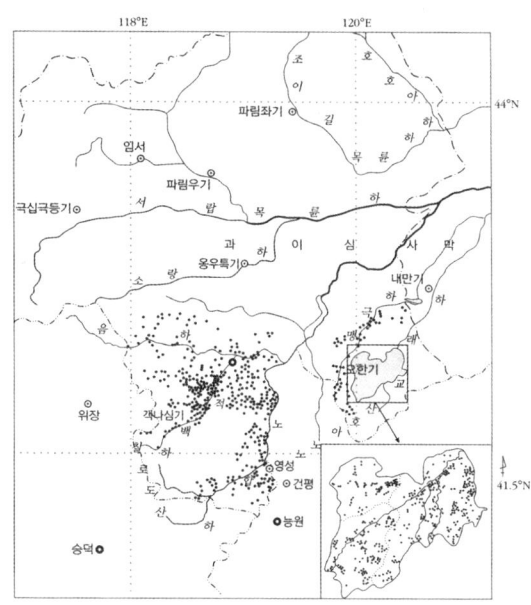

[그림 3] 내몽고 동남부 하가점하층문화 성지 분포

며, 이것은 이를테면 취락이 보편적으로 갖추어야 할 하나의 요소에 불과했을 따름이다[47].

이재현의 견해는 하가점하층문화의 성곽에서 이를테면 고대국가의 형성을 주장하는 중국학계 일각의 이를테면 '과대평가'에 대한 반성의 계기를 마련하였다는 점에서 그 의의가 작지 않다. 그렇지만 당시의 취락이 그 규모에 보이는 다양성에도 불구하고 그들 상호간에 내적인 연계가 없이 무질서한 분포를 보이고 있다고 판단하는 것 역시 납득하기 어렵다.

1996년부터 2000년에 걸쳐 적봉고고대(赤峰考古隊)는 반지전하(半支箭河) 중류 지역 일대에서 정밀야외조사를 실시하였다[48]. 조사범위는 서쪽으로 동경 118도 36분 30

---

46) 서길수, 「하가점하층문화(夏家店下層文化)의 석성(石城) 연구」, 『高句麗渤海硏究』 31, 2008, 112~113쪽.
47) 이재현, 「하가점하층문화기 방어취락의 성격 연구」, 이청규 외, 앞의 책, 2009, 52-55쪽.
48) 赤峰考古隊, 『半支箭河中游先秦時期遺址-赤峰考古隊田野工作報告之一』, 科學出版社, 2002.

초, 동쪽으로 동경 118도 45분 55초, 북쪽으로 북위 42도 10분 45초, 남쪽으로 북위 42도 1분 35초에 이르는 지역이며, 전체 조사면적은 모두 221㎢에 달한다. 조사 구역 안에는 회갑산하(灰甲山河)의 하류와 반지전하의 중류 지역 대부분, 그리고 청수하(淸水河) 중류와 석백하(錫伯河) 유역의 일부분이 포함된다. 이 조사를 통해서 선진(先秦) 시대의 유적 220곳이 발견되었다. [표 3]

조사결과에 따르면 이 지역에서 분포하는 각 문화기의 유적은, 그 면적은 물론 분포의 집중도에서 특정한 양상을 보여준다. 즉 조사구역 내 하가점하층문화의 유적에는 몇몇 대형 유적이 존재하고, 이들 대형 유적의 주변에는 비교적 많은 양의 소형 유적의 산포되어 있다. 조사구역 내에서 발견된 각 문화기의 유적 면적과 분포의 조밀도에 근거하여, 각 시대의 유적을 지형도의 방식으로 표현한 것이 아래의 [그림 4] 이다. 그림에서 보는 것과 같이 반지전하 일대의 하층문화 유적에서는 16개의 군집이 발견되며, 이들 군집 가운데서도 특히 중앙에 위치한 유적군이 그 면적과 집중도에서 탁월한 양상을 보인다. 반면, 주변에 배치된 유적군은 그 정도가 중앙의 그것보다 현저히 낮다.

취락의 분포 양상과 크기에 대한 고고학의 경험적 연구 성과는 유적의 면적이 클수록 거주하는 인구의 수량이 많고 그 지위 또한 높다고 인식한다. 취락이 몇 개의

소속 문화 (혹은 시대)	유적 수량	소속 문화 (혹은 시대)	유적 수량
興隆窪文化 혹은 趙寶溝文化	1	夏家店下層文化 혹은 夏家店上層文化	1
趙寶溝文化	9	夏家店下層文化 혹은 근현대 이차 퇴적	3
趙寶溝文化 (?)	2	夏家店上層文化	68
趙寶溝文化 혹은 紅山文化	2	夏家店上層文化, 夏家店下層文化 중복 가능성	3
紅山文化	18	夏家店上層文化 (?)	5
紅山文化 (?)	3	夏家店下層文化 (?)	5
小河沿文化	5	新石器時代부터 戰國時代까지	2
小河沿文化 (?)	1	夏家店上層文化 혹은 戰國時代	2
夏家店下層文化	141	戰國時代	39
夏家店下層文化, 夏家店上層文化 중복 가능성	1	戰國時代 (?)	1
夏家店上層文化, 戰國時代文化 중복 가능성	1		

[표 3] 半支箭河 유역 先秦 각 시대 유적 개체 수

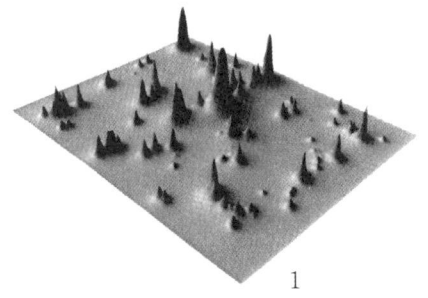 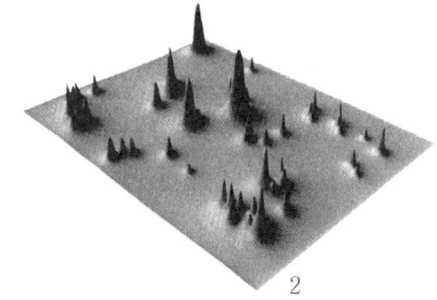

[그림 4] 반지전하(半支箭河) 유역 하가점하(夏家店下)·상층문화(上層文化) 유적 분포(滕銘予 2009a: 206-207)
1. 하가점하층문화(夏家店下層文化) 2. 하가점상층문화(夏家店上層文化)

등급이 존재할 경우, 상위에 위치하는 취락은 주변의 취락에 일정한 영향력을 행사하여, 자신을 둘러싼 다른 취락과 함께 하나의 군집을 형성한다. 중심적 취락은 일정한 지역 내에서 정치적, 경제적 중심지가 되는데, 이처럼 서로 다른 계서적(階序的) 위치에 있는 지역 중심지와 상이한 규모의 군집 출현은 사회조직의 발전 변화를 판단할 수 있는 유용한 근거가 된다. 반지전하 일대의 하가점하층문화 취락은 중앙의 대형 취락과 그 주변에 배치된 중형 취락, 그리고 대형 취락과 중형 취락을 각각 둘러싼 소형 취락이 일정한 질서 속에 배치되어 있으며, 이런 취락 분포 양상은 윤가점에서 삼가점까지 음하 유역에서 확인되는 성곽취락의 배치 양상과 기본적으로 다르지 않다.

물론 유적은 지표에서 관찰되었을 뿐이며 발굴조사를 거치지 않았다. 따라서 이들 사에 실재적인 내재관계가 있었다는 판단은 유보적일 수밖에 없다. 그러나 하가점하층문화의 취락들 사이에서 계층분화가 진행되고 있었음을 확인하는 일은 불가능하지는 않다. 하나의 사례를 제공하는 것은 대전자(大甸子) 유적과 범장자(范杖子) 유적의 무덤이다.

대전자 유적은 적봉시 오한기 동남부에 위치해 있다. 하가점하층문화기의 유적으로 판축 성지와 묘지 등 두 부분으로 구성되어 있고, 성지와 묘지가 인접하여 입지하고 있다. 성지의 면적은 약 7만㎡이며, 묘지의 면적은 약 1만㎡이다. 묘지에서는 모두 804기의 무덤이 조사되었지만, 성지에 대한 발굴은 이루어지지 않았다[49]. 한편, 범장자 유적은 대전자 유적에서 동북 방향으로 약 15km 떨어진 곳에 위치하고 있다.

취락에 대한 내용은 자세하지 않지만 묘지는 그보다 다소 구체적으로 보고되었다. 묘지는 비탈에 위치하며 오랫동안의 침식으로 말미암은 피해를 입었다. 묘지는 침식에 의해 생긴 도랑에 의해 두 부분으로 분할되었다. 묘지에서 확인, 조사된 무덤은 모두 88기이다50). 묘지의 규모와 취락 추정지의 상황으로 보아 범장자 유적 역시 취락과 묘지로 구성된 유적이라 생각되며, 그 규모는 대전자 유적보다 작았을 것으로 판단된다.

취락 규모의 차이에 따라 묘지의 규모에도 격차가 나는 것은 당연한 일이지만, 양 묘지에서 발견된 무덤의 규모에도 차이가 나타나는 것에 주목할 필요가 있다. 이를 테면 대전자 유적에서 가장 큰 무덤인 M726([그림 5] 1)은 묘광의 크기가 장변 4m, 단변 1.4m이며 목제 장구를 갖추고 있다. 부장품은 주로 남변의 동, 서, 남 세 방향에 설치된 벽감에 분산 배치되었는데, 역(鬲) 3점, 규(鬶) 1점, 작(爵) 1점, 관(罐) 3점, 호(壺) 1점, 정(鼎) 2점 등 토기 11점, 형태가 분명하지 않은 칠기 1점, 고형(觚形) 칠기 2점 등 칠기 3점, 칠기에 상감되었던 것으로 보이는 터키석 편 200점, 해패(海貝) 12매 등이 출토되었다. 이밖에 목제 장구 안에서 옥패(玉貝) 1점, 해패(海貝) 총 243점, 터키석 구슬 5점 등이, 복토에서는 석산(石鏟) 1점과 돼지와 개 뼈 각각 2개 등 총 3개 개체분이 발견되었다51).

반면 범장자 최대의 M25([그림 5] 4)의 경우, 묘광의 크기는 장변 2.05m, 단변 0.7m이며, 목제 장구는 보이지 않는다. 부장품은 주로 남벽에 설치된 벽감에 놓여 있는데, 역(鬲) 4점, 관(罐) 1점, 채색 뚜껑 있는 관(罐) 1점 등 6점의 토기와 골제 촉 4점, 석분(石錛) 1점, 터키석 관주(串珠) 3점, 녹각기(鹿角器) 1점 등으로 구성되었으며, 이밖에 돼지 1개 개체분의 유해도 출토되었다52). 대전자와 범장자 각 유적에서 조사된 최대 규모의 무덤은 묘광의 크기와 장구, 그리고 부장품의 질에서 상당한 차이를 보이고

---

49) 中國社會科學院考古硏究所, 『大甸子-夏家店下層文化遺址與墓地發掘報告』, 科學出版社, 1998.
50) 內蒙古文物工作隊, 「敖漢旗范仗子古墓群發掘簡報」, 『內蒙古文物考古』 3, 1984.
51) 中國社會科學院考古硏究所, 앞의 책, 1998, 46~49쪽.
52) 內蒙古文物考古隊, 앞의 논문, 1984, 23~24쪽.

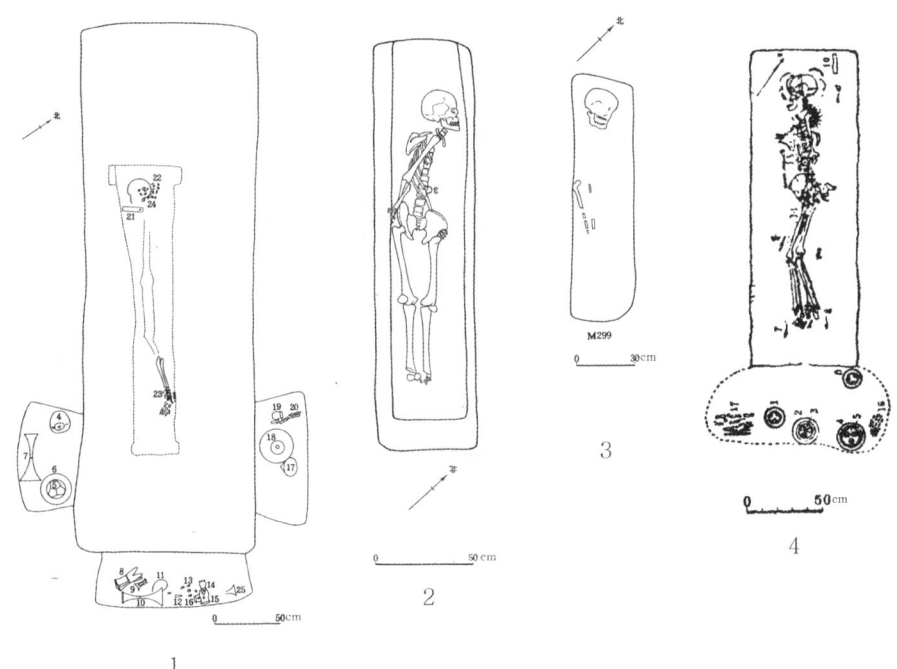

[그림 5] 하가점하층문화 무덤(中國社會科學院考古硏究所 1998; 內蒙古文物工作隊 1984에서 편집)
1. 대전자(大甸子) M726 2. 대전자(大甸子) M1164 3. 대전자(大甸子) M299 4. 범장자(范杖子) M25

있다. 특히 대전자 M726의 경우에는 외래품이라 생각되는 토규(土鬶)와 작(爵), 터키석이 상감된 칠기, 그리고 상당량의 해패(海貝)가 매장되어 있는 것도 특기할 만하다.

대전자와 범장자 양 취락의 묘지에서 나타나는 규모의 차이는 두 취락이 소유하고 있는 재부의 다과를 반영할 것이다. 특히 전자의 경우에는 이 지역에서 생산되는 물품이 아닌 외래계의 물품이 확인된다는 점에서 양자가 가지는 재부의 차이는 단순히 양적인 차이를 뛰어넘는 수준이라 평가할 만하다.

물론 이와 같은 차별적 양상은 동일한 취락 내의 무덤들 사이에서도 확인된다. 보고자는 대전자 묘지의 무덤을, 묘광의 평면 면적 1.7㎡ 전후를 기준으로, 그보다 평면 면적이 큰 것(2.2㎡ 이상)은 대형, 그보다 작은 것은 소형으로 구분했다. 대형은 모두 143기로 묘지 전체의 약 18%, 중형([그림 5] 2)은 434기로 약 54%, 소형([그림 5] 3)은 175기로 약 22%를 차지한다[53]. 다만 소형묘의 경우에는 아동의 것이 약 49%를 차지하므로 특별히 의미 있는 통계로 간주하기는 어렵다[54].

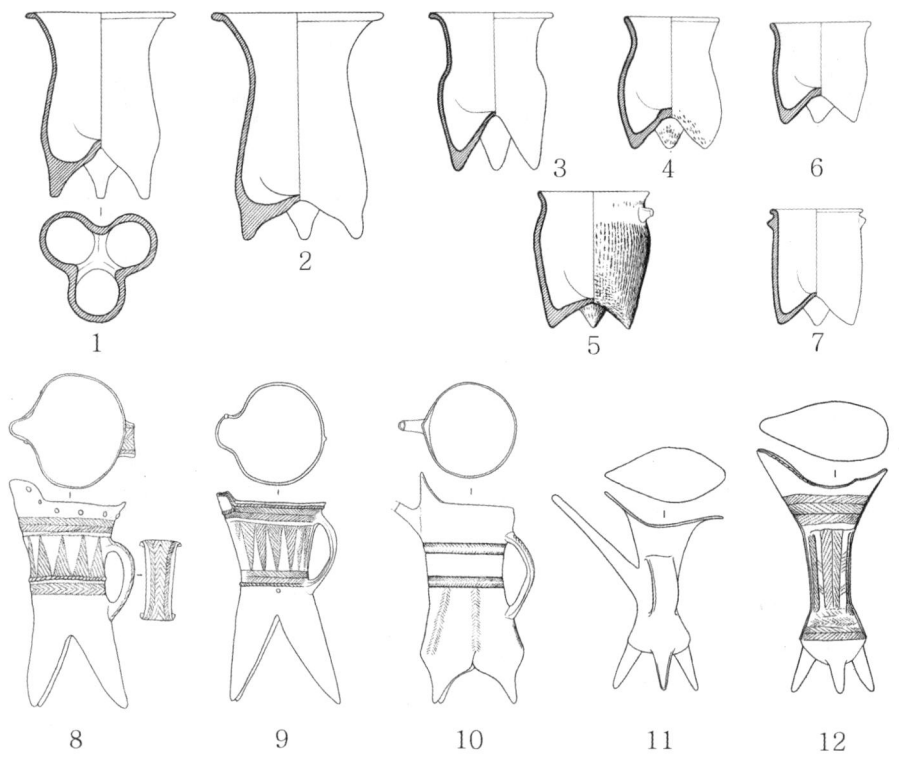

[그림 6] 大甸子묘지 출토 토기(中國社會科學院考古硏究所 1998: 74-84에서 편집)
1. 尊式鬲(M854:1) 2. 尊式鬲(M881:2) 3. 鼓腹鬲(M303:1) 4. 鼓腹鬲(M486:6) 5. 鼓腹鬲(M51:3) 6. 直腹鬲(M1072:2)
7. 直腹鬲(M31:3) 8. 鬹(M713:9) 9. 鬹(M666:7) 10. 盉(M853:7) 11. 爵(M905:10) 12. 爵(M853:9) 이상 축척 부동.

 대전자 묘지는 그 중앙부에 동북-서남 방향으로 형성된 약 4m 폭의 공백지대를 경계로, 북·중·남구 등 3개의 대구(大區)로 구분되며, 각 대구는 무덤의 배열 양상과 부장품의 차이에 근거하여 다시 몇 개의 하위구역으로 구분된다. 이 북·중·남 3개의 대구(大區)는 그 분리된 공간뿐만 아니라 부장된 토격(土鬲)의 형태에서도 차이가 나타나는데, 이 차이는 서로 다른 문화적 배경을 가진 인적 집단을 반영하는 것이다. 대체로 북구에는 존식역(尊式鬲), 중구에는 고복역(鼓腹鬲), 남구에는 직복역(直腹鬲)을 중심으로 하지만[그림 6] 1~7) 각 대구역을 구성하는 하위 구역마다 서로 다른 다

---

53) 中國社會科學院考古硏究所, 앞의 책, 39~44쪽.
54) 宮本一夫, 앞의 책, 88~89쪽.

양한 양상의 복합적 구성도 보인다. 복합적인 구성은 대전자 취락에 집거한 서로 다른 배경의 집단 사이에 발생한 통혼의 결과로 이해된다[55].

특히 주목되는 것은 각 대구(大區) 사이의 계층적 차별 양상이다. 이를테면 보고자가 분류한 대형 무덤은 주로 북구에 분포되어 있고, 이 북구의 대형 무덤은 역(鬲)·관(罐)을 3~4세트 부장하고 있다. 특히 정밀하게 제작된 외래의 토제 작(爵)·규(鬹), 화(盉) 등 주기(그림 6] 8~12)를 부장품으로 소유한 무덤 13기 가운데 12기가 북구에 위치하며, 이 12기 가운데서도 7기가 AⅠ 구역에 분포되어 있다. 칠기 역시 마찬가지 양상으로 칠기를 부장한 무덤 11기는 모두 북구에 위치하고, 그 가운데 5기는 AⅠ 구역, 3기는 AⅡ 구역에 위치한다. 부장된 채색 토기 가운데 토기의 주요 화면을 대형 수면문(獸面紋)으로 장식한 것(Aa식)은 모두 37기에서 확인되었는데(그림 7] 1~2), 이 가운데 32기는 북구에서, 그중에서도 11기는 AⅠ 구역에서 출토되었다. 이런 유형의 채색 토기는 중구에서는 드물게 출토되며, 남구에서는 발견된 사례가 없다[56].

대전자 묘지에 나타나는 차별적, 계층적 양상은, 3개의 대구로 표현되는 서로 다른 문화적 배경의 인적 집단이 하나의 취락에 거주하면서 서로 다른 사회적 위치를 점하였다는 것, 그리고 그 가운데서도 북구의 집단이 사회의 최상층부를 점하면서

[그림 7] 大甸子묘지 출토 채색토기 각종 문양
1. Aa식(M1147:2) 2. Aa식(M1265:1) 3. Ab식(M371:9) 4. Ab식(M612:18)
5. Ba식(M726:14) 6. Ba식(M610:6:14) 7. Bb식(M1148:3) 8. Bb식(M674:3)

---

55) 中國社會科學院考古硏究所, 앞의 책, 1998, 214~221쪽.
56) 中國社會科學院考古硏究所, 위의 책, 1998, 219-220쪽.

해당 사회의 주요한 재부를 장악하고 있었다는 것을 시사한다.[57] 대전자 취락은 기본적으로는 혈연관계를 사회 구성의 기본원리로 하면서도, 출신을 서로 달리하는 사람들이 집거하는 사회였으며, 이들 사이에는 재부의 불평등한 소유로 상징되는 계층적인 차이가 존재하였다. 특히 이 사회의 최상층부를 차지하는 사람들은 외래계의 물건이 포함된 특수한 부장품을 위신재로 사용하면서 자신의 신분적인 위치를 과시하였다[58].

하가점하층문화기에는 생산력이 증대되고 인구가 증가하면서 본격적인 사회의 복합화가 전개되어갔다. 취락이 계층화되고, 서로 다른 위치를 점하는 취락 사이에서 진행된 위계질서는 취락 내부까지 파고들었다. 대형 취락에는 서로 다른 문화적 배경을 가진 집단이 집거하였으며, 집단 간에 계층분화가 발생하였다. 대전자 묘지가 서로 다른 문화적 배경을 가진 자들에 의해 분할 점거되고, 무덤 규모의 질적, 양적 차이는 분할된 구역과 일치하고 있다는 점은 사회 구성원의 계층화가 혈연을 단위로 하여 전개되고 있던 것과 관련이 있을 것이다.

그러나 동시에 주목하여야 할 것은 취락 및 취락 내부 구성원 사이의 계층 차이는 상대적으로 크지 않았다는 점이다. 대전자 묘지의 경우, 대형 무덤은 묘지 전체의 약 18%, 중형은 약 54%를 차지한다. 그밖에 소형이 약 22%를 차지하지만 그 대부분이 아동의 무덤이다. 이것을 감안하더라도 이와 같은 구성비는 취락 구성원의 계층 피라미드가 뚜렷하게 발달하지 않은 양상을 보여준다. 대형 무덤에서 발견된 부장품은 중·소형 무덤의 그것에 비하면 많지만, 양자의 차이가 현격한 것이라고 할 수 없다. 묘역(墓域)의 분할이 계층에 따라 이루어지지 않고 상이한 혈연 집단 간에서 발생한 것은 사회 최상층부의 권력이 혈연적 공동체에서 탈피할 정도로 발달하지 않았음을 시사한다. 뿐만 아니라 하가점하층문화의 대형 취락에서부터 소형 취락까지 모두 석성으로 자신을 보호할 수 있었던 것 역시 각 취락의 독립성이 상대적으로 높았다는 것을 암시한다. 취락과 취락 사이의 위계화는 진행되었지만, 당시의 취락사

---

57) 田廣林, 앞의 책, 177~179쪽.
58) 宮本一夫, 앞의 책, 88~100쪽.

회 내부가 그랬던 것처럼 아직 충분히 성숙한 단계까지는 도달하지 못했다는 평가도 가능하다.

2. 하가점상층문화의 사회

기원전 1000년을 전후하여 노로아호산 이서의 서랍목륜하와 노합하 일대에서 하가점상층문화가 성립되었다. 기원전 1500년경에 이 지역에서 하가점하층문화가 종지(終止)한 것을 감안하면 하층과 상층문화 양자 간에 약 500년가량의 공백기가 발생한다. 이 공백기에 대해서는 이전 사회 집단의 집단적 이동을 상정하는 견해도 있고[59], 현재의 문화 속성 분석이나 편년에 내재된 문제로 이해하는 해석도 존재하지만[60], 일찍이 장충배가 언명했듯이[61], 이 공백기를 사이에 둔 양 문화 사이에서 현저한 변화가 감지된다는 것에 대해 학계는 대체로 일치된 인식을 가지고 있다.

하가점상층문화인도 농업을 바탕으로 한 정착생활을 영위하였다. 상층문화 유적에서는 기경(起耕)에서 수확까지 일련의 농경 과정에 필요한 다양한 종류의 석제 농기구가 발견되었으며, 곡괭이[호(鎬)]와 괭이[곽(钁)] 등 약간의 청동제 농기구가 출토되었다는 보고도 있다[62]. 아울러 극십극등기(克什克騰旗) 용두산(龍頭山) 유적과 객라심기(喀喇沁旗) 대산전(大山前) 유적 등에서 발견된 제사갱에는 탄화 곡물의 흔적이 확인되었으며, 건평현(建平縣) 수천(水泉) 유적에서 조사된 구덩이에 잔존한 탄화 곡물은 약 0.64m의 두께에 달하였다[63]. 그러나 상층문화의 생업경제가 전적으로 농업에 의존하였다고 판단하는 데에는 다소 문제가 있다. 왜냐하면 이 문화에는 초원문화의 요소가 뚜렷하여 병기(兵器), 차마기(車馬器), 장식품 등이나 토기, 매장습속 등에

---

59) 劉觀民·徐光冀,「內蒙古東部地區靑銅器時代的兩種文化」,『內蒙古文物考古』創刊號, 1981.
60) 赤峰中美聯合考古硏究項目, 앞의 책, 34~36쪽.
61) 張忠培,「夏家店上·下層文化及其相關的幾個問題」,『中國北方考古文集』, 文物出版社, 1986, 207~208쪽.
62) 烏恩岳斯圖, 앞의 책, 200쪽.
63) 王立新, 앞의 논문, 257쪽.

서도 그와 관련된 요소가 적잖이 발견되기 때문이다.[64] 특히 음하(陰河) 일대에서에 서는 상층문화 유적이 높은 산지로 이동해가는 경향도 관측되었는데, 이와 같은 거주지의 입지 변화는 당시의 주민이 농업과 동시에 유목경제에 대한 의존이 더욱 심화되어 나간 것과 관련이 있다.[65]

하가점상층문화의 토기는 하층문화의 그것에 비하면 태토가 정선되지 않고 제작수법도 조악하다는 인상을 주지만, 이 문화의 공예는 청동기에서 그 최고의 수준을 볼 수 있다. 청동기는 그 종류와 수량이 많을 뿐만 아니라, 제작 수준도 매우 높은 것으로 평가되는데, 그 가운데서도 병기, 차마기, 공구와 장식품에 보이는 동물문 장식예술은 매우 독특한 풍격을 보여준다.[66] 이들의 품격은 같은 시기 중원지역의 그것과는 확연히 다른 고유의 독특한 특징을 공유하고 있다. 상층문화의 청동기가 보여주는 독특한 풍격과 양식적 일체성은 이들 청동기가 현지에서 제작된 것임을 의미한다.

하가점상층문화의 유적에서 발견된 동광과 동기 제작 유적 그리고 몇몇 유적에서 발견된 석제 및 토제 용범 역시 상당히 발달한 청동기 제조업이 존재를 입증하는 증거이다.[67] 요령성 임서현(林西縣) 대정촌에서 발견된 동광(銅鑛)은 상층문화기에 장기간에 걸쳐 사용되었는데, 2.5㎢의 범위 내에서 47여 조(條)의 노천 채광이 발견되었다. 유적에서 발견된 수공업 공방 유구와 시굴 및 수습을 거쳐 입수된 유물은 이 유적에서 채광, 선광, 야련, 주조 등 일련의 공정이 모두 수행되었음을 시사한다. 4호 갱도에 대한 부분 발굴 중에서만 이상의 청동기 제작공정과 관련된 작업용 가설건물 [공붕(工棚)] 유구가 4곳 발견되었으며, 망치[추(錘)]와 곡갱이[호(鎬)] 등의 석제 공구가 총 1500여 점 출토되었다.[68]

하가점상층문화의 취락은 [표 2]와 [표 3]의 적봉시 인근 사례에서 보듯이 하가점하

---

64) 烏恩岳斯圖, 앞의 책, 201쪽.

65) 赤峰中美聯合考古研究項目, 앞의 책, 35~36쪽, 74쪽.

66) 烏恩岳斯圖, 앞의 책, 180쪽.

67) 赤峰中美聯合考古研究項目, 앞의 책, 34~35쪽.

68) 遼寧省博物館文物工作隊,「遼寧林西大井古銅礦1976年試掘簡報」,『文物資料叢刊』7, 1983; 王剛,「林西縣大井古銅礦遺址」,『內蒙古文物考古』1994: 1.

층문화의 그것보다 다소 감소하는 양상을 보이지만, 그 감소의 폭은 그다지 크지 않다. 따라서 상층문화의 인구와 취락의 분포 및 조밀도가 하층의 그것에 비해 크게 감소하였다는 인상은 전혀 없다. 그럼에도 불구하고 이 문화의 취락 유적은 조사례가 그다지 많지 않고 성곽과 같은 두드러진 구조물도 갖추지 않았다[69]. 때문에 지금 이 문화의 취락 규모와 분포 양상을 통해 당시의 사회조직을 분석하는 일은 용이하지 않다. 그럼에도 불구하고 위에서 언급한 반지전하(半支箭河) 유역의 지표조사 결과에 입각한 유적 규모와 분포에 대한 등명여(滕銘予)의 추정은 하가점상층문화의 취락 규모와 분포에 대한 약간의 단서를 제공한다.

그에 따르면 하가점상층문화 시기의 경우, 반지전하 중류 일대 지역에서는 13개의 유적군을 확인할 수 있으며, 이것은 하가점하층문화 시기의 16개 유적군의 분포 및 규모와 커다란 차이가 없다.([그림 4] 2) 즉 상층문화기에도 하층문화기처럼 이 지역에 대형 취락과 중형 취락, 그리고 소형 취락이 군집을 이루며 일정한 질서를 형성하고 있었음을 암시한다. 다만 동북부에 입지하는 비교적 규모가 큰 독립 유적처럼 일부 등급구조가 명료하지 않은 군집이 존재하여, 이 지역 내의 중심취락이 하층문화의 그것만큼 강력한 응집력을 발휘하지 못하였을 가능성도 있다[70].

그러나 [그림 4] 2의 동부에서 보는 것처럼 하가점상층문화의 경우에도 대형 유적군이 존재하는 것은 분명한 사실이며, 이 시기에 들어 오히려 더욱 강력한 권력을 소유한 사회최상층이 등장하였음을 알려주는 자료도 있다. 그것은 이 문화기를 대표하는 무덤에서 볼 수 있다. 내몽고 영성현(寧城縣) 남산근(南山根) 유적 M101호 무덤과 소흑석구(小黑石溝) 유적 M8501호 무덤 등이 그 대표적인 사례이다.

---

69) 中國科學院考古硏究所內蒙古發掘隊, 「內蒙古赤峰藥王廟・夏家店遺址試掘簡報」, 『考古』 1961: 2; 中國科學院考古硏究所內蒙古工作隊, 「赤峰藥王廟・夏家店遺址試掘報告」, 『考古學報』 1974: 1; 中國科學院考古硏究所內蒙古工作隊, 「寧城南山根遺址發掘報告」, 『考古學報』 1975: 1; 中國科學院考古硏究所內蒙古工作隊, 「赤峰蜘蛛山遺址的發掘」, 『考古學報』 1979: 2; 內蒙古自治區文物考古硏究所・克什克騰旗博物館, 「內蒙古克什克騰旗龍頭山遺址第一・二次發掘簡報」, 『考古』 1991: 8.

70) 滕銘予, 『GIS支持下的赤峰地區環境考古硏究』, 科學出版社, 2009; 滕銘予, 「半支箭河中游先秦時期遺址分布的空間考察」, 『吉林大學社會科學學報』, 2009: 4.

남산근 유적은 녕성현의 서쪽 팔리한진(八里罕鎭)의 서북쪽에 위치한다. M101호 무덤[그림 8]은 1963년에 발견되었는데, 이 무덤은 역시 현지 주민에 의해 우연히 발견되어 이미 유구가 손상된 상태였다. 같은 해 9월에 진행된 조사에 따르면, 이 무덤은 묘구(墓口)의 길이가 380㎝, 너비는 장변이 223㎝, 단변이 180㎝, 깊이는 240㎝에 달하는 수혈식 석곽목관묘이다. 발견 당시 촌민이 유물을 수습하였기 때문에 출토된 유물의 수량은 확실하지 않지만, 출토 유물의 총수는 적어도 500점을 상회하는 것으로 보인다. 여기에서 출토된 유물은 자못 방대한 규모로 그 절대다수는 청동기이다. 이들 부장 청동기 가운데는 용기와 공구, 병기, 차마기, 각종 장식품은 물론 거울까지 망라되어 있다. 출토 청동기 가운데 특히 주목되는 것은 중원지역에서 제작

[그림 8] 남산근 유적 M101호 석곽묘 평, 단면 및 출토 청동용기류(일부)

된 용기(容器)로, 여기에는 정(鼎) 2점과 보(簠), 궤(簋) 각 1점이 포함되어 있다[71].

소흑석구(小黑石溝) 유적은 적봉시(赤峰市) 서남쪽 약 40km, 영성현(寧城縣) 전자향(甸子鄉) 소흑석구촌(小黑石溝村) 동남쪽에 위치한다. 위에 언급한 남산근 유적에서 남쪽으로 약 20km 떨어진 거리이다. M8501호 무덤은 1985년 촌민에 의해 우연히 발견되어 이미 유구도 손상되고 유물도 그 상당수를 임의로 수습한 상태였다. 유물은 대부분 회수되었다고 한다. 이 무덤 역시 석곽목관묘로 잔장 310㎝, 너비 230㎝, 깊이 210㎝이며, 출토 유물은 400점이 넘는다. 지금까지 전하는 출토 유물은 약간의 석・골기를 제외하면 대부분이 청동기로, 남산근 M101호 무덤과 마찬가지로 용기와 공구, 병기, 차마기, 그리고 각종 장식품이 포함되어 있지만 발견된 부장품 목록에 거울은 빠져 있다. 이 무덤에서도 중원지역에서 제작된 용기(容器)가 발견되었는데, 그 수량은 남산근 M101호를 훨씬 초월하여 모두 17점에 달한다[72].

하가점상층문화시기에 이르러서는 하가점하층문화에서 보는 것과 같은 석성 등의 대형 유적은 확인되지 않았다. 그러나 이와 같은 현상은 상층문화기에 이르러 사회공동체가 쇠락하거나 분해된 것을 의미하는 것은 아니라고 생각된다. 이 시기의 인구 규모는 하층문화와 견주어 크게 손색이 없고, 특히 발달한 청동공예에서 보는 것처럼 사회 내에 기능적인 분업도 상당한 수준에 이르렀다. 반지전하 일대의 유적 분포 상황은 이 시기에도 하층문화기의 그것처럼 각 지역의 취락이 그 규모에 따라 서로 다른 계층적 위치를 차지하면서 일정한 연계망을 형성하고 있었음을 시사한다. 즉 하층문화가 쇠락한 이후 얼마간의 시간이 지나 그 지역에 그와는 계통을 달리하는 또 다른 문화적 배경의 공동체가 발달하고 있었음을 시사하는 것이다.

오히려 하가점상층문화의 사회공동체는 하층문화 시기보다 더욱 강력한 지배계층의 출현을 맞이하고 있었다고 생각되는 증거가 있다. 녕성현 부근에서 발견된 남

---

71) 遼寧省昭烏達盟文物工作站・中國科學院考古研究所東北工作隊,「寧城縣南山根的石槨墓」,『考古學報』1973: 2.

72) 內蒙古自治區文物考古研究所・寧城縣遼中京博物館,『小黑石溝-夏家店上層文化遺址發掘報告』, 科學出版社, 2009.

산근 M101호 무덤이나 소흑석구 M8501호 무덤은 그 대부분이 청동기로 구성된 풍부한 부장품을 소유하고 있으며, 그 규모는 지금까지 발견된 동일 문화기의 어떤 다른 무덤과 견주어도 탁월하다. 이것은 하층문화의 대전자 무덤에서 볼 수 있는 대형 무덤과 기타 무덤의 격차와는 비교할 수 없는 정도의 현격한 차이이며, 그만큼 상위 계층자에게 집중된 권력의 집중도가 하층문화시기보다 고도화되었을 가능성이 있다. 특히 이들 무덤에서 발견된 중원계통의 청동예기는 그들의 수장층이 원거리에 걸친 군사행동을 수행할 정도의 실력을 갖추었음을 보여준다는 견해도 있다[73]. 청동예기의 소유는 그것을 통해 권력의 우월성을 과시하려는 목적을 가지고 있었을 것이다.

3. 위영자문화의 사회

노로아호산 이서 지역에서 하가점상층문화가 번영하기 이전, 하가점하층문화 권역의 동부에 해당하는 지역에서 위영자문화가 발전하였다. 1970년대 위영자문화의 존재가 식별된 이후 이에 관한 고고학적 자료가 꾸준히 축적되어 왔음에도 불구하고, 지금까지의 조사를 통해 확인된 위영자문화의 유존은 그다지 풍부하지 않다. 특히 건축유적 등 경제·사회생활을 반영하는 유적과 유물이 매우 부족하기 때문에, 위영자문화 유적의 분포 상황 및 취락형태, 사회구조 등의 문제를 구체적으로 이해하는 데는 상당한 어려움이 있다[74].

분명한 사실은 위영자문화 역시 정주형의 농업경제를 영위하였다는 점이다. 요령성 의현(義縣) 향양령(向陽嶺) 유적이나 부신현(阜新縣) 평정산(平頂山) 유적 등에서는 주거 유적이 상당한 두께의 퇴적층을 형성하고, 유적에서는 쟁기[서(鋤)], 반월형석도, 낫[겸(鎌)], 마반(磨盤), 마봉(磨棒) 등의 농기구도 적잖이 출토되었다는 점이 이것을 잘 입증한다. 다만 농기구의 종류는 하가점하층문화의 그것만큼 다양하지 못하

---

73) 김정열, 앞의 논문, 2011.
74) 烏恩岳斯圖, 앞의 책, 96쪽.

고 특히 중경용(中耕用)의 농기구[산(鏟)]가 확인되지 않기 때문에, 그 농업의 집약도는 하가점하층문화에 비해 오히려 퇴보된 것으로 평가된다[75].

위영자문화의 토기는 모두 手製이며 소성온도도 높지 않다. 다만 청동기 등 금속기 제작은 하가점하층문화에 비해 크게 발전하였다. 위영자문화의 풍격을 보이는 청동기에는 단검, 관공부(管銎斧), 도끼[월(鉞)] 등의 무기류와 도끼[부(斧)], 칼[도(刀)], 송곳[추(錐)] 등의 공구류, 귀걸이, 양(羊)머리 장식, 연주형(聯珠形) 장식 등 장식품류 등이 두루 포함되어 있다[76]. 오한기(敖漢旗) 이가영자(李家營子) 유적에서 출토된 도끼와 송곳 거푸집으로 보아, 청동기는 대개 위영자문화인 자체가 제작한 것이며 외지에서 수입된 것으로는 생각되지 않는다. 이밖에 화상구(和尙溝) 유적의 무덤 등에서는 금제 팔찌[천(釧)]가 출토되었다는 보고도 있다[77]. 위영자문화의 청동기는 다양한 동물문양을 장식 요소로 하는데, 이들 동물문양은 대체로 북방계 문의 특징으로 파악된다. 요서 일대에 동물문 장식이 등장하는 것은 위영자문화기에 이르러 시작되는 일이다[78].

약간의 주거지를 제외하면 위영자문화의 취락에 대한 자세한 정보가 없기 때문에, 이 문화기의 인구 규모나 취락 형태 및 그 분포에 대한 연구는 크게 진전되지 않았다. 그러나 위영자문화기와 그 뒤를 이어 대체로 비슷한 공간 범위에서 등장하는 십이대영자문화의 인구 규모와 취락 분포에도 하가점하층문화기의 그것과 유사한 상황을 상정하는 데는 크게 무리가 없을 것 같다. 그것은 위영자문화와 십이대영자문화의 주요 분포 지역에서 수행된 지표조사의 결과에서 분명하게 드러난다.[표 4]

아래의 표는 요령성 조양시(朝陽市) 관할 각 행정구역 내의 시대별 유적 수를 정리한 것이다[79]. 이 표를 보면 유적 개체 수의 경우 신석기시대의 71곳에서 청동기시대의 1858곳으로, 묘지의 수는 3곳에서 33곳으로 급증하였다. 이 통계수치는 지표조사

---

75) 王立新, 앞의 논문, 256쪽.
76) 遼寧省博物館文物工作隊, 「遼寧朝陽魏營子西周墓和古遺址」, 『考古』 1977: 5.
77) 遼寧省文物考古硏究所·喀左縣博物館, 「喀左和尙溝墓地」, 『遼海文物學刊』 1989: 2.
78) 烏恩岳斯圖, 앞의 책, 101~106쪽.
79) 國家文物局, 『中國文物地圖集』 遼寧分冊(下), 西安地圖出版社, 2009, 562쪽에서 편집.

행정구역	유적(수)		묘지(수)	
	신석기	청동기	신석기	청동기
雙塔區	5	63		
龍城區		66		
北票市		330		
凌源市	11	247		4
朝陽縣	6	242		6
建平縣	22	684	3	11
喀左縣	27	226		12
합계	71	1858	3	33

[표 4] 요령성 조양시 내 신석기-청동기시대 유적 개체 수 비교

에 의거한 것이고, 문화기를 신석기시대와 청동기시대로 대분(大分)하여, 개별 문화유형의 유적 개체 수는 명시되어 있지 않다. 그럼에도 불구하고, 이 통계에 나타나는 주요한 경향은 위에서 살펴본 바 있는 노로아호산 이서, 적봉 지역 일대의 청동기시대에서 나타나는 변화와 흡사한 양상을 보인다. 즉 조양시 구역에서도 청동기시대 유적의 개체 수는 신석기시대의 그것에 비해 획기적인 증가세를 보이는 것이다. 위영자문화와 십이대영자문화가 번영한 노로아호산 이동의 조양 지역 일대에서도 하가점상층문화기와 같은 조밀한 취락과 인구 규모가 그대로 구현되고 있었을 가능성이 매우 높다.

뿐만 아니라, 조양 일대의 취락 간에도 일정한 계층적 질서가 존속되고 있었음을 감지할 수 있는 자료도 있다. 위의 지표조사에는 발견된 유적 가운데 객좌현의 현 소재지인 대성자진(大城子鎭)을 중심으로 한 대릉하(大凌河) 상류 지역 양안의 흥륭장향(興隆莊鄉), 곤도영자향(坤都營子鄉), 남초진(南哨鎭), 노야묘진(老爺廟鎭), 동초향(東哨鄉) 일대에서 조사된 청동기시대 유적 중에는 면적 1600㎡[이도와서(二道窪西) 유적]~4500㎡[강장서(姜杖西) 유적] 정도의 소형 유적과 2만㎡[복두구(卜頭溝) 유적] 정도의 중형 유적, 그리고 6만㎡[곤도북(坤都北) 유적]~9만㎡[소마가(小馬架) 유적] 등의 대형 유적 등이 두루 포함되어 있다[80]. 이들 유적은 아직 발굴조사를 거치지 않았지만, 적

---

80) 國家文物局, 위의 책, 530~561쪽.

어도 위영자문화기에서 십이대영자문화기에 이르는 시대에 노로아호산 이동 지역에서도 그 이서 지역과 마찬가지로 대형 취락을 중심으로 하고 그 주변에 다양한 규모의 취락이 구심적인 형태로 분포하면서 계층적인 상호관계를 맺고 있었다는 추정이 불합리하지는 않을 것이다.

[그림 9] 北洞 유적 전경 및 청동기 매장 구덩이 노출 상황(경기도박물관, 『2010년 해외교류특별전 요녕고대문물전(遼寧古代文物展)』, 2010, 48쪽에서 재편집)

위영자문화의 유적 가운데서 가장 주목되는 것은 마창구(馬廠溝), 산만자(山灣子), 북동(北洞) 유적 등 상·주교체기(商·周交替期)를 전후한 시기에 조성된 청동예기 매장 구덩이이다.[그림 9] 이런 유형의 유적은 지금까지 모두 11곳이 발견되었는데, 그 대부분인 8기가 객좌현 일대 대릉하 상류 양안의 약 30km 범위 안에 위치하고 있다[81]. 위영자문화 유적에서 중원식 청동예기가 출토된 배경에 대해서는 연구자들 사이에 다양한 견해가 있다. 중원문화의 담지자가 이곳으로 이주해 오면서 남긴 흔적이라는 설[82]과 중원지역과 모종의 관계를 맺은 정치집단에게 중원문화집단이 증여한 것이라는 설[83]이 대표적인 견해이다.

그러나 청동예기는 제기(祭器)로서 자신과는 다른 혈연의 자들에게 임의로 기증될 수 없는 물건이라는 점과 위영자문화 권역의 유적에서 일괄 출토되는 청동예기는 중원문화에서 확인되는 예제(禮制)와는 다른 맥락에서 매장되었다는 점을 고려할 때, 이들 견해는 성립되기 어렵다. 때문에 이들 청동예기는 전쟁 등의 비정상적인 상황

---

81) 김정열, 앞의 논문, 2009, 75~81쪽.
82) 楊建華 2002,「燕山南北商周之際青銅器遺存的分群研究」,『考古學報』 2002: 2, 165쪽.
83) 烏恩岳斯圖, 앞의 책, 110쪽.

을 통해 위영자문화인에게 유입되었을 가능성이 높다. 또 이들 청동예기 매장 구덩이의 입지는 대개 높지 않은 산의 경사면이나 산지 주변의 완만한 구릉이며, 유구 주변에서 취락이나 기타 유구가 발견되지 않은 고립적인 양상을 보인다. 이것은 이들 청동예기 매장 구덩이가 이것을 매장한 집단의 제의와 관련되었을 가능성을 크다는 사실을 의미한다[84].

위영자문화에서 그 사회의 복합화 양상을 확인할 수 있는 더 이상의 자료는 없다. 다만 이 문화의 권역에서 발견된 청동예기 매장 구덩이가 암시하는 사실은 위영자문화가 중원지역의 정치집단과 길항하는 태세를 갖추고 있었으며, 이 집단에는 그와 같은 갈등관계를 지속하고 지휘하는 상당한 권력을 갖춘 수장이 존재하였을 개연성이다.

뿐만 아니라 이 집단의 최고계층에 위치하는 수장은 중원에서 입수한 귀중품 청동예기를 공공의 제사의례에 활용하였다는 점도 마땅히 주목해야 한다. 위영자문화의 취락 사이에 형성된 일정한 취락 사이의 질서 하에서 중원에서 입수한 청동예기를 공공의 제의(祭儀)에 사용할 수 있는 집단은 그 관계망에서 최고 위치를 점유한 집단일 것이다. 그 집단의 수장은 하가점상층문화의 그들처럼 청동예기를 권력자의 위신 제고를 위한 것이 아닌 공익적 목적 하에 소비하였다. 이것은 그 수장의 권력이 공동체적인 규제에서 아직 탈피하지 못하는 수준에 머물러 있던 것과 무관하지 않을 것이다.

4. 십이대영자문화문화의 사회

십이대영자문화의 주민 역시 농경에 바탕을 둔 정주생활을 영위하였다. 이 문화유형에 속하는 유적에서는 도끼와 칼, 절구와 공이, 반월형석도, 마반(磨盤)과 마봉(磨棒) 등 석제 농기구가 출토되었을 뿐만 아니라, 탄화된 기장도 발견되었다. 다만 아직까지 중경용의 농기구가 발견되지 않았으며, 이것은 이 문화의 농경이 다소 조방적이었음을 의미한다. 반면 무덤에서 발견되는 희생에는 돼지 이외에 말과 소가

---

84) 김정열, 앞의 논문, 2009, 106~107쪽.

지 포함되어 있으므로, 당시의 산업에서 목축업이 차지하는 비중은 이전보다 확대되었을 것이다. 이것은 위영자문화인이 상당한 양의 차마구(車馬具)가 제작된 것과도 밀접한 관련을 맺고 있을 것이다[85]. 이밖에 이 문화의 유적에서는 석제 혹은 청동제의 어망추가 널리 확인되며, 청동제 장식품 가운데는 가오리[鱝]와 같은 매우 독특한 소재도 확인된다. 이것은 십이대영자문화기에 어로가 식량획득원으로서 상당한 비중을 차지하고 있던 것과 관련이 있다는 견해도 있다[86].

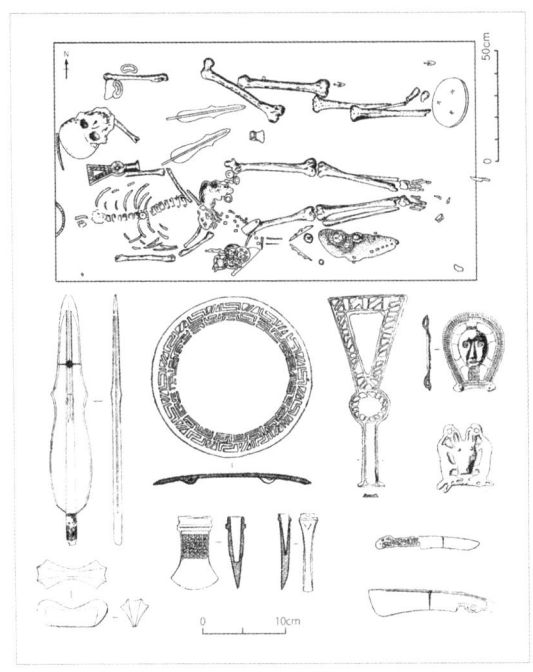

[그림 10] 십이대영자(十二臺營子) M1호 무덤 및 출토유물
(경기도박물관 2010: 61)

 십이대영자문화의 토기는 수제이며 문양이 없고 소성온도도 낮아 비교적 조악한 수준이다. 그에 비하면 청동기 생산은 활발하게 이루어졌으며, 공예의 수준도 상당히 높았다고 생각된다. 이 문화의 청동기에는 단검(短劍), 창[모(矛)] 등을 비롯한 무기류와 차마구(車馬具), 칼[도(刀)], 도끼[부(斧)] 등의 공구류, 그리고 거울 및 각종 장식품 등 다양한 종류의 제품이 두루 포함되어 있으며, 청동 제품을 제작하는 데 사용된 용범이 출토된 사례도 있다. 특히 이 문화의 청동기에서 자주 사용되는 호랑이, 늑대, 사슴, 뱀, 두꺼비, 가오리, 새와 인면(人面) 형상 등의 장식 소재에서는 인접한 주변 문화와는 색다른 개성이 드러나고, 특히 뱀, 두꺼비, 가오리 등의 형상 등은 이 문화에만 독특하게 출현하는 소재이다[87]. 전체적으로 보면, 십이대영자문화기에는 청동기

---

85) 王立新, 앞의 논문, 256-257쪽.
86) 烏恩岳斯圖, 앞의 책, 240쪽.

제작 기술이 상당한 정도의 수준을 유지하고 있었으며, 그 주민들 가운데는 매우 전문화된 장인이 존재하였음도 분명하다.

지금까지 조사된 십이대영자문화의 유적은 하가점상층문화의 그것과 마찬가지로 대부분 무덤이다. 주요 사례로는 조양(朝陽) 십이대영자(十二臺營子) 유적, 원대자(袁臺子) 유적, 객좌현(喀左縣) 육관영자(六官營子) 남동구(南洞溝) 유적에서 조사된 무덤 등을 꼽을 수 있다. 1958년 발굴된 십이대영자촌의 M1호 무덤[그림 10]은 석곽묘(石槨墓)로, 묘광의 크기는 장변이 180㎝, 단변이 100㎝ 가량으로 그다지 크지 않지만 목곽을 갖추고 있고, 동검을 비롯한 무기와 거울, 동제의 차마구, 공구와 장식품을 부장하였으며, 같은 유적에서 발견된 M2호 무덤에서도 역시 동검을 비롯한 무기류와 동경, 동제 차마구 및 공구 등이 두루 출토되었다[88]. 한편 남동구(南洞溝) 유적에서 발견된 석곽묘 1기에서는 동검을 비롯한 무기류와 동제 차마구·공구는 물론 중원에서 제작된 것으로 보이는 동궤(銅簋) 1점도 출토되었다[89]. 이들 무덤은 지금까지 발견된 십이대영자문화 최고 수준의 무덤이다. 따라서 십이대영자나 남동구 일대에 이 문화의 권력의 중심지가 존재하였으며, 상기의 무덤들은 그 수장층에 해당하는 자의 것이라 판단해도 좋을 것이다.

십이대영자문화 최고 수준의 무덤을 보면 이 지역에서 선행(先行)한 위영자문화기와는 달리 당시 사회 최고 수준의 물품이 공공의 제의를 위한 것이 아니라 수장층의 무덤에 부장되었다는 점이 주목된다. 이것은 같은 시대 노로아호산 이서 지역에서 번영한 하가점상층문화와 궤를 같이하는 현상이다. 위에서 본 바와 같이 조양시(朝陽市) 일대의 지표조사에 보이는 통계에서 대형취락을 중심으로 형성된 취락 간 위계질서를 추정할 수 있다면, 거기에서 중심적 지위를 차지하는 취락이 등장하고 거기에는 이들 취락군을 통치하는 수장이 존재하였음을 상정하는 것은 당연하다. 그리고 이 시기에 이르면 십이대영자의 M1호 무덤에서 확인되는 것처럼 그 수장의 권

---

87) 烏恩岳斯圖, 위의 책, 238~240쪽.
88) 朱貴 1960, 「遼寧朝陽十二臺營子靑銅短劍墓」, 『考古學報』 1960: 1.
89) 遼寧省博物館·朝陽地區博物館, 「遼寧喀左南洞溝石槨墓」, 『考古』 1977: 6,.

력은 위영자문화기와는 달리 공동체에서 탈피하여 보다 강력한 성격을 지니게 되었다. 따라서 십이대영자의 M1 무덤은 그 사회 구성원의 계층화가 첨예화되고, 그 정점에서 보다 강력한 권력을 갖춘 수장층이 형성되었음을 암시하는 표지이다.

십이대영자 M1·M2호 무덤, 혹은 남동구(南洞溝) 석곽묘에서 모두 무기가 확인되고, 그 가운데 십이대영자 M1호 무덤에서 거울이 출토된 것을 근거로 해서 이 문화기의 수장층이 무력을 권력의 바탕으로 하고, 그 가운데서도 보다 상위에 위치한 자는 신권(神權)을 통해 권력을 보장받고 있었다고 해석하기도 한다[90]. 이것은 하가점상층문화의 경우에서도 동일하게 확인되는 것이지만, 십이대영자문화 수장층의 무덤에 보이는 규모나 부장품은 하가점상층문화에 비하면 여전히 손색이 있다. 부장품의 절대량을 단순하게 비교하는 것에는 문제가 있지만, 이것은 십이대영자문화 사회의 권력집중도가 하가점상층문화의 그것보다 아직 덜 발달하였다고 평가하는 견해와도 호응하는 현상이다[91].

Ⅳ. 결론

기원전 2000년경 요서 지역은 하가점하층문화가 성립과 함께 청동기시대로 접어든다. 이때부터 요서 지역은 급격한 취락의 증가와 인구의 증가를 경험하게 된다. 최근 진행된 적봉(赤峰) 인근의 지표조사 결과가 보여주듯이, 이 시기에 들면 요서 지역에서 인구의 폭발적인 팽창과 취락 개체수의 뚜렷한 증가를 확인할 수 있다. 하가점하층문화의 취락을 특징짓는 요소는 서성이나 토성 등 성곽이다. 성곽의 규모는 천차만별이고, 또 특정한 취락에서만 발견되는 것이 아니므로 하가점하층문화기의 성곽이 고도로 발전한 사회를 표지하는 상징물이 될 수 없다는 견해는 타당하다. 그러나 그와는 무관하게 이 시기의 취락은 일정하게 계층화된 조직을 형성하면서, 중심

---

90) 이청규, 「青銅器를 통해 본 古朝鮮과 주변사회」, 『북방사논총』 6, 2002, 26~29쪽.
91) 宮本一夫, 앞의 책, 191~198쪽.

취락을 향한 구심적 운동을 전개하고 있었다. 이 시기에 다수의 취락이 군집을 이루며 계층적 질서로 조직되는 단계에 도달해 있었음은 분명한 사실이다.

계층화 현상은 취락 내부의 구성원들 사이에서도 전개되어 갔다. 특정한 취락의 상층부를 점하는 자들이 취락 내부는 물론 주변의 취락군에 대해 일정한 영향력을 행사하면서 권력을 강화해 갔다. 그러나 취락과 취락 사이 그리고 취락 내부 각 계층 차이의 격차는 상대적으로 크지 않았다. 권력은 공동체에서 탈피할 정도로 고도화되지 않았다. 하가점하층문화기의 거의 모든 취락이, 그 규모와는 관계없이 성곽으로 자신의 취락을 보호할 수 있었던 것도 각 취락의 폐쇄성과 독립성이 상대적으로 강고하게 존속하고 있었음을 보여주는 현상이다.

하가점하층문화가 소멸되고 요서 지역은 상당한 시간의 문화적 공백기에 접어들었다. 이 공백기를 거쳐 먼저 노로아호산 이동 지역에서 위영자문화가 성장한다. 약 1~200년의 공백기를 거친 이후에 등장하는 위영자문화기에 요서 지역의 인구나 취락 규모에 큰 변동이 있었다는 신호는 보이지 않는다. 게다가 이 시기의 사회는 하가점하층문화기보다 발전한 청동기를 제작할 만큼 발달했다. 관련 취락 자료가 아직 축적되어 있지 않기 때문에, 당시의 취락 사이, 혹은 취락 내부의 사회구조에 대한 체계적 인식을 획득하기 어렵다. 그러나 위영자문화 권역 내의 각 취락이 보여주는 다양한 규모는 이 시기에도 일정한 내적 질서를 포함하는 취락의 군집이 존재했을 가능성이 높다는 것을 암시한다.

대릉하 상류, 객좌 일대에서 주로 발견되는 위영자문화기의 청동예기 매장 구덩이는 이 사기의 사회 복합화 진전을 탐색하기 위한 약간의 단서를 제공한다. 그것은 위영자문화(혹은 이 문화권 내에서 발달한 취락군집이)가 중원지역의 정치집단과 일정한 갈등관계를 구축하고 있었으며, 이 집단에는 그 갈등관계를 지휘할 만큼 상당한 권력을 갖춘 수장이 존재하였다는 점을 의미하기 때문이다. 특히 이 집단의 수장은 중원에서 입수한 귀중품 청동예기를 공공의 제의에 활용하였다는 점에 주목할 필요가 있다. 즉 위영자문화기의 그들의 수장(首長)은 박래품으로서의 높은 가치를 가진 청동예기를 개인적인 목적이 아닌 집단적인 목적 하에 소비한 만큼, 아직까지 공동체의 규제에서 탈피하지 못하는 수준의 권력을 장악하는 데 머물러 있었다.

노로아호산 이서 지역에서는 하가점하층문화의 절멸 이후 약 500년의 세월이 지나 그와는 전혀 새로운 유형의 청동기문화가 발생하여 번영하였다. 하가점상층문화 시기의 인구 규모와 취락의 밀집도는 하층문화 시기의 그것에 비해서 전혀 손색이 없다. 이 시기에 하층문화에서 보는 것과 같은 석성 등의 대형 유적은 아직 확인되지 않지만, 이것이 사회공동체의 쇠락이나 분해를 의미하는 것은 아니다. 인구 규모는 하층문화와 견주어 크게 손색이 없고, 사회 내의 기능적인 분업도 상당한 수준에 이르렀다. 반지전하 일대의 유적 분포 상황은 이 시기에도 하층문화기의 그것처럼 각 지역의 취락이 구심적 군집을 이루면서 일정한 연계망을 형성하고 있었음을 잘 보여 준다.

오히려 하가점상층문화의 사회공동체는 하층문화 시기보다 더욱 강력한 지배계층의 출현을 맞이하였다고 생각하게 하는 증거도 있다. 녕성현 부근에서 발견된 남산근 M101호 무덤이나 소흑석구 M8501호 무덤이 그것이다. 이들 무덤은 청동기로 구성된 탁월한 규모의 부장품을 소유하였으며, 그 규모는 이전까지 볼 수 없었던 수준이다. 이것은 이 시기 수장층이 장악한 권력이 고도화되었음을 의미한다.

노로아호산 이서 지역에서 하가점상층문화가 번영할 무렵 노로아호산 이동 지역에서는 또 다른 유형의 청동기문화, 즉 십이대영자문화가 위영자문화의 뒤를 이어 성장했다. 이 시기에 들면 농업뿐만 아니라 목축업과 어렵업 등이 주요한 상업으로 성장한 반면, 토기 제작과 농경은 일정한 정도의 퇴보를 경험하였다. 이 시기의 취락 및 사회조직에 관한 정보는 하가점상층문화와 마찬가지로 아직까지 매우 부족하다. 그러나 농경의 쇠락에도 불구하고 십이대영자문화 시기에 뚜렷한 인구와 취락의 감소 현상이 나타나지는 않았다.

십이대영자문화 권역에서 일정한 규모의 복합사회가 존재하고 있었다는 것은 이 문화기에 속하는 몇몇 대형 무덤을 통해 확인할 수 있다. 이 문화기에 속하는 최고 수준의 무덤에서, 이 사회에 존속하였을 수장이 상당한 정도의 부와 권력을 집중하고 있었음을 짐작할 수 있다. 특히 선행한 위영자문화기와는 달리 최고 수준의 귀중품이 수장 개인의 부장품으로 매납되었다는 점이 주목된다. 이것은 비슷한 시간적 범위에 노로아호산 이서에서 번영한 하가점상층문화에서도 볼 수 있는 현상이다.

그러나 십이대영자문화 수장층의 무덤에 보이는 부장품의 규모는 상층문화에 비하면 손색이 있다. 이것은 십이대영자문화 사회의 복합화 수준이 상층문화의 그것보다 덜 발달했던 것과 관련되었을 가능성도 있다.

하가점하층문화의 성립 이후, 요서 지역은 다양한 문화적 배경을 가진 인적 집단에 의해 교대로 점거되었다. 그들은 생존의 기반이 된 경제적 배경에서 다양한 스펙트럼을 보여주었음에도 불구하고, 그들의 사회는 고도로 복합화되어 가는 과정에서 일관된 맥락을 보여주었다. 권력은 집단에서 개인으로, 동시에 탈혈연적인 방향으로 전개되어 갔다. 그러나 이것은 지극히 개략적인 묘사에 지나지 않는다. 사회복합화를 근저에서 추진해간 동력이 무엇인지, 사회구조의 변혁은 구체적으로 어떤 내용을 수반하였는지, 분열하는 사회를 통합한 이념적 기반은 무엇인지 등의 질문에 아직 대답하기 어렵다. 이제부터 해결해야 할 과제이다.

주제어: 요서, 청동기문화, 복합사회, 하가점하층문화, 하가점상층문화, 위영자문화, 십이대영자문화

참고문헌

경기도박물관,『2010년 해외교류특별전 遼寧古代文物展』, 경기도박물관, 2010.
궈다순・장싱더(저), 김정열(역),『동북문화와 유연문명』, 동북아역사재단, 2008.
김정열,「요서 지역 출토 상・주 청동예기의 성격에 대하여」, 이청규 외,『요하유역의 초기 청동기문화』, 동북아역사재단, 2009.
김정열,「하가점상층문화에 보이는 중원식 청동예기의 연대와 유입 경위」,『韓國上古史學報』72, 2011.
서길수,「하가점하층문화(夏家店下層文化)의 석성(石城) 연구」,『高句麗渤海硏究』31, 2008.
宋鎬晸,『한국고대사 속의 고조선사』, 푸른역사, 2003.
徐榮洙,「古朝鮮의 位置와 疆域」,『韓國史市民講座』2, 일조각, 1988.
吳江原,「西遼河上流域의 靑銅短劍과 그 文化에 관한 연구-銅劍의 系統과 使用集團問題를 중심으로」,『韓國古代史硏究』12, 1997.
이재현,「요서 지역의 문명 및 초기국가 형성에 관한 연구현황과 문제점」, 송호정 외,『중국 동북지역 고고학 연구현황과 문제점』, 동북아역사재단, 2008.
이재현,「하가점하층문화기 방어취락의 성격 연구」, 이청규 외,『요하유역의 초기 청동기문화』, 동북아역사재단, 2009.
이청규,「동북아지역의 多鈕鏡과 그 副葬墓에 대하여」,『韓國考古學報』40, 1999.
이청규,「신석기-청동기시대의 요서지역 무덤의 부장유물과 그 변천」, 이청규 외,『요하문명의 확산과 중국 동북지역의 청동기문화』, 동북아역사재단, 2010.
이청규,「靑銅器를 통해 본 古朝鮮과 주변사회」,『北方史論叢』6, 2002.

喀左縣文化館,「記遼寧喀左縣後墳村發現的一組陶器」,『考古』1982: 1.
郭大順,「西遼河流域靑銅文化硏究的新進展」,『中國考古學會第四次年會論文集』, 文物出版社, 1985.
郭大順,『試論魏營子類型」,『考古學文化論集(一)』, 文物出版社, 1987.
國家文物局,『中國文物地圖集』遼寧分冊(下), 西安地圖出版社, 2009.
內蒙古文物工作隊,「敖漢旗范仗子古墓群發掘簡報」,『內蒙古文物考古』3, 1984.
內蒙古自治區文物考古硏究所・克什克騰旗博物館,「內蒙古克什克騰旗龍頭山遺址第一・二次發掘簡報」,『考古』1991: 8.
內蒙古自治區文物考古硏究所・寧城縣遼中京博物館,『小黑石溝-夏家店上層文化遺址發掘報告』, 科學出版社, 2009.

寧城縣文化館·中國社會科學院研究生院考古系東北考古專業,「寧城縣新發現的夏家店上層
　　　　文化墓葬及其相關遺物的研究」,『文物資料叢刊』9, 1985.
董新林,「魏營子文化初步研究」,『考古學報』2000: 1.
滕銘予,『GIS支持下的赤峰地區環境考古研究』,科學出版社, 2009.
滕銘予,「牛支箭河中游先秦時期遺址分布的空間考察」,『吉林大學社會科學學報』2009: 4.
徐光冀,「赤峰英金河,陰河流域的石城遺址」,中國社會科學院考古研究所 편,『中國考古學研
　　　　究-夏鼐先生考古五十周年紀念論文集』,文物出版社, 1986.
烏恩岳斯圖,『北方草原考古學文化研究』,科學出版社, 2007.
劉觀民·徐光冀,「內蒙古東部地區青銅時代的兩種文化」,『內蒙古文物考古』創刊號, 1981.
劉國祥,「大甸子玉器試探」,『考古』1999: 11.
劉國祥,「夏家店上層文化青銅器研究」,『考古學報』2000: 1.
楊建華,「燕山南北商周之際青銅器遺存的分群研究」,『考古學報』2002: 2.
王剛,「林西縣大井古銅礦遺址」,『內蒙古文物考古』1994: 1.
王立新,「遼西區夏至戰國時期文化格局與經濟形態的演進」,『考古學報』2004: 3.
王立新 외,「夏家店下層文化淵源雛論」,『北方文物』1993: 2.
遼寧省文物考古研究所·喀左縣博物館,「喀左和尙溝墓地」,『遼海文物學刊』1989: 2.
遼寧省文物考古研究所 외,「遼寧大凌河上游流域考古調查簡報」,『考古』2010: 5.
遼寧省博物館文物工作隊,「遼寧林西大井古銅礦1976年試掘簡報」,『文物資料叢刊』7, 1983.
遼寧省博物館文物工作隊,「遼寧朝陽魏營子西周墓和古遺址」,『考古』1977: 5.
遼寧省博物館·朝陽地區博物館,「遼寧喀左南洞溝石槨墓」,『考古』1977: 6.
遼寧省昭烏達盟文物工作站·中國科學院考古研究所東北工作隊,「寧城縣南山根的石槨墓」,
　　　　『考古學報』1973: 2.
李恭篤·高美璇,「夏家店下層文化若干問題研究」,『遼寧省博物館學術論文集』第1輯,遼寧省
　　　　博物館, 1985.
張忠培,「夏家店上,下層文化及其相關的幾個問題」,『中國北方考古文集』,文物出版社, 1986.
張忠培,「遼西古遺存的分區·編年及其他-"環渤海考古學術討論會"上的發言」,『遼海文物學
　　　　刊』1991: 1.
赤峰考古隊,『牛支箭河中游先秦時期遺址-赤峰考古隊田野工作報告之一』,科學出版社, 2002.
赤峰中美聯合考古研究項目,『內蒙古東部(赤峰)區域考古調查階段性報告』,科學出版社,
　　　　2003.
田廣林,『中國東北西遼河地區的文明起源』,中華書局, 2004.
田廣林,「夏家店下層文化時期西遼河地區的社會發展形態」,『考古』2006: 3.
鄭均雷,「戰國燕墓的非燕文化及其歷史背景」,『文物』2005: 3.

趙賓福, 「中國東北地區夏到戰國時期考古學文化時空框架研究的再檢討」, 『邊疆考古研究』 5, 科學出版社, 2006.

趙賓福, 『中國東北地區夏至戰國時期的考古學文化研究』, 科學出版社, 2009.

趙賓福, 「遼西地區漢以前文化發展序列的建立及文化縱橫關係的探討」, 『東洋學』 49, 2011.

朱貴, 「遼寧朝陽十二臺營子青銅短劍墓」, 『考古學報』 1960: 1.

朱延平, 「夏家店下層文化的社會發展階段」, 『中國北方古代文化國際學術研討會論文集』, 中國文史出版社, 1995.

朱永剛, 「夏家店上層文化的初步研究」, 『考古學文化論集』 1, 文物出版社, 1987.

中國社會科學院考古研究所, 『大甸子-夏家店下層文化遺址與墓地發掘報告』, 科學出版社, 1998.

中國科學院考古研究所內蒙古工作隊, 「赤峰藥王廟·夏家店遺址試掘報告」, 『考古學報』 1975: 1.

中國科學院考古研究所內蒙古工作隊, 「寧城南山根遺址發掘報告」, 『考古學報』 1975: 1.

中國科學院考古研究所內蒙古工作隊, 「赤峰蜘蛛山遺址的發掘」, 『考古學報』 1979: 2.

中國科學院考古研究所內蒙古發掘隊, 「內蒙古赤峰藥王廟·夏家店遺址試掘簡報」, 『考古』 1961: 2.

中國社會科學院考古研究所內蒙古工作隊, 「內蒙古敖漢旗周家地墓地發掘簡報」, 『考古』 1984: 5.

韓嘉穀, 「燕史源流的考古學觀察」, 『燕文化研究論文集』, 中國社會科學出版社, 1995.

宮本一夫, 『中國古代邊疆史の考古學的研究』, 中國書店, 2000.

石川岳彦, 「靑銅器と鐵器普及の歷史的背景」, 設樂博己 외 편, 『彌生時代の考古學3 多樣化する彌生文化』, 同成社, 2011.

秋山進午, 『東北アジア民族文化研究』, 同朋舍, 2000.

The Bronze Age Cultures of the Liaoxi Region and the Transition to Complex Society

Kim, Jeong-yeol

The transition to the Bronze Age in the Liaoxi region took place at around 2000 BCE. From this time onwards, until the 4thcentury BCE, the Liaoxi region witnessed the emergence and development of various Bronze Age cultures such as the Lower Xiajiadian Culture, Weiyingzi Culture, Upper Xiajiadian Culture, and Shiertaiyingzi Culture. Human civilization experienced a great leap forward with the beginning of the Bronze Age, which brought about an increase in production and, concomitantly, the division of labor, social stratification and the development of polities. It can therefore be expected that the Bronze Age in the Liaoxi region was also accompanied by a fundamental change in social structure.

As the Bronze Age cultures of this region were also directly involved in the establishment and development of the Bronze Age cultures of the Korean Peninsula, they may also shed light on the issue of Gojoseon state formation and development. Due to these reasons, the Korean academic community has been greatly interested in the early civilization of the Liaoxi region. However, the development of the Bronze Age cultures and their paths towards social complexity have not been examined in detail from a diachronic perspective. This is, above all, due to the uneven nature of the archaeological material. While much research has been carried out on the settlement and other associated sites of the Lower Xiajiadian Culture, the understanding of the other Bronze Age cultures of the Liaoxi region has been limited to typological studies carried out on the their representative artifacts. The lack of continuity between the Bronze Age cultures of the Liaoxi region and the paucity of excavated material has thus become an obstacle in achieving a diachronic and consistent understanding of the emergence of social complexity in the region.

Recently, however, the amount of archaeological excavated material from the Liaoxi region has increased rapidly. This will no doubt facilitate an in depth understanding of the Bronze Age societies of the region. The systematic field surveys carried out over a wide area will, in particular, be of great help in achieving a broad insight into the process of social development in the region. The focus of this article, therefore, will be to examine, diachronically, the emergence and development of social complexity in the Liaoxi region based on an examination of the Bronze Age material culture.

Keywords: Liaoxi, Bronze Age, Complex Society, Lower Xiajiadian Culture, Weiyingzi Culture, Upper Xiajiadian Culture, Shiertaiyingzi Culture

동북아시아 속의 한국 청동기문화권과 복합사회의 출현

吳 江 原

오강원

강원대학교 사학과, 한국학중앙연구원 한국학대학원 졸. 문학박사. 영남대학교 민족문화연구소 연구원, 동북아역사재단 부연구위원 역임.
현) 한국학중앙연구원 조교수.

주요 저작: 『비파형동검문화와 요령 지역의 청동기문화』, 『서단산문화와 길림 지역의 청동기문화』

Ⅰ. 머리말

동북아시아는 상대적으로 보아 규모가 작은 지리적인 공간임에도 불구하고 극단적으로 대비되는 여러 자연 환경이 조성되어 있다는 점에서 주목된다. 특히 연해주를 포함한 중국 동북 지역의 경우 동북아시아의 다양한 자연 환경과 기후가 이곳에서 서로 경계를 이루고 있다는 점에서 다시 한번 눈여겨 볼만하다. 하서주랑(河西走廊)을 타고 동진하는 고원성 초원과 동중국 복지로부터 동북쪽으로 펼쳐져 있는 화북대평원(華北大平原) 및 대흥안령(大興安嶺)으로부터 서남쪽으로 뻗어 있는 구릉대가 지금의 하북성 북부·내몽고 동남부·요서 지역에서 경계를 이루고 있다는 것을 단적인 예로 들 수 있다.

동북아시아의 바깥 범위로부터 시작된 이러한 자연 환경이 동북아시아에서 모두 조우한다는 것은, 다양한 자연 환경이라는 변수와 함께, 이 지역에 그만큼 다양한 문화들이 형성되어 있었다는 것을 의미할 뿐만 아니라, 이러한 문화들이 결국 여러 유형의 지역 문화 단위들의 지역-내, 지역-간 상호 작용 속에서 형성되어졌다는 것을 의미한다. 그 이유는 어차피 문화라는 것이 특정한 인간 집단의 생태 환경에 대한 적응과 조절에 의해 그 골격이 형성되어지는 점이 있기 때문이다. 실제로 청동기시대 동북아시아에는 삼림·고원·초원·저습지·구릉·평원 등의 자연 환경과 관련되는 여러 문화권과 문화가 형성되어 있었다.

이렇게 볼 때, 한국 청동기문화 또한 동북아시아의 특정 구역에서 부딪히고 교류하던 문화권의 흐름 및 지역 문화 단위들의 상호 작용과 관련이 있다. 어쩌면 비파형동검·다뉴기하문경·지석묘·석관묘·석곽묘·각종 마제석기·각종 지역형 토기 등으로 상징되는 한국 청동기문화는, 지역 문화의 관성이 아주 강하게 작용하고 있는 일부 유물 요소를 제외하고는, 거시적인 관점에서 볼 때 동북아시아에서 발생한 문화 접변과 교류가 전제되어 있는 것이라고 볼 수 있다. 이러한 점을 고려할 때, 동북아시아라는 공간 속에서 한국 청동기문화를 살펴 볼 필요가 있다.

여기에서는 이러한 인식을 바탕으로 하여, 먼저 한국 청동기문화가 동북아시아라는 지리 공간 속에 형성되어 있던 문화권 가운데 어떠한 문화권에 속하여 있었고,

그 속에서 한국 청동기문화권(상호작용권)의 범주가 어떻게 되는지에 대해 살펴 보고 자 한다. 이러한 논의를 진행한 뒤에는 그에 이어 한국 청동기문화권에 형성되어 있 던 주요한 각 지역 문화에 대해 살펴 볼 것이다. 이와 같은 논의를 마친 뒤에는 그에 이어 과연 한국 청동기문화권의 여러 지역 문화 가운데 어떤 시점, 어떤 공간, 어떤 지역 문화에서 복합사회가 처음으로 출현하였는지 등에 대한 문제를 살펴 보기로 하겠다.

II. 동북아시아의 청동기문화와 한국 청동기문화권

본 장에서는 동북아시아 속의 한국 청동기문화권의 시공 및 개념적 범주, 한국 청동기문화권 속의 여러 다양한 지역 문화, 그리고 한국 청동기문화권과 주변 동북아시아 지역문화의 상호 작용의 문제에 대해 살펴 보고자 한다. 그런데 이에 대한 논의를 하기에 앞서 우리가 흔히 관용적으로 사용하고 있는 '동북아시아' 의 공간적 범위와 '한국 청동기문화권' 이라는 용어 문제에 대해 밝힐 필요가 있다고 생각한다. 왜냐하면 우리가 관용적으로 쓰고 있는 '동북아시아' 라는 지리적 공간 개념이 연구자에 따라 상이하게 쓰이고 있을 뿐 아니라 '한국 청동기문화권' 이라는 용어가 적절치 않은 점도 있기 때문이다.

먼저 '동북아시아' 는 상대적인 개념으로서 아시아 속의 일정 구역을 지칭하는 지리 공간 개념이다. 그런데 아시아를 몇 개의 대구역으로 나누는 기준은 중앙아시아이다. 중앙아시아는 광의의 개념으로 볼 때 동투르키스탄(신강성)과 서투르키스탄(우즈베키스탄·키르키즈·타직·투르크메니아) 외에 카자크·중가르·티벳·아프카니스탄 북부·이란 동부 등을 말한다. 따라서 광의의 중앙아시아를 좌표로 할 때, 동북아시아는 황하 양안과 그 북쪽의 중국, 몽골, 러시아연방의 연해주·하바로프스크·사할린스크, 한국, 일본을 지칭할 수밖에 없고, 여기에서는 '동북아시아' 의 지리 공간을 이와 같이 인식하고자 한다.[1]

다음으로 '한국 청동기문화권' 또한 '한국' 이란 용어가 결국 현대에 성립된 국가

명이라는 점에서 청동기시대의 문화권을 규정하는 개념적 용어로는 적절치 않을 수 있다. 더욱이 청동기시대 동북아시아에 형성되어 있던 각종 지역 문화 단위들과 특정 물질문화 현상은, 과거 일부에서 확신하고 있듯이, 반드시 종족·정치 단위와 직결되는 것도 아니고,[2] 또 특정 형식의 유물의 광역적인 분포가 곧 사회문화 및 정치적인 동질성과 직결되는 것도 아니다.[3] 이러한 점은 연(燕)나라와 진(秦)·한(漢) 제국의 물품과 기술의 광역적인 분포와 확산을 고려할 때 쉽게 이해할 수 있다.

따라서 동북아시아의 청동기문화를 설명하기 위해 보다 적절한 용어를 찾을 필요가 있다. 이와 관련하여 '동이문화(東夷文化)'라는 용어를 쓰는 경우[4]도 있지만, '동이(東夷)'라는 개념 자체가 시간과 공간의 추이에 따라 워낙 다양한 실체와 개념으로 사용된데다[5] 전근대 시기 동북아시아에서 실체와는 상관없이 관념적·이념적으로 사용되어 왔다는 점을 고려할 때 적절치 않다. '동북아시아계 청동기문화'라는 용어를 사용하는 경우도[6] 있지만, 초기 철기시대 일본에까지 이르는 광역에 걸친 지역 수장들의 네트워크를 그야말로 계통론적 시각으로 규정한 것이어서 적절치 않다.

이러한 점들을 고려하여, 한국학계에서 가장 최근까지 가장 많이 사용된 용어가 '예맥문화권(穢貊文化圈)'이다.[7] '예맥문화론'은 『삼국지(三國志)』 등 중국 고대 사서에 지금의 한국으로 이어지는 중국 동북 지역과 한반도의 주요 종족 집단이 '한(韓)'을 포함하여 대부분 '예(穢)'와 '맥(貊)' 계로 분류되고 있다는 점에 착안하여 제기된 것으로서, 현재 많은 지지를 얻고 있다. '예맥문화론'은 『사기(史記)』와 『삼국지(三國

---

1) 오강원, 「동북아시아의 청동기문화와 요령, 그리고 한반도」, 『만주: 그 땅, 사람 그리고 역사』, 고구려연구재단, 2005, 31쪽.
2) 李盛周, 「巨視的 관점에서 본 東北亞 社會文化體系의 變動」, 『東北亞歷史論叢』 33, 東北亞歷史財團, 2011, 307쪽.
3) 李盛周, 「型式論과 系統論」, 『21세기의 한국고고학』 1, 주류성, 2008, 129쪽.
4) 村上恭通, 「序」, 『東夷世界の考古學』, 靑木書店, 2000, iii~v쪽.
5) 李成珪, 「中國 古文獻에 나타난 東北觀」, 『동북아 선사 및 고대사 연구의 방향』, 학연문화사, 2004, 26~30쪽.
6) 王建新, 『東北アジアの靑銅器文化』, 同成社, 1999, 23쪽.
7) 金貞培, 「韓國古代國家의 起源論」, 『白山學報』 14, 1973, 85~86쪽.

志)』에 기술되어 있는 '예(穢)'·'예(濊)'·'맥(貊)'·'예맥(穢貊)' 등의 종족 집단이 청동기시대 말기~초기 철기시대를 상한으로 하고 있고, 이들 집단이 청동기시대의 종족으로 소급 가능하다는 점에서 매우 타당하다.

따라서 필자가 말하고자 하는 '한국 청동기문화권'은 한강 이남의 '한'을 포괄한 개념으로서의 '예맥문화권'과 기본적으로 동질적이라 할 수 있다. 그럼에도 불구하고 본고에서 '예맥문화권'이란 용어 대신 굳이 논란의 소지가 있는 '한국 청동기문화권'이란 용어를 채택한 이유는 청동기~초기 철기시대 한반도 북쪽의 일부 지역에 형성되어 있던 문화가 곧 의심의 여지 없이 '한국 고대문화'로 인정하고 있는 고구려·백제·신라의 삼국 문화로 응축되기에, 굳이 이 지역의 청동기문화만을 현재의 주권 범위에 국한하여 '한국 청동기문화권'이라 부르지 못할 이유가 없다는 인식 때문이다.

그러면 이제 거시적인 관점에서 청동기시대 동북아시아라는 지리적 공간 개념 속에 형성되어 있던 문화권에 대해 알아 본 후, 이어 여러 문화권 중에서도 한국 청동기문화가 어떠한 문화권에 속하여 있었는지, 그리고 마지막으로 한국 청동기문화권 속의 여러 세부 지역 문화와 주변의 외부 문화와의 상호 작용에 대해 간단하게 살펴 보기로 하겠다.

청동기시대 동북아시아에 형성되어 있던 문화권을 알아보기 위해서는 편의상 논의의 출발점 또는 비교 기준점을 설정할 필요가 있는데, 선사·고대 중국문화를 출발점으로 삼고자 한다. 그 이유는 선사·고대 중국문화가 지리적으로 동북아시아의 가운데에 위치하고 있을 뿐만 아니라 유물 유적의 지역적 공반 관계를 통해 드러나는 문화적 색채가 분명하기 때문이다. 이외 선사·고대 중국문화는 지금의 하남성 북부·산서성 남부·섬서성 남부, 즉 '원 중원' 지역을 중심 구역으로 하여 신석기시대부터 주문화(周文化)에 이르기까지 유물복합의 중심적인 요소가 단절없이 지속되고 있어 논의의 출발점으로 삼기에 편리한 점이 있다.

아무튼 청동기시대 동북아시아에서 이와 같은 선사·고대 중국문화의 유물 요소가 유물 유적의 지역적 공반 관계에서 중심적인 위치를 차지하고 있는 공간 범위를 넓은 의미의 '고대 중국문화권'으로 설정할 수 있을 것 같다. 지금까지 동북아시아

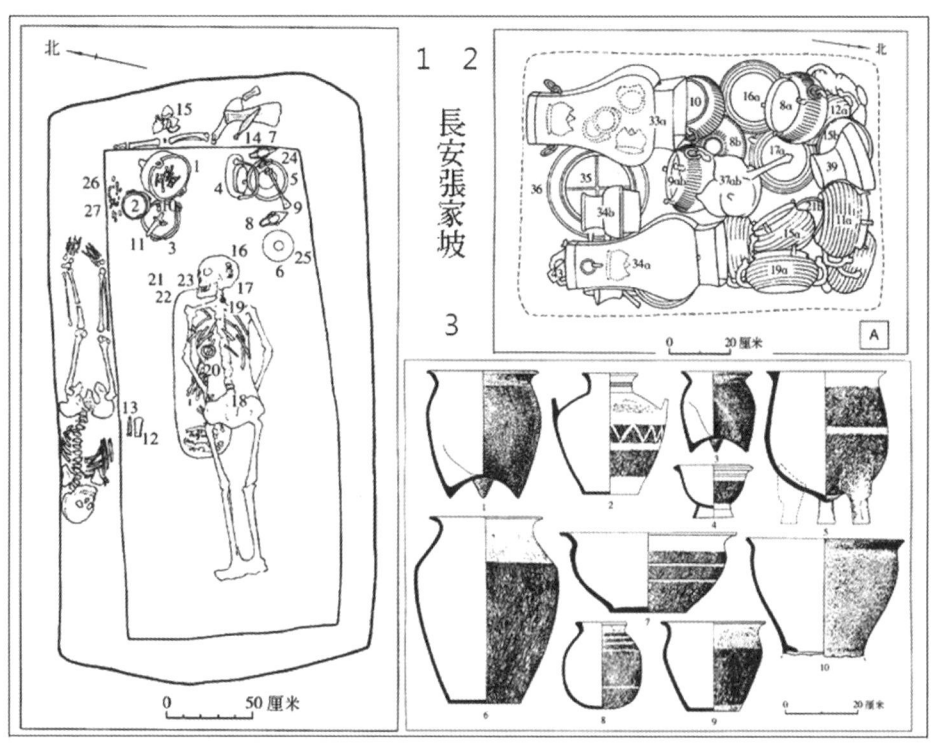

[그림 1] 선사·고대 중국문화의 주요 유적과 유물(長安 張家坡)(작도)
1. 장안 장가파 67M87, 2. 장안 장가파 서주 청동기 매납유구 평면도, 3. 장안 장가파 서주 전기 주거지 출토 토기
*낱개 도면 출처 : 中國社會科學院考古硏究所 2004, 49·64·71쪽

에서의 고고학적인 발견 정황을 종합적으로 고려하여 볼 때, 이러한 유물 유적 양상이 확인되는 공간적 범위는 '원 중원'을 중심으로 하여 북쪽으로는 장성 연선까지, 남쪽으로는 장강 유역까지, 동쪽으로는 동중국해 연안까지, 서쪽으로는 티벳 고원 연선과 황하 중상류의 지류인 위하(渭河)-경하(涇河) 상류까지, 동북쪽으로는 화북대평원의 말단부에 해당하는 하북성 중북부까지이다.

이렇게 볼 때, 선사·고대 중국문화권의 북쪽, 즉 내몽골·외몽골·중국 동북 지역·시베리아 등지는 선사·고대 중국문화권의 북쪽 문화 지대, 장강 유역 남쪽의 남중국 연해 지역은 선사·고대 중국문화권의 남쪽 문화 지대, 티벳·청해성·사천성 등은 선사·고대 중국문화권의 서쪽 지대에 위치하고 있는 셈이 되는데, 이들 지역에 분포하고 있는 유물 유적은 선사·고대 중국문화권은 물론 각각이 차별적인 특색을 갖고 있으면서, 또한 각 지대 내에서는 광역에 걸쳐 2·3차적인 지역 및 문화적

[그림 2] 신강성 니륵극현(尼勒克縣) 궁과극(窮科克) 유적과 출토 토기(작도)(축적 부동)
1. 1호 부석 제사단, 2. 30호 무덤 지표 환석, 3. 채도 호형토기, 4. 종상파수 호형토기
*낱개 도면 출처: 國家文物局 2002, 67~72쪽.

연결 고리를 갖고 있어 이를 그대로 별개의 문화권으로 묶을 수 있다. 이 가운데 북쪽 지대를 편의상 '북방문화권'이라 부르고자 한다.

따라서 한반도를 포함한 요령성과 길림성 등지 또한 거시적인 관점에서 볼 때 '북방문화권' 속에 위치하고 있었다고 볼 수 있다. 실제로 한반도를 포함한 중국 동북지역은 청동기시대는 물론 구석기시대와 신석기시대에도 큰 틀에서 필자가 북방문화권으로 분류한 지역과 유사한 유물 양상과 문화적 전변에서 유사한 연동 관계를 형성하고 있었다. 구석기시대 말기 이들 지역에서 광범위하게 세석인 석기가 확산되었다든지,[8] 신석기시대 빗살무늬 계통의 문양과 평저·첨저의 심발형토기가 공통

---

8) 이융조·윤용현, 「한국 좀돌날몸돌의 연구-수양개수법과의 비교를 중심으로-」, 『先史文化』 2, 충북

적으로 제작되었다든지[9], 기하문·동물장식·동검으로 상징되는 북방계 청동기가 유행하였다든지[10] 하는 것이 단적인 예에 속한다.

그러므로 한국 선사·고대문화는 북방문화권의 문화 흐름 속에서 형성된 것이라고 볼 수 있다. 그런데 북방문화권이란 개념은 어디까지나 문화권적 시각에서 중국문화권에 대비된 광역의 문화 양상을 지역화한 개념일 따름이다. 즉, 북방문화권은 중국문화권을 대척점으로 세워 큰 틀의 개념을 짠 것이어서 그 내부에 많은 지역 문화가 존재하고 있을 수밖에 없다. 예를 들어, 신석기시대~청동기시대 미누신스크 분지의 아파나씨예보문화-오쿠네보문화-안드로노보문화-카라수크문화-타가르문화는 한반도의 신석기시대~청동기시대 문화와 전혀 다른 구역과 계보에 속한다.

따라서 한국 선사·고대문화는 크게 보아 북방문화권에 속하여 있되 그 중에서도 특정한 지역과 문화적 맥락 속에서 형성된 것이라 볼 수 있다. 그렇다면 한국 청동기문화권의 범위를 어떻게, 어디까지 보아야 할까?

한국 청동기문화권의 범위를 설정하기 위해서는 우선적으로 한반도의 청동기시대와 초기철기시대를 주목할 수밖에 없을 것 같다. 그 이유는 한반도가 구석기시대 이래 현재까지 관련 문화가 지속적으로 형성되던 주요한 무대였던데다 한반도의 경우 초기 철기시대까지 청동기문화의 유물 요소가 강하게 지속된 특성을 갖고 있기 때문이다. 특정 시간대와 소규모 지역 현상을 벗어나 거시적인 관점에서 볼 때, 한반도의 청동기시대~초기 철기시대의 대표적인 유물 요소로는 묘제로는 지석묘·석관묘·

　　대 선사문화연구소, 1994; 이동주, 「환동해지역의 구석기시대 말-신석기시대 초기의 문화교류 양상에 대하여」, 『동아시아 구석기문화연구의 제문제』(第8回 韓國古代學會 學術發表會文集), 韓國古代學會, 1995.

9) 藤田亮策, 「櫛目文樣土器の分布につきて」, 『靑丘學叢』 2, 1930; 有光敎一, 『朝鮮櫛目文土器の硏究』, 考古學談話會, 1962; 金廷鶴, 「韓國幾何文土器文化의 硏究」, 『白山學報』 4, 1968; 李亨求, 「渤海沿岸 빗살무늬토기문화 硏究」, 『韓國史學』 10, 韓國精神文化硏究院, 1989.

10) 金貞培, 「韓國靑銅器文化의 起源에 관한 一小考」, 『韓國史硏究』 6, 1971, 224~225쪽; 金元龍, 「沈陽鄭家窪子 靑銅時代墓와 副葬品」, 『東洋學』 6, 1976, 137~155쪽; 全榮來, 「韓國靑銅器文化의 系譜와 編年」, 『全北遺蹟調査報告』 7, 1977, 216쪽; 金廷鶴, 「韓國民族의 源流」, 『韓國史論』 14, 國史編纂委員會, 1984, 3~6쪽.

석곽묘를, 청동기로는 비파형동검·세형동검·다뉴기하문경·선형동부 등을, 토기로는 발형토기·정가와자형호(흑색마연장경호)·점토대토기 등을 들 수 있다.

중국 동북 지역에서 청동기시대 위의 유물 요소 가운데 일부가 유물 복합의 중심을 이루고 있으면서 상호간에 긴밀한 문화적 연동 관계를 형성하고 있던 지역으로는 현재의 요령성, 한반도, 길림성 중부, 연변조선족자치주, 연해주 남부 지역이 있다. 이들 지역은 역사 시대의 요서 지역과는 달리 청동기시대와 초기 철기시대는 물론 그 이전과 이후에도 같은 단위의 상호작용권[11]을 형성하고 있었다. 이들 지역에 형성되어 있던 상호작용권이 사실상 해체된 것은 고대 후기~중세 시대이다. 아무튼 청동기시대를 기준으로 할 때, 이들 지역을 한국 청동기문화권으로 묶을 수 있을 것 같다.

그런데 한국 청동기문화권 자체가 단일한 하나의 문화를 의미하지는 않는다. 한국 청동기문화권 내에도 구체적으로는 다양한 유물 유적의 지역적 공반 단위가 찾아지는데, 우리가 세부적인 연구를 할 때 '문화' 또는 '유형'으로 분류하는 것들이 바로 일반적으로 말하는 문화에 해당한다. 한국 청동기문화권에 형성되어 있던 주요한 지역 문화 또는 유형으로는 시간 범위를 기원전 8~7세기 전후를 기준으로 할 때, 십이대영자문화(十二臺營子文化)·이도하자유형(二道河子類型)·쌍방유형(雙房類型)·강상유형(崗上類型)·대이수구유형(大梨樹溝類型)·서단산문화(西團山文化)·보산유형(寶山類型)·유정동유형(柳庭洞類型)·신흥동유형(新興洞類型)·호곡동유형(虎谷洞類型)[12]·흔암리(欣岩里)-선송국리유형(先松菊里類型) 등이 있다.

십이대영자문화는 비파형동검·비파형동모·다뉴기하문경·선형동부·석곽묘·흑색마연토기 등이 중심적인 유물 요소를, 이도하자유형[13]은 비파형동검·비파

---

11) 고고학계에서 이들 지역의 문화를 해석하는데에 상호작용권의 개념을 본격적으로 도입한 것은 李盛周(1996)이다.
12) 무산(茂山) 호곡동(虎谷洞) 유적 가운데 기원전 8~7세기에 대응되는 층위는 III기층과 IV기층이다. 따라서 여기에서 호곡동유형이라 함은 호곡동 III·IV기층을 말한다. 그렇지만 편의적으로 이와 유사한 유물군을 호곡동유형이라 하고자 한다.
13) 최근 중국의 華玉冰(2011)은 본계시(本溪市) 신성자(新城子) 석관묘군을 표지 유적으로 하여 요동

형동모·선형동부·석관묘·미송리형호·대화방형관 등이 중심적인 유물 요소를, 쌍방유형[14]은 비파형동검·선형동부·지석묘·쌍방형 토기 등이 중심적인 유물 요소를, 강상유형은 비파형동검·선형동부·적석묘·강상형 토기 등이, 대이수구유형은 각종 석기·석관묘·수교이 장경호·발형토기 등이 중심적인 유물 요소를 이루고 있는 문화유형을 말한다. 이들 문화유형의 주요 공간역은 십이대영자문화는 대릉하(大凌河) 유역, 이도하자유형은 태자하(太子河)~구하(寇河) 유역, 쌍방유형은 벽류하(碧流河)~대양하(大洋河) 유역, 강상유형은 요동반도 남단, 대이수구유형은 압록강 유역이다.[15]

또한 서단산문화는 비파형동검·비파형동모·선형동부·석관묘·서단산형 토기 등이, 보산유형은 비파형동검·비파형동모·각종 석기·석관묘·보산형 토기 등이, 유정동유형은 각종 석기·석관묘·토광묘·유정동형 토기 등이,[16] 신흥동유형은 각종 마제석기·지석묘·팽이형토기,[17] 호곡동유형은 각종 마제석기·공렬토기(孔列土器)·적색마연토기(赤色磨硏土器) 등이,[18] 흔암리-선송국리유형은 각종 마제석기·지석묘·흔암리식 토기·송국리식 토기 등이 중심적인 유물 요소를 이루고

북부 지역은 물론 환인 지역까지를 '신성자문화(新城子文化)'로 유형화하였는데, 필자와는 달리 혼강(渾江) 유역까지를 요동 북부와 같은 지역군으로 유형화하였다는 점이 특징적이다. 필자는 요동 북부 지역군을 요양(遼陽) 이도하자 석관묘 유적을 표지로 하여 '이도하자유형'으로 명명한 바 있는데, 이도하자 석관묘의 경우 요동 북부 지역의 지역성이 강한 토기 외에 요동형 비파형동검과 선형동부 등이 완비되어 있어 아직까지는 표지 유적으로 삼기에 손색이 없다고 생각한다.

14) 華玉冰(2011)은 필자가 '강상유형(요동 남단 지역군)'과 '쌍방유형(요동 남부 지역군)'으로 묶은 지역 문화 단위를 각각 '윤가촌1기문화'와 '쌍방유형'으로 유형화하였는데, 단동 지구를 쌍방유형으로 묶은 것을 제외하고는 대동소이하다. 비록 필자보다 근 10년이 지난 시점에 제시된 견해이기는 하지만 이를 통해서도 필자의 요령 지역 지역군 분류가 설득력 있는 것임이 다시 한번 입증된 것이라 생각한다.
15) 오강원, 『비파형동검문화와 요령 지역의 청동기문화』, 청계, 2006, 345~360쪽.
16) 오강원, 『서단산문화와 길림 지역의 청동기문화』, 학연문화사, 2008, 297~304쪽.
17) 韓永熙, 「角形土器考」, 『韓國考古學報』 14·15, 1983.
18) 趙由典, 「無文土器文化의 展開」, 『韓國史論: 韓國의 考古學 Ⅱ·上』 13, 國史編纂委員會, 1983, 101~102쪽.

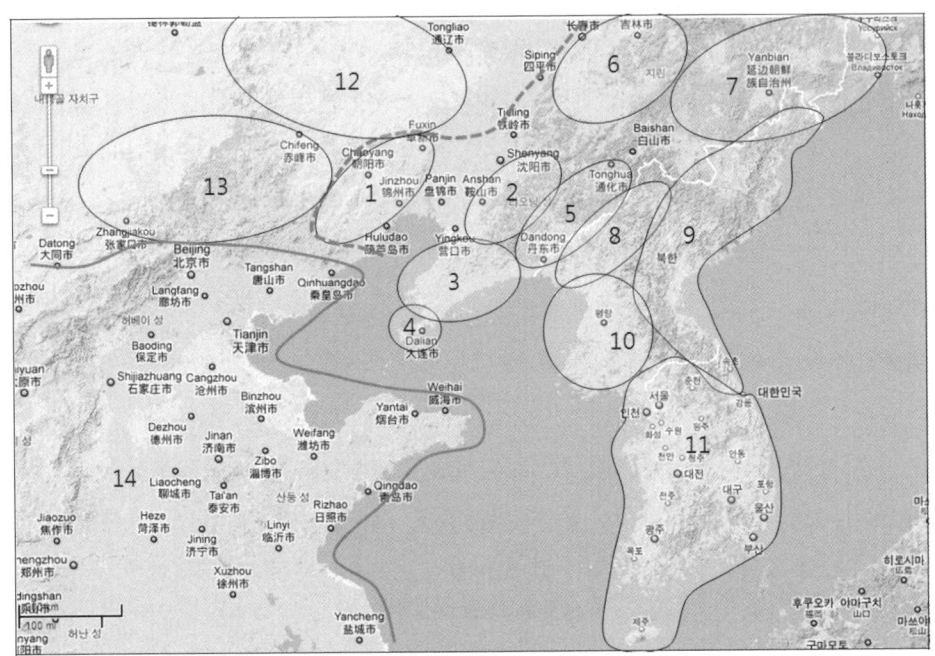

[그림 3] 기원전 8~7세기 전후 한국 청동기문화권 내외의 주요 문화와 유형(바탕: 구글 지형도)(작도)
1. 십이대영자문화, 2. 이도하자유형, 3. 쌍방유형, 4. 강상유형, 5. 대이수구유형, 6. 서단산문화, 7. 유정동유형,
8. 공귀리유형, 9. 호곡동유형, 10. 신흥동유형, 11. 흔암리-선송국리유형
*점선: 한국청동기문화권의 범위

있는 문화유형을[19] 일괄한 것이다. 이들 문화유형의 주요 공간역은 서단산문화는 제2송화강 중류역, 보산유형은 동요하(東遼河) 유역, 유정동유형은 포이합통하(布爾哈通河)-해란강(海蘭江) 유역, 신흥동유형은 대동강~예성강 유역, 호곡동유형은 함경도 일대, 흔암리-선송국리유형은 남한 일부이다.

이들 한국 청동기문화권 속의 여러 지역 문화유형들은 서로가 긴밀한 상호 작용 관계를 형성하고 있으면서 전체적으로 하나의 문화권을 형성하고 있었는데, 다른 한편으로는 청동기시대 내내 각 지역 문화 별로 인접하고 있는 다른 문화권(북방문화권, 중

---

19) 李白圭,「京畿道出土 無文土器 磨製石器」,『考古學』3, 1974; 李淸圭,「南韓地方 無文土器文化의 展開와 孔列土器文化의 位置」,『韓國上古史學報』1, 1988; 朴淳發,「欣岩里類型 形成過程 再檢討」,『湖西考古學』創刊號, 1999; 安在晧,「韓國 農耕社會의 成立」,『韓國考古學報』43, 2000; 金壯錫,「欣岩里類型 再考-起源과 年代-」,『嶺南考古學』28, 2001; 李亨源,「青銅器時代 前期 聚落 編年 및 構造 試論-中部地域을 中心으로-」,『國立公州博物館紀要』3, 國立公州博物館, 2003.

국문화권 등)과 긴밀한 상호 관계를 맺고 있었다. 주변 문화권 또는 문화와의 상호 작용은 교환·교역과 같은 평화적 관계 속에서 이루지기도 하였고, 전쟁 등과 같은 갈등 관계 속에서 이루어지기도 하였는데, 결과적으로는 한국 청동기문화권의 각 지역 문화가 기술적 혁신과 새로운 아이디어를 발전시키는데에 긍정적인 역할을 하였다.

이러한 점을 고려할 때, 한국 청동기문화는 동북아시아의 여러 청동기문화와의 상호 작용의 관계 속에서 새롭게 조명할 필요가 있다. 이와 관련하여 한국 청동기문화권의 여러 지역 문화의 상층 엘리트 문화에 지속적이면서도 상당한 영향력을 미친 요령 지역, 그 가운데에서도 요서 지역의 십이대영자문화에 주목할 필요가 있다. 왜냐하면 청동기시대는 물론 초기 철기시대에 이르기까지 실질적으로 복합사회를 형성하고 이끌어가는 주체였던 한국 청동기문화권 내 엘리트문화의 핵심이라 할 수 있는 비파형동검·다뉴기하문경·선형동부 등의 청동기가 이 문화에 원형을 두고 있기 때문이다.

청동기시대 십이대영자문화의 추이는 기원전 9세기 전반~중반에는 비파형동검과 소형 청동기 외에는 아직 유물 조합의 정형이 확립되지 못한 발생기에 처하였다가, 기원전 8~7세기 요서의 대부분 지역으로 확산되고, 이어 기원전 6~5세기 다량의 후기 북방계유물군이 복합하는 객좌(喀左)를 중심으로 한 남동구유형(南洞溝類型)과 전통적인 유물 조합이 중심을 이루고 있는 심양(沈陽)을 중심으로 하는 정가와자유형(鄭家窪子類型)으로 확대 분화된 다음, 기원전 4세기에는 객좌 일대를 중심으로 재래의 유물 외에 전국연계 유물이 복합하다가 기원전 3세기 초를 기점으로 요

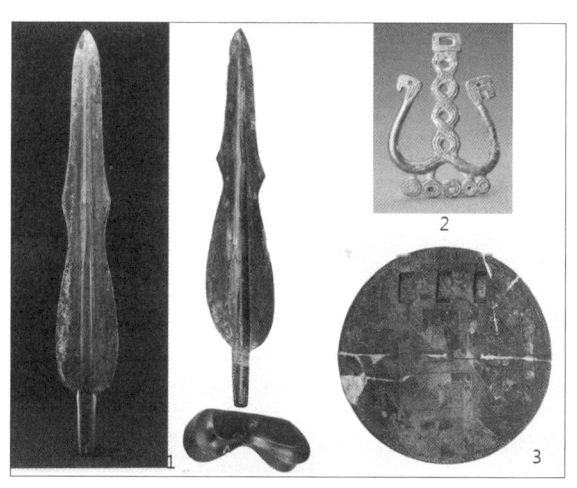

[그림 4] 조양 십이대영자(십이대영자문화) 출토 주요 청동기(축적 부동)(작도)
1. 비파형동검, 2. 쌍훼문동기(雙虺文銅器), 3. 다뉴기하문경
*낱개 도면 출처: 徐秉琨·孫守道 1998, 78~80쪽

서 전역과 심양 등지가 전국연문화의 지역 중심으로 대체된다.

위에서 짐작할 수 있는 것처럼, 그것이 평화적인 것이든, 아니면 갈등적인 것이든 간에 십이대영자문화는 주변 지역 다른 문화권과의 교류 관계에서 첨병과 같은 위치에 놓여져 있었다. 즉, 발생기에는 노합하(老哈河) 유역의 하가점상층문화(夏家店上層文化) 등과, 기원전 8~7세기에는 노합하 유역의 하가점상층문화·난하(灤河) 상류역의 동남구문화(東南溝文化)·태자하~구하 유역의 이도하자유형 등과, 기원전 6~5세기에는 십이대영자문화의 중심이 객좌 중심과 심양 중심으로 다극화되면서 주변의 더욱 많은 지역 문화와, 기원전 4세기에는 남동구유형은 전국연문화 등과, 정가와자유형은 남동구유형·요동의 토착 유형 등과 관계망을 형성하고 있었다.

이러한 상호 작용은 십이대영자문화는 물론 주변 청동기문화에도 많은 영향을 미치게 되었는데, 이미 기존에 연구된 것처럼 발생기 십이대영자문화의 청동기 제작 모티프가 넓은 시각에서 볼 때 하가점상층문화를 포함한 북방 청동기문화의 범주 속에서 이루어졌다든지,[20] 기원전 8~7세기 십이대영자문화가 하가점상층문화권과 동남구문화권으로부터 동광석(銅鑛石)을 수입하기 위한 교역을 진행하였을 가능성이 높다든지,[21] 후기로 갈수록 비파형동검이 세형화한다든지, 내몽고 동남부와 하북성 북부 등지에 비파형동검이 유입되고 하가점상층문화의 공병식동검의 검날이 곡선화한다든지[22] 하는 것 등이 대표적인 예에 속한다.

이와 같은 상호 작용은 십이대영자문화에서 가장 다채롭게 드러나기는 하지만, 한국 청동기문화권의 외곽에 위치하고 있는 다른 지역 문화 또한 마찬가지였다. 제2송화강 중류역의 서단산문화가 그 서쪽 눈강(嫩江) 유역의 백금보문화(白金寶文化)와의 교류를 통해 한국 청동기문화권에서는 생소한 치병동도(齒柄銅刀)의 아이디어를 흡수하여 서단산문화만의 독특한 청동손칼 형식으로 발전시켜 나갔다든지,[23] 호곡동

---

20) 金貞培,「東北亞의 琵琶形銅劍文化에 대한 綜合的 硏究」,『國史館論叢』88, 2000, 3~5쪽.
21) 吳江原,「中國 東北地域 세 靑銅短劍文化의 文化地形과 交涉」,『先史와 古代』20, 2004a, 81~85쪽.
22) 朱永剛,「試論我國北方地區銎柄式柱脊短劍」『文物』1992年 12期, 66쪽.
23) 吳江原,「遼寧~吉林地域 靑銅刀子의 型式과 時空間的 樣相」,『古文化』61, 2003, 85~86쪽.

유형의 적색마연토기가 그 북쪽의 동해 연안 지역과 연계된다든지,[24] 일본 동해 연안 지역의 돌대문토기가 포항 등지의 경상남도 동해 연안 지역과 연관성을 갖고 있다든지[25] 하는 것 등이 그러한 예에 속한다.

이렇게 볼 때, 한국 청동기문화권은 동북아시아의 여러 문화권 및 문화와의 간단없는 상호 작용을 통해 발

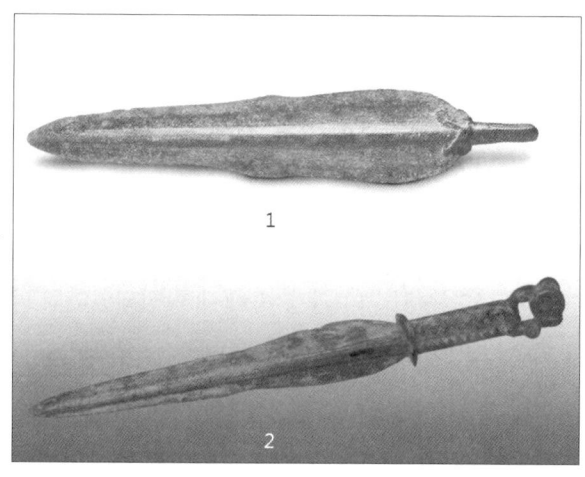

[그림 5] 하북성 북부 출토 변형 비파형동검과 비파형동검 검신 혼합식동검(작도)
1. 하북성 승덕시(承德市) 토산향(土山鄕),
2. 하북성 융화현(隆化縣) 하전자(下甸子)
*낱개 도면 출처: 1. 馬自樹 主編 2001, 262쪽, 2. 姜振利 主編 2007, 6쪽

전해 왔다고 볼 수 있다. 한국 청동기문화권 여러 지역 문화 가운데 십이대영자문화는 기원전 6~5세기 남동구유형과 정가와자유형으로 분화되었고, 정가와자유형에 의해 형성된 문화적 네트워크는 나중에 한반도 세형동검문화의 중요한 기초를 이룬다는 점에서 특히 주목되는데, 십이대영자문화를 포함한 한국 청동기문화권의 여러 지역 문화가 발전해 나가는데에 주변 문화권과의 교류가 중요하게 작용하였다는 점을 고려할 때, 주변 문화와의 조응 속에서 한국 청동기문화의 형성과 전개를 이해할 필요가 있다.

---

24) 盧爀眞,「紅陶」,『韓國史論: 韓國의 考古學 IV』17, 國史編纂委員會, 1987, 284쪽.
25) 千羨幸,「西日本における突帶文土器文化の成立過程」,『考古學雜誌』92卷 3號, 2008, 73~76쪽.

Ⅲ. 한국 청동기문화권에서의 복합사회의 출현

앞서 살펴 본 바와 같이, 한국 청동기문화는 거시적인 관점에서 볼 때, 동북아시아, 그 중에서도 북방문화권의 문화 흐름 속에서 선사시대의 한민족이 지금의 한반도 · 요령성 · 길림성 중부 · 연변조선족자치주 · 연해주 남부의 독특한 생태 환경에 적응해 나가는 일련의 과정 속에서 형성되었다. 또한 구체적으로 분류하면 한국 청동기문화권 내에도 많은 지역 문화가 형성되어 있었는데, 이들 지역 문화는 같은 상호작용권을 형성하고 있었지만, 시간 및 지역에 따라 사회 발전 정도에서 일정한 차이를 갖고 있었다. 여기에서는 한국 청동기문화권에서 복합사회가 언제 출현하였는지에 대해 살펴 보고자 한다.

그런데 복합사회의 출현에 대해 살펴 보기 전에 필자가 말하고자 하는 복합사회가 구체적으로 어느 정도로 복합화된 사회를 말하는 것인지를 정의할 필요가 있다. 복합사회라 할 때 '복합' 의 의미는 사회 구조가 복잡화되었다는 것을 의미한다. 그런데 글자 그대로의 의미만을 따지면 어떠한 형태의 사회이든 간에 사회를 이룬 순간 어느 정도의 복합성은 갖추고 있는 것으로 볼 수 있다. 따라서 복합사회에 대한 이론적 논의를 간단하게 일별한 후 여러 사회 구조와 형태 중에서 어느 단계의 것을 지칭하는 것인지 밝히는 것이 논의를 보다 수월하고 명료하게 할 것으로 생각된다.

복합사회의 가장 발전된 형태는 그것이 구체적으로 어떠한 조직적 형태를 보이든 간에 국가이다.[26] 어떠한 사회가 국가 단계에 돌입하였는지를 입증하는 요소로는 여러 가지가 고려될 수 있는데, 도시, 중앙집권화된 정부, 최소 3단계(촌장-소지역 수장-전지역의 통치자)의 의사 결정 체계, 상비군의 유무(有無), 법률, 중앙 정부에 의한 세금과 공물의 징수, 시장 경제 체계, 수공업의 전문화와 분업 체계, 농경의 집약화, 사회 계층의 위계화, 엘리트 집단의 권력과 부의 독점, 문자, 교역의 다각화와 원거리화, 발달된 금속기 제작 기술, 복잡하고도 대단위의 관개 체계, 대형 건축 등이 그러한 요소들로 검토되고 있다.[27]

---

26) 崔夢龍, 「都市 · 文明 · 國家」, 『歷史學報』 92, 1981b, 175~184쪽.

그런데 위의 여러 요소 가운데 복잡한 관개 체계는 문명이 심화되는 과정에 출현한다는 점에서, 집약적인 농경과 계속적인 자원의 조달과 공급을 위한 정치 사회 기술적인 혁신,[28] 엘리트들이 자신들의 정치사회적인 권력과 경제적인 특권을 합리화하기 위해 고안하였다고 하는 종교 등의 이데올로기,[29] 수공업의 전문화와 원거리 교역 및 사회 통제 기구,[30] 피라밋과 마운드 같은 대형 종교 기념물 등은 이미 국가 단계 또는 문명에 진입하기 이전부터 있어 왔던 요소들에 속한다. 즉, 국가 단계로 발전하는 과정 또는 문명화 과정 중에 심화되는 요소들일 뿐 국가의 핵심적인 요소들은 아니다.

또한 직업의 전문화와 사회적 위계화는 그것이 단순(單純) 군장사회(君長社會)이든 아니면 복잡(複雜) 군장사회(君長社會)이든 간에[31] 이미 군장사회[32] 단계에 심화되고 있었는데다 이러한 요소가 발달된 군장사회와 국가 단계의 문명 사회 사이에서 물질

---

27) Child, V.G., *Man Makes Himsel*", New York, Mentor, 1936, pp.45~87; Wittfogel, K.A., *Oriental Despotism: A Comparative Study of Total Power*, New Haven, Yale University Press, 1957, pp.1~5; Service, E.R., *Primitive Social Organization: An Evolutionary Perspective*, New York, Random House, 1962, 10~21; Carneiro, R., "A Theory of the Origin of the State", *Science* 169, 1970, p.734; Renfrew, C., and Paul, B., *Archaeology: Theories, Methods and Practice*, New York, Thames and Hudson, 1991, p.155; 하스 著, 崔夢龍 譯, 『原始國家의 進化』, 民音社, 1989, 14~19쪽.

28) Cowgill, U., "On the Causes and Consequences of Ancient and Modern Population Changes", *American Anthropologist* 64, 1962, p.505.

29) Demarest, A.A., and G.W. Conrad, eds., *Ideology and Pre-columbian Civilizations*, Santa Fe, NM, School of American Research, 1992, pp.3~4.

30) Brumfiel, E.M., and T.K. Earle, eds., "Specialization, Exchange, and Complex Societies: An Introduction", In *Specialization, Exchange, and Complex Societies*, eds. E.M. Brumfiel and T.K. Earle., Cambridge, England, Cambridge University Press, 1987.

31) Kristiansen, K., Chiefdoms, "State and System of Social Evolution", In *Chiefdoms: Power, Economy and Ideology*, ed. by Earl, T., Cambridge, Cambridge University Press, 1991, pp.12~25.

32) 국내 학계의 'Chiefdom'에 대한 대역어로는 '君長社會' (金貞培 1973, 1979; 李南奭 1985), '族長社會' (이융조 1975; 崔夢龍 1981a; 姜奉遠 1992; 崔楨芯 1997), '酋長社會' (全京秀 1988; 李鍾旭 1999), '酋邦社會' (尹乃鉉 1987), '首長社會' (權五榮 1997) 등이 있는데, 여기에서는 '君長社會'를 선택하여 사용하기로 하겠다.

적으로 어떠한 차이를 보이며 발현되는지에 대해서도 명확하지 않다.[33] 따라서 국가와 문명의 핵심적인 요소는 아무래도 도시, 중앙집권화된 정부, 관료 제도, 상비군의 상시적·임의적 운용이 아닐까 한다. 이중 도시는 주변에 도시 생활이 가능한 자원을 공급할 수 있는 취락이 누층적으로 연계될 때에만 형성될 수 있다는 점에서 그 자체가 중앙집권화된 의사 결정 조직과도 밀접한 관련이 있다.

위에서 알 수 있는 것처럼, 국가 출현기를 하한선으로 잡을 때 가장 발전된 복합사회의 형태는 국가이다. 그런데 국가와 문명의 형성은 여러 사회경제적인 요소의 장기적인 양과 질적인 집적이라는 과정을 통해 이루어진다. 이러한 과정은 여러 요소가 복잡화되고 체계화되는 과정이기도 하므로 복잡화·복합화 과정이라 할 수 있다. 이러한 점 때문에 국가 단계 이전의 군장사회 또한 복합사회로 분류되고 있다.[34] 그러나 부족사회는 사회의 복잡화가 다소 진행되기는 하였으나 아직 사회 및 취락의 위계화가 일정 수준 이상 올라가지 못한 서열사회라는 점에서 '좁은 의미'에서의 복합사회로 볼 수는 없을 것 같다.

필자는 본고에서 한국 청동기문화권 속에서의 복합사회의 출현을 신진화론자들의 여러 사회 단계 가운데 군장사회에 초점을 맞추어 살펴 보고자 한다. 군장사회 또한 '단순'으로부터 '복합'에 이르기까지 다양한 형태가 존재한다고 알려져 있지만, 이를 고고학적으로 명확하게 구분해내는 것이 여간 어려운 것이 아니다. 그러므로 여기에서는 세부적으로는 유형 별로 같은 군장사회라 하더라도 여러 차이가 있을 수 있다는 전제 아래 기본적인 요건을 갖추고 있는 모든 유적·유적군·지역군·유형을 '단순'과 '복잡' 등의 구분 없이 군장사회로 일괄하고자 한다.

---

33) 李松來, 「국가의 정의와 고고학적 판단기준」, 『韓國上古史: 硏究現況과 課題』, 民音社, 1989, 103~104쪽; 李賢惠, 「韓國史 硏究史에 나타난 進化論的 視覺」, 『現代 韓國史學과 史觀』, 一潮閣, 1991, 100~102쪽.

34) 金貞培, 『韓國古代의 國家起原과 形成』, 高麗大學校出版部, 1986, 49쪽; 崔盛洛, 「全南地方에서 複合社會의 出現」, 『百濟論叢』 5, 百濟文化開發硏究院, 1996, 48~54쪽; 최몽룡·김경택, 「한국 지석묘사회 연구의 이론적 배경-계급사회의 발생 및 성장을 중심으로-」, 『韓國 支石墓 硏究 理論과 方法-階級社會의 發生-』, 주류성, 2000, 73~74쪽.

기존의 여러 연구자들에 의해 그 개념이 많이 소개되고 다루어졌기 때문에 별도로 소개하지는 않았지만, 군장사회는 수공업의 전문화와 사회적 위계화가 어느 정도 진행되었을 뿐 아니라 군장을 중심으로 한 엘리트 계층에 의해 일반 사회 성원들에 대한 사회경제적인 통제와 조절이 이루어지는 사회를 말한다. 따라서 이러한 단계에 도달한 사회에서는 군장을 비롯한 엘리트 계층이 자신들의 권위를 현시하는 특수 유물을 전유(專有)할 뿐만 아니라 일반 성원들과의 차별성을 드러내기 위해 자신들의 가옥·무덤·공적 의사 결정의 장소·의례 공간 등을 공간적으로 구분하기 마련이다.

따라서 한국 청동기문화권 내의 여러 지역문화에서 어느 시점의 어떠한 문화가 고고학적으로 군장사회의 요건을 충족시키는가를 살펴보는 것을 통해 군장사회 단계의 복합사회의 출현을 알아낼 수 있을 것이다. 특정 지역 또는 공동체가 군장사회에 진입하였는지에 대해서는 일반적으로 취락고고학과 분묘고고학의 입장에서 추출되는 물질문화의 양상을 통해 '인구 규모'·'생계경제의 집약화'·'공공 사업'·'위세품과 재화'·'수공업 생산의 전문화와 전업화'·'장거리 교역'·'갈등과 전쟁' 등의 요소를 비교 검토하는 것을 통해서 이루어지기도 한다.[35]

그러나 중국의 황하 유역과 장강 유역과는 달리 중국 동북 지역과 한반도의 경우에는 최근 조사된 한국 남부의 극히 제한된 일부 유적을 제외한 절대 다수의 지역들에서 위와 같은 비교를 가능하게 하는 유구의 발견예가 극히 드물다. 아니 경작 유구는 그만두고라도 세계고고학적 수준에서 엄밀하게 말해 취락고고학적 분석이 가능한 여건이 형성되어 있지 않다. 더욱이 요령성과 길림성 및 한반도의 대부분 지역은 그 주변의 다른 지역과는 상당히 다른 생태환경을 갖추고 있고, 그러하기에 이러한 지역에서 활동하던 인간 집단들의 사회적 적응 양태도 다를 수 밖에 없다.

이렇게 볼 때, 특정 지역과 공동체가 복합사회에 도달하였는가 그렇지 않았는가 하는 점을 분석할 때, '인구 규모'라든지, '생계경제의 집약화'라든지 하는 것들은 엄격한 기준에서 말하자면 현재의 상태로는 균일적인 비교가 불가능하다. '공공 사

---

35) 金範哲, 「東北아시아 諸 지역 초기 복합사회의 비교」, 『東北亞歷史論叢』 33, 東北亞歷史財團, 2011, 252쪽.

업'도 유사한데, 초대형·대형 탁자식 지석묘가 그와 비슷한 물질적 자료로 검토될 수 있겠지만, 이 또한 황하 유역의 용산문화-이리두문화-이리강하층유형-상문화와 서요하 상류역~대릉하 상류역의 홍산문화의 대형 판축토성·궁전 또는 적석총 등과는 비교가 되지 않는다. 따라서 여기에서는 무덤 유적을 통해 복합사회 출현의 문제에 대해 접근하고자 한다.

지금까지 발견된 고고학적 정황을 고려하여 볼 때, 한국 청동기문화권에 포괄되는 여러 지역 문화 가운데 군장사회의 요건을 가장 이른 시기에 충족시키는 것은 기원전 8세기의 십이대영자문화 뿐이다. 기원전 8세기 십이대영자문화의 표지 유적으로는 조양 십이대영자 석곽묘군[36]을 들 수 있는데, 이 고분군은 주변의 다른 중소형 고분들과 공간적으로 이격된 채 대릉하 하안에 솟아 있는 대지성 잔구 위에 수 기의 대형 석곽묘가 독립적으로 조성되어 있다. 출토 유물 또한 파괴된 후 수습 조사한 것임에도 불구하고 정성들여 제작한 비파형동검·다뉴기하문경·선형동부·각종 의기류·장신구류가 다량 부장되어 있다.

조양 십이대영자 석곽묘군은 다종 다양한 청동기가 부장되어 있다는 것 외에 생산 활동을 상징하는 농경 및 어로 도구가 예외적으로 부장되어 있는 청동제 낚시바늘을 제외하고는 찾아 보기 힘들다는 점에서도 눈에 띈다. 이러한 유물 출토 정황은 십이대영자 석곽묘군의 피장자들은 살아 생전 일반적인 농경 및 어로 등의 생산 활동에 전혀 종사하지 않았다는 것을 의미한다. 그에 반해 군사적 지도력을 상징하는 비파형동검을 비롯한 무기류와 제의 주재를 상징하는 다뉴기하문경·인면형(人面形) 청동패식 등은 특정 사회 집단의 청동기 제작 기술을 이 무덤들에 집중시켰다고 할 정도로 다수 갖추어져 있다.

이러한 부장 양상은, 공식적으로 보고되지는 않았지만, 대지성 잔구 주변의 하안 충적대지에 조성되어 있는 중소형 석곽묘가 다뉴기하문경과 같은 피장자의 권위를 상징하는 유물들이 결여되어 있는 상태에서 비파형동검·청동 화살촉·선형동부·청동끌·바루 등이 단수로 소량 부장되어 있는 것과는 너무나 대조적이다. 이러한

---

36) 朱 貴,「遼寧朝陽十二臺營子靑銅短劍墓」,『考古學報』 1960年 1期.

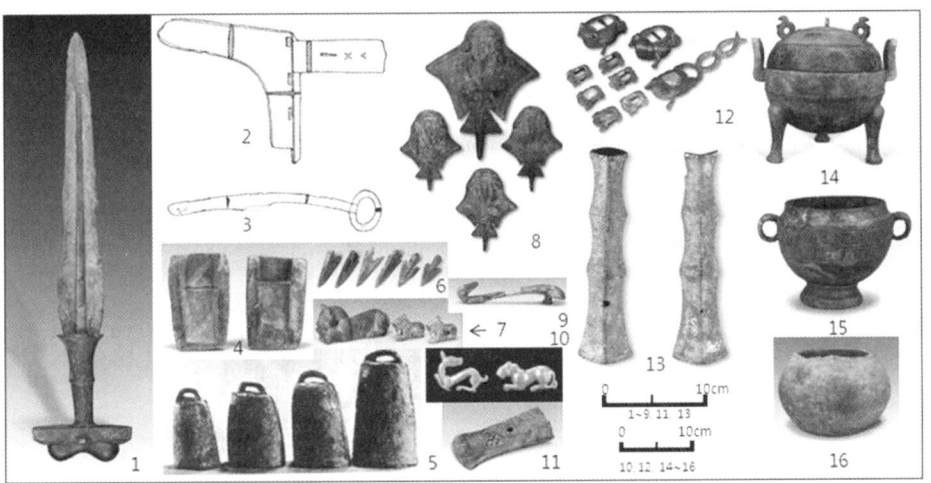

[그림 6] 기원전 6~4세기 남동구유형의 주요 유물(작도)
1·2·3·8·13·15: 喀左 南洞溝, 4~12·14·16: 凌源 三官甸
*도면 출처: 遼寧省博物館 等 1977; 徐秉琨·孫守道 1998; 경기도박물관 2010

점들을 고려할 때, 기원전 8세기 십이대영자문화는 전문적인 수공업과 사회적 위계화가 진행된 군장사회였다고 볼 수 있다. 또한 이러한 양상이 대릉하 유역에서 기원전 4세기까지 지속적으로 확인되고 있는 것을 통해, 군장사회가 이후에도 계속적으로 유지되었던 것으로 생각된다.[37]

기원전 8~7세기 십이대영자문화를 제외한 다른 지역들은 부족사회 단계에 머물러 있었던 것으로 생각된다. 물론 다른 지역 문화에서도 비파형동검과 선형동부와 같은 청동기가 찾아진다. 그렇지만 이러한 청동기는 아주 예외적인 경우에 한정될 뿐만 아니라 그나마 100여기 전후에 달하는 고분군 전체에서 1~2기 정도에 부장되어 있을 따름이다. 그렇다고 해서 비파형동검을 부장한 1~2기의 무덤이 다른 무덤과 입지·공간에서 현격한 차별성을 갖고 있는 것도 아니다. 또한 단수 부장된 소량의 청동기를 제외하고는 다른 무덤들과 돌도끼·돌자귀·석도 등 생산 활동을 상징하는 석기가 똑같은 양상으로 부장되어 있다.[38]

---

37) 吳江原,「遼寧地域의 靑銅器文化와 地域間 交涉關係」,『동북아시아 선사 및 고대사 연구의 방향』, 학연문화사, 2004b, 162~169쪽.

이와 관련하여 기원전 8세기 서단산문화의 대표 유적 가운데 하나인 영길(永吉) 성성초(星星哨) A·D구 석관묘군[39]을 이와 관련된 대표적인 예로 들어 보기로 하겠다. 星星哨 A·D구 석관묘군을 기타 지역의 대표적인 분석 대상으로 삼은 이유는, 첫째 기원전 8~7세기 기타 지역의 고분군 가운데 고분군 전체가 전면 조사된 예가 적을 뿐 아니라, 둘째 이 시기의 요동과 길림 등지에 분포하고 있는 고분군의 무덤 배치 정형과 유물 부장 양상이 대동소이하고, 셋째 요동 남부와 대동강 유역 등 지석묘가 중심 묘제로 채택되어 있는 곳을 제외한 대부분 지역에 석관묘가 중심 묘제로 채택되어 있기 때문이다.

지위/재부	성별	유물조합	청 동 기	토 기	석 기	기 타
부족장	남	A	비파형동검 비파형동모	호+관 호+발	도끼+석도+갈돌 도끼+석도	비취 귀걸이 장식
부족장	여	B	팔지+단추장식	호+관+발+방륜	가락바퀴	銅木빗+나무고리
일반부족민	남	C	-	호+관	도끼(자귀)+(끌)+석도	돼지뼈
〃	남	D	-	호+관	도끼	돼지뼈
〃	남	E	-	호+발+완	도끼+석도	-
〃	남	F	-	호(관)+완	도끼+석도(끌,자귀)	-
〃	남	G	-	호(관)	도끼+석도(자귀)(+갈돌)	-
〃	남	H	-	호(관,발)	도끼(자귀)+석도	-
〃	남	I	-	호(복수)	도끼(복수)	-
〃	여	J	-	관+완+가락바퀴	-	돼지뼈
〃	여	K	-	호+발	-	돼지뼈
〃	?	L	-	호(발)+관(완,발)	-	-
〃	여	M	-	호+완+가락바퀴	-	-
〃	여	N	-	관+정+가락바퀴	-	-
빈곤부족민	?	O	-	호(관)	-	-
〃	여	P	-	-	가락바퀴	-

[표 1] 영길 성성초 A·D구의 유물 조합과 등급

---

38) 吳江原, 위의 글, 2004b, 162~169쪽.
39) 吉林市文物管理委員會·永吉縣星星哨水庫管理處, 「永吉縣星星哨水庫石棺墓及遺址調査」, 『考古』 1978年 3期; 吉林市博物館·永吉縣文化館, 「吉林永吉星星哨石棺墓第三次發掘」, 『考古學集刊』 3, 1983.

따라서 성성초 A·D구를 서단산문화 뿐만 아니라 다른 지역 문화의 정황을 파악하는 표지 유적으로 삼을 수 있다. 성성초 A·D구에서는 도합 57기의 석관묘가 조사되었는데, 성성초 사회의 사회 단계를 파악하기 위해 성성초 A·D구의 유물 조합과 등급 관계를 표로 정리하여 보면 [표 1]과 같다.

성성초 A·D구의 유물 조합 관계에서 우선적으로 주목되는 것은 이보다 앞선 시기의 성성초 B·C구에 비해 다양한 유물 조합 관계가 찾아진다는 점이다. 즉, 성성초 B·C구에서는 기껏해야 5개의 유물 조합 관계가 확인되는 반면 성성초 A·D구에서는 무려 16개의 유물 조합 관계가 발견된다. 더욱이 성성초 B·C구의 5개 유물 조합은 등급성을 기준으로 할 때 5개 유물 조합 모두가 동일한 부장 등급에 속하여 있는 반면, 성성초 A·D구의 유물 조합 간에서는 최소 두 단계의 위계적인 차이와 여러 단위의 경제적인 층차가 확인된다. 이러한 부장 유물 상의 차이는 분명 기원전 8세기의 성성초 취락이 그 전 시기에 비해 상대적으로 복잡화되었음을 의미한다.

부연하면, 성성초 A·D구의 유물 조합은 청동기와 고급 장식물의 공반 여부를 기준으로 할 때, 상위(A, B)과 하위(C~P) 그룹이 추려진다. 상위의 A, B 조합은 A에 비파형동검 등이 부장되어 있는 반면 B 조합에는 그보다 하위 성격의 팔지와 청동 단추 장식이 부장되어 있어 A가 B에 비해 보다 높은 부장 등급에 속하는 것 같지만, B 조합에 가락바퀴와 빗이 공반하고 있는 것으로 보아, 이러한 부장 양상이 사회적 위계 차이에서 비롯되었다기 보다는 남여 성별 차이에 따라 결정되어진 것임을 알 수 있다. 이외 이들 등급의 무덤에 청동기 외 기타 유물 또한 상대적으로 다수 부장되어 있는 것을 통해, 사회적 위계가 곧 경제적인 능력과 직결되고 있음을 알 수 있다.

상위 등급의 A와 B 조합을 제외한 기타 조합은 일정 수량 이상의 토기와 석기를 부장하고 있는가 그렇지 않으면 한 기류에 단수로 하나의 기종만이 부장되어 있는가를 기준으로 할 때, 최소 두 기종 이상이 부장되어 있는 그룹(C~N)과 한 기종이 단수로 부장되어 있는 그룹(O, P)으로 나누어 볼 수 있는데, 당연히 전자는 일반적인 성성초 취락의 구성원에 속하고, 후자는 일반적인 성원에 비해 경제적으로 낙후되어 있는 빈곤한 구성원에 속한다[40]. 이와 같은 양상은 기원전 9세기 대의 성성초 취락에서는 전혀 발견되지 않던 것으로, 그만큼 기원전 8세기에 이르러 경제적인 불평등화가

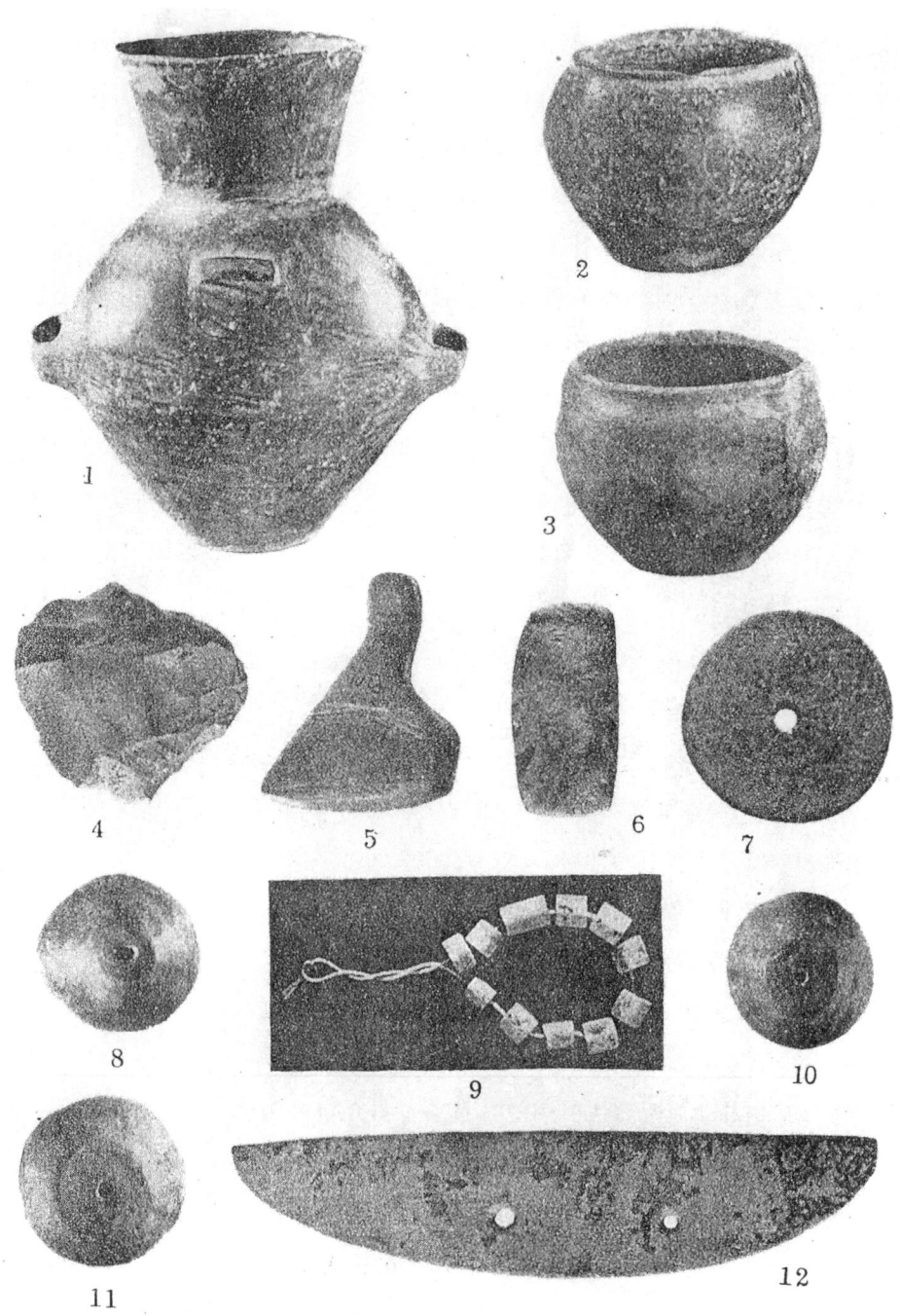

[사진 1] 길림시(吉林市) 서단산(西團山) 1950M4 출토 유물
*사진 출처: 佟柱臣 主編 1987, 도판6

상대적으로 심화되었음을 시사한다.

　일반 구성원의 유물 조합은 다시 돼지뼈의 부장 여부를 기준으로 할 때, 돼지뼈 외에 2점 이상의 토제 용기와 도끼·자귀·석도·끌이 조합하고 있는 것(C, D)과 2점 이상의 토제 용기만이 또는 2점 이상의 토제 용기와 가락바퀴가 조합하고 있는(J, K) 두 그룹이 추려지는데, 도끼·자귀·석도·끌이 개간 및 생산 등과, 가락바퀴가 실낳이와 연관이 있는 도구라는 점을 고려할 때, 전자는 남성, 후자는 여성 무덤의 유물 조합임이 분명하다. 그런데 주목되는 것은 전 시기에는 돼지뼈가 가락바퀴가 부장되어 있는 여성 무덤에만 부장되다가, 전기에 이르러서는 남성과 여성 무덤에 거의 유사한 비율로 부장되어 있다는 점이다.

　이러한 돼지뼈 유물 조합 상의 변화는 돼지뼈의 사회경제적 기능 및 경제 행위와 관련하여 주목할만한 점을 시사하고 있는데, 그것은 전 시기에는 돼지 사양이 여성에 의해 이루어졌고 또 그러하기에 돼지뼈가 구성원의 재부와 상관없이 생전에 여성의 주요한 경제 활동과 연관하여 여성 무덤에만 부장되었다가, 기원전 8세기에 이르러서는 사회 구성원 간의 경제적 불균등성의 상대적인 심화와 함께 돼지뼈가 돼지를 주로 사양한 여성 무덤에도 부장되었지만, 다른 한편으로는 피장자의 재부를 반영하는 유물로서 남성 무덤에도 부장되었다는 것을 의미한다. 그럼에도 불구하고 상위 등급의 무덤에 돼지뼈가 부장되지 않은 것은 이들이 돼지 사양과 같은 잡역에는 종사하지 않아도 되었기 때문이다.

　즉, 기원전 8세기대의 성성초 취락은 분명 기원전 9세기대의 성성초 취락에 비해 사회 경제적인 불평등성이 심화된 것은 사실이지만, 상위 등급의 무덤 부장품이 2점 안팎의 청동기를 제외하고는 일반 구성원의 부장품과 같은 조합과 수량을 보이고 있다든지, 이들 무덤이 일반 구성원의 무덤과 같은 등고선 상에 횡열 배치되어 있다든

---

40) 필자가 성성초 B·C구 축조 집단을 유물 조합을 기준으로 '부족장과 부족장 배출인', '일반부족민', '빈곤부족민'으로 나누어 보았는데, 계층적으로는 '부족장과 부족장 배출 계층'과 '일반부족민'의 2개 계층으로 나누어 볼 수 있다. 즉, '일반부족민'과 '빈곤부족민'의 경제적 층차를 반영한 것이지 계층적(신분적)인 구분은 아니다.

지, 상위 등급의 무덤이 무덤 축조나 무덤의 규모 면에서 일반 무덤에 비해 특수 처리되거나 거대하지 않다든지 하는 점 등을 고려할 때, 여전히 부족 사회 단계에 처하여 있었다고 판단된다.

이렇게 볼 때, 기원전 8세기대 성성초 취락의 상위 등급 무덤은 부족장과 그 가족의 무덤이라고 볼 수 있다. 다만 성성초 A·D구에 부장되어 있는 청동기 가운데 비파형동모가 다른 지역에서는 발견되지 않는 서단산문화 고유의 성성초형에 속한다는 점과 비파형동검·비파형동모·청동 팔지·청동 단추 장식·동목빗 일괄이 단순한 상호 호혜로만은 획득되어지기 어려운 유물이라는 점을 고려할 때, 기원전 8세기대 성성초 취락이 구조적으로 상당히 발전된 형태의 부족 사회였던 것으로 판단된다. 아울러 같은 시기의 길림시 서단산 유적은 성성초 유적 보다는 낮은 차원의 부족 사회 단계에 처하여 있었다고 할 수 있다[41].

그러면 이와 같은 양상이 서단산문화권만의 것인가가 다시 한번 의문으로 남을 수 있는데, 청원(淸原) 문검(門瞼) 석관묘군[42]의 예로 보아, 위에서 지적한 바와 같이 기원전 8~7세기 요동과 한반도 등지 또한 모두 마찬가지였다고 생각된다. 청원 문검 석관묘 유적군은 토구자(土口子) 중학(中學) 석관묘로도 알려져 있는데, 토구자 중학 석관묘와 문검 석관묘로 각기 보고된 두 유적은 사실상 동일한 석관묘군을 말한다. 문검 석관묘군은 몇 줄 정도의 분량으로 2~3기의 발견 정황만이 알려져 있으나, 실제로는 70~80기 가량에 달하는 중대형 석관묘군에 속한다.[43]

청원 문검 석관묘군은 태자하~구하 유역 이도하자유형의 중요 유적 가운데 하나이다. 1976년 청원현 토구자향 문검촌의 하안 평지와 연접하여 있는 구릉 사면에서 발견되었다. 그런데 문검 석관묘군은 70~80기 가량의 석관묘가 조성되어 있음에도

---

41) 이상 성성초 유적을 통한 기원전 8세기 서단산문화의 사회 구조와 단계에 대한 논의는 吳江原 (2008: 460~463)의 기존 글을 취한 것이다.

42) 王運至,「遼寧淸原縣門瞼石棺墓」,『考古』1981年 2期; 淸原縣文化館·撫順市博物館,「遼寧淸原縣 近年發現一批石棺墓」,『考古』1982年 2期.

43) 吳江原,「중국 동북 지역의 청동기 제작과 용범」·「종합토론」,『韓國基督敎博物館誌』제2호· 2005, 숭실대학교 한국기독교박물관, 2007, 208쪽.

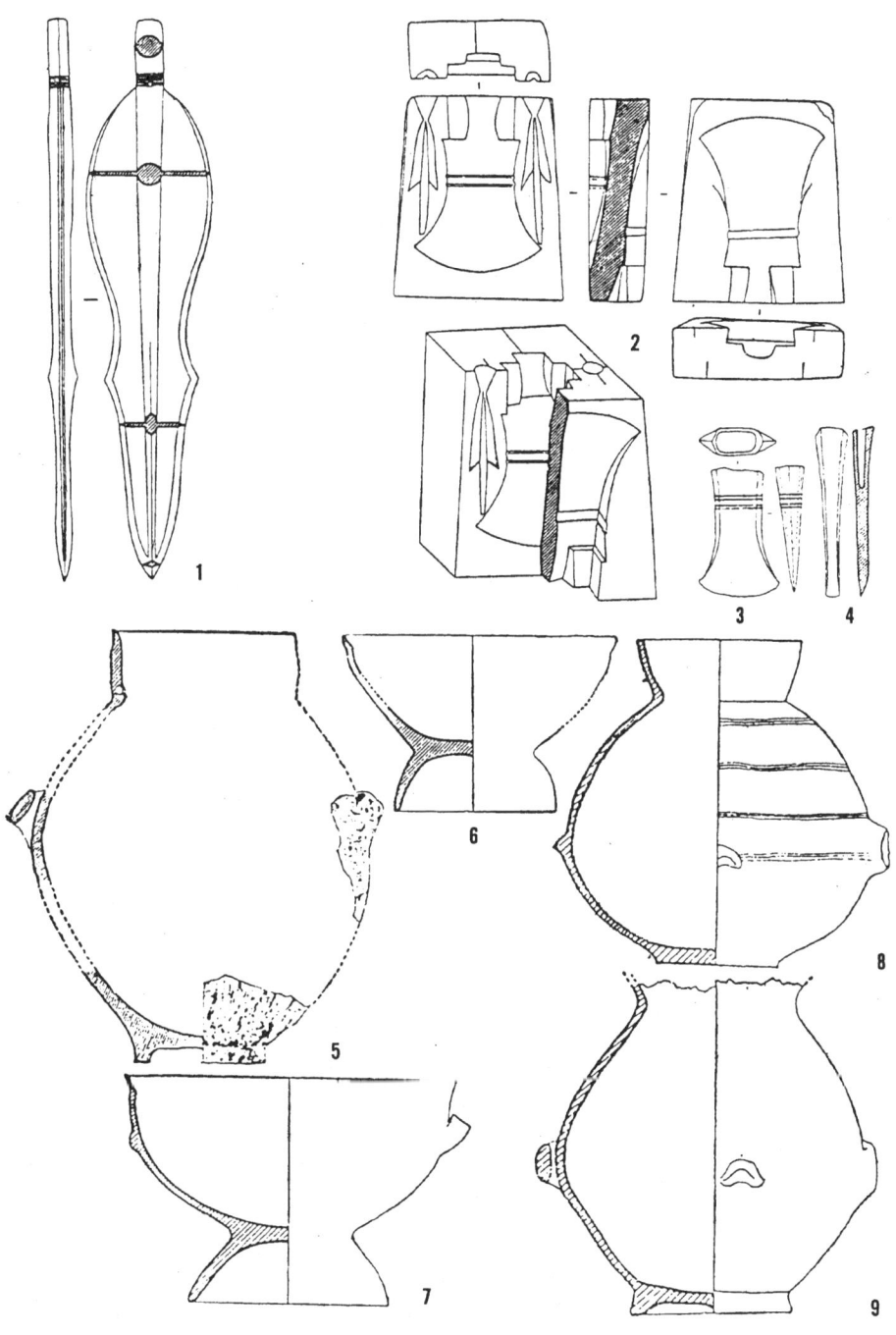

[그림 7] 요양(遼陽) 이도하자(二道河子) 석관묘군 출토 주요 유물(축적부동)
*도면 출처: 秋山進午 1997, 265쪽

불구하고, 이 가운데 청동기를 부장하고 있는 것은 단지 2기(1호와 2호 석관묘)에 지나지 않을뿐더러 그나마 비파형동검과 선형동부 두 기종만이 단수로 확인될 따름이다.[44] 더욱이 같은 단계 태자하 상류역의 본계와 소자하(蘇子河) 유역의 신빈(新賓) 일대에서는 석기와 토기를 부장한 석관묘가 발견될 뿐 소형 장식류(반지, 귀걸이) 이상의 청동기를 공반한 예가 극도로 제한되어 있다.

그러면 지석묘제에서 한반도의 청동기문화와 강한 연계성을 보이고 있는 요동 남부 지역의 쌍방유형은 어떠할까?

지금까지 중국 동북 지역에서 조사된 지석묘 유적 가운데 무덤 조성 당시 부장된 것이 확실한 유물이 정식으로 조사된 것으로는 무순현(撫順縣) 조가분(趙家墳)[45]·산용(山龍)[46], 개주시(盖州市) 화가와보(伙家窩堡)[47]·패방(牌坊) 단산(團山)[48], 와방점시(瓦房店市) 화동광(鏵銅礦)[49], 보란점시(普蘭店市) 유둔(劉屯) 서산(西山)[50]·쌍방(雙房)[51]·교둔(喬屯)[52], 장하시(庄河市) 양둔(楊屯), 수암현(岫岩縣) 백가보(白家堡)[53]·백가보 태로분(太老墳)[54], 봉성현(鳳城縣) 동산(東山)[55] 등이 있다. 이 정도면 이 지역에서의 고고

---

44) 청원 문검 유적은 1호와 2호 석관묘 2기만이 보고되어 있고, 또 내외 학계에서 이 유적을 이해할 때 그렇게만 생각하고 있으나, 실제로는 문검의 산 사면 200m 범위 내에 적어도 70기 이상의 석관묘가 분포하고 있고, 이 가운데 청동기를 출토한 것은 보고된 것 외에는 없다.

45) 遼寧省文物考古硏究所·撫順市博物館, 「趙家墳石棚發掘簡報」, 『北方文物』 2007年 2期.

46) 武家昌, 「撫順山龍石棚與積石墓」, 『遼海文物學刊』 1997年 1期.

47) 許玉林, 「遼寧盖縣伙家窩堡石棚發掘簡報」, 『考古』 1993年 9期.

48) 崔德文, 「遼寧省營口地區石棚硏究」, 『中國考古集成·東北卷·靑銅時代(二)』, 北京出版社, 1997, 1702쪽; 崔德文 李雅君, 「遼東半島石棚文化硏究」, 『中國考古集成·東北卷·靑銅時代(二)』, 北京出版社, 1997, 1744쪽.

49) 三上次男, 「滿洲における支石墓の在り方」, 『考古學雜志』 38卷 4號, 1970.

50) 旅順博物館, 「遼寧大連新金縣碧流河大石盖墓」, 『考古』 1984年 8期.

51) 許明綱·許玉林, 「新金雙房石棚和石盖石棺墓」, 『遼寧文物』 1期, 1980.

52) 旅順博物館, 위의 글, 1984.

53) 遼寧省文物考古硏究所 編, 『遼東半島石棚』, 遼寧科學技術出版社, 1994, 56쪽.

54) 許玉林, 「遼寧省岫岩縣太老墳石棚發掘簡報」, 『北方文物』 1995年 3期.

55) 許玉林·崔玉寬, 「鳳城東山大石盖墓發掘簡報」, 『遼海文物學刊』 1990年 2期.

지역	유적명		青銅器										土器				石器									其他
			銅劍	劍柄	頭飾	銅矛	銅斧	銅刀	銅鑿	銅鏃	銅飾	銅鏡	壺	深鉢	紡輪	其他	環狀	石斧	石鋤	石刀	石鑿	石鏃	紡輪	網錘	石飾	
撫順	趙家墳		-	-	-	-	-	-	1	-	3	-	-	-	-	-	-	-	-	-	-	-	-	3	-	-
撫順	山龍	M1	-	-	-	-	-	-	-	-	-	-	-	-	-	-	-	-	-	-	-	-	●	-	-	-
		M2	-	-	-	-	-	-	-	-	-	-	-	片	-	-	-	-	-	-	-	-	-	-	-	矣
盖州	伙家窩堡	M1	-	-	-	-	-	-	-	-	1	-	3	-	-	-	-	2	-	-	1	-	-	-	-	-
		M2	-	-	-	-	-	-	-	-	-	-	-	片	-	-	-	-	-	片	-	-	-	-	-	-
		M3	-	-	-	-	-	-	-	-	3	-	6	-	-	-	-	2	2	-	1	12	-	-	-	-
		M4	-	-	-	-	-	-	-	-	-	-	片	片	-	-	-	-	-	-	-	-	-	-	-	-
		M5	-	-	-	-	-	-	-	-	-	-	-	片	-	-	-	-	-	-	-	-	-	-	-	-
盖州	牌坊 河北		1	-	1	-	-	-	1	-	-	-	-	-	-	-	-	-	-	-	-	-	1	1	●	骨錐骨珠
瓦房	鏵銅礦 M1		-	-	-	-	-	-	-	-	1	2	-	-	1	-	-	-	-	-	-	-	-	-	-
普蘭	劉屯西山	M2	-	-	-	-	-	-	-	-	-	-	●	●	-	-	-	-	-	-	-	-	-	-	-	-
		M3	-	-	-	-	-	-	-	-	-	-	●	-	-	-	-	-	-	-	-	-	-	-	-	-
普蘭	雙房	M2	-	-	-	-	-	-	-	-	-	-	1	-	-	-	-	-	-	-	1	-	-	-	-	-
		M6	1	-	-	-	-	-	-	-	-	-	1	1	-	-	-	-	-	-	-	-	-	-	-	斧範
普蘭	喬屯	M3	-	-	-	-	-	-	-	-	-	-	-	-	-	-	-	-	-	-	-	-	-	-	-	斧範
		M5	-	-	-	-	-	-	-	-	-	-	-	-	-	-	-	1	-	-	-	-	-	-	-	-
		M6	-	-	-	-	-	-	-	-	-	-	-	2	-	-	-	1	-	-	-	-	-	-	-	禽骨
庄河	楊屯 M1		-	-	-	-	-	-	-	-	片	片	-	-	-	1	-	-	-	-	-	-	-	-	-
岫岩	白家堡	M12	片	-	-	-	-	-	-	-	-	-	1	-	-	-	-	-	-	-	-	-	-	-	-	-
		M13	1	-	-	-	-	-	-	-	-	-	1	-	-	-	-	-	-	-	-	-	-	-	-	-
岫岩	太老墳		-	-	-	-	-	-	-	-	-	-	片	片	-	-	-	-	1	-	-	-	-	-	-	-
鳳城	東山	M1	-	-	-	-	-	-	-	-	-	-	-	-	-	-	-	1	-	-	-	-	-	-	-	-
		M2	-	-	-	-	-	-	-	-	-	-	-	-	-	甕1	-	-	-	-	-	-	-	-	-	-
		M3	-	-	-	-	-	-	-	-	-	-	-	-	-	甕1	-	-	-	-	-	-	-	-	-	-
		M4	-	-	-	-	-	-	-	-	-	-	-	1	-	-	-	-	-	-	-	-	-	-	-	-
		M5	-	-	-	-	-	-	-	-	-	-	-	-	-	甕2	1	1	-	-	-	-	-	-	-	-
		M6				-	-	-	-	-	2	-	-	-	甕1 紡輪1	1	-	-	1	-	-	-	-	-	-
		M7	-	-	-	-	-	-	-	-	2	-	-	-	-	-	-	-	-	-	-	-	-	-	-	-
		M8	-	-	-	-	-	-	-	-	-	-	-	-	-	-	-	-	片	-	-	-	-	-	-	-
		M9	-	-	-	-	-	-	-	-	-	-	-	-	-	-	-	-	-	-	-	-	-	-	-	-
		M10	-	-	-	-	-	-	-	-	-	-	-	1	-	-	-	-	1	-	-	-	-	-	-	-
		M11	-	-	-	-	-	-	-	-	1	-	-	-	11	1	-	-	-	-	-	-	-	-	-	-

[표 2] 중국 동북 지역 지석묘 출토 유물
*伙家窩堡 M3 石鏃=찔개살, 甕=甕形土器

학적인 조사 정황을 고려할 때 적다고만은 할 수 없는데, 이들 유적의 부장품을 표로 작성하여 제시하면 [표 2]와 같다.

위의 표에 정리되어 있는 유적들은, 비록 수는 적지만 요동 지역에서 지석묘가 축조되었던 모든 시기, 즉 화동광기(와방점시 화동광, 봉성현 동산; 기원전 10~9세기), 쌍방기(보란점시 쌍방·유둔 서산·교둔; 기원전 8~7세기), 화가와보기(개주시 화가와보, 장하시 양둔; 기원전 7~6세기), 백가보기(개주시 패방 단산, 수암현 백가보·백가보 태로분, 무순현 조가분·산용; 기원전 6~5세기) 각 기에 걸쳐 보통 1~2개씩 지석묘 축조 당시의 부장 유물이 출토된 지석묘 유적들이 발굴·수습 조사된 상태이기에 부족하나마 어느 정도의 경향성을 파악할 수는 있게끔 되어 있다.

지금까지 요동 지역에서의 고고학적인 조사 성과를 통해서 볼 때, 요동 지역의 지석묘 집단은 화동광기에는 사실상 청동기가 조합하지 않다가 그 다음 단계인 쌍방기부터 비파형동검과 선형동부가 조합하고 마지막 단계인 백가보기에는 여기에 더해 비파형동검의 실질적인 사용과 연관이 있는 검병두식과 기타 소형 청동장식 등이 추가되는 경향을 보인다. 따라서 전체적으로 볼 때 지석묘 사회는 시간이 지남에 따라 청동기의 복합도가 높아지고 그 사회에서의 채용 방식이 상징적·위세적·의례적인 것에서부터 점차 실제화되어 갔다는 것을 알 수 있다.

그런데 지석묘 집단의 사회 구조와 단계를 파악하는 것과 관련하여 주목되는 현상이 있다. 그것은 청동기 부장 여부를 떠나 개인 무덤으로 활용된 것이 분명한 위

[그림 8] 보란점시(普蘭店市) 쌍방(雙房) 6호 개석식 지석묘 출토 유물(작도)
*낱개 도면 출처: 郭富純·趙錫金 主便 2010, 126~130쪽

의 지석묘들이 상대적으로 대형에 속하는 외관과는 상관없이 기껏해야 호와 심발형 토기 2개 기종이 단수 또는 많아야 2점 정도 부장되고 석기 또한 돌도끼·돌자귀가 기본 조합을 이루는 가운데 여기에 더해 돌끌·돌화살촉·돌가락바퀴·찔개살·가락바퀴 등이 대부분 단수로 부장되어 있는 정도에 그치고 있다. 그나마 위에 예거한 토기와 석기 각 기종을 고르게 모두 갖추고 있는 것들은 전혀 없다.

이러한 점과 함께 청동기 또는 청동기 주조와 관련된 거푸집을 부장하고 있는 경우에도 쌍방과 같이 매우 조잡하게 제작한 비파형동검이 아니면 패방 단산 등과 같이 부장 전 오랫동안 사용한 관계로 이가 빠지는 등 검신의 상당 부분이 결실·마모된 것들이 단수로 부장되어 있다. 게다가 패방 단산에 예외적으로 정가와자유형기의 검병두식이 공반하고 있지만 같은 시기 요서와 요동 지역에서 보편적으로 확인되는 T자형 청동검병 등은 조합하고 있지 않다. 또한 본계 양가(梁家)[56]와 대련 누상(樓上)[57] 등에까지 들어가 있는 다뉴기하문경과 경형식 등은 아예 존재하지도 않았던 것 같다.

그렇다면 이러한 유물을 출토하는 지석묘의 단독 여부, 입지, 배치 정형 등은 어떠할까? 지금까지의 고고학적인 조사 및 현지 유적 정황을 고려할 때, 무순현 조가분과 같이 조성 취락이 워낙 작은 규모인데다 장기 지속되지 못한 경우를 제외하고는 대부분 수기의 탁자식 지석묘와 개석식 지석묘·석관묘 등이 군집을 이루고 있다. 그런데 이들 무덤은 고분군 가운데 일부 소수의 무덤이 별도로 차별적이면서 탁월한 입지에 별도의 묘역을 형성하고 있는 것이 아니라 다른 무덤들과 좌우 횡렬, 위아래 종렬을 이루며 일정한 방향성을 갖고 축조되어 있어 앞서 살펴 본 조양 십이대영자 석곽묘군과 대조적이다.

이러한 점들을 고려할 때, 요동 지역의 지석묘 사회는 어느 시대, 어느 지역권, 어

---

56) 魏海波, 「本溪梁家出土靑銅短劍和雙鈕銅鏡」, 『遼寧文物』 6期, 1984, 圖2; 魏海波, 「遼寧本溪發現靑銅短劍墓」, 『遼寧省本溪. 丹東地區考古會議文集』, 1985, 圖3.

57) 旅順博物館, 「旅順口區后牧城驛戰國墓淸理」, 『考古』 1960年 8期, 圖7; 조중 공동 고고학 발굴대, 『중국 동북 지방의 유적 발굴 보고 1963~1965』, 사회과학원출판사, 1966, 그림 74.

느 유적점을 막론하고 사회적으로는 아직 군장을 정점으로 하는 계층이 형성되어 있지 않고 경제적으로는 생계경제를 넘어 정치경제가 형성되어 있지 않으며 원시적이나마 수공업 전문가와 분업이 이루어지기는 하였지만 아직 수공업 전문가 계층이 형성되어 있지 않은 부족사회 단계에 처하여 있었던 것으로 판단된다. 그러나 발달된 부족사회에서 흔히 보이는 생산물의 재분배와 집단의 공동 의식을 주재하는 지도자로서의 부족장의 면모는 초대형과 대형 탁자식 지석묘의 존재를 통해 충분히 유추할 수는 있다.

아무튼 지금까지 요령·길림 중부·연변조선족자치주·한반도·연해주 남부 등지의 고고학적인 발견 정황을 종합적으로 고려할 때, 이 지역에서 군장사회 단계의 복합사회가 처음으로 출현한 시공간은 기원전 8세기 대릉하 유역이 확실하다. 같은 시기 다른 지역과 지역문화는 어느 지역과 어느 문화를 막론하고 그것이 군장사회 직전의 상태이든, 낮은 수준의 상태이든 간에 부족사회 단계에 처하여 있었다고 판단된다. 또한 이와 같은 사회경제적 상황은 그간의 발견 정황과 관련 연구 등을 고려하여 볼 때, 기원전 7세기를 넘어서까지도 마찬가지였다고 생각된다.

이와 같은 불균형성이 해소되고 대릉하 유역을 대척점으로 한 지역 간 격차가 점차 좁혀지기 시작한 것은 아이러니하게도 기원전 6세기 중반 대릉하 유역의 십이대영자문화 가운데 재래의 토착적 전통을 강하게 유지하고 있는 일군의 집단이 요하를 건너 심양에 중심을 두고 정가와자유형을 형성하면서부터이다.[58] 이와 비슷한 시기 한반도에서는 금강(錦江) 유역에 도작농경·환호취락·마제석기·송국리형 주거지·송국리형 토기로 상징되는 송국리유형이 발전하였고,[59] 제2송화강 중류역에서

---

58) 오강원, 앞의 책, 2006, 486~489쪽.
59) 李健茂,「松菊里型 住居分類 試論」,『擇窩許善道先生停年紀念 韓國史學論叢』28, 一潮閣, 1992; 安在晧,「松菊里類型의 檢討」,『嶺南考古學』11, 1992; 李弘鍾,『청동기사회의 토기와 주거』, 서경문화사, 1996; 李弘鍾,「松菊里文化의 時空的 展開」,『湖西考古學』6·7, 2002; 宋滿榮,「南韓地方 農耕文化 形成期 聚落의 構造와 變化」,『韓國農耕文化의 形成』, 學硏文化社, 2002; 禹姃延,「中西部地域 松菊里複合體 硏究」,『韓國考古學報』47, 2002; 李宗哲,「湖南地域 松菊里型 住居文化」,『韓國上古史學報』36, 2002; 金承玉,「송국리문화의 지역권 설정과 확산과정」,『湖南考古學報』24, 2006.

는 정가와자유형과 송국리유형 중기보다는 한 시기 가량 늦은 기원전 5세기 군장사회의 면모를 보여주는 서단산문화 후석산 유적 등이 출현하다.[60]

아무튼 정가와자유형은 십이대영자문화 이외의 지역과 문화에서 가장 먼저 군장사회에 진입한 유형이라는 점에서 주목할만한데, 정가와자유형 자체가 십이대영자문화의 완성된 상태의 유물 복합이 주민 이주를 통해 형성되었다는 점을 생각할 때 당연한 것이라고도 생각할 수 있다[61]. 정가와자유형의 표지 유적으로는 심양 정가와자 M6512 대형 목곽묘[62]가 있다. 이 고분은 그 이전에는 한국 청동기문화권에서 출현하지 않았던 발전된 형태의 목곽묘제가 채용되어 있다는 점에서도 획기적이라 할 수 있는데, 고분의 입지·군집 여부·무덤 구역의 공간 분할·부장 유물 등에서도 혁신적이다.

즉, 정가와자 M6512 대형 목곽묘는 소택지 가에 솟아 있는 대지성의 낮은 언덕 정상부에 M652호 대형 목곽묘와 함께 셋트를 이룬채 독립적으로 조성되어 있는 반면 주변의 소형 단순토광묘는 80m 가량 떨어진 주변의 상대적으로 낮은 언덕과 저지에 10여기 안팎이 군집을 이루고 있어 확연히 대비된다. 두 부류 고분 간의 차별성은 부장 유물에서도 뚜렷하게 나타나는데, 정가와자 M6512 대형 목곽묘의 경우 비파형동검·다뉴기하문경·말재갈멈치 등 총 400여 점에 달하는 청동기가 복수 이상으로 대량으로 부장되어 있는 반면 일반 토광묘에는 비파형동검과 정가와자형호[63] 등이 단수로 부장되어 있을 따름이다.

정가와자 M6512 대형 목곽묘의 위상은 비파형동검이 3자루, 다뉴기하문경과 경

---

60) 오강원, 앞의 책, 2008, 465~470쪽.
61) 성가와자유형이 직접적인 주민 이주와 토착화 과정이 복잡사회 진입으로의 절대적인 변수로 작용한 반면, 요동 지역 다른 토착 유형의 복잡사회로의 진입은 여러 가지 요인과 과정에 의해 이루어져 몇 개의 모델을 상정할 수 있다. 이러한 문제에 대해서는 다른 기회에 다루기로 하고, 여기에서는 청동기시대만을 기준으로 할 때 요동 지역 최초의 복합사회(군장사회) 출현이 주민 이주와 그에 따른 정가와자유형의 출현이라는 특수한 과정을 통해 이루어졌다는 것만을 강조해 두고자 한다.
62) 沈陽故宮博物館·沈陽市文物管理辦公室,「沈陽鄭家窪子的兩座靑銅時代墓葬」,『考古學報』1975年 1期.
63) 吳江原,「鄭家窪子型壺의 型式變遷과 地域的 分布樣相」,『科技考古硏究』8, 2002, 9~11쪽.

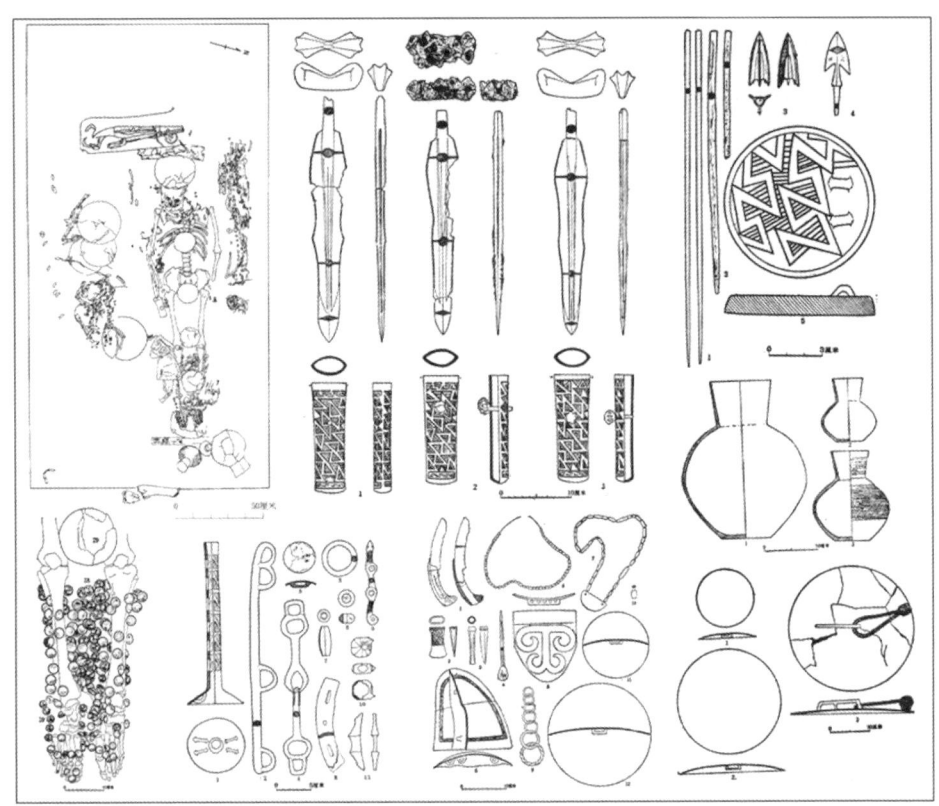

[그림 9] 정가와자유형의 주요 유물(심양 정가와자M6512)(작도)
*낱개 도면 출처: 沈陽故宮博物館 等 1975

형식이 11면, 말재갈과 말재갈멈치가 12점이나 부장되어 있다는 것 외에 청동화살촉이 169점이나 부장되어 있다는 점에서도 드러난다. 정가와자 M6512 대형 목곽묘 단 1기에 부장되어 있는 청동 화살촉의 수량은 지금까지 요령성·길림성·흑룡강성의 청동기시대 전 기간의 무덤에서 출토된 것 보다 많다. 더욱이 청동화살촉은 일종의 소모품에 해당하는 것이어서 왠만한 권력과 청동기 제작 기술이 발전하지 않고서는 이와 같이 한 사람의 죽음을 애도하기 위해 대량을 자신있게 부장하기 어려운 유물이다.

이외 정가와자 M6512 대형 목곽묘로 상징되는 정가와자유형은, 기왕에 이에 관한 자세한 사항이 세밀하게 밝혀진 바 있듯이, 이 유형의 출현과 함께 요동 지역에 정가와자유형을 상위, 기타 요동과 그 주변 지역의 토착 지역 유형을 하위로 하는 문화적 네트워크가 형성되었고, 이 네트워크가 다시 요서 지역의 남동구유형과 연결되기에 이르렀다는 점에서도 이전 시기의 그 어떤 지역 문화와도 다른 의미를 갖고 있다. 이러한 네트워크 결과 요동 등지의 비파형동검 관련 유물이 요서 양식으로 완전히 대체되기에 이르렀고,

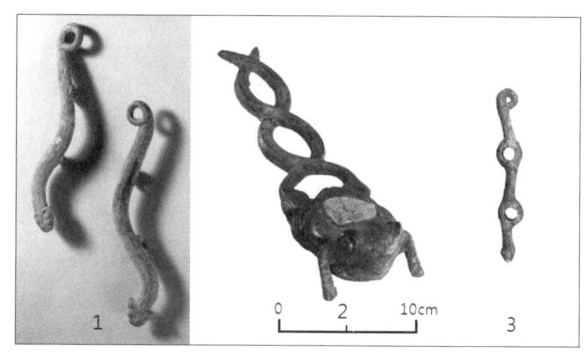

[그림 10] 옥황묘유형, 남동구유형, 정가와자유형의 뱀꼴 말재갈멈치(蛇形馬鑣)와 뱀꼴장식(蛇形飾)(작도)
1. 하북성 회래현(懷來縣) 감자보(甘子堡) 토광묘,
2. 요령성 객좌현 삼관전 석곽묘, 3. 요령성 심양 정가와자M6512
*낱개 도면 출처: 1. 中國青銅器全集編輯委員會 編 1995, 150쪽.
2, 3. 徐秉琨·孫守道 1998, 82쪽

정가와자형호와 점토대토기 등이 요령과 그 주변 지역은 물론 한반도까지 광범위하게 확산되었다.[64]

물론 정가와자유형을 중심으로 한 지역 간 네트워크가 긴밀해지고 이를 통해 정가와자유형의 청동기·토기·묘제가 광범위하게 확산되었다는 것과 이러한 영향권이 동일한 정치체를 이루었다는 것은 전혀 다른 문제이다. 다만 이르게는 기원전 6세기 중반 요동 지역에도 정가와자유형의 출현을 계기로 군장사회라는 복합사회가 출현하게 되었다는 점이다. 유사한 시기 금강 유역에 형성되어 있던 송국리유형 후기는 군장사회로 해석하는 견해도 많지만,[65] 기원전 6~5세기 무렵 송국리유형의 취락과 고분에서 드러나는 양상을 요령 등지와 비교할 때, 군장사회에 매우 근접한 부

---

64) 오강원, 앞의 책, 2006, 500~514쪽; 李成載, 「中國東北地域 粘土帶土器文化의 展開過程 硏究」, 崇實大學校 碩士學位論文, 2007, 57~80쪽.

65) 金承玉, 「錦江流域 松菊里型 墓制의 硏究」, 『韓國考古學報』 45, 2001, 67~68쪽; 安在晧, 「中西部地域 無文土器時代 中期聚落의 一樣相」, 『韓國上古史學報』 43, 2004, 20~21쪽; 金範哲, 「중서부지역 靑銅器時代 水稻 生産의 政治經濟-錦江 중·하류역 松菊里型 聚落體系의 위계성과 稻作集約化-」, 『韓國考古學報』 58, 2006, 50~54쪽; 金壯錫, 「송국리단계 저장시설의 사회경제적 의미」, 『韓國考古學報』 67, 2008, 38~39쪽; 金範哲, 「湖西地域 지석묘의 사회경제적 기능」, 『韓國上古史學報』 68, 2010, 23~24쪽.

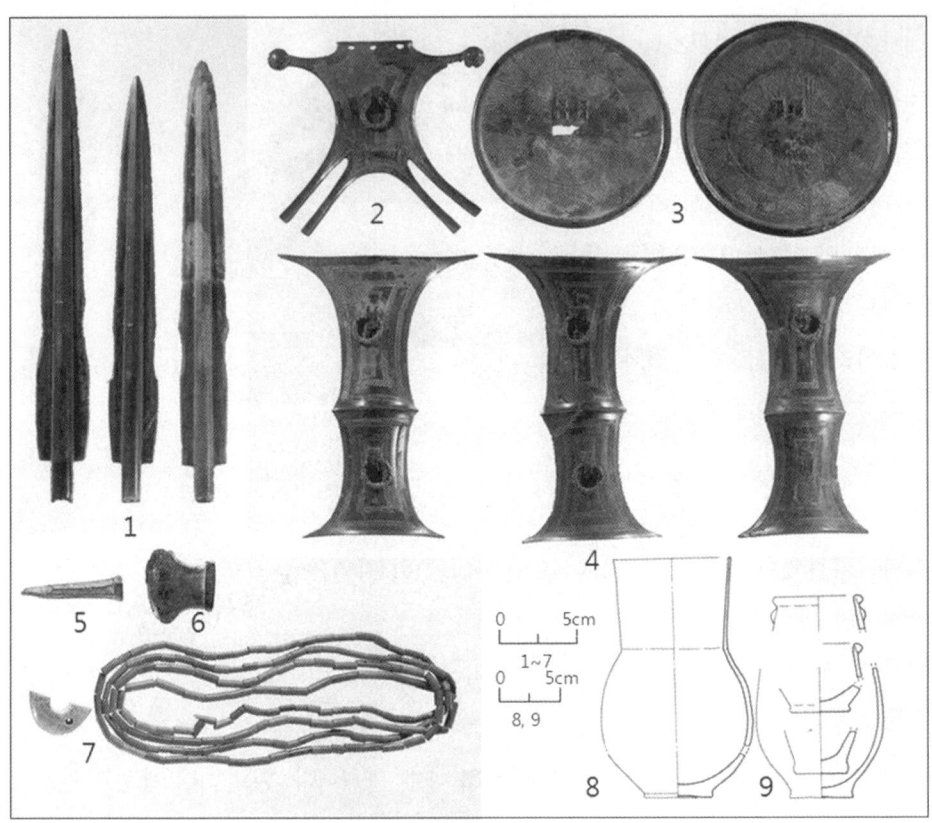

[그림 11] 남성리유형의 주요 유물(아산 남성리)(작도)
*낱개 도면 출처: 국립중앙박물관 1992, 32~33쪽

족사회 단계에 처하여 있었던 것으로 생각된다.

정리하면, 한국 청동기문화권에서 최초로 군장사회 단계에 도달한 것은 기원전 8세기 대릉하 유역의 십이대영자문화이고, 십이대영자문화 이외의 지역에서 그 다음으로 군장사회 단계에 도달한 것은 기원전 6세기 중반 가량 심양 일대의 정가와자유형이다. 이 가운데 정가와자유형을 중심으로 형성된 지역 간 네트워크는 같은 시기 주변 지역에 가장 많은 영향을 미쳤는데, 그 결과 기원전 5~4세기부터 주변의 여러 지역이 연쇄적으로 군장사회 단계에 진입하였다. 한반도 또한 사정은 비슷하였는데, 남한 지역은 남성리유형이 군장사회에 도달한 것은 분명하나, 송국리유형 후기는 그 전야에 해당하는 것이 아닐까 한다.

Ⅳ. 맺음말

　동북아시아는 중앙아시아를 기준으로 할 때 그 동북쪽, 즉 황하 양안과 그 북쪽의 중국, 몽골, 러시아연방의 연해주·하바로프스크·사할린스크, 한국, 일본을 지칭하는 지리 공간 개념으로 볼 수 있다. 청동기시대 동북아시아는 거시적인 관점에서 볼 때 몇 개의 문화권으로 나누어 볼 수 있는데, 편의상 '환호 취락'·'삼족기'·'승문타날토기'·'중국식 목관·목곽묘'·'중국식 청동기'·'한자'·'집약적인 농경'으로 상징되는 문화가 강한 동질성을 보이면서 지속되는 특징을 갖고 있는 선사·고대 중국문화권을 상대적인 기준으로 그 북쪽을 북방문화권, 남쪽을 남방문화권 등으로 대분류할 수 있다.

　따라서 한국 청동기문화권은 중국문화권에 대비되는 북방문화권에 속하여 있었다고 볼 수 있다. 그런데 북방문화권이라는 것은 어디까지나 상대적인 개념일 뿐 그 내부에는 차별적인 성격의 여러 지역 문화권이 존재하고 있었다. 한국 청동기문화권 또한 마찬가지인데, 한반도의 청동기시대~초기 철기시대의 대표적인 유물 요소인 지석묘·석관묘·석곽묘(묘제), 비파형동검·세형동검·비파형동모·다뉴기하문경·선형동부(청동기), 발형토기·정가와자형호(흑색마연장경호)(토기) 등을 기준으로 할 때, 그 범위는 지금의 한반도·요령성·길림성 중부·연변조선족자치주·연해주 남부로 파악된다.

　한국 청동기문화권 또한 여러 지역 문화로 나누어지는데, 기원전 8~7세기 전후를 기준으로 할 때, 주요한 것으로는 대릉하 유역의 십이대영자문화, 태자하~구하 유역의 이도하자유형, 벽류하~대양하 유역의 쌍방유형, 요동반도 남단의 강상유형, 압록강 유역의 대이수구-공귀리유형, 동요하 유역의 보산유형, 제2송화강 중류역의 서단산문화, 포이합통하-해란강 유역의 유정동유형, 함경도 연해 지역의 호곡동유형, 대동강~예성강 유역의 신흥동유형, 남한 일부 지역의 흔암리-선송국리유형 등이 있다. 물론 한 시기 늦은 시점을 기준으로 하면 남한의 송국리유형도 포괄된다.

　이들 문화 또는 유형은 다 같이 한국 청동기문화권 속에 묶이지만 세부적으로는 유물 유적의 지역적 공반 관계가 다른 유물 복합을 이루고 있으면서 지역적으로 인접한 지역 문화 또는 광역에 걸쳐 긴밀한 문화적 연결 고리를 형성하고 있었다. 이들 지역 문화 가운데 가장 먼저 군장사회 단계의 복합사회에 진입한 시공간과 문화는 기원전 8세기 대릉하 유역의 십이대영자문화이다. 지금까지 관련 지역에서의 고고학적인 발견 정황을 고려할 때, 기원전 8세기 십이대영자문화는 사회적 위계화 · 전문적인 수공업 · 군장을 상징으로 하는 엘리트 계층이 모두 출현한 복합사회였다.

유사한 시기 한국 청동기문화권 내의 다른 지역 문화들은 지역을 막론하고 부족사회 단계에 머물러 있었던 것으로 여겨진다. 이러한 점은 근 100여기에 달하는 중대형 고분군의 경우에도 부족장으로 여겨지는 1~2기에 예외적으로 비파형동검과 소형 청동기가 단수로 부장되어 있다든지, 생산 노동과 관련되는 석기가 부장되어 있다든지, 일반 성원과 같은 고분군 내에 열상(列狀)으로 배치되어 있다든지 하는 점 등에서 여실히 드러난다. 이러한 경관이 바뀌어지는 것은 기원전 6~5세기 십이대영자문화의 보수적인 유물 조합 전통을 갖고 있는 집단이 요하를 건너 심양에 근거지를 두게 됨에 따라 출현하게 된 정가와자유형에 의해서이다.

정가와자유형은 한국 청동기문화권 내에서 최초로 군장층의 묘제로서 대형 목곽묘제를 채택하였다는 점에서도 주목되는데, 대릉하 유역 이외의 지역에서는 처음으로 엘리트 계층의 묘역이 일반 성원의 묘역과 완전히 구분되기 시작하였고, 무기류는 물론 거마구류 · 위엄구류 · 의기류 · 고급장식류에 이르는 청동기가 복수 이상으로 400여 점을 부장한 대형 고분이 출현하였다는 점에서도 주목된다. 정가와자유형의 사회는 이때로부터 요동과 그 인근 지역에 정가와자유형을 상위로 한 네트워크가 형성되었고, 또 정가와자유형을 매개로 대릉하 유역의 십이대영자문화 남동구유형과 연결망이 형성되었다는 점에서도 잘 드러난다.

정가와자유형의 사회문화적 영향력은 상당하였던 것으로 여겨지는데, 정가와자유형의 출현과 동시에 요동 남부의 쌍방유형이 해체되기 시작하여 이 지역의 묘제가 지석묘제에서 토광묘와 석곽묘로 전환되었고, 요동 지역의 토착 유형들이 새로운 성격의 유형으로 전환되었으며, 요동을 비롯한 주변 지역의 비파형동검 등의 청동기가 요서 양식으로 대체된다. 한편 정가와자유형의 존속 기간 동안, 즉 기원전 5~4세기 무렵에는 길림시 등지의 서단산문화 후석산기의 집단 또한 군장사회로 발전한다.

한반도는 송국리유형의 후기를 고려할 수 있는데, 가장 확실한 것은 남성리유형기에는 군장사회에 진입한다는 것이다.

주제어: 동북아시아, 한국 청동기 문화권, 복합사회, 십이대영자문화

참고문헌

姜奉遠,「'城邑國家'에 대한 一考察」,『先史와 古代』3, 1992.
경기도박물관,『요령고대문물전』, 경기도박물관, 2010.
權五榮,「斯盧六村의 위치문제와 首長의 성격」,『新羅文化』14, 東國大學校 新羅文化研究所, 1997.
國立中央博物館,『韓國의 青銅器文化』, 汎友社, 1992.
金範哲,「중서부지역 青銅器時代 水稻 生產의 政治經濟-錦江 중·하류역 松菊里型 聚落體系의 위계성과 稻作集約化-」,『韓國考古學報』58, 2006.
金範哲,「湖西地域 지석묘의 사회경제적 기능」,『韓國上古史學報』68, 2010.
金範哲,「東北아시아 諸 地域 초기 복합사회의 비교」,『東北亞歷史論叢』33, 2011.
金承玉,「錦江流域 松菊里型 墓制의 研究」,『韓國考古學報』45, 2001.
金承玉,「송국리문화의 지역권 설정과 확산과정」,『湖南考古學報』24, 2006.
金元龍,「沈陽鄭家窪子 青銅時代墓와 副葬品」,『東洋學』6, 1976.
金壯錫,「欣岩里類型 再考-起源과 年代-」,『嶺南考古學』28, 2001.
金壯錫,「송국리단계 저장시설의 사회경제적 의미」,『韓國考古學報』67, 2008.
金貞培,「韓國青銅器文化의 起源에 관한 一小考」,『韓國史研究』6, 1971.
金貞培,「韓國古代國家의 起源論」,『白山學報』14, 1973.
金貞培,『韓國 民族文化의 起源』, 高大出版部, 1973.
金貞培,「君長社會 發展段階 試論」,『百濟文化』12, 公州大學校 百濟文化研究所, 1979.
金貞培,『韓國古代의 國家起原과 形成』, 高麗大學校出版部, 1986.
金貞培,「東北亞의 琵琶形銅劍文化에 대한 綜合的 研究」,『國史館論叢』88, 2000.
金廷鶴,「韓國幾何文土器文化의 研究」,『白山學報』4, 1968.
金廷鶴,「韓國民族의 源流」,『韓國史論』14, 國史編纂委員會, 1984.
盧爀眞,「紅陶」,『韓國史論: 韓國의 考古學 IV』17, 國史編纂委員會, 1987.
朴淳發,「欣岩里類型 形成過程 再檢討」,『湖西考古學』創刊號, 1999.
宋滿榮,「南韓地方 農耕文化 形成期 聚落의 構造와 變化」,『韓國農耕文化의 形成』, 學研文化社, 2002.
安在晧,「松菊里類型의 檢討」,『嶺南考古學』11, 1992.
安在晧,「韓國 農耕社會의 成立」,『韓國考古學報』43, 2000.
安在晧,「中西部地域 無文土器時代 中期聚落의 一樣相」,『韓國上古史學報』43, 2004.
吳江原,「鄭家窪子型壺의 型式變遷과 地域的 分布樣相」,『科技考古研究』8, 2002.

吳江原,「遼寧~吉林地域 靑銅刀子의 型式과 時空間的 樣相」,『古文化』61, 2003.
吳江原,「中國 東北地域 세 靑銅短劍文化의 文化地形과 交涉」,『先史와 古代』20, 2004a.
吳江原,「遼寧地域의 靑銅器文化와 地域間 交涉關係」,『동북아시아 선사 및 고대사 연구의 방향』, 학연문화사, 2004b.
오강원,「동북아시아의 청동기문화와 요령, 그리고 한반도」,『만주: 그 땅, 사람 그리고 역사』, 고구려연구재단, 2005.
오강원,『비파형동검문화와 요령 지역의 청동기문화』, 청계, 2006.
吳江原,「중국 동북 지역의 청동기 제작과 용범」·「종합토론」,『韓國基督敎博物館誌』제2호·2005, 숭실대학교 한국기독교박물관, 2007.
오강원,『서단산문화와 길림 지역의 청동기문화』, 학연문화사, 2008.
禹姃延,「中西部地域 松菊里複合體 硏究」,『韓國考古學報』47, 2002.
尹乃鉉,「韓國 上古史 體系의 復元」,『東洋學』17, 檀國大學校 東洋學硏究所, 1987.
李健茂,「松菊里型 住居分類 試論」,『擇窩許善道先生停年紀念 韓國史學論叢』28, 一潮閣, 1992.
李南奭,「靑銅器時代 韓半島 社會發展段階」,『百濟文化』16, 公州大學校 百濟文化硏究所, 1985.
이동주,「환동해지역의 구석기시대 말-신석기시대 초기의 문화교류 양상에 대하여」,『동아시아 구석기문화연구의 제문제』(第8回 韓國古代學會 學術發表會文集), 韓國古代學會, 1995.
李白圭,「京畿道出土 無文土器 磨製石器」,『考古學』3, 1974.
李成珪,「中國 古文獻에 나타난 東北觀」,『동북아 선사 및 고대사 연구의 방향』, 학연문화사, 2004.
李成載,「中國東北地域 粘土帶土器文化의 展開過程 硏究」, 崇實大學校 碩士學位論文, 2007.
李盛周,「靑銅器時代 東아시아 世界體系와 韓半島의 文化變動」,『韓國上古史學報』23, 1996.
李盛周,「型式論과 系統論」,『21세기의 한국고고학』1, 주류성, 2008.
李盛周,「巨視的 관점에서 본 東北亞 社會文化體系의 變動」,『東北亞歷史論叢』, 東北亞歷史財團, 2011.
李松來,「국가의 정의와 고고학적 판단기준」,『韓國上古史: 硏究現況과 課題』, 民音社, 1989.
이융조,「양평 앙덕리 고인돌 발굴보고」,『韓國史硏究』11, 1975.
이융조·윤용현,「한국 좀돌날몸돌의 연구-수양개수법과의 비교를 중심으로-」,『先史文化』2, 충북대 선사문화연구소, 1994.
李鍾旭,「韓國 初期國家 形成·發展 段階論의 人類學 理論 收容과 그에 대한 批判의 問題」,『韓國上古史學報』29, 1999.

李宗哲,「湖南地域 松菊里型 住居文化」,『韓國上古史學報』36, 2002.
李淸圭,「南韓地方 無文土器文化의 展開와 孔列土器文化의 位置」,『韓國上古史學報』1, 1988.
李賢惠,「韓國史 硏究史에 나타난 進化論的 視覺」,『現代 韓國史學과 史觀』, 一潮閣, 1991.
李亨求,「渤海沿岸 빗살무늬토기문화 硏究」,『韓國史學』10, 韓國精神文化硏究院, 1989.
李亨源,「靑銅器時代 前期 聚落 編年 및 構造 試論-中部地域을 中心으로-」,『國立公州博物館紀要』3, 國立公州博物館, 2003.
李弘鍾,『청동기사회의 토기와 주거』, 서경문화사, 1996.
李弘鍾,「松菊里文化의 時空的 展開」,『湖西考古學』6·7, 2002.
全京秀,「新進化論과 國家形成論-人類學理論의 올바른 適用을 爲하여-」,『韓國史論』19, 서울大學校 國史學科, 1988.
全榮來,「韓國靑銅器文化의 系譜와 編年」,『全北遺蹟調査報告』7, 1977.
趙由典,「無文土器文化의 展開」,『韓國史論: 韓國의 考古學 Ⅱ·上』13, 國史編纂委員會, 1983.
조중 공동 고고학 발굴대,『중국 동북 지방의 유적 발굴 보고 1963~1965』, 사회과학원출판사, 1966.
千羨幸,「西日本における突帶文土器文化の成立過程」,『考古學雜誌』92卷 3號, 2008.
崔夢龍,「全南地方 支石墓社會와 階級의 發生」,『韓國史硏究』31, 1981a.
崔夢龍,「都市·文明·國家」,『歷史學報』92, 1981b.
崔夢龍,「韓國古代國家形成에 대한 一考察」,『金哲埈博士 華甲紀念論叢』, 知識産業社, 1983.
하스 著, 崔夢龍 譯,『原始國家의 進化』, 民音社, 1989.
최몽룡·김경택,「한국 지석묘사회 연구의 이론적 배경-계급사회의 발생 및 성장을 중심으로-」,『韓國 支石墓 硏究 理論과 方法-階級社會의 發生-』, 주류성, 2000.
崔盛洛,「全南地方에서 複合社會의 出現」,『百濟論叢』5, 百濟文化開發硏究院, 1996.
崔楨芯,「韓國上古史와 族長社會」,『先史와 古代』8, 1997.
韓永熙,「角形土器考」,『韓國考古學報』14·15, 1983.

姜振利 主編,『隆化文物志』, 中國文史出版社, 2007.
郭富純·趙錫金 主編,『大連古代文明圖說』, 吉林文史出版社, 2010.
吉林市文物管理委員會·永吉縣星星哨水庫管理處,「永吉星星哨水庫石棺墓及遺址調査」,『考古』1978年 3期.
吉林市博物館·永吉縣文化館,「吉林永吉星星哨石棺墓第三次發掘」,『考古學集刊』3, 1983.
佟柱臣 主編,『(江城文博叢刊 第1輯) 西團山考古報告集』, 吉林市博物館, 1987.

馬自樹 主編,『中國文物定級圖典・三級品』, 上海辭書出版社, 2001.
武家昌,「撫順山龍石棚與積石墓」,『遼海文物學刊』1997年 1期.
徐秉琨・孫守道, 1998,『東北文化: 白山黑水中的農牧文明』, 上海遠東出版社・商務印書館
　　(香港)有限公社.
沈陽故宮博物館・沈陽市文物管理辦公室,「沈陽鄭家窪子的兩座青銅時代墓葬」,『考古學報』
　　1975年 1期.
遼寧省博物館・朝陽地區博物館,「遼寧喀左南洞溝石槨墓」,『考古』1977年 6期.
旅順博物館,「旅順口區后牧城驛戰國墓清理」,『考古』1960年 8期.
旅順博物館,「遼寧大連新金縣碧流河大石盖墓」,『考古』1984年 8期.
王運至,「遼寧淸原縣門臉石棺墓」,『考古』1981年 2期.
遼寧省文物考古硏究所 編,『遼東半島石棚』, 遼寧科學技術出版社, 1994.
遼寧省文物考古硏究所・撫順市博物館,「趙家墳石棚發掘簡報」,『北方文物』2007年 2期.
魏海波,「本溪梁家出土青銅短劍和雙鈕銅鏡」,『遼寧文物』6期, 1984.
魏海波,「遼寧本溪發現青銅短劍墓」,『遼寧省本溪. 丹東地區考古會議文集』, 1985.
張光直,「論"中國文明的起源"」,『文物』2004年 1期.
朱　貴,「遼寧朝陽十二臺營子青銅短劍墓」,『考古學報』1960年 1期.
朱永剛,「試論我國北方地區銎柄式柱脊短劍」『文物』1992年 12期.
中國社會科學院考古硏究所,『中國考古學: 兩周卷』, 中國社會科學出版社, 2004.
中國青銅器全集編輯委員會 編,『中國青銅器全集 15: 北方民族』, 文物出版社, 1995.
陳　雍,「關于考古學硏究中國文明起源的理論與方法」,『文物』2001年 2期
淸原縣文化館・撫順市博物館,「遼寧淸原縣近年發現一批石棺墓」,『考古』1982年 2期.
崔德文,「遼寧省營口地區石棚硏究」,『中國考古集成・東北卷・青銅時代(二)』, 北京出版社,
　　1997.
崔德文 李雅君,「遼東半島石棚文化硏究」,『中國考古集成・東北卷・青銅時代(二)』, 北京出
　　版社, 1997.
秋山進午,「遼東東部地區青銅器再論」,『東北亞考古學硏究-中日合作硏究報告書』, 文物出版
　　社, 1997
夏　鼐,『中國文明的起源』, 文物出版社, 1985.
許明綱・許玉林,「新金雙房石棚和石盖石棺墓」,『遼寧文物』1期, 1980.
許玉林,「遼寧盖縣伙家窩堡石棚發掘簡報」,『考古』1993年 9期.
許玉林・崔玉寬,「鳳城東山大石盖墓發掘簡報」,『遼海文物學刊』1990年 2期.
華玉冰・王來柱,「新城子文化初步硏究-兼談與遼東地區相關考古遺存的關係」,『考古』2011
　　年 6期.

藤田亮策,「櫛目文樣土器の分布につきて」,『靑丘學叢』2, 1930.
三上次男,「滿洲における支石墓の在り方」,『考古學雜志』38卷 4號, 1970.
王建新,『東北アジアの靑銅器文化』, 同成社, 1999.
有光敎一,『朝鮮櫛目文土器の硏究』, 考古學談話會, 1962.
村上恭通,『東夷世界の考古學』, 靑木書店, 2000.

Brumfiel, E.M., and T.K. Earle, eds., "Specialization, Exchange, and Complex Societies: An Introduction", In *Specialization, Exchange, and Complex Societies*, eds. E.M. Brumfiel and T.K. Earle., Cambridge, England, Cambridge University Press, 1987.

Carneiro, R., "A Theory of the Origin of the State", *Science* 169, 1970.

Child, V.G., *Man Makes Himself*, New York, Mentor, 1936.

Cowgill, U., "On the Causes and Consequences of Ancient and Modern Population Changes", *American Anthropologist* 64, 1962.

Demarest, A.A., and G.W. Conrad, eds., *Ideology and Pre-columbian Civilizations*, Santa Fe, NM, School of American Research, 1992.

Kristiansen, K., "Chiefdoms, State and System of Social Evolution", In *Chiefdoms: Power, Economy and Ideology*, ed. by Earl, T., Cambridge, Cambridge University Press, 1991.

Renfrew, C., and Paul, B., *Archaeology: Theories, Methods and Practice*, New York, Thames and Hudson, 1991.

Service, E.R., *Primitive Social Organization: An Evolutionary Perspective*, New York, Random House, 1962.

Service, E.R., *Origins of the State and Civilization: The Process of Cultural Evolution*, New York, Norton, 1975.

Wittfogel, K.A., *Oriental Despotism: A Comparative Study of Total Power*, New Haven, Yale University Press, 1957.

The Korean bronze age cultural sphere and the emergence of complex societies in Northeast Asia

Oh, KangWon(Assistant professor of the Arcademy of Korean Studies)

Seen from a broad perspective, in the prehistoric and ancient periods Korean bronze age culture can be seen as belonging to the Northern cultural sphere as opposed to the Chinese cultural sphere. However, the northern cultural sphere itself is a relative concept, itself being composed of many distinctive regional cultural spheres and mutual interaction spheres, the Korean bronze age culture being one of these, it was a highly distinctive regional cultural sphere having in common dolmen, stone coffin tombs, stone lined tombs, mandolin shaped bronze daggers, slim bronze daggers, mandolin shaped bronze spearheads, geometric designed bronze mirrors with two knobs, fan shaped bronze axes, bowl shaped pottery, Zhengjiawozi style jars(burnished black long neck jars)(pottery), the spatial extent of which included the present day Korean peninsula, Liaoning province, central Jilin province, the Korean autonomous province in Yanbian and the southern portion of the Russian maritime provinces.

Seen from a narrow perspective, the Korean bronze cultural sphere itself was composed of many regional cultural units, the most advanced among these being the Shiertaiyingzi culture of the Dalinghe river region, dated to the 8th century B.C., and the first to reach chiefdom level or complex society. The Shiertaiyingzi culture of the 8th century B.C. was a complex society where social stratification, specialized craftmanship and an elite stratum symbolized by chiefs had already emerged. Other cultural units of the same time period differed in the degree of development but all remained in the tribal society level of development. In areas other than the Shiertaiyingzi sphere, the first to reach chiefdom level society was the Zhengjiawozi culture of the Shenyang area, dated to the 6th-5th century B.C., which had been influenced by the expansion of the Shiertaiyingzi culture into the Liaodong area.

The socio-cultural influence of the Zhengjiawozi culture was considerable, with the emergence of the Zhengjiawozi culture, the Shuangfang culture of Southern Liaodong began to disappear, the burial practices of this region were transformed from dolmen tombs to pit tombs and stone lined tombs, the indigenous cultures of the Liaodong area were transformed into those having new characteristics, bronzes characteristic of Liaodong and other areas such as the mandolin shaped bronze dagger were replaced by those of a Liaoxi style. Meanwhile, during the duration of the Zhengjiawozi culture, or the 5th-4th century B.C., the Xituanshan culture group centered around Jilin city of the Houshishan period , also developed into a chiefdom society. On the Korean peninsula, the late Songgukli culture can be considered but the most reliable claim is that chiefdom level society was reached during the Namseongli pattern assemblage period .

Keywords: Northeast Asia, Korean bronze cultural sphere, mutual interaction sphere, regional cultural units, complex society

東北亞地域에서의 多鈕鏡 副葬墓의 展開

李 淸 圭

이청규

서울대학교 고고미술사학과 및 동대학원 졸. 문학박사. 제주대학교 교수, 한국청동기학회 회장 역임.
현) 영남대학교 문화인류학과 교수.

주요 저작: 「고조선과 요하문명」, 『고조선 단군 부여』, 『요하유역의 초기 청동기문화(공저)』

I. 머리말

 석기와 달리 청동기(靑銅器)는 단순한 생업 도구의 수준에서 벗어나 집단(集團) 구성원의 안전을 도모하는 전쟁 무기와 이데올로기를 통합하는 종교(宗敎) 의기(儀器) 등으로 제작 보급된다.

 그 중에 청동거울은 제사장(祭司長)이 보유하고 의례(儀禮)에 사용하는 무구(巫具)라는 점은 여러 연구자들이 지적한 바와 같다. 기능과 문양(文樣)의 상징성(象徵性) 그리고 제작기술의 전문성(專門性)을 볼 때 청동기-초기철기시대에 다뉴경은 중국 동북지역에서 한반도와 일본열도에 걸쳐 당시 엘리트들이 제사장(祭司長)의 신분과 지위를 과시하는 위세품(威勢品)이다.

 최고의 위세품임을 입증하는 실제적인 근거는 각종 청동기를 다량 부장(副葬)한 무덤에는 다뉴경(多鈕鏡)이 공반된다는 고고학적(考古學的) 맥락에 있다. 대릉하(大陵河) 유역에서 시작하여 한반도를 거쳐 일본 구주지역(九州地域)에 이르는 범 십이대영자 문화권에서 각 단계별로 가장 많은 기종과 수량의 청동기를 부장(副葬)한 최상급 무덤에는 다뉴경(多鈕鏡)이 반드시 부장된다.

 문헌기록(文獻記錄)에 따르면 다뉴경(多鈕鏡)이 제작(製作) 보급되는 시기와 공간에 고조선(古朝鮮)과 부여(夫餘), 한(韓), 왜(倭)의 범주에 속하는 많은 소국(小國)이 형성된다. 소국은 state이전 단계의 chiefdoms에 대응하는 복합사회(複合社會)로서 수백 호에서 수만 호에 이르기까지 규모가 다양하다. 다뉴경(多鈕鏡)과 함께 각종 청동기를 부장한 무덤의 주인공이 그러한 소국의 우두머리에 해당한다고 주장한 바 있다(李淸圭 2000, 27-47).

 이러한 주장은 순수한 고고학의 관점과 다소 거리가 있는 것으로, 여러 고대사와 고고학 연구자들에 의해 공식 혹은 비공식적으로 문제점이 지적되어 왔다. 〈국(國)〉이나 지역집단의 구체적인 설명이 미흡하고, 이를 입증할만한 고고학적 증거가 충분하지 않아서인 바, 다행히 최근에 남한(南韓)의 전주(全州) 완주(完州) 일대에서 이와 관련한 양호한 고고학적 정보가 확보되어 이를 보완할 수 있게 되었다(전라문화유산연구원 2010, 전주국립박물관 2011, 호남문화재연구원 2010, 전북문화재연구원 2011). 아직 정식보고가 되지 않아 정확한 사정을 알 수 없으므로, 본격적으로 논의하기는 힘드나, 이를 토대로 다뉴경(多鈕鏡) 부장묘(副葬墓)에 대한 필자의 입장을 정리 보완하여 여러 연구자들의 의견을 구하고자 한다. 그렇게 하여 동북아지역의 다뉴경 그리고 다뉴경 부장묘가 갖는 역사문화적 의미를 다시 한 번 되새기고자 하는 것이다.

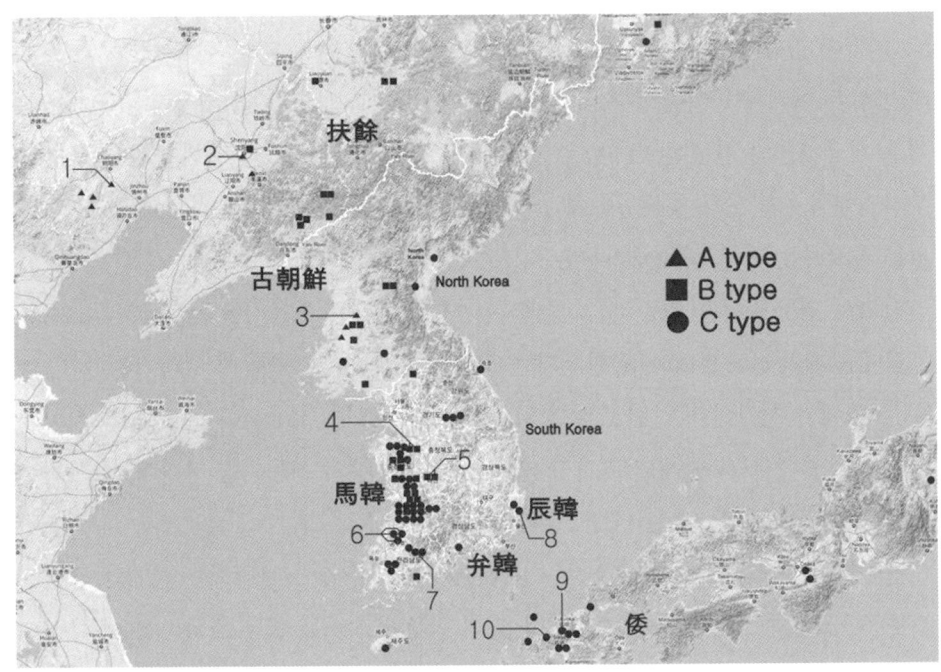

[지도 1] 多鈕鏡의 分布
1 조양(朝陽) 십이대영자(十二臺營子), 2 심양(瀋陽) 정가와자(鄭家窪子), 3 평양(平壤) 신성동(新城洞), 4 아산(牙山) 남성리(南城里), 5 대전(大田) 괴정동(槐亭洞), 6 함평(咸平) 초포리(草蒲里), 7 화순(和順) 대곡리(大谷里), 8 경주(慶州) 입실리(入室里), 9 복강(福岡) 길무고목(吉武高木), 10 당진(唐津) 우목급전(宇木及田)

II. 銅鏡의 型式分類와 時期區分

1. 多鈕鏡의 型式分類

지름 25~10cm의 평면 원형에 걸거나 결박(結縛)할 수 있게 한 2~3개의 꼭지가 뒷면에 붙은 다뉴동경(多鈕銅鏡)의 형식을 분류함에 그 기준이 되는 속성에 대해서 제작

기술(制作技術), 전체 형태 그리고 문양(文樣)별로 나누어 볼 수 있다.

제작기술과 관련해서는 주조방법(鑄造方法)과 성형과정(成形過程)을 살펴 크게 두 가지가 있다. 우선 모양을 가다듬은 밀랍(蜜蠟)에 점토를 씌운 다음, 밀납을 녹여 토제 거푸집을 만드는 방법과 활석(滑石) 등의 석재를 소재로 그 표면에 조각하여 석제 거푸집을 만드는 방법이 있다. 전체 형태와 관련된 속성은 주연부(周緣部)와 꼭지를 들 수 있는데, 우선 주연부의 경우 그 단면이 반원형(半圓形), 삼각형 혹은 사다리꼴 등이 있다. 꼭지는 평면 오목렌즈 모양과 말각장방형(抹角長方形)인 경우가 있다.

그리고 문양과 관련해서는 뒷면에 장식된 무늬의 구성을 살펴 구분하는데, 크게 번개문, 복합거치문(複合鋸齒文), 다중원권문으로 나누어 볼 수 있을 것이다. 물론 이들 세 종류의 문양구성은 세분(細分)할 수도 있을 뿐만 아니라, 그 단위문양(單位文樣)을 통해서 상호 구분이 가능하다(宮里修 2008, 1-32).

최근까지 알려진 다뉴경은 부분경(部分鏡)을 포함해서 130사례에 이른다. 문양의 구성을 제1기준으로 삼아 분류된 다뉴경군(多鈕鏡群)을 〈형(型)〉으로 인식하여 A, B, C형(型)의 3분류체계를 설정한다.

A형은 거친 선으로 문양(文樣)을 장식한 것으로 번개무늬 혹은 Z자형으로 문양을 구성한 거울군(群)이다. B형 또한 거친 선으로 장식한 것으로 삼각집선문(三角集線文)을 단위문양(單位文樣)으로 삼아 복합거치문형태의 문양구성을 한 거울군이고, C형은 여러 줄의 동심원으로 구획한 문양대에 세(細)선으로 삼각(三角)과 사각(四角)의 집

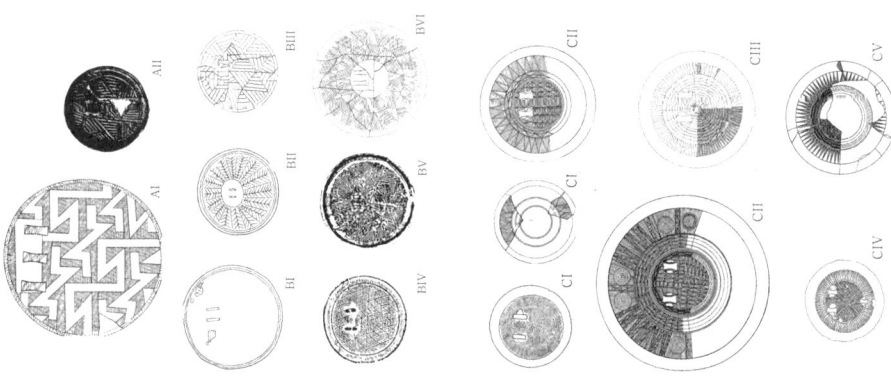

[그림 1] 다뉴경(多鈕鏡)의 형식(型式)(1)　　　[그림 2] 다뉴경(多鈕鏡)의 형식(型式)(2)

선문(集線文)을 반복적으로 시문(施文)하여 채운 거울군을 말한다.

다음 형식을 세분하는데, 분류 기준으로 많은 연구자들이 배면(背面)의 단위문양과 그 복합방식과 구성을 제시하고 있다.

우선 A형은 배면(背面)의 문양형태(文樣形態)가 Z자형 구대문(溝帶文)이거나, 변형되었다 하더라도 그 형태(形態)를 유지하고 있는 것은 1식, 초보적이나마 주연부(周緣部)를 따라 좁은 외구(外區)가 형성되고 다음 B식에 유행하는 삼각집선문(三角集線文)의 조형(祖型)을 보이는 것을 2식으로 구분할 수 있다. 주연부(周緣部)의 형태(形態)를 보면 1식은 거울과 동일한 평면을 이루고, 2식은 삼각(三角) 혹은 사다리꼴 단면(斷面)의 외연(外緣)과 내연(內緣)의 이중돌기연(二重突起緣)을 갖추었다.

B형은 문양이 전혀 시문(施文)되지 않은 것을 1식, 전면(全面)에 방사상(放射狀) 엽맥문(葉脈文), 격자문(格子文), 동물문(動物文) 등을 장식한 것을 2식, 그리고 전면(全面)을 평행선(平行線)으로 구획(區劃)하고 삼각집선문(三角集線文)을 채운 3식, 외구(外區)와 내구(內區)를 구획(區劃)하고, 그 중 내구(內區)에 삼각평행집선문(三角平行集線文)을 배치한 것을 4식, 구획(區劃)없이 삼각집선문(三角集線文)을 주변 둘레에 시문(施文)하고, 중심은 공백이거나 사각집선문(四角集線文)으로 채운 것을 5식, 그리고 삼각집선문(三角集線文)이 원권(圓圈) 2구로 나뉘어 상하교대(上下交代)로 시문(施文)한 것을 6식으로 구분(區分)할 수 있다.

C형의 경우 중구(中區), 내구(內區)의 그것과 일정한 상관관계를 보이는 외구(外區)의 문양대(文樣帶)를 기준으로 하여, 문양구성이 정형화(定型化)되지 않은 것은 1식, 삼각집선문(三角集線文)을 위아래를 달리하여 연속적으로 시문(施文)한 것은 2식, 꼭지가 주연(周緣)으로 향(向)한 삼각형(三角形)의 내부를 밑변에 평행한 집선(集線)으로 채워 연속적으로 시문(施文)한 것은 3식, 3식의 외구(外區) 연속문양(連續文樣) 중 꼭지가 주연(周緣)으로 향한 삼각형(三角形) 내부를 공백(空白)으로 한 것은 4식, 3식의 외구(外區) 연속문양(連續文樣)중 꼭지가 중심으로 향한 삼각형 내부를 공백으로 하여 시문(施文)한 것을 5식으로 구분하였다(李淸圭 2010, 59-65).

2. 時期區分과 연대

다뉴경(多鈕鏡) 시기는 A형, B형, C형의 다뉴경(多鈕鏡)을 표지(標識)로 하여 3단계로 구분할 수 있다.

1단계는 A형 다뉴경(多鈕鏡)을 표지로 하는데, 조양 십이대영자 동경을 가장 이른 형식으로 판단할 수 있다. 같은 AI식이지만 다소 후행하는 소흑석구 8501호 무덤에 주말 춘추초로 편년되는 청동예기가 공반하므로 이를 근거로 그 상한을 기원전 9세기로 추정할 수 있다. 동 거울의 하한은 AII형 다뉴경을 표지로 추정할 수 있는데, 절대연대의 추정이 가능한 편년자료가 확실하지 않아 단정하기 어렵다. 대체로 변형 비파형동검과 원형점토대토기가 공반되고, 이보다 후행하는 한국식 세형동검이 연의 동진을 전후로 하는 것으로 추정되므로, 그보다 빠른 기원전 5세기를 하한으로 하는 것으로 판단된다.

2단계는 B형 다뉴경을 표지로 하는데, 요서지역(遼西地域)을 제외하고 요동(遼東)과 길림(吉林), 연해주(沿海州) 그리고 한반도 서부지역에 분포한다. 그 이른 형식(型式)인 B1,2식이 요동지역(遼東地域)과 한반도에서 거의 동시에 출현하는 바 세형동검(細形銅劍)이 공반(共伴)된다. 대체로 전국(戰國) 연(燕)나라의 중원문화(中原文化)가 요서지역(遼西地域)으로 파급된 기원전 4세기 전반을 그 상한으로 추정할 수 있다. 요동지역에 B5, B6식의 다뉴경(多鈕鏡)과 함께 전국계 주조철기가 공반되는 사례로 보아, 연나라의 진출 기록이 나타나는 기원전 3세기 전반을 하한(下限)으로 한다.

3단계는 C형 다뉴경을 표지로 하는데, 요동(遼東)과 길림지역(吉林地域)에서는 확인되지 않는 대신 한반도 서부는 물론 동부 그리고 일본열도(日本列島)의 구주(九州)와 근기지역(近畿地域)에 분포한다. C형 다뉴경(多鈕鏡)이 생산되기 시작한 것은 이와 공반(共伴)하는 세형동과(細形銅戈)가 중국(中國) 북경(北京) 연하도(燕下都)의 신장두(辛庄頭) 30호에 부장된 사례를 근거로 한 편년안(編年案)「교량(喬梁) 2004, 58-67: 소림청수(小林青樹) 2008, 24-38」을 고려하면 기원전 3세기 이전으로 거슬러 올라가는 것으로 판단된다. 문헌기록에 따르면 고조선의 준왕(準王)이 서남한(西南韓)의 한지역(韓地域)에 남천(南遷)하기 이전이다. 이 형식의 동과(銅戈)는 전국시대(戰國時代) 요서지역(遼

西地域)에서 제작된 동과(銅戈)를 발전시킨 것으로 서북한(西北韓)의 여러 유적에서 C형 다뉴경(多鈕鏡)과 함께 출현한다.

이른 형식(型式)인 CI식 다뉴경은 서남한지역에 분포하고, 늦은 C2, C3, C4, C5식 다뉴경은 동남한과 일본열도에 파급된다. 그 하한은 위만조선(衛滿朝鮮)이 멸망하고 한군현(漢郡縣)이 설치되는 기원전 1세기초로 추정된다. 이를 정리하면 다음과 같다.

段階	年代	銅鏡	共伴遺物
I	紀元前 800~400	A型 多鈕鏡	琵琶形銅劍
II	紀元前 400~250	B型 多鈕鏡	細形銅劍/異形銅器
III	紀元前 250~100	C型 多鈕鏡	細形銅劍/細形銅戈/銅鈴具/鑄造鐵製工具

Ⅲ. A型 多鈕鏡 段階(紀元前 9~5世紀)

이 단계의 전반에 A형 다뉴경은 요서지역(遼西地域)의 대릉하유역(大陵河流域)을 중심으로 분포하고, 요동(遼東)과 한반도로 일부 확산되는 현상을 보여준다. 다량의 청동기를 부장한 무덤이 본격적으로 등장하는 바, 그 최대급은 요서지역(遼西地域)에 집중된다. 요하(遼河) 상류의 내몽고(內蒙古) 영성(寧城) 소흑석구(小黑石溝) 무덤[내몽고자치구문물고고연구소(內蒙古自治區文物考古研究所)·영성현요중경박물관(寧城縣遼中京博物館) 2008]과 영성(寧城) 남산근(南山根) 무덤[중국과학원고고연구소내몽고공작대(中國科學院考古研究所內蒙古工作隊) 1975], 그리고 대릉하(大陵河) 유역의 요령(遼寧) 조양(朝陽) 십이대영자(十二臺營子) 무덤[주귀(朱貴) 1960] 등의 예가 대표적이다.

양자(兩者)의 무덤에 부장되는 청동기로 무기(武器), 공구(工具), 장신구(裝身具), 차마구(車馬具), 용기(容器) 등 여러 기종이 있는데, 대부분은 그 계통과 형식에서 상호 차이가 많다. 양자를 하가점상층문화(夏家店上層文化)라고 하는 동일한 문화에 속하는 것으로 보는 의견이 있는가 하면, 후자를 따로 떼내어 별도의 십이대영자문화(十二臺營子文化) 혹은 릉하문화(陵河文化)로 보는 의견이 있다. 아직 공반(共伴)되는 토기(土器) 등에서 상호 관계가 제대로 알려져 있지 않아 확실하게 단정할 수 없다(烏恩岳

斯圖 2007, 224-251: 李淸圭 2008, 223-232).

양 지역의 청동기를 보면 전자에는 북방계통의 무기와 장식품이 있고, 중원에서 유입되거나 자체 제작된 용기가 공반되는 반면, 후자에는 요하(遼河) 동쪽과 한반도와 공통되는 다뉴경과 비파형동검(琵琶形銅劍)이 주로 공반된다. 바꾸어 말하면 상호 공통되는 청동기가 전자가 중원(中原)과 북방지역(北方地域)에 집중되어 있다면, 후자는 요하(遼河) 동쪽과 한반도 지역에 치우쳐 있다.

최근에 소흑석구(小黑石溝) 8501호 무덤에서 번개무늬 A형 다뉴경이 부장된 사실이 확인된 바 있다. 보고자는 동 거울이 다뉴경 중 가장 오랜 형식이라고 주장하고 있지만, 문양(文樣) 속성으로 보아 십이대영자(十二臺營子) 동경(銅鏡)보다 후행(後行)하는 형식으로 판단된다. 또한 하가점상층문화(夏家店上層文化)에 속하는 무덤의 출토사례로서 지금까지 이것이 유일하다. 따라서 소흑석구(小黑石溝) 동경(銅鏡)은 조양(朝陽) 십이대영자(十二臺營子) 다뉴경을 조형(祖型)으로 하고, 대릉하(大陵河) 중상류를 중심으로 분포한 AI식 동경이 파급된 것으로 이해된다. 앞서 보듯이 소흑석구(小黑石溝) 무덤 유적에서 중원계(中原系)나 북방계(北方系) 외래유물(外來遺物)이 다량 유입된 것처럼, 다뉴경도 외래유물로서 유입된 것으로 판단된다.

기원전 1천년기에 존재한 것이 분명한 고조선이라는 정치체가 많은 학자들이 지

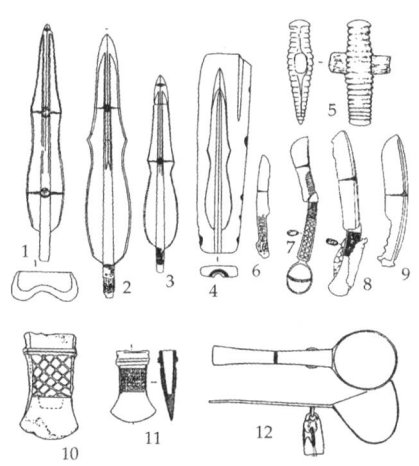

[그림 3] 十二臺營子類型의 靑銅武器

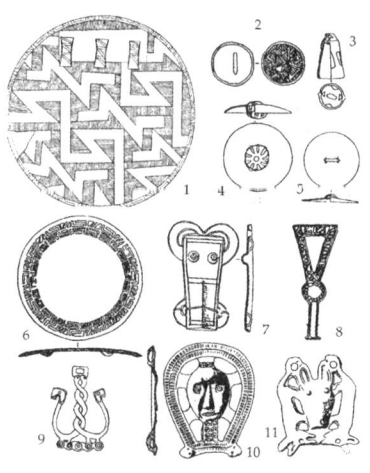

[그림 4] 十二臺營子類型의 銅鏡과 裝飾品

적하듯이, 서북한을 중심으로 한 한반도와 친연성(親緣性)이 있다고 한다면, 동 단계에 한반도 각지에서 발견되는 우두머리급 무덤에서 다뉴경과 비파형동검(琵琶形銅劍)이 부장되는 사실을 주목하지 않을 수 없다. 대릉하유역의 십이대영자문화(十二臺營子文化)의 청동기(靑銅器) 부장묘(副葬墓) 또한 동 유물을 표지로 하므로, 양자(兩者)는 상호 밀접한 관련이 있는 것으로 보아야 한다.

고조선에 대하여 요동(遼東)과 서북한 지역에 집중된 탁자식 지석묘, 미송리형토기(美松里型土器) 등을 표지로 하는 의견이 있다. 지석묘 사회는 공동체적 기반이 더욱 강한 초기 족장사회(族長社會)의 성격을 띠고 있으므로, 후대 기록에 조선(朝鮮)이라는 실명(實名)이 거론되는 수준의 정치적 복합체로 보기에 미흡하다. 청동기 중에 다뉴경은 제사장(祭司長)의 신기(神器), 그리고 비파형동검은 군사적 상징물(象徵物)로서 본격적인 군장사회(君長社會)의 상위신분 계층의 일차적인 표지유물(標識遺物)로 보다 적합한 것으로 이해된다.

거의 비슷한 시점에 AI형의 다뉴경과 비파형동검 등의 청동기(靑銅器)를 부장하는 예가 대릉하류역(大陵河流域)에서는 조양(朝陽) 십이대영자(十二臺營子) 이외에 건평(建平) 대랍한구(大拉罕溝)와 포수영자(炮手營子) 무덤(李殿福 1991, 1-6) 등의 사례가 있다. 고조선 혹은 조선으로 불리거나 그와 관련된 것으로 보이는 여러 지역집단 혹은 소국의 실력자 무덤으로 인정할 수 있다(李淸圭 2005). 물론 이 단계의 국(國)은 인구규모가 수백을 넘지 않는 경우도 있으며, 직경 15~20km를 크게 넘지 않는 공간적 범위를 무대로 하는 초기복합사회(初期複合社會)의 단위집단으로 추정된다.

이 단계 후반인 기원전 6~5세기경에 들어와서는 십이대영자(十二臺營子) 무덤처럼 다뉴경과 비파형동검(琵琶形銅劍)을 표지로 한 다량의 청동기를 부장한 최상급 수장(首長)의 무덤으로 인정되는 사례가 이 기간에 요동(遼東)의 요하(遼河) 중류 지역에 위치한 심양(瀋陽) 정가와자(鄭家窪子) 6512호 무덤[심양고궁박물관외(沈陽古宮博物館外) 1975]이 있는 것이다.

각종 무기(武器), 공구(工具), 차마구(車馬具), 이형동기(異形銅器) 등이 다량으로 부장된 바, 이 기간에 고조선을 대표하는 여러 소국(小國)의 한 실력자가 앞선 기간의 요서지역(遼西地域)에서 요동지역(遼東地域)으로 이동한 것으로 이해된다. 요서지역의 대릉하류역(大凌河流域)에서 비파형동검(琵琶形銅劍)을 비롯한 다량의 청동기(靑銅器)를 부장한 무덤의 사례로서 능원(凌源) 삼관전자(三官甸子) 무덤 등의 사례가 있지만 다뉴경(多鈕鏡)이 부장되지 않고 전국초(戰國初) 연(燕)나라 계통의 청동기가 공반되는 특징을 보여주고 있다. 연산(燕山) 산맥 이남의 연(燕)나라의 직간접적인 영향이 요서(遼西) 지역에 미쳤음을 보여주는 것으로 상대적으로 고조선의 전통적인 위세(位勢)는 위축되었음을 방증하는 것이 아닌가 한다.

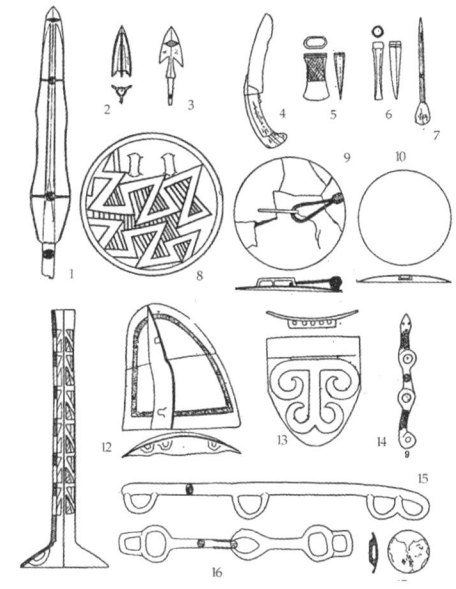

[그림 5] 심양(瀋陽) 정가와자(鄭家窪子) 6512호(號) 무덤의 청동기(靑銅器)

정가와자(鄭家窪子) 무덤과 같은 기간에 한반도에서도 비로소 비파형동검(琵琶形銅劍)과 다뉴경의 청동기 부장묘(副葬墓)가 조성되었음이 서북한의 평양(平壤) 신성동(新成洞)의 사례(事例)를 통해서 짐작할 수 있다(國立中央博物館 2006, 49-55). 청동기는 물론 공반(共伴)되는 흑도장경호(黑陶長頸壺)와 함께 요동지역(遼東地域)의 심양(瀋陽) 정가와자(鄭家窪子)의 예와 형식상 유사하다.

그러나 요령성(遼寧省) 심양(瀋陽) 정가와자(鄭家窪子)의 예와 달리 지역에 부장(副葬)되는 다종다양(多種多樣)한 청동기가 생략되었다. 이 기간에 한반도 남부에서는 전(傳) 대전(大田)의 AII식경(式鏡)이 전하고 있으나, 동경(銅鏡)을 부장(副葬)한 무덤이 확인되지 않았다. 다만 이 단계에 동검(銅劍)과 흑도장경호(黑陶長頸壺)를 부장(副葬)한 사례(事例)가 금천(金泉) 문당동(文唐洞) 목관묘(木棺墓) 등지에서 확인되었을 뿐이다(慶尙北道文化財硏究院 2008).

요서(遼西)와 요동(遼東), 한반도 가릴 것 없이 이 단계에 무덤에서 발견되는 다뉴경은 전부 단수(單數)로서 완형(完形)인 점에서 다음에 볼 B형 조세문경(粗細文鏡) 단계와 구별된다. 정확하게 그 출토상태가 확인된 심양(瀋陽) 정가와자(鄭家窪子) 무덤의 사례를 보면 별도의 공간에 다른 청동기와 함께 매납(埋納)되어 있었다. 파경(破鏡)의 사례는 전하지 않으므로 주술적(呪術的)인 도구로서 인식하기 보다는 위세품으로서만 인식하였을 가능성이 높다. 단수로 부장된 사례만 있으므로, 복수의 부장사례가 많은 B, C형경 부장묘의 그것과는 위세품(威勢品)으로서의 인식에 일정한 차이가 있는 것으로 판단된다.

Ⅳ. B型 多鈕鏡 段階(紀元前 4~3世紀)

이 단계에 요서(遼西)지역에서는 다뉴경이 더 이상이 보급되지 않고, 요동지역(遼東地域)과 길림(吉林) 연해주, 그리고 서북한과 서남한 지역으로 분포 범위가 이동한다. 우선 요동(遼東)과 길림(吉林) 지역의 경우 본계(本溪) 유가초(劉家肖), 단동(丹東) 조가보(趙家堡), 집안(輯安) 오도령구문(五道嶺溝門), 화전(華甸) 서황산둔(西荒山屯) 등지에서 BI, BII형 다뉴경을 부장한 무덤이 확인된다.

그런데 지금까지 성과에 따르면 요동(遼東)과 길림(吉林) 지역에서 부장유물(副葬遺物)은 무기(武器)와 공구(工具) 수점 뿐으로 그 종류와 숫자가 전단계의 정가와자(鄭家窪子) 무덤의 수준에 이르는 사례가 확인되지 않는다. 장래 이 단계에 속하는 다량의 청동기 부장묘(副葬墓) 자료가 나올 가능성을 배제 못하지만, 지금까지 확인된 정황으로 보아 그렇지 않을 가능성도 높다 하겠다. 이러한 사실은 이 단계에 요양(遼陽) 신성(新城) 무덤의 사례에서 보는 것처럼 요동지역에 청동예기(靑銅禮器)를 포함한 각종 청동기가 다량 부장한 전국계(戰國系) 목곽묘(木槨墓)가 들어선 사실과 맞물린다.

문헌기록에 따르면 기원전 4세기말 3세기초 연(燕)나라의 장수 진개(秦開)가 이끄는 군사세력(軍事勢力)이 동진(東進)하였는 바 상당수의 고대사연구자들이 그 진출이 요동(遼東) 지역에 이른 것으로 추정하고 있다. 그러한 추정을 인정한다면 앞서 신성 목곽묘는 이 지역에 새로 등장한 연(燕)의 지배자의 무덤일 가능성이 높다. 따라서 앞서의 다뉴경부장묘(多鈕鏡副葬墓) 중 그 이른 예는 연(燕)의 동진(東進) 이전에 조성되었겠지만, 늦은 단계의 요동(遼東) 지역의 다뉴경부장묘(多鈕鏡副葬墓)는 그 이후에도 현지에 잔존한 고조선 유민 집단과 관련된다고 볼 수 있다.

요동(遼東)지역에 자리잡고 있었던 고조선의 중심세력은 요동(遼東)반도 남단 이남 혹은 한반도 지역으로 이동한 것으로 추정되는 바, 이전에 없던 서북한과 서남한 지역에서 비로소 동경부장묘(銅鏡副葬墓)가 등장한 사실이 이와 관련된 것으로 추정된다. 서북한지역에 다뉴경부장묘(多鈕鏡副葬墓)는 확인되지 않았으나, 전(傳) 성천(成川)과 맹산(孟山)의 BIV, BV식의 석제거푸집을 미루어 다뉴경(多鈕鏡) 제작과 보급이 활발하게 이루어지고 이를 부장(副葬)한 우두머리 무덤이 조성되었을 가능성이 높다.

BIII식 다뉴경(多鈕鏡)과 함께 초기형 세형동검(細形銅劍)이 공반(共伴)하는 전(傳) 전북(全北)의 사례(事例)에서 보듯이(全榮來, 1977) 서남한 지역에서도 연(燕)의 동진 이전에 B식 다뉴경(多鈕鏡)이 제작 보급되었을 가능성은 충분히 있다. 서북한은 물론 요동(遼東)지역과 일정한 연계가 있는 것으로 이해된다. 이 단계의 서남한지역은 물론 한반도 전역에 걸쳐 최대의 청동기 부장묘(副葬墓)로 충남(忠南) 아산(牙山) 남성리(南城里)(韓炳三·李健茂 1977)와 대전(大田) 괴정동(塊亭洞)(李殷昌 1969, 國立中央博物館 1973), 예산(禮山) 동서리(東西里)(池健吉 1978, 151-181) 무덤의 예(例)가 있다. 이들 세 무덤에서 2~5점의 동경(銅鏡)을 비롯해서 동검(銅劍) 8~9점, 그리고 검파형동기(劍把形銅器), 방패형동기(防牌形銅器), 나팔형동기(喇叭形銅器) 등의 이형동기(異形銅器)와 원개형동기(圓蓋形銅器), 동탁(銅鐸) 등이 부장(副葬)되었다.

이들 무덤의 사례(事例)는 한반도에서 다량의 청동유물(靑銅遺物)을 부장(副葬)한 최초의 예로서 앞서 1단계의 후반에 요령지역(遼寧地域)의 심양(瀋陽) 정가와자(鄭家窪子) 무덤에 버금가는 기종(器種)의 청동기를 갖추었다.

이들 무덤 출토 이형동기(異形銅器)

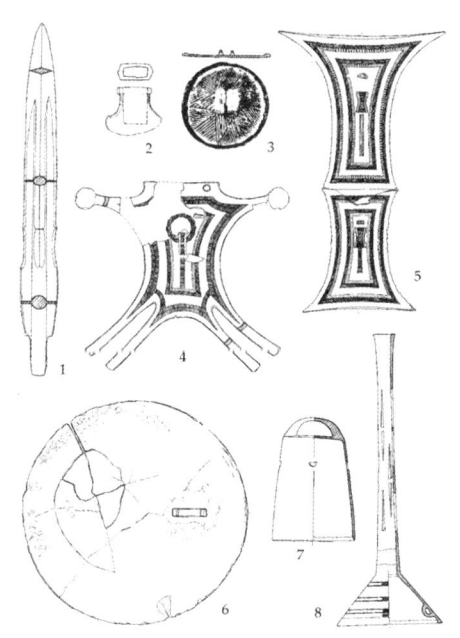

[그림 6] 南城里類型의 靑銅器

의 대부분은 피장자(被葬者)가 입었던 복장이나 타고 다녔던 말의 위엄(威嚴)을 갖추기 위해 매달거나 부착했던 장엄용구(莊嚴用具)로 추정된다. 이러한 청동기(靑銅器)의 조합(組合)은 다음 단계의 기원전(紀元前) 3~2세기에 C형 다뉴경(多鈕鏡)과 함께 무덤에 부장(副葬)된 제사용구(祭祀用具)인 각종 동령구(銅鈴具)와 비교할 때 지배자(支配者)의 성격에 상호(相互) 일정한 차이가 있음을 시사하여 준다.

이형청동기(異形靑銅器)에 부착된 세밀한 새끼줄 형상의 고리와 중공(中空) 방울은 밀랍(蜜蠟)과 토제거푸집을 이용한 고도의 주조기술(鑄造技術)이 발휘되어 제작(製作)된 것이다(三船溫尙 2007, 25-58). 따라서 이형동기(異形銅器)를 보유한 충남지역(忠南地域)의 지배층은 최고수준의 기술자의 공방(工房)을 운용하고, 분배공급(分配供給)을 요구할 수 있는 실력을 갖춘 것으로 추정된다.

이들 무덤 주인공이 이끄는 서남한의 인구집단과 관련해서는 준왕(準王)이 위만(衛滿)에 쫓기어 남으로 이동할 때 이미 현지에 존재하였다고 기록에 전하는 한(韓)을 검토하지 않을 수 없다. 이 단계의 한(韓)이 기원후 3세기 기록에 등장하는 동남한지역(東南韓地域)의 진변한(辰弁韓)과 구분하여 부르는 마한(馬韓)과 바로 연계된다고 볼만한 문헌기록은 물론 고고학적 근거는 없다. 따라서 마한 그대로 부르는 것은 문제가 있으나, 그렇다고 이를 대체할 만한 명칭이 없는 정치체 집단이 되는 셈이다.

B형경의 단계에 요동(遼東)과 길림(吉林) 지역을 비롯하여 한반도 지역에서는 파편화된 거울이 무덤에 부장(副葬)된 사례가 다수 보고된다. 이중 정밀하게 발굴조사(發掘調査)된 사례가 드물어 원래 부분경(部分鏡) 상태로 부장하였는지 단정할 수가 없으나, 최근에 발굴조사된 서남한 지역의 사례를 보면 그러한 경우가 있음은 분명하다. 구체적으로 살펴보면 우선 부장된 복수의 동경 전부가 완형경으로 전하는 경우, 일부는 완형경(完形鏡), 일부는 부분경(部分鏡)으로 전하는 경우가 있다. 전자를 대표하는 것이 완형경 2점이 전하는 전주(全州) 여의동(如意洞)과 아산(牙山) 남성리(南城里)의 사례이다. 후자의 경우 예산(禮山) 동서리(東西里)의 사례에서 보듯이 5점의 거울 중 2점은 완형, 나머지 3점은 파손된 부분경(部分鏡)으로 전한다. 복수의 동경이 부장(副葬)된 대전(大田) 괴정동의 예 또한 완형경 1점, 부분경(部分鏡) 1점이 전한다. 단수의 동경이 부장되는 경우 상당수가 파손된 상태로 전하는데, 부장 당시부터 파손되

었는지 확증하기 어렵다. 그러나 완주(完州) 덕동(德洞)의 사례를 보면 1점의 부분경(部分鏡)이 파쇄된 상태로 부장되어 있는 사실이 정밀한 발굴조사를 통하여 확인된 바 있다.

이러한 파경(破鏡) 혹은 부분경(部分鏡)의 사례는 다음 C형경 단계에 가면 더욱 많아진다. 이러한 사실은 다뉴경을 위세품(威勢品)으로서만 아니라 주술적(呪術的) 의례(儀禮)의 대상으로서 접근해야 함을 보여주는 것이다. 그렇다고 신분과 지위를 과시할 경우 완형경 그리고 벽사(僻邪) 등의 주술(呪術)을 의도한 경우 파경(破鏡)이라는 등식(等式)이 도식화될 수는 없다. 완형경의 경우 시신(屍身) 가까이 목관 바닥에 놓여 있다면 위세품으로 설명할 수 있겠지만, 목관(木棺)과 토광(土壙) 사이의 충전토(充塡土)에 놓였을 경우 그것은 벽사(僻邪) 등의 별개의 주술적(呪術的) 의미로 받아들여야 한다.

또한 파경(破鏡)의 경우 부장된 동경 파편을 조합해도 거울 전체의 일부에 지나지 않는 경우 완형경을 파손한 사례와 전혀 같은 고고학적 맥락에서 설명하기 어렵다. 위세품으로 인식하면서 거울의 일부나 파편을 부장하는 경우는 당연히 완형경을 구할 수 없는 상황이기 때문으로, 그것은 무덤에 묻힌 사람 또는 장송의례(葬送儀禮)를 치루는 유족이나 사회구성원들의 능력이나 권위에 한계가 있음을 반영하는 것으로 판단된다.

V. C型 多鈕鏡 段階 (紀元前 3~2世紀)

C형 다뉴경은 이제 더 이상 중국(中國) 동북지역(東北地域)에서는 보급되지 않는다. 그와는 대조적으로 한반도와 일본열도에 보급되는데, 구체적으로 보면 한반도에서도 서북한과 서남한, 그리고 일본열도에서는 북구주(北九州) 지역을 중심으로 분포한다.

현지에서 제작되지 않더라도 일본 열도에는 유통되지만, 중국 동북지역에는 그렇지 않은 사실은 양 지역에 이전 단계까지 상호 동일한 형의 다뉴경이 출토되었던 것과 차이가 난다. 이러한 사실은 연(燕)의 동진 이후 진한(秦漢) 교체기에 이르는 기원전 3~2세기경에 중국 동북지역에 한반도와 구분되는 정치체 영역임을 간접적으로 말해주는 것으로 이해된다.

정식발굴조사를 통해서 서북한과 그 주변에서 확인된 다뉴경부장묘(多鈕鏡副葬墓)는 황해 봉산(鳳山) 송산리(宋山里), 함흥(咸興) 이화동(梨花洞) 뿐으로 다뉴경(多鈕鏡) 1점과 함께 비교적 적은 무기(武器), 공구(工具)가 공반되었을 뿐이다. 서북한 지역의 대동강유역의 평양(平壤) 정백동(貞栢洞), 반천리(反川里) 등지에서 C형(型) 세문경(細文鏡)이 발견하였다고 전하지만, 공반유물(共伴遺物)이나 출토상태는 알 길이 없다. 다음에 볼 서남한 지역의 1급 수장묘(首長墓) 수준의 사례는 아직 발견되지 않았다.

이러한 고고학적 정황으로 미루어 후기 고조선의 중심지라고 추정되는 서북한 지역에 C형경이 제작되었음을 뒷받침하는 직접적인 고고학 자료는 확보되지 못하고 있는 것이다. 그렇다고 서북한 지역의 C형경 사례가 서남한지역에서 제작되어 유통된 것이라고 판단하기 어렵다. 분명한 것은 동 지역은 이미 전 단계에 거푸집의 출토예로 보아 B형경을 제작한 기반을 갖추고 있을 뿐만 아니라, 대중국(對中國) 교류의 거점지로서 중국의 발달된 첨단의 청동기 제작기술 정보를 수용하였을 것이다. 아울러 다뉴경(多鈕鏡)을 위세품(威勢品)으로 인식하였던 전 단계의 전통을 단절시킬만한 변화가 있다고 보기 어렵다. 따라서 기원전 3세기 후반 후기 고조선 단계에 B형경에서 한 단계 발전한 C형경(型鏡)을 제작하고 한반도 다른 지역으로 동경 실물이나 기술정보를 전파하였을 가능성은 얼마든지 있는 것이다. 그러다가 기원전 2세기초 위만(衛滿)이 준왕(準王)을 내몰고 정권을 장악하면서 C형 세문경(細文鏡)을 비롯한 전통적인 청동기문화가 더 이상 서북한지역에서 발전하지 못한 상황으로 바뀐 것으로 이해된다.

문헌기록을 보면 요동(遼東)지역은 위만(衛滿) 세력이 고조선 방면으로 진출하기 이전에 거주하였던 지역으로서 연(燕)의 지배하에 들어갔던 옛 고조선 영역인 것으로 판단된다. 동 지역에 앞서 보듯이 요양지역(遼陽地域)에 연(燕)나라 계통의 목곽묘(木槨墓)의 존재와 더불어 주조철기와 명도전(明刀錢)을 비롯한 연나라 물질문화가 널리 보급되었음을 보아, 위만(衛滿)이 고조선의 지배권력을 장악할 수 있었던 기반은 그 지역에 있을 때 수용하였던 중원계(中原系) 철기문화(鐵器文化)와 이데올로기인 것으로 판단된다. 그것은 고조선의 청동기문화와 제사장적(祭司長的) 이데올로기를 대신하는 것으로, 그러한 맥락에서 기원전 2세기대 위만조선(衛滿朝鮮)의 최상급 수장묘에 다뉴경(多鈕鏡)이 최고의 위세품(威勢品)이 부장(副葬)되지 않았을 가능성이 충분히 있다.

따라서 위만조선(衛滿朝鮮) 단계에서는 C형 다뉴경을 최고 위세품(威勢品)으로 채용(採用)하는 계층(階層)은 더 이상 상위급(上位級) 수장(首長)이 아니라 차상급(次上級) 이하의 엘리트일 것이다. 위만조선의 영역에 대해서는 논란이 있지만, 그 중심지가 서북한 지역에 위치한다는 관점에서 본다면, 이 지역에서 C형경(型鏡)이 널리 제작되지 못하고 이를 표지로 한 최상급 청동기 부장묘(副葬墓)가 확인되지 않는 사실은 이를 반영한 것으로 보인다.

서남한 지역에서도 B형에서 C형 다뉴경(多鈕鏡)으로 이행되는 초기 C형 다뉴경(多鈕鏡) 형식(形式)(李康承 1987, 141-167)은 물론 배면(背面) 문양(文樣)이 다종다양(多種多樣)한 보다 발전한 C형 다뉴경(多鈕鏡)이 집중적으로 출토하는 사실로 보아, 이미 준왕(準王) 남천(南遷) 이전에 고조선과 새로운 기술 정보를 상호교환(相互交換)한 맥락에서 대등한 청동기생산공방(靑銅器生産工房)이 설치되었을 것으로 추정된다. 또한 준왕(準王)이 남천(南遷)하면서 동반 이동한 집단 중에는 C형경을 제작할 수 있는 장인(匠人)들도 포함되었을 개연성이 높은 바, 이들이 서남한지역에서 C형 다뉴경 제작 기술의 발전에 기여하였을 가능성은 높다 하겠다.

서남한 지역에서 정밀세선(精密細線)으로 구획시문(區劃施文)된 배면문양(背面文樣)을 갖고 있는 CIIc식 다뉴경(多鈕鏡)의 제작은 밀납과 내외(內外) 토범(土笵), 그리고 정밀작도(精密作圖) 등 전단계보다 더욱 고도로 발달한 기술이 동원되지 않으면 불가능한 바, 이러한 정황에서 이루어진 것으로 보인다. 그러한 장인집단과 엘리트가 소재한 청동기 생산거점은 동 형식의 C형경이 집중 발견되는 충남(忠南)의 덕산(德山), 논산(論山), 전남(全南)의 영암(靈巖), 함평(咸平), 화순(和順)을 연결하는 남한서부(南韓西部) 지역의 지리적 범위 내에 있을 것으로 생각된다(杉山林繼 村松洋介外 2005, 339-381;

宮里修 2009, 18-20).

이러한 토대 위에 서남한지역의 최상급(最上級) 지배층의 무덤에서는 C형 다뉴경을 비롯하여, 무기(武器), 공구(工具), 동령구(銅鈴具) 등의 각종 청동기가 부장되는데, 전남(全南) 함평(咸平) 초포리(草蒲里)(韓炳三·李健茂 1977), 화순(和順) 대곡리(大谷里)(趙由典 1984, 67-103), 전(傳) 충남(忠南) 논산(論山)의 예가 바로 그것이다.

무기(武器)나 공구(工具)의 공반(共伴) 없이 오로지 동령구(銅鈴具) 셋트만 전하는 사례로 전(傳) 충남(忠南) 덕산(德山), 경북(慶北) 상주(尙州) 등의 예가 있는데, 이들은 전부 우연히 발견(發見)된 것이다(國立中央博物館 1992, 102-107). 정식조사(正式調査)를 통해 알려진 사례로 보아 이들도 원래는 동경(銅鏡) 등의 청동기와 공반(共伴)되었을 가능성이 충분히 있다.

이전 단계에 이형동기(異形銅器) 대신 등장하는 동령구(銅鈴具)는 쌍두령(雙頭鈴), 간두령(竿頭鈴), 이두령(二頭鈴) 그리고 팔주령(八珠鈴) 등 크게 네가지 종류가 있는데, 전부 1쌍(雙) 1조(組)를 이루고 있다. 손에 쥐고 흔들어 소리를 내서 신(神)을 부르는 제의(祭儀)에 직접 사용되는 도구로 추정되는 바, 부장(副葬)을 한 무덤의 주인공(主人公)이 제사(祭祀)를 주재(主宰)하는 종교적(宗敎的) 리더임을 보여주고 있다(李賢惠 2003, 1-34). 이들의 존재를 통하여 서남한지역에서 제사장적(祭司長的) 성격이 보다 강화되는 정황을 확인할 수 있는데 이는 곧 동 지역에서의 '한(韓)'의 정체성과 연결되는 것으로 이해된다.

C형 다뉴경이 부장된 무덤의 예가 앞서 설명한 서북한, 서남한 지역을 비롯하여 동해안과 남해안, 나아가 일본

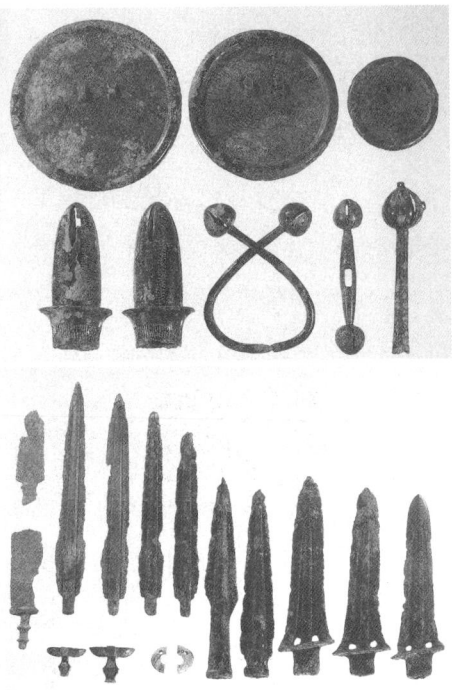

[그림 7] 함평(咸平) 초포리(草蒲里)무덤의 청동기(靑銅器)

구주(九州)지역에 이르기까지 수십기의 사례가 확인된다. 이들 무덤에서 다뉴경과 공반하는 청동기의 기종과 양에는 앞서 최상급 무덤을 비롯해서 여러 패턴이 있으며, 다뉴경의 자체의 부장 방식도 다양하다.

우선 복수의 동경이 부장되는 경우 대부분 완전한 상태이지만, 최근에 정밀하게 발굴조사된 전남(全州) 원장동의 사례를 보면 의도적으로 파손하여 매납(埋納)한 사례가 확인된다(전북문화재연구원 2011). 원장동 무덤의 다뉴경(多鈕鏡)은 2점 모두 목관(木棺) 바닥에 동검과 각각 셋트로 부장(副葬)하였는데, 그 중 1점은 반으로 깨져 있었다고 한다. 이 무덤이 위치한 전주 혁신도시부지 일대에는 직경 2~3km 이내의 범위내에 7~8개군으로 구성된 백여기의 무덤이 조사되고, 그중 다뉴경 부장묘로 10여기가 확인되었다, 그중 원장동 무덤은 동경2점과 동검 5점을 비롯하여 무기, 공구 다수가 부장된 수장급 무덤이다. 거울은 위세품(威勢品)으로서 완형(完形)이 부장되었지만, 파경(破鏡) 상태로 보아 별도의 주술적(呪術的) 기원(祈願)을 담은 의례행위(儀禮行爲) 또한 함께 이루어졌음을 알 수가 있다.

1매의 거울이 부장되는 경우 부분경(部分鏡)이거나 일부러 깨트린 파경상태(破鏡狀態)인 것이 적지 않은 사례 또한 발굴조사를 통하여 다수가 확인되고 있다. 앞서 전주혁신도시 부지의 완주(完州) 덕동(悳洞), 신풍(新豊) 지구에서 발굴조사된 다수의 사례가 그러하고, 경남의 사천(泗川) 월성동(月城洞), 일본 구주(九州) 좌하(佐賀) 증전(增田)의 사례가 또한 그러하다. 이를 종합해 보면 위계적(位階的) 서열(序列)에서 떨어지거나 제작보급 중심지에서 멀리 떨어진 주변의 무덤에서 파경(破鏡) 그것도 소형 파편의 사례가 더욱 많은 빈도로 확인됨을 알 수가 있다.

일본(日本)에서도 다뉴경(多鈕鏡)을 부장한 무덤으로 6기의 사례가 있다. 그중 최대 청동기부장묘(靑銅器副葬墓)는 길무고목(吉武高木) 3호로서 동경(銅鏡) 1점고 함께 검(劍), 모(鉾), 과(戈) 각 1점의 무기가 부장되었다(福岡市敎育委員會 1996).

이로 보아 한반도의 최상급 무덤에 미치지 못하지만, 무덤에 다뉴경(多鈕鏡)을 부장(副葬)한 개인 실력자가 출현한 셈이다. 이 길무고목(吉武高木) 3호 무덤에 대하여 일본(日本)연구자들이 왜(倭)의 가장 이른 소국(小國)의 수장묘(首長墓) 혹은 왕묘(王墓)로 인정하는 데에는 이견(異見)이 없다(寺澤薫 2000, 145-154; 常松幹雄 2006). 일본(日本)

구주(九州)에 최초로 등장한 소국(小國) 우두머리의 최고 위세품(位勢品)으로 서남한지역의 다뉴경을 수용한 셈이다. 그것은 첨단기술로 제작된 희귀한 외래공예품(外來工藝品)이기도 하겠지만 고조선으로부터 이어져 내려오는 종교적(宗敎的) 신기(神器)로서의 가치를 인정하였기 때문일 수도 있다. 바꾸어 말하면 일본(日本) 구주(九州)의 왜(倭) 소국(小國)의 수장(首長) 무덤에 부장되는 C형 다뉴경은 위만(衛滿) 이전의 고조선과 한(韓)과 관련한 제사동맹(祭祀同盟)의 상징물(象徵物)로 설명될 수 있는 것이다(鈴木敏弘 2005, 31-34).

일본 무덤에 부장된 6점의 C형 다뉴경은 모두가 소형급(小形級)이고, 그 일부는 삼뉴형식(三鈕形式)이다. 매납(埋納)된 상태로 발견된 사례는 대조적으로 중대형급(中大形級)의 이뉴형식(二鈕形式)이다. 따라서 소형급(小形級)은 무덤에 부장(副葬), 중대형급(中大形級)은 제사유적(祭祀遺蹟)에 매납(埋納)되었는 바, 동경(銅鏡) 크기별로 상징적(象徵的) 의미에 일정한 차이가 있어 보인다. 이러한 소형(小形) 삼뉴경(三鈕鏡)과 중형(中形) 이뉴경(二鈕鏡)의 기능 차이는 한반도에서 이미 존재한 것으로 이해되고 있다(李陽洙 2004).

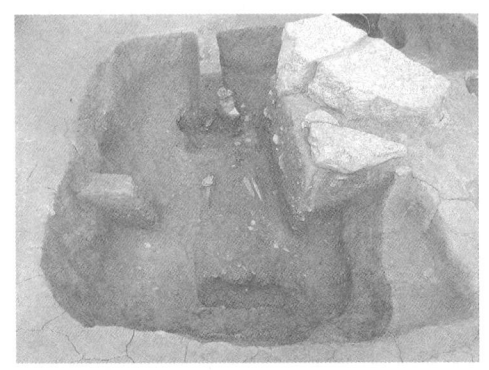
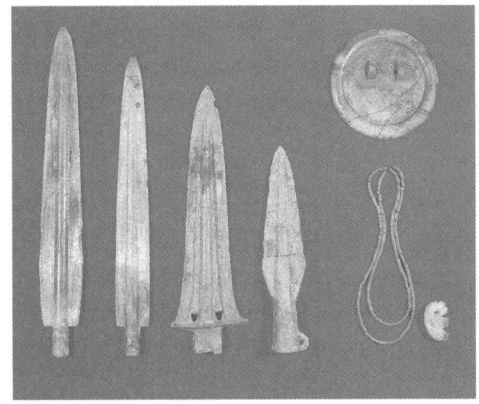

[그림 8] 福岡 吉武高木 1號墓의 靑銅器

Ⅵ. 結 論

 기원전 1천년기에 다뉴경(多鈕鏡)과 한경(漢鏡)이 널리 보급된 한반도와 일본에 고조선, 삼한, 왜(倭)의 소국(小國)이 있어 지역마다 시차가 있지만 그 대부분의 수장(首長) 무덤에 동경(銅鏡)을 부장(副葬)한다. 고조선은 시간의 흐름에 따라 전기고조선(前期古朝鮮), 후기고조선(後期古朝鮮), 그리고 위만조선(衛滿朝鮮)으로 구분할 수 있는 바, 각각 그 중심지와 사회발전단계(社會發展段階)가 다르다. 전기 고조선은 기원전 4세기 이전으로 그 중심에 사제왕(司祭王)이 이끄는 chiefdoms단계의 소국(小國)이 있어 주변의 정치체(政治體)와 상호 동질적인 유대감을 갖는 느슨한 관계를 갖고 있는 것으로 보인다. 그 중심 소국(小國)은 8~7세기경에 조양(朝陽) 십이대영자(十二臺營子) 수장묘(首長墓)의 존재로 보아 대릉하류역(大陵河流域)에 있다가, 심양(瀋陽) 정가와자(鄭家窪子) 수장묘(首長墓)로 보아 기원전(紀元前) 6~5세기경 요하(遼河) 중류지역으로 이동하는 것으로 보인다. 전국(戰國) 연(燕)나라의 요령지역(遼寧地域) 진출을 즈음하여 기원전 4세기 이후 후기고조선(後期古朝鮮)의 중심(中心)은 서북한 지역으로 이동한 것으로 보인다. 또한 정가와자(鄭家窪子) 계통의 청동기(靑銅器)와 토기를 갖춘 수장급(首長級) 무덤이 서남한(西南韓)의 충남지역(忠南地域)에 등장하므로, 전기 고조선(古朝鮮)의 계통을 잇는 또다른 소국집단(小國集團)이 서남한(西南韓) 지역에 등장하는 바, 이를 마한(馬韓)의 초기 중심(中心) 소국(小國)으로 이해된다.
 서북한에 자리잡은 후기 고조선의 중심(中心) 소국(小國)의 실체를 고고학적으로 입증하기 어렵지만, 기원전 3세기경 다뉴경(多鈕鏡)을 최고의 위세품(位勢品)으로 삼는 전통이 지속되고 B형경을 C형경(型鏡)으로 발전시킨 것으로 이해된다. 그러다가 기원전 2세기초 state수준에 이른 위만조선(衛滿朝鮮)으로 대체되면서 다뉴경(多鈕鏡)을 최고의 위세품(位勢品)으로 부장(副葬)한 무덤의 주인공(主人公)은 등급이 다소 처지는 지역집단(地域集團) 혹은 소국(小國)의 우두머리가 된다.
 그러나 같은 기간에 서남한의 마한지역(馬韓地域)에서 C형 다뉴경은 최고 위세품(位勢品)으로 더욱 정교하게 제작되고, 그와 함께 제의(祭儀)를 주관하는데 사용되는 각종 동령구(銅鈴具)를 부장(副葬)하는 무덤의 주인공은 chiefoms단계의 중심(中心) 소국(小國)의 사제왕(司祭王)이 된다. 동령구(銅鈴具)가 공반하지 않지만 다뉴경(多鈕鏡)과 무기(武器)를 부장(副葬)한 무덤의 주인공 또한 규모가 작거나 위계(位階)가 낮은 지역집단의 우두머리로 이해된다.

   그러한 다뉴경(多鈕鏡)과 청동무기(靑銅武器)를 부장하는 삼한(三韓) 우두머리의 장송의례(葬送儀禮)를 일본(日本)에서도 기원전 2세기경 즈음에 모방 수용한다. 부장(副葬)되는 청동기중 무기(武器)와 공구(工具)는 비교적 이른 단계부터 일본에서 제작되었지만 고도의 첨단기술이 동원되는 C형 다뉴경은 마한지역(馬韓地域)에서 수입되었을 가능성이 높은 바, 구주(九州)에 있는 왜(倭)의 소국(小國)이 처음으로 본격적으로 교류(交流)하는 거점은 한반도 서남부지역이 되겠다.

   주제어: 다뉴경(多鈕鏡), 다뉴경부장묘, 청동기, 소국(小國), 마한(馬韓), 구주(九州)

참고문헌

慶尙北道文化財硏究院, 2008,『金泉市 테니스장 編入敷地內 金泉 文唐洞 遺蹟』, 慶尙北道文化財硏究院 學術調査報告 91冊.

國立博物館, 1968,『靑銅遺物圖錄－8・15後 蒐集』, 國立博物館學術資料集(1).

국립전주박물관, 2011,『금강의 새로운 힘－2100년 전 완주 사람들－』.

國立中央博物館, 1992,『韓國의 靑銅器文化』, 汎友社.

國立中央博物館, 2006,『北韓의 文化遺産』, 삼인.

미야자토 오사무, 2010,『한반도 청동기의 기원과 전개』, 한빛문화재연구총서 4.

李康承, 1987,「扶餘 九鳳里出土 靑銅器一括遺物」,『三佛金元龍敎授停年退任紀念論叢I 考古編』, 一志社, pp.141-167.

李健茂・徐聲勳, 1988,『咸平草浦里遺蹟』, 國立光州博物館・全羅南道・咸平郡.

李陽洙, 2004,「多鈕細文鏡으로 본 韓國과 日本」,『嶺南考古學報』35.

李淸圭, 1995,「嶺南地方의 靑銅器文化의 展開」,『嶺南考古學報』21, 嶺南考古學會, pp.29-77.

李淸圭, 2000,「國의 形成과 多鈕鏡副葬墓」,『先史와古代』14, 韓國古代學會, pp.27-47.

李淸圭, 2005,「靑銅器를 통해 본 古朝鮮과 周邊社會」,『北方史論叢』6, 高句麗硏究財團, pp.7-58.

李淸圭, 2008,「中國東北地域과 韓半島 靑銅器文化硏究의 成果」,『中國東北地域 考古學 硏究現況과 問題點』, 東北亞歷史財團, pp.192-262.

李淸圭, 2010,「多鈕鏡 型式의 變遷과 分布」,『韓國上古史學報』67, pp.45-89.

李賢惠, 2003,「韓國 初期鐵器時代의 政治體 首長에 對한 考察」歷史學報 180, pp.1-34.

林炳泰, 1987,「靈巖出土 靑銅器 鎔范에 대하여」,『三佛金元龍敎授停年退任紀念論叢 1－考古學編』, 一志社, pp.121-140.

전라문화유산연구원, 2010,「전주완주혁신도시 개발사업부지내 문화재발굴조사 현장설명자료」.

전북문화재연구원, 2011,「전주완주혁신도시 개발사업(4구역－도시부) 부지내 문화재발굴조사 학술자문회의자료」.

全榮來, 1977,「韓國靑銅器文化의 系譜와 編年－多鈕鏡의 變遷을 中心으로」,『全北遺蹟調査報告』7輯, 全州市立博物館, pp.4-85.

趙由典, 1984,「全南 和順 靑銅遺物 一括出土遺蹟」,『尹武炳博士回甲紀念論叢』, pp.67-103.

池健吉, 1978,「禮山東西里石棺墓 靑銅一括遺物」,『百濟硏究』9, pp.151-181.

韓炳三・李健茂, 1977,『南城里石棺墓』, 國立博物館古蹟調査報告 第10冊, 國立中央博物館.

호남문화재연구원, 2009,「완주 갈동유적(II)」.
호남문화재연구원, 2010,「전주완주 혁신도시 개발사업(III구역) 부지내 문화유적 발굴조사 완주신풍유적」.

宮里修, 2008,「多鈕細文鏡の 型式分類と 編年」,『考古學雜誌』92-1, 日本考古學會, pp.1-32.
宮里修, 2009,「多鈕鏡の製作地」,『靑銅거울과 古代社會 發表要旨』, 2009年 福泉博物館 特別展記念 學術세미나, pp.18-20.
南健太郎, 2008,「前漢鏡の破鏡とその擴散形態－破鏡施二次加工檢討」, 菅谷文則編,『王權と武器と信仰』, 同成社, pp.27-32.
武末純一, 2002,「遼寧式銅劍墓와 國의 形成」,『淸溪史學』16 17合集.
福岡市敎育委員會, 1986,『吉武高木－彌生時代埋葬遺跡調査槪要』, 福岡市埋藏文化財調査報告書 第143集.
衫山林繼・村松洋介外, 2005,「多鈕鏡の觀察と使用痕跡について」,『東アジアにおける新石器文化と日本』, pp.339-381.
三船溫尙, 2007,「異形有文靑銅器における文樣と同形一對製品の鑄造技術」,『韓半島의 靑銅器 製作技術과 東아시아의 古鏡』, 國立慶州博物館・奈良縣立橿原考古學硏究所・アジア鑄造技術史學會, pp.25-58.
常松幹雄, 2006,『最古の王墓 吉武高木遺跡』, 新泉社.
小林靑樹, 2008,「東北アジアにおける銅戈の起源と年代－遼西式銅戈の成立と燕・朝鮮への影響」, 春成秀爾外『東北アジア靑銅器の系譜』, 雄山閣, pp.24-38.
鈴木敏弘, 2005,「弥生墓と 原史交易」,『季刊考古學』92, 雄山閣, pp.31-34.
後藤直, 1996,「靈巖出土鑄型の位置」, 東北亞細亞考古學硏究會編,『東北考古學 第2(槿域)』, 깊은샘, 149-204.

喬梁, 2004,「辛庄頭30號墓的年代及其他」,『華夏考古』2期, pp.58-67.
內蒙古自治區文物考古硏究所・寧城縣遼中京博物館, 2008,『小黑石溝 家店上層文化遺址發掘報告』, 科學出版社.
沈陽故宮博物館外, 1975,「沈陽鄭家窪子的兩座靑銅時代墓葬」,『考古學報』1975-1, pp.141-156.
烏恩岳斯圖, 2007,『北方草原考古學文化硏究－靑銅時代至早期鐵器時代』, 科學出版社, pp.224-251.
魏海波, 1984,「本溪梁家出土靑銅短劍和雙鈕銅鏡」,『遼海文物』6期.
李殿福, 1991,「建平孤山子 柳樹林子靑銅時代墓葬」,『遼海文物學刊』, pp.1-6.

朱貴, 1960,「朝陽 十二臺營子靑銅短劍墓」,『考古學報』1960-1, pp.63-72.
中國科學院考古硏究所內蒙古工作隊, 1975,「寧城 南山根遺址發掘報告」,『考古學報』1975-1, pp. 117-140.

Development of the Graves with Geometric-design Bronze Mirror in Northeast Asia

Lee, Chung-kyu

The geometric-design bronze mirrors of which numbers about 80, are assumed to be as ritual tools and political symbols of priest-king during the 8th-2nd century BCE. Those are classified into three types, that are A, B, and C, and each of them is assumed to be made and used in 800-400BCE, 400-200BCE, and 200-50BCE.

The distributional range of three types were changed under the historical conditions, which includes Yen(燕)'s advance toward the northeastern China and Wiman(衛滿) becoming a king of Gojoseon(古朝鮮). The first A type mirrors were distributed mainly in northeastern China, B type ones in the geographical range from northeastern China to the Korean peninsular, and C type ones from the Korean peninsular to the Japanese archipelago.

The size and numbers of mirrors are reflective of the social position of the person with whom are buried in the grave, and so the graves with mirrors in each type are those of the most unfluential leaders of 'Kuk(國)' the political and regional groups at the time.

In A type mirror stage, the graves with most abundant artefacts are located in Liaoning pronince(遼寧省); the graves with most abundant artefacts in B type mirror stage are in Chung-nam(忠南) province; and the graves with C type mirrors in Cheon-nam(全南) province. Each region with those burials was the trade-center in Korea connecting China and Japan, and is assumed to be the location of the most influential 'Kuk(國)' in old Korea.

Keywords: geometric-design bronze mirror, grave with geometric-design bronze mirror, bronze-ware, Kuk(國), Mahan(馬韓), Kyushu(九州)

Part 2. 동아시아의 청동기 문화와 국가형성

청동기·철기시대와 한국문화

崔 夢 龍

최몽룡

서울대학교 고고인류학과 및 동 대학원 졸. 하버드대학교 대학원 인류학과 졸. 철학박사. 문화재위원회 위원, 한국상고사학회 회장, 서울대학교 고고미술사학과 교수 역임.
현) 서울대학교 고고미술사학과 명예교수.

주요 저작: 『21세기의 한국고고학 Ⅰ~Ⅳ』, 『인류문명발달사』, 『인물로 본 고고학사』, 『한국 청동기 철기시대와 고대 사회의 복원』.

I. 머리말

　유럽에서는 기술(技術)과 경제행위(經濟行爲)에 바탕을 둔 구석기(Palaeolithic age)·신석기(Neolithic age)·청동기(Bronze age)·철기시대(Iron age)라는 편년의 명칭을 사용한다.[1]

　그러나 신대륙 중 중미(中美)의 고고학 편년은 "horizon과 tradition"(climax of spatial and temporal continuity; 공간과 시간적 지속선상의 정점)을 포함하는 "stage"(단계)라는 개념의 용어를 사용하고 있다.[2] 다시 말해 리식(석기(石期) Lithic: 후기 구석기시대: 기원전 20000년~기원전 7000년)-아케익(고기(古期) Archaic: 중석기시대: 기원전 7000년~기원전 2000년)-퍼마티브(형성기(形成期) Formative: 신석기시대: 기원전 2000년~서기 300년)-크라식(고전기(古典期)시대 Classic: 서기 300년~서기 900년: 마야 古典期)-포스트크라식(후고전기(後古典期)시대 Post-classic: 서기 900년~서기 1521년/1532년/1541년: 아즈텍, 잉카제국과 마야)라는 용어를 사용한다. 야금술(冶金術)의 시작은 고전기(古典期)시대(서기 10세기

---

1) Prehistoric times, Stone age, Palaeolithic period, Chellean epoch라는 식의 종래 사용되던 명칭대로 하면 Palaeolithic age보다 Palaeolithic period가 올바른 사용법이나 현재는 관용대로 Palaeolithic age로 그대로 쓰고 있다.

2) 고고학에서 공간의 개념을 알려주는 Horizon의 정의는 "Spatial continuity represented by cultural traits and assemblages"이며, 시간의 개념을 나타내는 Tradition의 정의는 "Temporal continuity represented by persistent configurations in single technologies or other systems of related forms"이다 (Gordon Willey & Philip Phillips 1958, Method and Theory in American Archaeology, Chicago & London: The University of Chicago Press, pp.33-37). 그리고 기술과 경제행위를 바탕으로 하는 편년인 구라파의 "age" 개념과는 달리 신대륙에서는 기술과 경제행위 이외에도 "horizon과 tradition"(공간과 시간)을 포함하는 "stage"라는 개념의 용어를 사용하고 있다. 여기에는 문화의 최소단위(unit)인 각 "component"가 결합하여 다음의 고급 단계인 "phase"로 되고 이들이 "horizon과 tradition"(공간과 시간)의 기본적인 구성요소가 된다. horizon과 tradition의 결합이 "climax(the type or types of maximum intensity and individuality of an archaeological horizon or tradition)"를 이루어 각 stage의 문화사(culture-history) 즉 문화와 문명의 단계를 결정하게 된다. 그래서 Lithic, Archaic과 Formative의 maximum units on all stages에 문화(culture), Classic(古典期)과 Postclassic(後古典期)에는 문명(civilization), 국가(state), 제국(empire)이라는 단계의 이름이 주어진다.

~서기 1168년의 톨텍(Toltec) 문명기간에 야금술이 처음 도입됨)부터 나타난다.

그리고 남미(南美)에서는 중미(中美)와 마찬가지로 'stage(단계)' 라는 개념도 사용되지만, '문화 특성이나 유물복합체에 의해 대표되는 공간적 지속(spatial continuity)' 이란 Horizon(공간)개념을 원용하여 '예술양식의 분포와 문화적 특질' 에 바탕을 둔 막스울(Max Uhle)의 편년도 많이 언급된다. 그는 남미(南美)의 문화를,

1) 면(綿)과 무토기시대(無土器時代)(Cotton pre-ceramic period/stage, 기원전 2500년~기원전 1800년)
2) 조기(早期)(Initial period)
3) Early Horizon(차빈, 형성기(形成期) 중기인 기원전 750년~기원전 400년)
4) Early intermediate Horizon
5) Middle Horizon(티아우아나코, 잉카 이전의 문명으로 IV와 V기를 중심으로 한 연대는 서기 300년~서기 1000년임)
6) Late intermediate period
7) Late Horizon(잉카, 서기 1438년~서기 1532년)

등의 7시기로 나누었다.

그래서 영어로 표현할 때에도 구석기시대는 palaeolithic age이나 이에 해당되는 신대륙의 편년은 시대(時代)나 문화단계(文化段階)를 의미하는 lithic stage(석기시대)로 기록한다. 이는 유럽의 구석기시대에 비해 중남미의 석기시대는 유럽의 후기 구석기시대 말기에 나타나기 때문이다. 선사시대(prehistory)는 문자로 역사적 사실들을 기록하기 시작한 이전의 시대로 문자를 사용하고 있는 역사시대(history)라는 용어와 대칭되는 개념으로 유럽과 신대륙을 언급할 때 시간과 공간을 비교해서 살펴야 한다.[3]

---

3) 고고학에서 연구대상이 되는 시기는 문자기록이 없는 선사시대(prehistory)와 문자기록이 있는 역사시대(history)이다. 선사시대란 말은 영국의 에브버리 경(Avbery 경, Sir Lord Lubbock)의 『Prehistoric

그리고 경제가 사회변동의 가장 중요한 원동력(Economy as a prime mover in social evolution)으로 보는 유물사관론(唯物史觀論)에 입각하는 편년에 따르면,

Pre-class society(원시무리사회, primitive society) : pre-clan(난혼(亂婚), promiscuity)—모계(母系)(matriarchal clan)—부계(父系)(patriarchal clan)—terminal clan stages(씨족제도의 분해)

Class society : 노예제사회(奴隷制社會)(slave society)—봉건사회(封建社會)(feudal society)—자본주의사회(資本主義社會)(capitalism)[4]

Times』(서기 1865년~서기 1913년 7판)로부터 비롯되어 이러한 개념의 용어가 최초로 사용되어 공인받게 되었다. 그러나 실제 문헌상으로 실제 이보다 앞선 서기 1851년 스콧틀랜드-캐나다계인 윌슨(Daniel Wilson, The Archaeology and Prehistoric Annals of Scotland)이 'Prehistory'를, 프랑스에서는 서기 1831년 투흐날(Paul Tournal)이 처음으로 'Pr historique' 란 용어를 사용했었다. 그리고 선사시대와 역사시대 사이의 과도기 시대를 원사시대(protohistory)라고 설정한다. 그러나 선사시대뿐만 아니라 선사시대에서 역사시대로 넘어가는 과도기시대인 원사시대(protohistory)도 중요하게 다루며 또 역사시대에 있어서도 일반문헌을 다루는 역사학자들의 영역이외의 물질문화분야도 연구대상으로 한다. 원사시대는 기록이나 고문서가 나오기 이전으로 거슬러 올라가는 인류역사의 일부를 지칭하기 위해 만들어진 것인데 프랑스의 투흐날의 '선사시대' 개념에서 비롯되었다. 원사시대란 한 문화집단이 자체의 문자를 가지고 있지 못할 때 주변의 선진문화집단이 외부의 입장에서 역사기록을 남겨놓는 과도기적인 경우이다. 예를 들어 문자가 없는 집단인 三韓에 대해 중국 측에서 『三國志』魏志 東夷傳을 기술한 것이 이 경우에 해당한다. 선사시대의 종말과 역사시대의 발생은 도시·문명·국가의 발생(도시혁명, Urban revolution)과 아울러 문자의 출현을 기준으로 할 때, 가장 이른 지역은 중동지역으로서 세계 최초의 수메르 문명이 나타나는 기원전 3000년경이다. 중국은 기원전 1750년대인 상(商), 영국은 로마(시저의 기원전 56년, 클라우디우스의 서기 43년 등)가 침입하는 서력기원 전후시기, 신대륙은 유럽인들이 들어온 서기 16세기 이후 즉 아즈텍(서기 1325년~서기 1521년 8월 13일)은 에르난 코르테즈/Hernan Cortez, 그리고 잉카(서기 1438년~서기 1532년 11월 16일, 카하마르카 Cajamarca전투의 승리)는 프란시스코 피자로/Francisco Pizzaro의 정복시기 이후부터 역사시대로 된다.

4) 엥겔스에 의하면 고대국가는 노예소유자들이 노예를 압박하기 위한 국가, 봉건국가는 농노와 예농을 압박하기 위한 귀족들의 기관, 현대의 자본주의 국가는 자본이 임금노동을 착취하기위한 도구로 보고 있다(Friedrich Engels · 김대웅 옮김 1987, 가족 사유재산 국가의 기원, 서울: 아침, p.193). Pre-class society(원시무리사회 primitive society)를 난혼-모계-부계-씨족제의 분해로 세분하는 것은

Classless society : 사회주의(社會主義)(socialism) – 공산주의사회(共産主義社會)(communism)의 발전 순이 된다.[5]

여기에서 보면 노예제사회단계부터 청동기시대와 고대국가가 형성된다. 이때 도시·문명·국가[6]도 함께 나타난다. 인류문명발달사에서 청동기시대란 고돈 촤일드

모간(Louis Henry Morgan 1877, Ancient Society, New York: Holt)의 생각에 기초하였다. 그리고 경제가 사회진화의 원동력(prime mover in social evolution)이며 경제적인 富의 평등한 분배(equal distribution of economic goods)나 자원에 대한 不平等한 접근의 해소를 위한 無産者·無階級者의 共産社會(classless and stateless society)는 혁명(revolution)이나 독재(dictatorship of the proletariat, dictatorial government)에 의해서 성취되어질 수 있다는 요지의 개념은 서기 1848년 Karl Marx와 Friedrich Engels에 의해 써진 Communist Manifesto[공산당선언. 원제목은 Manifesto of the Communist Party (Manifest der Kommunistischen Partei)]에 잘 나타난다.

5) 북한에서는 원시사회(원시무리사회–모계씨족사회–부계씨족사회)–노예사회–봉건사회–공산사회의 순으로 하고 있다(사회과학원 역사연구소·고고학연구소 1979, 조선전사 Ⅰ, 평양: 과학백과사전).
中國에서는 최근 구석기–신석기시대라는 용어도 병행하지만 기본적인 編年案은 북한과 마찬가지로 유물사관론에 입각하고 있다. 즉 북경 중국 역사박물관에서는 Primitive Society(ca. 170만 년 전~4000년 전)–Slave Society(夏, 商, 西周, 春秋時代, 기원전 21세기~기원전 476년)–Establishment of the United Multi-National State and the Development of Feudal Economy and Culture(秦, 漢, 기원전 221년~서기 220년)–Social and Economic Development in the South and Amalgamation of various Nationalities in the North(魏, 蜀, 漢, 吳, 西晉, 東晋, 16國, 南北朝, 서기 220년~서기 580년)–Development of a Unified Multi-National Country and the Ascendancy of Feudal Economy and Culture(隋, 唐과 5代10國, 서기 581년~서기 960년)–Co-existence of Political Powers of various Nationalities and their Unification; Later Period of the Feudal Society(北宋, 遼, 南宋, 金, 元, 西夏, 서기 916년~서기 1368년)–Consolidation of a Unified, Multi-National Country, Gradual decline of the Feudal System and Rudiment of Capitalism(明, 淸, 서기 1368년~서기 1840년)으로 편년하고 있다(中國歷史博物館 1990, 北京).

6) 문명이란 사전적인 용어의 해석대로 인류역사상 문화발전의 한 단계이며 엄밀한 의미에서 都市와 文字의 사용을 필요·충분조건으로 삼고, 여기에 고고학상의 특징적인 문화인 공공건물(기념물), 시장, 장거리무역, 전쟁, 인구증가와 기술의 발전 같은 것에 근거를 두게 된다. 이들 상호작용에 의한 乘數效果(multiplier effect)가 都市, 文明과 國家를 형성하게 된다. 이들의 연구는 歐美學界에서 서기 1960년대 이후 신고고학(New Archaeology)에서 Leslie White와 Julian Steward의 新進化論(neo-

(Vere Godon Childe)가 유물사관(唯物史觀)에 따라 명명(命名)한 도시혁명(都市革命)(Urban revolution)[7]으로 혈연을 기반으로 하지 않은 계급·계층사회[8]를 바탕으로 전문장인이 존재하면서 동시에 도시·문명·국가가 나타나는 시대를 말한다. 그리

---

evolutionary approach; a systems view of culture)과 체계이론(system theory)을 받아들임으로써 더욱더 발전하게 된다. 이들 연구의 주제는 農耕의 起源과 文明의 發生으로 대표된다. 이들의 관점은 生態學的인 接近에서 나타난 自然全體觀(holistic view)으로 物理的環境(physical environment), 生物相(biota; fauna, flora)과 文化(culture)와의 相互 적응하는 생태체계(ecosystem)로 이루어진다. 즉 文化는 환경에 적응해 나타난 결과이다. 보편적인 문화에서 量的 質的으로 變化하는 다음 段階, 즉 都市와 文字가 나타나면 文明인 것이다. 여기에 武力을 合法的으로 使用하고 中央集權體制가 갖추어져 있거나, 힘/武力(power), 경제(economy)와 이념(ideology)이 함께 나타나면 國家段階의 出現을 이야기한다. 따라서 都市, 文明과 國家는 거의 동시에 나타난다고 본다. 국가단계 사회에 이르면, 이들은 권력(power)과 경제(economy)와 함께 종교형태를 띤 이념(ideology)으로 발전한다. Jonathan Haas, Timothy Earle, Yale Ferguson과 같은 절충론(eclecticism)자들은 "무력을 합법적으로 사용하고 통치권을 행사할 수 있는 지배체제의 존재 힘/무력(power)·경제(economy)와 이념(ideology, 또는 religion)을 바탕으로 한 중앙집권화되고 전문화된 정부제도", 또는 "경제·이념·무력의 중앙화, 그리고 새로운 영역(new territorial bounds)과 정부의 공식적인 제도로 특징지어지는 정치진화 발전상 뚜렷한 단계"가 있는 것으로 정의한다. Clyde Kluckhohn은 약 5,000명 이상 주민, 문자와 기념비적인 종교중심지 중 두 가지만 있어도 도시(city, urban)라 정의할 수 있다고 한다. 그리고 이를 유지해 나가기 위해 사회신분의 계층화를 비롯해 조세와 징병제도, 법률의 제정과 아울러 혈연을 기반으로 하지 않는 왕의 존재와 왕권, 그의 집무소, 공공건물 등이 상징적으로 부가된다. 따라서 도시, 국가와 문명은 상호 유기체적이고 보완적인 것으로, 이것들을 따로 떼어내서 독립적으로 연구할 수 없는 불가분의 것이다.

7) Vere Gordon Childe는 도시와 국가의 발생, 장거리 외국무역과 도시혁명(Urban Revolution)이 발생하는 제 요인들을 추구한 결과 19개의 기본적인 발견물과 과학의 응용이 바탕이 된다고 한다. 19개의 항목은 관개, 쟁기, 축력의 이용, 범선, 수레, 과수재배, 양조, 구리의 생산과 이용, 벽돌제조, 궁륭, 沙器와 유리제품, 印章, 태양력, 기록, 숫자(기수법), 청동, 철, 알파벳, 도시 물 공급의 수도관이다(최몽룡 1990, 고고학에의 접근—문명의 성장과 멸망—, 서울: 신서원, p.146).

8) 청동기시대에 계급사회가 존재하는 것은 Michael Brian Schiffer의 Cultural transformation theory나 Roberts Lewis Binford의 Upper level theory와 같이 해석이 가능하고(interpretations), 보편적인(generalizations) 법칙(law)의 수준에 속하는 명제이다(Gordon Willey & Jeremy A. Sabloff 1993, pp.250-253). 이는 한국고고학계에서 고대사와 고고학이 구체적인 역사적 사실과 맥락(context)으로 연결됨을 미루어 볼 때 아직도 잘 못 사용되고 있는 原三國時代라는 용어에도 적용될 수 있을 것이다.

고 이 시대에서는 구리와 주석, 아연, 납과 비소 등을 합금으로 한 청동제무기를 사용하고 있다. 가장 빠른 청동기 시대는 기원전 3000년경이다.[9]

한반도의 경우, 유럽의 고고학편년을 적용하고 또 이러한 선사시대의 개념을 적용시킨다면 구석기시대·신석기시대·청동기시대(기원전 2000/1500년~기원전 400년)[10]가 선사시대에 속하며, 그 다음에 오는 철기시대 전기(기원전 400년~기원전 1년)는 선사시대-역사시대에, 철기시대 후기(서기 1년~서기 300년, 삼국시대 전기, 삼한시대)는 원사시대-역사시대에 해당한다고 할 수 있다. 그러나 철기시대 전기에 우리나라 최초의 고대국가인 위만조선(衛滿朝鮮, 기원전 194년~기원전 108년)이 들어서서, 실제

---

9) 직립(bipedal locomotion)을 하고 양팔(brachiation)을 쓰는 인류가 지구상에 처음 나타난 사건 이후 농업의 발생(식량생산), 도시의 발생(urbanism)과 아울러 산업혁명(서기 1760년경 시작)이 가장 큰 사건으로 꼽히고 있다. 그중 도시의 발생 또는 도시혁명(urban revolution)은 국가와 문명과 같이 청동기시대에 나타난다. 도시, 국가 그리고 문명의 발생은 계란과 닭의 관계처럼 그 순서를 밝히기가 매우 어렵고 복잡하다. 도시와 국가는 문명발생의 부산물로 보는 학자도 있을 정도로 문명의 발생은 매우 중요하다. 그래서 서기 1960년대 이래 미국과 유럽에서 고고학연구의 주제로, "농업의 기원"과 마찬가지로 "문명의 발생"이 커다란 주류를 형성해 왔다. 최근에는 생태학적인 연구에 힘입어 그들의 발생은 독립적인 것보다 오히려 상호 보완적인 점에서 찾는 쪽으로 나아가고 있다. 고고학의 연구목적은 衣·食·住를 포함하는 생활양식의 복원, 문화과정과 문화사의 복원에 있다.

10) 최근 북한학자들은 평양시 삼석구역 호남리 표대유적의 팽이그릇 집자리를 4기로 나누어 본다(Ⅰ-기원전 3282년 777년/3306년 696년, Ⅱ-기원전 2668 649년/2980 540년/2415 718년/2650 510년, Ⅲ-기원전2140 390년/2450 380년, Ⅳ-기원전 1774 592년/1150 240년, 조선고고연구 2003년 2호). 그중 Ⅱ에서 Ⅳ문화기 즉 기원전 3천 년 기 전반기에서 기원전 2천 년 기에 해당하는 연대를 단군조선(고조선) 국가성립을 전후한 시기로 보고 있다(조선고고연구 2002년 2호). 그리고 북한학자들은 아직 학계에서 인정을 받지 못하고 있지만 서기 1993년 10월 2일 평양 근교 강동군 강동읍 대박산 기슭에서 단군릉을 발굴하고 단군릉에서 나온 인골의 연대(electron spin resonance : 전자스핀공명법 연대)인 기원전 3018년을 토대로 하여, 근처 용천군 용산리 순장묘와 지석묘(5069 426 B.P./3119 B.C.), 대동강 근처 덕천군 남양유적 3층 16호 집자리(5796 B.P./3846 B.C.)와 평양시 강동군 남강 노동자구 黃岱부락의 土石混築의 城까지 묶어 기원전 30세기에 존재한 '대동강문명'이란 말을 만들어냈다(최몽룡 1997, 북한의 단군릉 발굴과 그 문제점 1 및 2, 1997 도시·문명·국가, -고고학에의 접근-, 서울: 서울대학교 출판부, pp.103-116 및 Ri Sun Jin et al, 2001, Taedonggang Culture, Pyongyang: Foregin Languages Publishing House).

역사시대의 시작은 도시·문명·국가가 발생하는 청동기시대와는 달리 철기시대 전기 말인 기원전 194년부터라고 할 수 있다.

Ⅱ. 청동기 시대

한반도의 선사시대는 각 시대별로 시기가 세분되어 있다. 구석기시대는 전기·중기·후기로, 신석기시대는 조기·전기·중기·후기로, 그리고 청동기시대는 조기·전기·중기·후기로, 철기시대는 전기(초기 철기시대)와 후기(삼국시대 전기)로 각각 구분되고 있다.

현재까지의 전기구석기 유적의 연대는 단양 금굴이 70만년[池谷元司(いけやもとじ)가 개발(開發)한 전자(電子)스핀공명연대측정법(共鳴年代測定法)(electron spin resonance : ESR)], 충북 청원(강외면) 만수리가 55만 년 전, 경기 연천 전곡리(사적 268호)가 35~30만 년 전에 속한다. 이는 경기도 연천 전곡리 유적이 서기 2003년 5월 5일 일본(日本) 도시샤대학(同志社大學) 마쓰후지 가즈토(松藤和人) 교수팀에 의해 최하층이 유공충(有孔蟲)의 O16/O18 포함으로 결정되는 산소동위원소층서/단계(Oxygen Istope Stage, 사적 268호) 또는 해양동위원소층서/단계(Marine Istope Stage)로는 9기(334000년 B.P.~301000 B.P.)30만 년~35만 년 전으로 측정되고, 충북 단양 금굴과 청원 강외면 만수리(오송 만수리)유적의 해양동위원소층서/단계(Marine Istope Stage)가 14기로 55만 년 전의 연대가 나오기 때문이다. 후기 구석기시대 유적인 경기 남양주 호평동이 3만년~16000년 전(1문화층은 30000년~27000년 전, 2문화층은 24000년~16000년 전)으로 나오고 있다.

그리고 신석기시대는 1. 기원전 8000년~기원전 6000년 : 원시무문/민무늬토기(原始無文土器 : 高山里), 2. 기원전 6000년~기원전 5000년 : 돋을무늬토기(隆起文土器 : 牛峰里), 3. 기원전 5000년~기원전 4000년 : 누름무늬토기(押印文土器 : 蘊山里), 4. 기원전 4000년~기원전 3000년 : 빗살무늬토기(櫛目文土器 : 東三洞), 5. 기원전 3000년~기원전 2000년 : 부분빗살무늬(部分櫛目文土器 : 鳳溪里), 6. 기원전 2000년~기원전 1500년 : 부분빗살문토기와 청동기시대의 돌대문토기(突帶文土器 : 春城 內坪里)가 공존하는 과도기인 청동기시대 조기로 편년한다.

구리 장신구로서 최초의 금속은 이미 샤니다르(기원전 8700년), 챠이외뉘(기원전 7200년), 알리 코쉬(기원전 6500년), 챠탈 휘윅(기원전 6500년~기원전 5650년), 그리고 하순나(Hassuna, 야림 테페 유적, 기원전 6000년~기원전 5250년) 유적 등지에서 확인된다. 이렇게 단순히 구리만으로 간단한 장신구 등을 만들어 사용한 일은 신석기시대부터 있었다.

그러나 세계적으로 볼 때 구리와 주석(또는 약간의 비소와 아연)의 합금인 청동이 나타나는 청동기시대는 대략 기원전 3000년경 전후에서 기원전 1000년 사이에 시작되었다. 용융점에 관해서 살펴보면 유리질(silica, SiO2) 1712℃, 철(Fe) 1525/1537℃, 구리(Cu) 1083℃, 금(Au) 1063℃, 은(Ag) 960℃, 아연(Zn/Zinc) 420℃, 납(Pb) 327℃, 주석(Sn/Tin) 232℃, 청동(bronze)은 950℃이다. 그리고 보통 청동기의 제작에서 비소(As/Arsenic)는 2%~3% 합금되나, 최종 합금에서 견고성의 효과를 보기 위해서는 비소가 3% 정도 들어간다. 중국(中國) 청동제기(靑銅祭器)의 경우 기표문(器表面)의 광택(光澤)을 위해 구리에 납을, 그리고 병기(兵器)의 경우 견고성(堅固性)을 위해 주석이나 아연을 합금했음이 밝혀졌다.

청동기의 제작이 가장 먼저 시작된 곳은 기원전 3000년경의 이란 고원 근처이며 터키나 메소포타미아 지역도 대략 이와 비슷한 시기에 시작되었다. 이집트는 중왕조(기원전 2050년~기원전 1786년 : 실제는 15・16왕조 힉소스인들의 침입 이후 본격화되었다고 한다.) 시기에 청동기가 제작되기 시작하였으며, 기원전 2500년경 모헨죠다로나 하라파같은 발달된 도시를 이루고 있던 인더스 문명에서도 이미 청동기를 사용하고 있었다. 또한 최근에 주목받는 태국의 논녹타(Non Nok Tha) 유적은 기원전 2700년, 그리고 반창(Ban Chiang) 유적은 기원전 2000년경부터 청동기가 시작된 것이 확인됨으로써 동남아시아지역에서도 다른 문명 못지않게 일찍부터 청동기가 제작・발달되었음을 알 수 있다.

유럽의 경우 에게 해 크레테 섬의 미노아 문명[초기 미노아 문명기 기원전 3400년

~기원전 2100년, 초기 청동기시대(pre-palatial Minoan period)~기원전 2200년경]은 기원전 3000년경에 청동기시대로 진입해 있었으며, 아프리카의 경우 북아프리카는 기원전 10세기부터 청동기시대가 발달했으나 다른 지역에서는 유럽인 침투 이전까지 석기시대로 남아 있는 경우도 있었다. 아메리카대륙에서는 중남미의 페루에서 서기 11세기부터 청동 주조기술이 사용되어 칠레·멕시코 등에 전파되었으며, 대부분의 북미 인디안들은 서기 13세기~서기 15세기까지도 대량의 청동기를 제작·사용하지 못하였다.

중국은 용산문화(龍山文化)나 제가문화(齊家文化)와 같이 신석기시대 말기에 홍동(순동) 및 청동 야금기술이 발달했다. 즉 간쑤성(甘肅省) 동향(東鄕) 임가(林家)[마가요기(馬家窯期)]에서 기원전 2500년까지 올라가는 주조(鑄造)칼이 나오고 있다. 그러나 본격적인 청동기시대로 진입한 것은 언사(偃師) 이리두(호)문화(二里頭(亳)文化) 때이다. 이리두문화의 연대는 기원전 2080년~기원전 1580년 사이이며(방사성탄소연대 기준) 샨동성(山東省)과 허베이성(河北省)의 후리(后李)/청련강(靑蓮崗)[북신(北辛)]-대문구문화(大汶口文化)를 이은 악석문화(岳石文化), 요서와 내몽고 일대의 하가점(夏家店) 하층문화(下層文化)도 거의 동시기에 청동기시대로 진입했다고 보인다. 이러한 청동기 개시연대가 기록상의 하대(夏代)(기원전 2200년~기원전 1750년)와 대략 일치하므로 청동기의 시작과 하(夏)문화를 동일시하는 주장도 있다.

한편 최근 랴오닝성(遼寧省) 능원현(凌源縣)·건평현(建平縣)의 우하량(牛河梁)과 객좌현(喀左縣)의 동산취(東山嘴)에서 보이는 홍산(紅山)(기원전 3000년~기원전 2500년경) 문화와 쓰촨성(四川省) 광한현(廣漢縣) 흥진(興鎭) 삼성퇴(三星堆) 제사갱(祭祀坑)[기원전 1200년~기원전 1000년 : 1호坑은 상만기(商晩期), 2호갱(坑)은 은허(殷墟)(기원전 1388년~기원전 1122/1046년)만기(晩期)] 및 촉국초기도성(蜀國初期都城)[청두(成都) 용마보돈(龍馬寶墩) 고성(古城), 기원전 2750년~기원전 1050년이나 기원전 16세기가 중심 : 상대(商代) 조기(早期)] 등과 같이 중국문명의 중심지역이 아니라 주변지역으로 여겨왔던 곳에서도 청동기의 제작이 일찍부터 시작되었다는 새로운 사실들이 밝혀지고 있어 중국 청동기 문화의 시작에 대한 연구를 매우 복잡하게 만들고 있다.

앞으로 중국의 중심 문명뿐만 아니라 주변지역에 대한 청동기문화연구가 진행됨에 따라 청동기의 제작과 사용 그리고 중국문명의 기원에 대한 이해는 종전의 황하(黃河)유역에서 벗어나 점차 다원론(多元論)적인 생각으로 바뀌어 나갈 것으로 보인다. 이와 같이 청동기시대라고 하면 일반적으로는 청동기가 제작되고 사용되는 사회를 의미한다.

그러나 우리나라의 경우는 그러한 개념을 그대로 적용하기 어렵다. 일반적으로 한국에서는 '청동기시대=무문토기시대' 라는 생각이 통용되고 있는데, 무문토기가 사용됨과 동시에 청동기가 사용되었다는 증거는 많지 않다. 북한에서는 팽이형토기 유적인 평양시 사동구역 금탄리 8호 주거지에서 청동 끌이, 평안북도 용천 신암리에서 칼과 청동단추, 황해북도 봉산군 봉산읍 신흥동 7호 집자리에서 청동단추가, 그리고 함경북도 나진 초도에서는 청동방울과 원판형기가 출토되었으나, 북한학자들은 이들 유적은 북한의 청동기의 시작이라고 보고 그 연대를 기원전 2000년 초반으로 잡고 있다.

신석기시대에 이어 한반도와 만주에서는 기원전 2000년~기원전 1500년경부터 청동기가 시작되었다. 그 시기는 신석기시대와 청동기시대 조기(早期)인들이 약 500년간 공존하면서 신석기인들이 내륙으로 들어와 농사를 짓거나 즐문토기의 태토나 기형에 무문토기의 특징이 가미되는 또는 그 반대의 문화적 복합양상이 나타기도 한다. 이는 통혼권(通婚圈)(intermarrige circle, marriage ties or links)과 통상권(通商圈)(interaction shpere)의 결과에 기인한다.

최근의 발굴조사에 의하면 한반도의 청동기시대의 시작이 기원전 2000년~기원전 1500년을 오를 가능성이 한층 높아졌다. 이는 이중구연토기와 공렬토기에 앞서는 돌대문(덧띠새김무늬)토기가 강원도 춘성 내평, 중도, 강릉시 초당동 391번지 허균·허난설헌 자료관 건립부지, 정선 북면 여량 2리(아우라지, 기원전 1240년), 춘천 천전리(기원전 1440년), 홍천 두촌면 철정리, 홍천 화촌면 외삼포리(기원전 1330년, 기원전 1250년), 평창 천동리, 진주 남강댐 내 옥방지구, 경기도 가평 상면 연하리, 인천 계양구 동양동과 경주 충효동, 충청남도 연기군 금남면 대평리(기원전 1300년~기원전 1120년), 대전시 용산동 유적을 비롯한 여러 곳에서 새로이 나타나고 있기 때문이다.[11]

---

11) 청동기시대의 편년에 대해서는 서기 2004년 12월 17일(금) 부천시와 한양대학교 문화재연구소의 공동 주최로 행한 국제학술대회「선사와 고대의 의례고고학」에서 발표한 기조강연 "부천 고강동유적 발굴을 통해본 청동기·철기시대 전기와 후기의 새로운 연구방향"(pp.15-36)에서 처음 언급하였다. 이 기조강연을 토대로 하여 "동북아시아적 관점에서 본 한국 청동기·철기시대의 연구방향-한국 문화 기원의 다원성과 새로운 편년 설정-",「한국 청동기·철기시대와 고대사회의 복원」(최몽룡 2008, 서울: 주류성, pp.85-148)이란 글이 만들어졌다. 그리고 필자는 서기 1971년 5~6월에 있었던 강원도 춘성군 내평 2리의 발굴을 기반으로 하여, 서기 2004년 12월 17일(금) 한양대 주최〈선사와 고대의 의례고고학〉이란 학술대회에서 발표된 기조강연「부천 고강동유적 발굴조사를 통해본 청기시대·철기시대 전기와 후기의 새로운 연구방향」이란 글에서 한국청동기시대 早期의 새로운 편년설정과 아울러 상한의 연대를 기원전 2000년~기원전 1500년으로 올려 새로이 주장할 수 있게 되었다. 이 유적들은 한반도 청동기시대 상한문제와 아울러, 앞선 전면 또는 부분빗살문토기와 부분적으로 공반하는 돌대문토기로 신석기시대에서 청동기시대에로 이행과정 중에 나타나는 계승성문제도 새로운 연구 방향이 되었다. 최근의 발굴조사에 의하면 한반도의 청동기시대의 시작이 기원전 20세기~기원전 15세기를 오른다. 이들 유적들은 모두 신석기시대 말기에서 청동기시대 조기에 속한다.

청동기시대의 조기(기원전 2000년~기원전 1500년 : 돌대문토기)유적들은 다음과 같다.
강원도 강릉시 초당동 391(허균·허난설헌 자료관 건립부지)
강원도 춘천 천전리 샘밭 막국수집(기원전 1440년, 한림대박물관)
강원도 춘천 천전리(A-9호, 10호 주거지, 7호 수혈유구, 예맥문화재연구원)
강원도 춘천 산천리(강원대학교 박물관)
강원도 춘천 신매리(한림대학교 박물관)
강원도 춘천 우두동 직업훈련원 진입도로
강원도 춘천 하중도 D-E지구
강원도 춘천 현암리(예맥문화재연구원)
강원도 춘성군 내평 2리(현 소양강댐 내 수몰지구)
강원도 춘천 현암리(예맥문화재연구원)
강원도 춘성군 내평리(현 소양강댐내 수몰지구)
강원도 영월 남면 연당 2리 피난굴(쌍굴, 신석기층의 연대는 기원전 2230년, 2270년, 청동기시대층의 연대는 기원전 2010년이나 강원도 정선 북면 여량 2리(아우라지 1호 주거지 : 기원전 1240년)
강원도 원주 가현동 국군병원

각목돌대문(덧띠새김무늬)토기의 경우 중국(中國) 랴오닝성(遼寧省) 소주산(小珠山)유적의 상층과 같거나 약간 앞서는 것으로 생각되는 대련시(大連市) 교구(郊區) 석회요촌(石灰窯村), 요동만연안(遼東彎沿岸) 교류도(交流島) 합피지(蛤皮址), 랴오닝성(遼寧省) 와방점시(瓦房店市) 장흥도(長興島) 삼당(三堂)유적(기원전 2450년~기원전 1950년경으로 여겨짐), 지린성(吉林省) 화룡현(和龍縣) 동성향(東城鄉) 흥성촌(興城村) 삼사(三社)(早期 興城三期, 기원전 2050년~기원전 1750년)[12], 그리고 연해주의 자이사노프카의 올레니와

강원도 홍천 두촌면 철정리 II(철기시대 유물은 기원전 620년/640년이 나옴)
강원도 홍천 화촌면 외삼포리(기원전 1350년, 기원전 1330년)
강원도 평창 평창읍 천동리 220번지(강원문화재연구소)
강원도 평창 평창읍 천동리 평창강 수계 복구지역(예맥문화재연구원)
강원도 화천 하남 원천리(예맥문화재연구원)
경기도 가평 청평면(외서면) 대성리
경기도 가평 상면 덕현리
경기도 가평 상면 연하리
경기도 파주 주월리 육계토성
경기도 시흥시 능곡동
인천광역시 계양구 동양동
인천광역시 중구 용유도
인천광역시 옹진군 백령도 말등패총
인천광역시 옹진군 연평 모이도(2790 60 B.P., 기원전 1180년~기원전 820년)
충청북도 제천 신월리(3760 50 B.P., 기원전 2050년)
충청남도 대전시 용산동(단사선문이 있는 돌대문토기로 조기 말)
충청남도 서산군 해미면 기지리
충청남도 연기군 금남면 대평리(2970 150 B.P., 기원전 1300년~기원전 1120년)
대구광역시 달서구 대천동(기원전 3090년~기원전 2900년, 기원전 3020년~기원전 2910년)
경상북도 경주 신당동 희망촌
경상북도 경주 충효동 640번지와 100-41번지 일원
경상북도 금릉 송죽리
경상남도 산청 단성면 소남리
경상남도 진주 남강댐내 옥방 5지구 등(동아대학교·선문대학교 등 조사단 구역, 기원전 1590년~기원전 1310년, 기원전 1620년~기원전 1400년의 연대가 나왔으나 돌대문토기와의 관련은 아직 부정확함)

시니가이 유적(이상 기원전 3420년~기원전 1550년)에서 발견되고 있어 서쪽과 동쪽의 두 군데에서 영향을 받았을 가능성이 많다. 이들 유적들은 모두 신석기시대 말기에서 청동기시대 조기에 속한다.

이중구연토기와 공렬토기가 나오는 강원도 춘천시 서면 신매리 주거지 17호 유적[서기 1996년 한림대학교 발굴, 서울대학교 '가속질량연대분석(AMS : Accelerator Mass Spectrometry)' 결과 3200±50 B.P. 기원전 1510년, 문화재연구소 방사성탄소연대측정 결과는 2840±50 B.P., 기원전 1120년~기원전 840년이라는 연대가 나옴], 경기도 평택 지제동(기원전 830년, 기원전 789년), 청주 용암동(기원전 1119년), 경주시 내남면 월산리(기원전 970년~기원전 540년, 기원전 1530년~기원전 1070년 사이의 두 개의 측정연대가 나왔으나 공반유물로 보아 기원전 10세기~기원전 8세기에 속할 가능성이 높다. 실제 중간연대도 기원전 809년과 기원전 1328년이 나왔다), 충주 동량면 조동리(1호 집자리 2700±165 B.P. 1호

---

12) 이제까지 알려진 夏(기원전 2200년~기원전 1750년)나라보다 약 800년이나 앞서는 紅山(기원전 3600년~기원전 3000년)문화는 1935년 초 赤峰市 紅山后에서 발견된 것으로 그 범위는 내몽고 동남부를 중심으로 遼寧 省 서남, 河北 북부, 吉林서부에까지 미친다. 경제생활은 농업과 어로가 위주이고 석기는 타제와 마제석기를 사용하였다. 주요 유적들은 內蒙古 那斯臺村, 遼寧縣 喀左 東山嘴 冲水溝(기원전 3000년~기원전 2500년경)와 建平縣을 비롯하여 蜘蛛山, 西水泉, 敖漢旗三道灣子, 四棱山, 巴林左旗南楊家營子들이다. 특히 遼寧 喀左 東山嘴와 建平 牛河梁유적에서는 祭壇(三重圓形), 女神廟[東山嘴 冲水溝의 泥塑像, 여기에서 나온 紅銅/純銅의 FT(Fission Track)연대는 4298±345 B.P., 3899±555 B.P. C14의 연대는 5000±130B.P.가 나오고 있다], 積石塚(牛河梁 馬家溝 14-1, 1-7호, 1-4호, 祭器로서 彩陶圓筒形器가 보임), 石棺墓(2호), 禮器로서의 鞍山 岫岩玉으로 만들어진 玉器[龍, 渚(멧돼지), 매, 매미, 거북 자라 등의 動物, 상투(結髮, 魋結)를 위한 馬啼形玉器(14-a), 環, 璧, 玦 등 100건 이상], 紅陶와 黑陶가 생산된 橫穴式 窯와 一·二次葬을 포함하는 土坑竪穴墓(水葬·風葬·火葬) 등이 알려져 있다. 이 紅山문화에서 興隆窪(8000 B.P.~7600 B.P.)에서 보이는 玉渚龍이 사슴·새~멧돼지용-(玉渚龍)에서 龍(C形의 玉雕龍으로 비와 농경의 기원)으로 발전하는 圖上의 확인뿐만 아니라 紅山岩畵에서 보이는 종교적 무당 신분의 王(神政政治, theocracy)에 가까운 최소한 족장(chief) 이상의 우두머리가 다스리는 階級社會 또는 文明社會를 보여주고 있다. 토기문양 중 갈 '之' 문양은 평북 의주 미송리와 경남 통영 상노대노에서, 玉玦은 경기도 파주 주월리와 강원도 고성 문암리에서 나타난다. 해자가 돌린 성역화된 적석총/석관(周溝石棺墓)은 강원도 홍천 두촌면 철정리, 강원도 춘천 천전리, 강원도 중도, 충남 서천 오석리와 경상남도 진주대평 옥방 8지구 등에서 보여 紅山문화와 한국의 선사문화의 관련성이 점차 증가하는 추세이다.

집자리 불땐 자리 2995±135 B.P. 기원전 10세기경), 대구시 수성구 상동 우방 아파트(구 정화여중·고)와 속초시 조양동유적(사적 376호)들이 기원전 10세기~기원전 7세기경으로, 그리고 강릉시 교동의 집자리 경우 청동기시대 전기에서 중기로 넘어오는 과도기적인 것으로 방사성탄소측정연대도 기원전 1130년~기원전 840년 사이에 해당한다. 여기에서는 구연부에 단사선문(短斜線文)이나 공열(孔列)**13**과 구순각목문(口脣刻目

---

13) 부여 송국리(사적 249호)와 가까운 충남 연기 금남 대평리 유적에서는 청동기시대 조기의 돌대문토기 이외에도 청동기시대 중기에 속하는 토기 바닥에 직경 3cm 내외의 구명이 하나 뚫린 것이 나타나는데 이는 러시아 우수리 강의 Yankovsky/얀콥프스키(기원전 8세기~기원전 1세기)나 Lidovka/리도프카(기원전 1000년~기원전 5세기경) 문화에서 보이는 것들이다. 최근 다른 청동기시대 중기의 유적에서 공렬토기와 함께 공반하는 경우가 많다. 러시아 동부시베리아(프리바이칼 지역)의 신석기시대-청동기시대-철기시대 편년은 Kitoi-Isakovo(기원전 4000년~기원전 3000년)-Servo(기원전 3000년~기원전 2000년)-Affanasievo-Okunevo-Andronovo-Karasuk(기원전 9세기)-Tagar(기원전 700년~기원전 200년)의 순으로 되는데 우리나라에서 기원전 1000년~기원전 600년의 청동기시대 중기에 나타나는 공렬토기와 구순각목토기는 Isakovo와 Servo에서 이미 나타나고 있다(최몽룡·이헌종·강인욱 2003, 시베리아의 선사고고학, 서울: 주류성, pp.170-177). 그리고 충청남도 아산 탕정면 용두리, 경기도 가평 외서면 청평 4리, 경기도 광주시 장지동, 경기도 가평 설악면 신천리, 강원도 횡성 공근면 학담리와 춘천 거두리와 천전리에서 출토된 해무리굽과 유사한 바닥을 지닌 경질무문토기는 아무르 강 중류 Kronovsky/끄로우노프까(沃沮, 團結, 기원전 5세기~기원전 2세기)-폴체(Poltze, 挹婁, 기원전 7세기-기원전 4세기) 문화에서도 보이고 그 연대도 기원전 5세기~기원전 2세기 정도가 된다. 한반도의 청동기와 철기시대에 러시아 문화의 영향을 고려할 필요가 있다.유럽의 신석기시대로 LBK(Linear Band Keramik)문화가 있다. 다뉴브 I 문화(Danubian I Culture)라고 불리는 이 문화는 유럽 중앙과 동부에서 기원전 5000년대부터 쉽게 경작할 수 있는 황토지대에 화전민식 농경(slash and burn agricultural cultivation)을 행하였고 또 서쪽으로 전파해 나갔는데, 이 문화에서 나타나고 있는 토기의 문양이 우리의 빗살문(櫛文/櫛目文)토기와 유사하여 "線土器文化(Linear Pottery culture)"라 한다. 이것의 獨譯이 Kamm keramik(comb pottery)으로 번역하면 櫛文(櫛目文)土器 즉 우리말로는 빗살문 토기이다. 일찍부터 이 문양의 토기들은 우리나라 신석기시대 빗살문토기의 기원과 관련지어 주목을 받아왔다. 그 다음 "Corded ware(繩文土器文化, 東方文化複合體)"와 "Beaker cup culture"(비커컵토기문화, 일본에서는 鐘狀杯로 번역함, 西方文化複合體)"가 유럽의 북부독일지역과 남쪽 스페인에서부터 시작하여 유럽을 휩쓸었다. 그리고 스톤헨지의 축조의 마지막 시기는 기원전 2500년~기원전 2400년경으로, 이때 유럽 본토에서 기원전 2400년~기원전 2200년경 이곳으로 이주해온 비커컵족들의 靑銅器와 冶金術의 소개로 인해 농업에 바탕을 두던 영국의 신석기시대의 종말이 도래하게 될 것이다. 이 시기를

文)이 장식된 이중구연(二重口緣)・공열토기(孔列土器)가 주류를 이루고 있어 서북계의 각형토기(角形土器)와 동북계의 공열토기가 복합된 양상을 보여준다. 이는 하바로프스크 고고학박물관에서 볼 수 있다시피 얀꼽스키나 리도프카와 같은 연해주지방의 청동기문화에 기원한다 하겠다. 최초의 예로 이제까지 청동기시대 전기(기원전 1500년~기원전 1000년)말에서 청동기시대 중기(기원전 1000년~기원전 600년)에 걸치는 유적으로 여겨져 왔던 경기도 여주군 점동면 흔암리(欣岩里) 유적(경기도 기념물 155호)을 들었으나 이곳 강릉 교동 유적이 좀 더 앞서는 것으로 밝혀졌다. 서북계와 동북계의 양계의 문화가 복합된 최초의 지역이 남한강유역이라기보다는 태백산맥의 동안인 강릉일 가능성은 앞으로 문화 계통의 연구에 있어 많은 시사점을 제공해준다.

또 속초시 조양동(사적 376호)에서 나온 선형동부(扇形銅斧)는 북한에서 평안북도 의주군 미송리, 황해북도 신계군 정봉리와 봉산군 송산리, 함경남도 북청군 토성리 등지에서 출토 례가 보고되어 있지만 남한에서는 유일한 것이다. 청동기시대의 시작은 기원전 2000년까지 올라가나 청동기와 지석묘의의 수용은 그 연대가 약간 늦

民族移動期(기원전 3500년~기원전 2000년)라고 한다. 印歐語(인도-유러피안 언어)를 쓰며, 폴란드, 체코와 북부 독일의 비스툴라(Vistula)와 엘베(Elbe) 강 유역에 살던 繩文土器文化(Corded ware culture)에서 기원하여 기원전 2400년~기원전 2200년경 동쪽 유라시아 고원으로 들어가 쿠르간(kurgan) 봉토분을 형성하던 스키타이(Scythia, 기원전 7세기~기원전 2세기경에 전성기로 무기, 마구와 동물문 장식으로 잘 알려져 있음)종족, 인더스 문명을 파괴한 아리안족(Aryan race)이나 남쪽으로 그리스에 들어간 아카이아(Achaea/Achaia, 아카이아인의 나라 아키야와 Akhkhyawa)나 도리아(Doria)족과 같은 일파로 생각된다. 그 이후 "Urnfield culture(火葬文化)"를 지난 다음 할슈타트(Hallstatt)와 라떼느(La T ne)의 철기문화가 이어졌다. 기원전 500년경 켈트(Celt)족의 선조인 할슈디드인들은 거주의 흔석도 없이 자취를 감추었으나 그들이 쓴 분묘와 그 속에서 나온 철검 손잡이의 안테나식 장식은 멀리 우리나라의 세형동검(韓國式銅劍)까지 영향을 미쳤다. 즉 英國 大英博物館 소장의 '鳥形柄頭 細形銅劍'이 우리나라에서 철기시대 전기(기원전 400년~기원전 1년)의 대표적인 유물인 세형동검의 자루 끝에 '鳥形 안테나'가 장식된 안테나식 검(Antennenschwert, Antennae sword)으로 보고, 그것이 오스트리아 잘쯔캄머구트 유적에서 시작하여 유럽의 철기시대의 대명사로 된 할슈탓트 문화에서 나타나는 소위 'winged chape'(날개달린 물미)에 스키타이(Scyths)식 동물문양이 가미되어 나타난 것으로 보인다. 이러한 예는 대구 비산동 유물(국보 137호)을 포함해 4점에 이른다.

다. 이는 청동기시대 전기와 중기 이중구연토기와 공렬토기의 사용과 함께 청동기가 북으로부터 받아들여졌다고 보기 때문이다. 속초 조양동의 경우 바로 위쪽의 함경남도의 동북 지방에서 전래되었을 가능성이 많다.

우리나라의 거석문화는 지석묘(支石墓)(고인돌)와 입석(立石)(선돌)의 두 가지로 대표된다. 그러나 기원전 4500년 전후 세계에서 제일 빠른 거석문화의 발생지로 여겨지는 유럽에서는 지석묘(dolmen), 입석(menhir), 스톤써클(stone circle : 영국의 Stonehenge가 대표), 열석(alignment, 불란서의 Carnac이 대표)과 연도(널길) 있는 석실분(passage grave, access passage), 이도(羨道)(널길) 없는 석실분(gallery grave, all e couverte)의 5종 여섯 가지 형태가 나타난다. 이 중 거친 할석(割石)으로 만들어지고 죽은 사람을 위한 무덤의 기능을 가진 지석묘는 우리나라에서만 약 29,000여기가 발견되고 있다. 중국의 요령성과 절강성의 것들을 합하면 더욱 더 많아질 것이다.

남한의 고인돌은 북방식(北方式), 남방식(南方式)과 개석식(蓋石式)의 셋으로 구분하고 발달 순서도 북방식-남방식-개석식으로 생각되고 있다. 그러나 북한의 지석묘는 황주 침촌리와 연탄 오덕리의 두 형식으로 대별되고, 그 발달 순서도 변형의 침촌리식(황해도 황주 침촌리)에서 전형적인 오덕리(황해도 연탄 오덕리)식으로 보고 있다. 이들은 마지막으로 개별적인 무덤구역을 가지고 구조도 수혈식에서 횡혈식으로 바뀌어 나가거나 이중 개석을 가진 평안남도 개천 묵방리식으로 발전하게 된다. 우리나라의 지석묘사회는 일반적으로 전문직의 발생, 재분배 경제, 조상 숭배와 혈연을 기반으로 하는 계급 사회로 인식되고 있다.

그리고 우리나라의 지석묘(고인돌)가 만들어진 연대는 기원전 1500년~기원전 400년의 청동기시대이나 전라남도나 제주도 등지에서는 기원전 400년~기원전 1년의 철기시대 전기에까지 토착인들의 묘제로 사용되고 있었다. 최근의 고고학적 자료는 전남지방의 청동기시대는 전기(기원전 1500년~기원전 1000년)까지 거슬러 올라감을 알 수 있다. 그에 대한 자료는 광주광역시 북구 동림동 2택지개발지구, 여천 적량동 상적 지석묘(청동기시대 전기 말~중기 초, 기원전 11세기경, 이중구연 단사선문, 구순각목, 공렬토기, 비파형동검/고조선식 동검 6점), 여수시 월내동 상촌 II 지석묘(이중구연에 단사선문이 있는 토기, 공렬토기, 비파형동검 3점, 청동기시대 전기 말~중기 초, 기원전 11세기경), 고흥 두 원면 운대리 전라남도 고흥(高興) 두원면(豆原面) 운대리(雲垈里) 지석묘(支石墓)[1926, 11월 조선총독부박물관(朝鮮總督府博物館)], 중대 지석묘(비파형동검, 광주박물관), 전라남도 여천 화장동 고인돌(비파형동검, 기원전 1005년) 등에서 나타난다.

그러나 전남지방에 많은 수의 지석묘(고인돌)는 철기시대까지 사용된 정치·경제적 상류층의 무덤이며 그곳이 당시 농경을 기반으로 하는 청동기·철기시대의 가장 좋은 생태적 환경이었던 것이다. 이 토착사회가 해체되면서 마한사회[14]가 나타나게

---

14) 이 마한사회(기원전 3세기~기원전 2세기에서 서기 6세기 말~서기 7세기 초까지 존재)라는 용어의 사용은 종래의 원삼국시대란 말을 대신한 삼국시대 전기(또는 철기시대 후기 또는 삼한시대, 서기 1년~서기 300년)로부터이다(최몽룡, 1987, 한국고고학의 시대구분에 대한 약간의 제언, 최영희 선생 회갑기념 한국사학논총, 서울: 탐구당, 783-788쪽). 그리고 국립중앙박물관에서도 2009년 11월 3일(화)부터 이 용어를 공식적으로 사용하지 않기로 결정하였다. 한국고고학에 있어 馬韓에 대한 고고학적 연구는 이제 시작이라고 해도 과언이 아니다. 이는 약간의 단편적인 文獻資料 이외에는 고고학적 자료가 극히 적기 때문이다. 필자가 「전남지방 소재 지석묘의 형식과 분류」(최몽룡, 1978, 역사학보 78집), 「고고학 측면에서 본 마한」(최몽룡, 1986, 원광대학교 마한·백제연구소, 백제연구 9)과 「考古學上으로 본 馬韓硏究」(최몽룡, 1994, 원광대학교 마한·백제문화연구소 주최 학술 심포지엄)라는 글에서 "한국청동기·철기시대 土着人들의 支石墓사회는 鐵器시대가 해체되면서 점차 馬韓사회로 바뀌어 나갔다."는 요지를 처음 발표할 때만 하더라도 한국고고학계에서 '馬韓'이란 용어는 그리 익숙한 표현이 아니었다. 그러나 최근 경기도, 충청남북도 및 전라남북도지역에서 확인되고 있는 고고학적 유적 및 문화의 설명에 있어 지난 수십 년간 명확한 개념정의 없이 통용되어 오던 原三國時代란 용어가 '馬韓時代' 또는 '馬韓文化'란 용어로 대체되는 경향이 생겨나고 있는데, 이는 마한을 포함한 三韓社會 및 문화에 대한 학계의 관심이 증폭되고, 또 이를 뒷받침할 만한 고고학 자료가 많아졌음에 따른 것이다. 지석묘사회의 해체 시기는 철기시대 전기로 기원전 400년~기원전 1년 사이에 속한다. 최근에 발굴 조사된 철기시대 전기에 속하는 유적으로 전라남도 여수 화양면 화동리 안골과 영암 서호면 엄길리 지석묘를 들 수 있다. 여천 화양면 화동리 안골 지석묘는 기원전 480년~기원전 70년 사이에 축조되었다. 그리고 영암 엄길리의 경우 이중의 개석구조를 가진 지석묘로 그 아래에서 흑도장경호가 나오고 있어 그 연대는 기원전 3세기~기원전 2세기경으로 추정된다. 그리고 부여 송국리 유적(사적 249호)의 경우도 청동기시대 후기에서 철기시대 전기로 넘어오면서 마한사회에로 이행이 되고 있다. 馬韓사회는 고고학 상으로 기원전 3~기원전 2세기에서 서기 5세기 말 6세기 초에 속하는 것으로 보인다. 이는 전남 영광군 군동리, 충남 당진군 도성리와 보령군 관창리의 周溝墓의 周溝에서 粘土帶土器가 나오는 것으로도 입증된다. 마한

된 것이다. 최근 여수 화양면 화동리 안골 고인돌의 축조가 기원전 480년~기원전 70년이라는 사실과 영암 엄길리의 이중개석 고인돌하에서 출토한 철기시대 전기(기원전 400년~기원전 1년)에 속하는 두 점의 흑도 장경호는 이를 입증해주는 좋은 자료이다. 일찍이 충청북도 제천 황석리 고인돌의 축조도 기원전 410년이란 연대로 밝혀진 바 있다. 우리나라에서 사적으로 지정된 지석묘(고인돌)는 강원도 속초 조양동(사적 376호), 경기도 강화도 부근리(사적 137호), 경기도 파주군 덕은리/옥석리(玉石里)(기원전 640년, 사적 148호), 경상남도 마산 진동리(사적 472호), 전라남도 화순 춘양면 대신리와 도산 효산리(기원전 555년, 사적 410호), 전라북도 하서면 구암리(사적 103호), 고창지방(고창읍 죽림리, 상갑리와 도산리 일대의 고인돌군은 현재 사적 391호)이며, 그중 강화도, 고창과 화순의 고인돌들은 세계문화유산으로 지정되어 있다. 그래서 한국 지석묘의 기원과 전파에 대하여는 연대와 형식의 문제점 때문에 현재로서는 유럽 쪽에서 전파된 것으로 보다 '한반도(韓半島) 자생설(自生說)' 쪽으로 기울어지고 있는 실정이다.[15]

은 한국고고학 편년 상 철기시대 전기에서 삼국시대 후기(서기 300년~서기 600년)까지 걸치며, 百濟보다 앞서 나타나서 백제와 거의 같은 시기에 共存하다가 마지막에 백제에 행정적으로 흡수·통합되었다.

15) 우리에게 전파를 해주었을 런지도 모를 인도의 거석문화 중 지석묘에 대하여는 인더스 문명에 관한 유적들의 발굴이 시작되던 1920년대부터 알려져 왔으며 서기 1959년 Sir Mortimer Wheeler, C. I. E.의 책에서도 구체적으로 소개되어 있다. 그 유적의 중심연대는 기원전 200년~서기 1세기경으로 추정되고 있다. 그러나 최근의 견해는 기원전 1000년경에서 지석묘가 처음 보이며 그 중심연대는 기원전 250년경 정도로 언급되고 있다. 마우리아 왕조(기원전 317년~기원전 186년) 중 아쇼카 왕(기원전 268년~기원전 232년) 때와 그 하한연대가 겹치고 있다. 거석문화는 칭레푸트의 만두란타캄 타루크(Mandurantakam taluk)의 스톤서클(stone circle)을 비롯하여 치투르의 티루베란가두(Tiruvelangadu), 북 아르코트의 벤구파투(Vengupattu)와 치탈드루그의 브라마기리(Brahmagiri) 등 주로 남부 인도에 널리 퍼져 있다. 그중 지석묘는 크게 1) 큰 원형의 封土하에 板石으로 짜여진 石室形(megalithic cist)인데, 입구 쪽의 판석에는 銃眼과 같은 구멍(port-hole)과 연도(passage)가 있으며, 또 석실 내에는 二次葬으로 인한 여러 體分의 人骨이 들어가 있는 형식과, 2) 큰 板石으로 짜여진 記念物로 그 안에는 테라코타(terra-cotta, 1000 이하에서 구워짐)로 만들어진 관(sarcophagus)이 놓여 있는 두 가지의 형식이 존재한다. 전자의 총안이 있는 판석이 달린 석실은 요르단의 알라 사파트(Ala-safat)와 코카사스(Caucasus) 지역의 파차계곡(Pacha valley)에서 그 기원을 확인할 수 있다. 그래서 인도의 지석묘를 우리 것과 비교해보면 형식과 시기가 달라 한국 지석묘의 自生과 起源說

여기에 비해 한 장씩의 판석으로 짜 상자모양으로 만든 석관묘(石棺墓) 또는 돌널무덤[석상분(石箱墳)]의 형식이 있다. 이러한 석상분은 시베리아 청동기시대 안드로노보기에서부터 나타나 다음의 카라숙-타가르기에 성행하며 두광족협(頭廣足狹)의 형식과 굴장법(屈葬法)을 가지며 우리나라에 전파되어 청동기시대 지석묘에 선행하는 형식이다. 그리고 이 분묘는 확장되어 북방식 지석묘로 그리고 지하에 들어가 남방식 지석묘로 발전해 나가는 한편 영남지방에서는 석곽묘(石槨墓)로 발전해 삼국시대의 기본 분묘형식으로 굳히게 된다.

즉 석관묘(석상분)-지석묘(북방식/남방식)-석곽묘로 발전한다고 생각되며, 대표적인 석관묘의 유적으로 동포(銅泡)와 검은 긴 목항아리가 나온 강계시(江界市) 풍룡리(豊龍里), 봉산군(鳳山郡) 덕암리(德岩里), 단양(丹陽) 안동리(安東里)를 들고 있다. 석관묘(석상분)와 지석묘의 기원과 전파에 대하여는 선후문제, 문화계통 등에 대해 아직 연구의 여지가 많다. 그러나 석관묘는 포항 인비동과 여수 오림동에서 보는 바와 같이 우리나라에 들어온 기존의 청동기[고조선식동검(古朝鮮式銅劍)/비파형 또는 한국식동검(韓國式銅劍)/세형동검]와 마제석검을 사용하던 청동기시대 전기-철기시대 전기(기원전 400년~기원전 1년)의 한국토착사회를 이루던 지석묘사회에 쉽게 융화되었던 모양이다.

우리의 암각화에서 보여주는 사회의 상징과 표현된 신화의 해독이 아무르 강의 사카치 알리안(또는 시카치 알리안)의 암각화와 기타지역의 암각화와의 비교연구, 그리고 결과에 따른 문화계통의 확인이 현재 한국문화의 기원을 연구하는데 필수적이다. 이들은 한반도의 동북지방의 유물들과 많은 연관성을 가지고 있다. 극동지역 및 서시베리아의 암각화도 최근에 남한에서 암각화의 발견이 많아지면서 그 관련성이 주목된다. 시베리아, 극동의 대표적인 암각화로는 러시아에서도 암각화의 연대에 대하여 이론이 많지만 대개 청동기 시대의 대표적인 암각화유적은 예니세이 강의 상류인 손두기와 고르노알타이 우코크의 베르텍과 아무르 강의 사카치(시카치) 알리안 등을 들 수 있다.

은 앞으로의 연구과제이다.

이에 상응하는 우리나라의 대표적인 암각화는 울주군 두동면 천전리 각석(국보 147호), 울주 언양면 대곡리 반구대(국보 285호), 고령 양전동(보물 605호) 등을 들 수 있으며, 그 외에도 함안 도항리, 영일 인비동, 칠포리, 남해 양하리, 상주리, 벽연리, 영주 가흥리, 여수 오림동과 남원 대곡리 등지를 들 수 있다. 울주 천전리의 경우 인두(人頭)(무당의 얼굴)를 비롯해 동심원문, 뇌문, 능형문(그물문)과 쪼아파기(탁각, pecking technique)로 된 사슴 등의 동물이 보인다. 이들은 앞서 언급한 러시아의 손두기, 베르텍, 키르(하바로브스크 시 동남쪽 Kir 강의 얕은 곳이라는 의미의 초루도보 쁘레소에 위치)와 사카치(시카치) 알리안의 암각화에서도 보인다. 이의 의미는 선사시대의 일반적인 사냥에 대한 염원, 어로, 풍요와 다산(多産)에 관계가 있을 것이다. 또 그들의 신화도 반영된다. 사카치 알리안 암각화의 동심원은 아무르의 나선문(Amur spiral)으로 태양과 위대한 뱀 무두르(mudur)의 숭배와 관련이 있으며 뱀의 숭배 또한 지그재그[갈 '지(之)' 자문(字文)]문으로 반영된다. 하늘의 뱀과 그의 자손들이 지상에 내려올 때 수직상의 지그재그(이때는 번개를 상징)로 표현된다. 이 두 가지 문양은 선의 이념(idea of good)과 행복의 꿈(dream of happiness)을 구현하는 동시에, 선사인들의 염원을 반영한다. 그리고 그물문(Amur net pattern)은 곰이 살해되기 전 의식(儀式) 과정 중에 묶인 끈이나 사슬을 묘사하며 이것은 최근의 아무르의 예술에도 사용되고 있다. 현재 이곳에 살고 있는 나나이(Nanai, Goldi)족의 조상이 만든 것으로 여겨지며 그 연대는 기원전 4000년~기원전 3000년경(이 연대는 그보다 후의 청동기시대로 여겨짐)으로 추론된다고 한다.

이들은 숙신(肅愼)－읍루(挹婁)－물길(勿吉)－말갈(靺鞨)－흑수말갈(黑水靺鞨)－생여진(生女眞)－금(金)(서기 1115년~서기 1234년)…만주(滿州)－청(淸)(서기 1616년~서기 1911년)[16]으로 이어지는 역사상에 나타나는 종족명(種族名)의 한 갈래로 현재 말갈이나 여

---

16) 그리고 중국 북방의 유목민족은 匈奴－東胡－烏桓－鮮卑－突厥(투쥐에, 튀르크, 타쉬티크: 서기 552년 柔然을 격파하고 유목국가를 건설. 돌궐 제2제국은 서기 682년~서기 745년임, 서기 7~서기 8세기)－吐蕃[티베트, t'u fan: 38대 치송데짼(赤松德贊 서기 754년~서기 791년)이 서기 763과 서기 767년의 두 번에 걸쳐 唐의 長安을 함락함]－위굴(維吾爾, 回紇 : 위굴 제국은 서기 744년~840년임, 위굴 제국은 키르기스 點戛斯에 망하며 키르기스는 서기 9세기 말~서기 10세기경까지 존재)－契丹(遼, 서기 907년~서기 1125년)－蒙古(元, 서기 1206년~서기 1368년)로 발전한다.

진과 가까운 것으로 여겨지고 있다. 이들은 청동기시대에서 철기시대 전기에 속하는 것으로 볼 수 있다. 그리고 영일만(포항, 형산강구)에서부터 시작하여 남원에 이르는 내륙으로 전파되었음을 본다. 아마도 이들은 아무르 강의 암각화문화가 해로(海路)로 동해안을 거쳐 바로 영일만 근처로 들어온 모양이며 이것이 내륙으로 전파되어 남원에까지 이른 모양이다. 청동기시대의 석관묘, 지석묘와 비파형동검의 전파와는 다른 루트를 가지고 있으며, 문화계통도 달랐던 것으로 짐작이 된다.

아무르 강 유역 하바로프스크 시 근처 사카치(시카치) 알리안 등지에서 발견되는 암각화가 울산 두동면 천전리석각(국보 제147호)과 밀양 상동 신안 고래리 지석묘 등에서 많이 확인되었다. 특히 여성의 음부 묘사가 천전리 석각과 밀양 상동 신안 고래리 지석묘 개석에서 확인된 바 있다. 후기 구석기시대 이후의 암각화나 민족지에서 성년식(Initiation ceremony) 때 소녀의 음핵을 잡아 늘리는 의식(girl's clitoris-stretching ceremony)이 확인되는데, 이는 여성의 생식력이나 성년식과 관계가 깊다고 본다. 제사유적으로도 양평 양서 신원리, 하남시 덕풍동 에서 발견되어 열등종교 중 다령교(多靈敎)(polydemonism)에 속하는 정령숭배(精靈崇拜)(animism), 토테미즘(totemism), 샤마니즘(巫敎, shamanism), 조상숭배(祖上崇拜)(ancestor worship)와 경기도 안성 원곡 반제리, 울산시 북구 연암동과 부산 기장 일광면 청광리에서 발견되는 환호(環壕)가 2~3중 나있는 소도(蘇塗)(asylum)와 같은 종교적 모습이 점차 들어나고 있다.

그리고 울주 언양면 대곡리 반구대의 암각화(국보 285호)에 그려져 있는 고래는 지금은 울주 근해에 잘 나타나지 않는 흑등고래(humpback whale) 중 귀신고래(Korean specimen whale, gray whale, 극경(克鯨), 12월 24일~1월 6일 사이 사할린 필튼 마ㅇㄹ 회귀)로 당시 바닷가에 면하고 있던 청동기시대 중기(공렬토기, 기원전 1000년~기원전 600년) 반구대사람들의 고래잡이나 고래와 관련된 주술과 의식을 보여준다. 최근 동해 송정동에서 반구대보다 6~700년이 늦은 철기시대 전기(기원전 400년~기원전 1년) 동예(東濊)의 철(凸)자형 집자리 유적(II-3호 집자리, 기원전 2세기경)에서 고래잡이를 하던 철제 작살(삼지창)과 갈고리, 고래뼈(II-3 저장공)가 출토되고 있어 고래잡이가 꾸준히 이어져 왔음을 뒷받침해준다.

그리고 인류문명의 발달사를 보면 청동기시대에 국가가 발생하는 것이 일반적인데, 한반도의 경우는 이와는 달리 철기시대 전기에 이르러 위만조선(衛滿朝鮮)(기원전 194년~기원전 108년)이라는 최초의 국가가 등장한다.[17] 참고로 우리나라에서의 국가

---

17) 청동기문화의 발전과 함께 족장이 지배하는 사회가 출현하였다. 이들 중에서 강한 족장은 주변의 여러 족장사회를 통합하고 점차 권력을 강화하여 갔다. 기원전 3-기원전 2세기부터의 단순 족장사회에서 좀 더 발달한 복합족장사회로 나아갔다. 마한이 그 예이다. 이는 『三國志』魏志 弁辰條에 族長격인 渠帥(또는 長帥, 主帥라도 함)가 있으며 이는 격이나 규모에 따라 신지(臣智, 또는 秦支·踧支라고도 함), 검측(險側), 번예(樊濊), 살계(殺奚)와 읍차(邑借)로 불리고 있었음을 알 수 있다. 이는 정치 진화상 같은 시기의 沃沮의 三老, 東濊의 侯, 邑長, 三老, 挹婁의 大人, 肅愼의 君長과 같은 國邑이나 邑落을 다스리던 혈연을 기반으로 하는 계급사회의 行政의 우두머리인 族長(chief)에 해당된다. 가장 먼저 나라로 발전하였다고 이야기되는 것은 고조선 중 단군조선이다. 고조선은 단군왕검(檀君王儉)에 의하여 건국되었다고 한다(기원전 2333년). 단군왕검은 당시 지배자의 칭호였다. 그러나 고조선은 랴오닝 지방을 중심으로 성장하여, 점차 인접한 족장 사회들을 통합하면서 한반도로까지 발전하였다고 보는데, 이와 같은 사실은 출토되는 비파형동검의 분포로서 알 수 있다. 고조선의 세력 범위는 청동기시대를 특징짓는 유물의 하나인 비파형동검(고조선식 동검)이 나오는 지역과 거의 일치하고 있다. 이러한 내용은 신석기시대 말에서 청동기시대로 발전하는 시기에 계급의 분화와 함께 지배자가 등장하면서 새로운 사회질서가 성립되는 것을 잘 보여준다. "널리 인간을 이롭게 한다(弘益人間)"는 것도 새로운 질서의 성립을 의미하는 것이다. 이 시기에는 사람들이 구릉지대에 거주하면서 농경생활을 하고 있었다. 이때, 환웅 부족은 태백산의 신시를 중심으로 세력을 이루었고, 이들은 하늘의 자손임을 내세워 자기 부족의 우월성을 과시하였다. 또, 풍백, 우사, 운사를 두어 바람, 비, 구름 등 농경에 관계되는 것을 주관하게 하였으며, 사유재산의 성립과 계급의 분화에 따라 지배계급은 농사와 형벌 등의 사회생활을 주도 하였다. 선진적 환웅부족은 주위의 다른 부족을 통합하고 지배하여 갔다. 곰을 숭배하는 부족은 환웅부족과 연합하여 고조선을 형성하였으나, 호랑이를 숭배하는 부족은 연합에서 배제되었다. 단군은 제정일치의 지배자로 고조선의 성장과 더불어 주변의 부족을 통합하고 지배하기 위해 자신들의 조상을 하늘에 연결시켰다. 즉, 각 부족 고유의 신앙체계를 총괄하면서 주변 부족을 지배하고자 하였던 것이다. 고조선은 초기에는 랴오닝 지방에 중심을 두었으나, 후에 와서 대동강유역의 왕검성을 중심으로 독자적인 문화를 이룩하면서 발전하였다. 고조선은 연나라의 침입을 받아 한때 세력이 약해지기도 하였다. 그러나 기원전 3세기경에는 부왕(否王), 준왕(準王)과 같은 강력한 왕이 등장하여 왕위를 세습하였으며, 그 밑에 상(相), 대부(大夫), 장군(將軍) 등의 관직도 두었다. 또, 요하를 경계선으로 하여 중국의 연(燕)과 대립할 만큼 강성하였다.

漢 高祖 12년(기원전 195년) 燕王 盧綰이 漢나라에 叛하여 匈奴로 도망감에 따라 부하였던 衛滿은 입국할 때에 상투를 틀고 조선인의 옷을 입고 있었던 것으로 보아 연나라에서 살던 조선인으로 생각된다. 위만은 나라 이름 그대로 조선이라 하였고, 그의 정권에는 토착민출신으로 높은 지위에 오

른 자가 많았다. 따라서 위만의 고조선은 단군의 고조선을 계승한 것으로 볼 수 있다. 4대 87년간을 존속했던 위만조선은 衛滿에서 이름이 전해지지 않는 아들을 거쳐손자인 右渠에 이르는 혈연에 의한 세습왕권이었다. 위만과 우거 이외에 기록에 나타나는 裨王長, 朝鮮相 路人, 相 韓陶(韓陰), 大臣 成己, 尼鷄相 參, 將軍 王唊, 歷谿卿, 濊君 南閭 등은 그러한 세습왕권을 유지하는 고위각료들이었던 것으로 생각되며 이들이 곧 전문화된 군사·행정집단인 것으로 보인다. 또한 朝鮮相 路人의 아들 最가 등장하는 것으로 보아 왕위와 마찬가지로 상류층에서도 지위세습이 존재했으며 그러한 상위계층에 대응하는 하나 이상의 하위신분계층이 더 존재했을 가능성을 시사해주고 있다. 이러한 신분체계와 아울러 기록을 통해서 알 수 있는 위만조선의 사회구조에 관한 것은 내부의 부족구성와 인구수 등이다. 위만조선의 인구규모는 『漢書』와 『後漢書』의 기록을 종합해 볼 때 약 50만에 이른 것으로 추정된다. 족장단계(chiefdom society)를 넘어서는 이러한 인구규모를 통제하기 위해서는 경제적 배경이나 영토, 이외에 법령과 치안을 담당할 군대도 필요하다. 『漢書』 지리지에는 한의 풍속이 영향을 미친 이후 80여 조에 달하는 法令이 제정되었다는 기록이 있고, 『後漢書』 「東夷傳」 濊條에도 역시 그와 유사한 기록이 있다.그래서 한반도 최초의 고대국가는 위만조선(기원전 194년~기원전 108년)이다.

국가는 무력, 경제력과 이념(종교)이 바탕이 되며, 무력을 합법적으로 사용하고 중앙집권적이고 전문화된 정부조직을 갖고 있다. 세계에서 도시·문명·국가는 청동기시대에 나타나는데 우리나라의 경우 중국의 영향하에 성립되는 이차적인 국가가 되며, 또 세계적인 추세에 비해 훨씬 늦은 철기시대 전기에 나타난다. 고인돌은 기원전 1500년에서부터 시작하여 경상남도, 전라남도와 제주도에서는 철기시대기 말까지 존속한 한국토착사회의 묘제로서 그 사회는 혈연을 기반으로 하는 계급사회인 족장사회로, 교역, 재분배 경제, 직업의 전문화, 조상숭배 등을 바탕으로 하고 있었다. 그리고 그 다음에 오는 고대국가의 기원은 앞으로 고고학적인 자료의 증가에 따라 단군조선에까지 더욱더 소급될 수도 있으나, 문헌에 나타나는 사회조직, 직업적인 행정관료, 조직화된 군사력, 신분의 계층화, 행정중심지로서의 왕검성(평양 일대로 추정)의 존재, 왕권의 세습화, 전문적인 직업인의 존재 등의 기록으로 보아서 위만조선이 현재로는 한반도내 최초의 국가체제를 유지하고 있었던 것으로 보인다. 또한 국가형성에 중요한 역할을 차지하는 시장경제와 무역의 경우 위만조선 이전의 고조선에서도 교역이있었으며, 변진과 마한, 왜, 예 등은 철을 중심으로 교역이 행해졌던 것으로 보인다.만조선의 경우 한반도 북쪽의 지리적인 요충지에 자리잡음으로 해서, 그 지리적인 이점을 최대한으로 이용한 '중심지무역'으로 이익을 얻고, 이것이 국가를 성립시키고 성장하는데 중요한 요인이 되었을 것이다. 위만은 입국할 때에 상투를 틀고 조선인의 옷을 입고 있었던 것으로 보아 연나라에서 살던 조선인으로 생각된다. 위만은 나라 이름 그대로 조선이라 하였고, 그의 정권에는 토착민 출신으로 높은 지위에 오른자가 많았다. 따라서 위만의 고조선은 단군의 고조선을 계승한 것으로 볼 수 있다. 그리고 국가가 되기 위해서는 '무력의 합법적인 사용과 중앙관료체제의 확립'이나 '전문화된 정부체제를 지닌 사회'라는 조건을 갖추어야 하는데 위만조선의 경우 이에 해당한다고 하겠다. 따라서 위만조선은 중국의 『史記』와 『漢書』 등의 기록에 의하면 우리나라에서 처음으로 확실한 국가의 체제를 갖추었다고 하겠다.

발생은 연대적으로는 수메르보다는 2800년, 중국의 상(商)보다는 약 1500년이 늦다.

현재 북한에서는 우리나라 청동기시대의 개시에 대해, 최초의 국가이자 노예소유주 국가인 고조선(古朝鮮)(단군조선 : 당고(唐古), 요(堯) 즉위 50년 경인년(庚寅年), 기원전 2333년)을 중심으로 하여 기원전 30세기에 시작되었다고 보고 있다. 즉 청동기시대가 되면서 여러 가지 사회적인 변화를 거치는데, 그러한 변화상이 고조선이라는 국가의 발생까지 이어지는 것으로 본 것이다. 한편 남한에서는 대체로 기원전 2000년~기원전 1500년을 전후하여 청동기시대가 시작되었다고 보고 있다. 그리고 남한은 철기시대전기(鐵器時代前期)의 위만조선(衛滿朝鮮)이 이제까지 문헌상의 최초의 국가로 보고 있다.

이처럼 남북한에서 각자 보고 있는 청동기시대의 상한과 최초의 국가 등장 및 그 주체 등이 매우 다르기는 하나 우리나라의 청동기문화상은 비파형단검(고조선식동검(古朝鮮式銅劍), 요령식 또는 만주식 동검), 거친무늬거울, 고인돌과 미송리식 토기로 대표되는데, 이들은 한반도뿐만 아니라 요동·길림지방에까지 널리 분포되어 있어 우리나라 청동기문화의 기원에 대한 여러 가지 시사를 준다. 이후 비파형동검문화는 세형동검(한국식동검(韓國式銅劍)문화와 점토대토기문화로 이어지게 되면서 기원전 400년부터 철기의 사용이 시작되었다.

현재까지 청동기시대의 문화상에 대해 합의된 점을 꼽아 보자면, 청동기시대가 되면 전 세계적으로 사회의 조직 및 문화가 발전되며, 청동기의 제작과 이에 따른 기술의 발달, 그리고 전문직의 발생, 관개농업과 잉여생산의 축적, 이를 통한 무역의 발달과 궁극적으로 나타나는 계급발생과 국가의 형성 등이 대표적인 특징이 된다. 이들은 결국 도시·문명·국가의 발생으로 축약된다.

Ⅲ. 철기시대

철은 세계 곳곳에 적철광(赤鐵鑛)이나 황철광(黃鐵鑛) 등의 광석으로 존재한다. 그리고 금속철로는 환원철(還元鐵)을 제외하고는 그린란드(Greenland)에 있는 에스키모인들이 그대로 사용하고 있는 화산 분출물인 괴상(塊狀)의 운철(隕鐵)(meteorites, meteoric iron)이 있다. 이 운철에는 니켈이 10% 가량 포함되어 있어 쉽게 두들겨 펼 수 있어 그대로 도구로 사용되어 왔다. 철은 청동보다 단단하여 무기나 도구로 제작하는데 적합하다. 그래서 일단 그 존재가 알려지게 되면서 철은 매우 널리 이용되어 왔으며 인류 문화발달상 철기시대(Iron Age)가 형성되었다.

철기의 제작방법에는 단조(鍛造)(forging iron)와 주조(鑄造)(casting iron)의 두 가지가 있다. 단조는 철을 반용융(半鎔融) 상태로 달구어 두드리는 과정에서 불순물을 제거하고 철을 강하게 만드는 방법으로 용광로(鎔鑛爐), 풀무, 망치, 집게, 모루 등의 장비가 필요하다. 한편 주조는 선철(銑鐵)을 녹여 틀(주형(鑄型), 용범(鎔范))에 부어 제품을 생산하는 방법으로 청동기시대(Bronze Age)의 무기(武器)와 도구(道具)의 제작방식과 유사하다. 철광석의 종류에는 황철광(黃鐵鑛)(pyrite, FeS_2), 자철광(磁鐵鑛)(magnetite, $FeFe_2O_4$), 적철광(赤鐵鑛)(hematite, Fe_2O_3), 갈철광(褐鐵鑛)(limonite, $FeO(OH) \cdot nH_2O$)이 있다. 이들 이외에도 사철(砂鐵)이 있는데 냇가나 해안가에서 주로 얻어진다. 고대에는 자연 선광(選鑛)이 되는 냇가 철[천사철(川砂鐵)]이나 바닷가 철[빈사철(濱砂鐵)]이 채광(採鑛)의 중심이 되었다. 그리고 사철은 자철광·적철광·티탄과 같은 광물 등으로부터도 얻어진다.

철광석과 사철을 목탄을 연료로 사용해 철을 생산해내는 공정을 제련(製鍊)(smelting)이라 한다. 철에는 연철(鍊鐵)(wrought), 강철(鋼鐵)(steel)과 선철(銑鐵)(pig iron)이 있다. 연철은 단타(鍛打)(forging iron)에 의해 만들어지며 탄소 함유량이 1% 이하로 손으로 구부릴 정도로 약해 이기(利器)의 제작에 적합하지 않다. 강철은 탄소 함유량이 0.1%~0.7%로 강하지만 전성(展性)이 있어 단타에 의해 성형이 가능하여 농기구와 무기류의 제작에 널리 이용된다. 선철은 탄소함유량이 1.7~4.5%로 강하지만 부스러지기 쉬우며 틀(鑄型)에 의해 제작된다. 그리고 탄소(炭素)가 함유되지 않은 순철(純鐵)이 있으나 실제 이용되지 않는다. 철은 가탄(加炭)과 탈탄(脫炭)에 의해 연철에서 강철로, 선철에서 강철 또는 연철로 변화되기도 한다.

기원전 2000년경 청동기를 제작하던 근동지방의 주민들은 운철(隕鐵)을 두들겨 펴서 소형의 도구를 제작하였으나, 본격적인 철의 생산은 기원전 1500년경 터키의 아나톨리아 고원에 살던 히타이트(Hittite)족에 의해서이며 기원전 1200년경부터는 농기구도 철기로 대체된다. 철기의 생산은 아시리아는 기원전 1200년~기원전 1100년, 유럽의 할슈타트(Hallstatt)는 기원전 12세기~기원전 6세기, 이집트에서는 기원전 700년경, 중국에서는 춘추시대(春秋時代)(기원전 771년~기원전 475년)末－전국시대(戰國時代)(기원전 475년~기원전 221년) 초(初)인 기원전 500년 전후에 나타나며 중국의 경우 주조(鑄造)(casting iron)에 의한 생산이 먼저 나타난다. 진시황(秦始皇) 때는 철관(鐵官)을 두어 철의 생산과 소비를 관장하기도 하였다.

우리나라의 철기시대는 기원전 400년경부터 시작된다.[18] 청동기시대 다음으로는 철기시대가 이어진다.

전 세계적으로 가장 오래된 철기는 서남아시아의 아나톨리아(Anatolia)를 중심으로 한 주변지역에서 발견되는데, 그 연대는 대략 기원전 3000년~기원전 2000년 무렵이며, 그 분포 범위는 이후 고대문명이 발생한 비옥한 초생달 지역보다도 넓다. 그런데 최초의 철기들은 주로 운철(隕鐵)(meteorites)제(製)로서 운석(隕石)으로부터 추출되

---

18) 최근의 자료는 철기시대의 상한이 점토대토기의 출현과 관련이 있고 늦어도 기원전 5세기로 올라가고 있다. 최근의 가속질량연대분석(AMS : Accelerator Mass Spectrometry)에 의한 결과 강릉 송림리유적이 기원전 700년~기원전 400년경, 안성 원곡 반제리의 경우 기원전 875년~기원전 450년, 양양 지리의 경우 기원전 480년~기원전 420년(2430±50 B.P, 2370±50 B.P.), 횡성군 갑천면 중금리는 기원전 800년~기원전 600년 그리고 홍천 두촌면 철정리(A-58호 단조 철편, 55호 단면 직사각형 점토대토기)의 경우 기원전 640년과 기원전 620년이 나오고 있기 때문이다. 그리고 최근의 고고학적 자료에 의하면 철기시대의 기원지로 연해주의 뽈체(挹婁)와 끄로우노브까(北沃沮, 團結) 문화도 들 수 있다. 철기시대문화의 기원은 청동기시대와 마찬가지로 多元的이라고 말할 수 있다.

는 자연철(自然鐵)이라는 재료의 성격상 수량이 매우 적고 제작도 산발적이었다. 또한 제작된 도구의 종류나 장신구나 칼(刀子) 정도에 지나지 않는다. 다시 말해 야철기술을 개발하여 인류가 본격적으로 인공철(人工鐵) 즉, 강철(鋼鐵)(steeling iron)을 제작하여 이를 사용함으로써 철기가 청동기와 동등해지거나 그보다 우월해져 청동기를 대체하기 시작한 것은 히타이트(Hittite) 제국(기원전 1450년~기원전 1200년) 때부터이며, 제국이 멸망하는 기원전 1200년경부터는 서남아시아 각지로 전파되었다. 대체로 메소포타미아 지방에는 기원전 13세기, 이집트와 이란 지역은 기원전 10세기, 유럽은 기원전 9세기~기원전 8세기에 들어와서 철이 보급되었다.

동아시아 철기문화 발생과 관련이 있다고 생각되는 스키타이 문화(Scythian culture)는 기원전 8세기 무렵 흑해 연안에 존재한 스키타이 주민들의 기마유목문화(騎馬遊牧文化)를 통해 그들의 철기제조기술을 동쪽으로 이동시킨 결과로 나타난 것이다. 그리고 철기시대의 사회·정치적 특징은 종전의 청동기시대에 발생한 국가단위에서 벗어나 국가연합체인 제국이 출현하는데 있다. 이는 사회가 그만큼 더 발전했다는 이야기가 된다.

중국의 경우 상·주시대(商·周時代)에 운철로 제작된 철기가 몇 개 발견된 예는 있으나 인공철의 제작은 춘추시대(春秋時代) 말에서 전국시대(戰國時代) 초기에 이르러서야 이루어진다. 전국시대 후반이 되면 철기의 보급이 현저해지는데, 주류는 주조기술(鑄造技術)로 제작된 농기구류이다.

우리나라의 철기시대의 상한은 러시아의 아무르 강 유역과 연해주의 뽈체[읍루(挹婁)]와 끄로우노프까[옥저(沃沮), 단결(團結)] 문화의 영향 하에 늦어도 기원전 5세기경으로 올라간다. 그리고 중국 전국시대 철기의 영향을 받아 중국과 마찬가지로 주조철부(鑄造鐵斧)를 위시한 농공구류가 우세하였다. 이는 최근 홍천 두촌면 철정리의 철기시대 연대가 기원전 620년과 기원전 640년의 연대가 나옴으로 더욱 더 신빙성을 갖게 된다.

전국(戰國)계 철기의 영향을 받았던 우리나라 철기문화가 본격적으로 자체생산이 가능하고 원재료를 수출할 정도의 단계에 이른 것은 기원전 4세기에서 기원전 2세기를 전후한 무렵부터인데, 이때부터는 단조철기(鍛造鐵器)가 제작되기 시작하였다.

철기생산의 본격화, 현지화 및 제조기술의 발전은 다른 부분에까지 영향을 끼쳐 새로운 토기문화를 출현시켰으며 나아가 생산력의 증대를 가져왔다. 이를 바탕으로 사회통합이 가속화되니 그 결과 우리나라 최초의 고대국가인 위만조선(衛滿朝鮮)(기원전 194년~기원전 108년)이 등장하게 되었다. 다시 말하여 위만조선이라는 국가는 철기시대 전기(종래의 초기 철기시대)에 성립된 것이다.

Ⅳ. 맺음말

필자는 청동기, 철기시대 전기와 후기(삼국시대 전기)의 고고학과 고대사의 흐름의 일관성에 무척 관심을 가져 몇 편의 글을 발표한 바 있다. 1988년~ 2011년의 제5·6·7차 고등학교 국사교과서에서부터 1997년~ 2002년 국사편찬위원회에서 간행한 『한국사』1·3과 4권에 이르기까지 초기 철기시대와 원삼국시대란 용어 대신 새로운 편년(編年)을 설정(設定)해 사용해오고 있다.

한국고고학편년은 구석기시대-신석기시대-청동기시대(기원전 2000년~기원전 400년)-철기시대 전기(기원전 400년~기원전 1년)-철기시대 후기(삼국시대 전기 또는 삼한시대 : 서기 1년~서기 300년: 종래의 원삼국시대)-삼국시대 후기(서기 300년~서기 660/668년)로 설정된다.

참고문헌

강원문화재연구소, 2010, 4대강(북한강) 살리기 사업 춘천 중도동 하중도지구 문화재발굴(시굴)조사 지도위원회의 자료집.

경남문화재연구원, 2011, 부산 기장군 월드컵 빌리지 및 에코파크 조성사업구간 내 문화유적 발굴조사 자문위원회의 자료(3차).

경남문화재연구원, 2011, 4대강(북한강) 살리기 사업 춘천 하중도 D-E지구 문화재발굴조사 학술자문회의 자료집.

金元龍, 1986, 韓國考古學槪論, 서울: 一志社.

사회과학원 역사연구소·고고학연구소, 1971, 조선원시고고학개요,평양:김일성종합대학출판사.

사회과학원 역사연구소·고고학연구소, 1979, 조선전사 Ⅰ, 평양: 과학백과사전출판사.

사회과학원 고고학연구소, 1977, 조선고고학개요, 평양: 과학백과사전출판사.

사회과학원 고고학연구소, 1977, 조선고고학개요, 서울: 새날.

윤이흠·최몽룡 외 2001, 단군 －그 이해와 자료－(증보판), 서울: 서울대학교출판부.

최몽룡, 1976, 西南區 패총 발굴조사보고서, 마산 외동 성산패총 발굴조사보고, 서울: 문화공보부문화재관리국.

최몽룡, 1981, 도시·문명·국가 －미국고고학 연구의 일 동향－, 역사학보 92집, pp.175-184.

최몽룡, 1987, 한국고고학의 시대구분에 대한 약간의 제언, 최영희 선생 회갑기념 한국사학논총, 서울: 탐구당, pp.783-788.

최몽룡, 1989, 인류와 철, 철강문명발달사 연구보고서 포항: 포항제철주식회사, pp.1-4.

최몽룡, 1990, 고고학에의 접근 －문명의 성장과 멸망－, 서울: 신서원.

최몽룡, 1994, 단군릉발굴에 대한 몇 가지 이견, 한국상고사학보 15집, pp.455-457.

최몽룡, 1997, 북한의 단군릉 발굴과 문제점(1) 및 (2), 최몽룡, 도시·문명·국가 －고고학에의 접근－, 서울: 서울대학교출판부.

최몽룡, 1997, 청동기시대 개요, 한국사 3 청동기문화와 철기문화, 서울: 국사편찬위원회, pp.1-31.

최몽룡, 1997, 철기시대, 한국사 3 청동기문화와 철기문화, 서울: 국사편찬위원회, pp.325-342.

최몽룡, 1997, 고조선의 사회와 문화, 한국사 4 －초기국가－고조선·부여－, 서울: 국사편찬위원회, pp.115-146.

최몽룡, 2002, 고고학으로 본 문화계통 −문화계통의 다원론적 입장−, 한국사 1 총설, pp.89-110.

최몽룡, 2004, 朝鮮半島の文明化, 千葉: 國立歷史民俗博物館 硏究報告, 東アジアにおける 農耕社會の形成と文明への道, 第119集, pp.231-246.

최몽룡, 1997, 도시·문명·국가 −고고학에의 접근−(대학교양총서 70), 서울: 서울대학교 출판부.

최몽룡, 2006, 최근의 고고학 자료로 본 한국고고학·고대사의 신 연구, 서울: 주류성.

최몽룡, 2007, 경기도의 고고학, 서울: 주류성.

최몽룡, 2008, 한국 청동기·철기시대와 고대사회의 복원, 서울: 주류성.

최몽룡, 2008, 동북 아시아적 관점에서 본 한국청동기·철기시대의 신경향, −다원론적 입장에서 본 한국문화의 기원과 편년설정−, 21세기의 한국 고고학 vol. I, 서울: 주류성, pp.19-90.

최몽룡, 2009, 마한 연구의 새로운 방향과 과제, 박물관에서 만나는 우리문화, 세계문화, 전주: 국립전주박물관, pp.30-74 및 2009, 마한−숨쉬는 기록, 서울: 통천문화사, pp.199-214.

최몽룡, 2010, 호남의 고고학−철기시대 전·후기와 마한, 21세기의 한국 고고학 vol. III, 서울: 주류성, pp.19-87.

최몽룡, 2010, 한국 문화기원의 다양성−구석기시대에서 철기시대가지 동아시아의 제 문화·문명으로부터의 전파−, 단국대학교 동양학연구소, 동아시아 문명 기원과 교류, pp.1-45.

최몽룡, 2011, 부여 송국리 유적의 새로운 편년, 21세기의 한국 고고학 vol. IV, 서울: 주류성, pp.211-226.

최몽룡, 2011, 고등학교 국사교과서 교사용 지도서−II. 선사시대의 문화와 국가의 형성(고등학교), 21세기의 한국고고학 IV, 주류성, pp.27-130.

최몽룡, 2011, 한국에서 토기의 자연과학적 분석과 전망, 국립나주문화재연구소의 학술대회 제1주제 "자연과학에서의 대형옹관과 제작기법", pp.9-25.

최몽룡, 2011, 창원 성산 패총 발굴의 회고, 전망과 재평가, 창원: 창원문화원, pp.1-16.

최몽룡, 2011, 한국 고고학연구의 제 문제, 서울: 주류성.

최몽룡, 2011, 인류문명발달사(개정 4판), 서울: 주류성.

최몽룡·이헌종·강인욱, 2003, 시베리아의 선사고고학, 서울: 주류성.

충청남도 역사문화원(2007년 9월부터 충청남도 역사문화연구원으로 개칭), 2010, 행정중심복합도시 지방행정지역 생활권 3-1·2내 C지점 연기 대평리 유적.

Fagan 著, 崔夢龍 譯, 1987, 人類의 先史時代, 서울: 을유문화사.

Fagan Brian M., 1989, *People of the Earth*, Glenview: Scott, Foresman and Co.

Friedrich Engels · 김대웅 옮김, 1987, 가족 사유재산 국가의 기원, 서울: 아침.

Ned J. Woodal 저 · 최몽룡 역, 1984, 신고고학개요, 서울: 동성사.

Gordon Willey & Philip Phillips, 1958 Method and Theory in American Archaeology, Chicago & London: University of Chicago Press.

Gordon Willey & Jeremy A. Sabloff, 1993 A History of American Archaeology, San Francisco: W.H. Freeman & Co.

Hole and Heizer, 1973, An Introduction to Prehistoric Archeology, New York: Holt, Rinehart and Winston.

Glyn E. Daniel, 1950, A Hundred Years of Archaeology, London: Gerald Dukworth & Co.

Trigger Bruce, 1989, A History of archaeological thought, Cambridge: Cambridge Univ. Press.

Vere Gordon Childe, 1930, Bronze Age, New York: Macmillan co.

Vere Gordon Childe, 1942, What happened in History, Harmondsworth: Pelican Books.

Vere Gordon Childe, 1946, Man Makes Himself, New York: Mentor Books.

角田文衡, 1962, 考古學史 ヨーロッパ・アメリカ, 世界考古學大系 16, 東京: 平凡社.

Bronze and Iron Age, and Korean Culture
- A brief chronology of the Korean ancient history -

Choi, Mong-Lyong

Bronze Age which is equivalent to the 'Urban Revolution' (都市革命) coined by Vere Gordon Childe or the 'Slavery society' (奴隷制社會) out of 'materialistic conception of history' (唯物史觀), and Classic(古典期)-Postclassic(後古典期) Stages of American chronology based upon the 'tradition/temporal continuity concept' represented by persistent configurations in single technologies or other systems of related forms, and 'horizon/ spatial continuity concept' represented by cultural traits and assemblages, begins from the Sumer civilization appeared near the Tigris and Euphrates rivers in the Iraqi region around 3000 B.C.(BCE). But a city, civilization and state simultaneously appear in the world history and their foundation lies in food-producing subsistence of the Neolithic Revolution. New archaeology since 1960 defines culture as the means of adaptation to environments, and civilization is characterized by the presence of city and writing system. A state may be defined as 'the legitimatized use of force and centralization of power' , or 'the centralized and specialized institution of government with the background of the cohesion of power, economy and ideology' and 'end-product of multiplier effect' . The beginning of the Former Iron Age (鐵器時代 前期, 400 B.C.~1 B.C.) marks the civilization in the Korean Peninsula. The state of Wiman Choson/Joseon(衛滿朝鮮, 194 B.C.~108 B.C.) had established during this period. Historical documents from Shizi Ch'ao-hsienliezhuan(史記朝鮮列傳) indicate several factors characterizing civilization, such as, the use of Chinese writing system, the distribution of coinage(knife-money, 明刀錢) and the presence of military in the Wiman Joseon/Chosŏn State(古朝鮮).

Since the normalization of diplomatic relations between Korea and Russia, and China according to the treaty on September 30, 1990, and on August 24, 1992 respectively, a lot of archaeological information flow has been made it possible for Korean archaeologists confirm the origin and diffusion of Korean culture and establish new chronology of Korea Bronze and Iron Ages in terms of polyhedral theory. And the origins of the Korean culture are thought to have been applied with polyhedral or polyphyletic theory as far as northeast Asia centering on Siberia is concerned. Siberia, northeastern China(Manchuria, 滿洲) and Mongolia(蒙古) are the most important melting places from which various cultural elements regardless time and space are diffused according to the chronology of Korean archaeology. Such archaeological evidence based upon relics and artefacts as comb-patterned pottery, plain-coarse pottery with band appliqu , stone cist, antennae sword, petroglyph et al. are representative for identifying the cultural diffusion and relationship between Northeast Asia and Korean peninsula, and especially the origin of Korean culture through the Palaeolithic/Mesolithic Age(700000 ? B.C.~8000 B.C.), Neolithic Age(8000 B.C.~2000 B.C.), Bronze Age(2000/1,500 B.C.~400 B.C.) and the Former Iron Age(400 B.C.~1 B.C.) during the prehistoric times of Korea. They can be traced back to such northern places adjacent to the Korean peninsula as the Amur river valley region and the Maritime Province of Siberia including the Ussuri river basin, Mongolia, and the Manchuria(the northeastern three provinces) of northern China, which means that surrounding northern part of the Korean peninsula is to be revalued as the places of the origin and diffusion of Korean culture, as already shown from the recently found archeological remains and artefacts in the whole Korean territory.

And also new perspectives in the Bronze and Iron Age of Korean Archaeology in terms of polyhedral theory has made it possible that analysis and synthesis of archaeological data from the various sites so far excavated by several institutes nationwide and abroad provided a critical opportunity to reconsider archaeological cultures and chronology of Korean Bronze, Iron Ages and Former Three Kingdoms Period(三國時代 前期), and I have tried to present my own chronology and sub-periodization(epoch) of Korean Bronze and Iron Ages with some suggestions, including a new perspective for future studies in this field.

The chronology newly established in the Korean archaeology today is as follows:
Palaeolithic Age: between 700,000 and 16,000 years ago
Mesolitic Age (transitional age/period between palaeolithic and neolithic age, 16,000~ 10,000 years ago)
Neolithic Age
1. 8000 B.C.~6000 B.C. (10.000~8,000 years ago)—primitive plain coarse pottery
2. 6000 B.C.~5000 B.C.—appliqu decoration pottery

3. 5000 B.C.~4000 B.C.—stamped and pressed decoration pottery

4. 4000 B.C.~3000 B.C.—Jeulmun comb pattern pottery

5. 3000 B.C.~2000 B.C.—partial-Julmun comb pattern pottery

6. 2000 B.C.~1500 B.C.—coexistance period of partial-Julmun comb pattern pottery and plain coarse pottery with band appliqu decoration on the rim (突帶文土器)

Bronze Age

Though it is still a hypothesis under consideration, the Korean Bronze Age(2000/1500 B.C.~400 B.C.) can be divided into four phases based on distinctive pottery types as follows:

1. Initial Bronze Age(早期, 2000 B.C.~1500 B.C.) : a pottery type in the transitional stage from Jeulmun comb pattern pottery to plain coarse pottery with band appliqu decoration on the rim (突帶文土器) and Jeulmun pottery without having any decoration.

2. Early Bronze Age(前期, 1500 B.C.~1000 B.C.) : double rimmed plain coarse pottery with incised short slant line design on the rim.

3. Middle Bronze Age(中期, 1,000 B.C.~600 B.C.) : pottery with a chain of hole-shaped decoration on the rim and pottery with dentate design on the rim.

4. Late Bronze Age(後期, 600 B.C.~400 B.C.) : high temperature fired plain coarse pottery(700℃~850℃).

Iron Age

The Former Iron Age(400 B.C.~1 B.C.) can be divided into two phases based on distinctive set of artifacts as follows as well :

1. Iron Age A(前期, earlier phase) : pottery types such as high temperature fired plain coarse pottery(700℃~850℃) and pottery with clay strip decoration on the rim(section: round), mould-made iron implements and bronze implements such as phase Ⅰ Korean style dagger, dagger-axe, fine liner design mirror, ax, spear and chisel.

2. Iron Age B(後期, later phase) : bronze implements such as type Ⅱ Korean style dagger, horse equipments and chariots, forged iron implements and pottery with clay strip decoration on the rim(section: triangle).

Since 1500 B.C./BCE, dolmens in Korea has been constructed not only as representing aboriginal culture during the Bronze(2000~400 B.C./BCE) and Iron(400 B.C.~1 B.C./ BCE) Age, but also as graves of high classes during the stratified/hierarchical chiefdom stage based upon clan, craft specialization, and redistributional economic system during the Korean prehistory. Presence of children's graves among Panchon-ni dolmens in Naju suggests an inherited social status within a stratified society marking clan based hierarchcal society. Also, in association with the Misong-ni type pottery, bronze mirrors with coarse decorations, and the Liaoning type bronze daggers, the Korean dolmens play an important role in the study of Ko Chosŏn's (Old Chosŏn, 古朝鮮) territory and culture. North Korean scholars, according to their own socio-political perspectives, consider the Korean dolmens to be the graves of military commanders or chiefly leaders, and regard the dolmen builders as the people of Ko Chosŏn(Old Chosŏn). In 1993 they claimed to have discovered the grave of Tangun(檀君, Ko Chosŏn's Old Chosŏn) founding father, at Mt. Daebak(大朴山) in Kangdong-ku(江東區) of P'yŏngyang(平壤), and dated it to 3,000 B.C. Accordingly, they hold that Tangun or Ko Chosŏn was founded as early as 3,000 B.C. Thus North Korean scholars discuss the dolmen society in terms of Tangun or Ko Chosŏn, the beginning of Korea's Bronze Age, Korea's ancient 'Slavery' Society, and the Korea's earliest state formation. These are scholarly issues requiring further study. Recently, Korean archaeologists have begun to pay more attention to the Indigenous Origin Theory regarding the origin of the Korean dolmens. As already mentioned, however, there remains a number of unresolved issues in regard to Korean dolmens. They include the question of their origin, the temporal sequence of different dolmen types, dating and chronology of dolmens, and the relationships between the dolmen chronology and their associated artifacts. We expect that more archaeological evidence from other regions such as Siberia, China, and Japan will help clarify these issues.

And Korean academic circles have to fully accept a record illustrated in the Samguksagi(三國史記) as a historical fact that King Onjo, the first king of Baekje Kingdom, founded Baekje(百濟) in the territory of Mahan in 18 B.C. during the Later Iron Age, or Former Three Kingdoms Period, Baekje had been coexisted with Lolang(樂浪) and Mahan(馬韓) in the Korean Peninsula with close and active interrelations forming an interaction sphere. Without full acceptance of the early records of the Samguksagi, it is impossible to obtain any productive scholarly outcome in the study of ancient Korea. For quite a long time period, Korean archaeological circles have used a concept and term of Proto-Three Kingdom Period. However, it is time to replace the inappropriate and illogical term and concept, the Proto-Three Kingdom Period with Later Iron Age or Former Three Kingdoms Period(1 A.D.~300 A.D.). Mahan(馬韓), which was established in the Gyeonggi-do, Chungcheong-do and Jeolla-do provinces around 3 B.C.~2 B.C. about 1-2 centuries earlier than the Baekje state formation in 18 B.C on the territory of Mahan, has been annihilated and annexed by the Baekje dynasty later between the late of 5 cen. A.D. and the early of 6 cen. A.D. according to the expansion of territory and the transfer of the final capital to Buyeo(538~660 A.D.) from Gongju of Baekje dynasty(475 A.D.~538 A.D.) in 538 A.D. We can say that the chronology of Mahan is based mainly upon between the period of the Iron Age(400 B.C.~1 B.C.), Former Three Kingdoms period(1 A.D.~300 A.D) and Later Three Kingdoms Period(300 A.D.~660/668 A.D.) according to the Korean Archaeological Chronology, and it can be divided into three periods to the movement of its socio-political center (capital). They are as follows: Cheonan(天安)/稷山(Jiksan)/成歡(Seonghwan), Iksan(益山) and Naju(羅州) Period. The transfer of Mahan's socio-political center is closely related to the military power and territorial expansion of the Baekje dynasty(18 B.C.~660 A.D.). Mahan and Baekje had coexisted for a about 5~600 years long, and the recent increase of archaeological evidence made it possible for both Korean archaeologists and ancient historians together to begin Mahan study with full-scale. Mahan culture is characterized such archaeological traits as deep subterranean pit house named 'Tosil' (土室), whose bottom can be reached by ladder from the mound-shaped ceiling with entrance similar to the 'flat roofed building of Çatal Hüyük' of Anatolia, Turkey in addition to the Jugumyo(周溝墓) burial site with moat around it, wooden building with post holes stuck into the ground(堀立柱, 四柱式建物), saw-teethed wheel designs on the surface of pottery(鋸齒文) and bird's footprint designs(鳥足文). Chinese Historical books(『後漢書』, 『三國志』 魏志 東夷傳 韓傳) tell us the religious aspect of the Mahan society in which Sodo(蘇塗) with its apex of Cheongun(天君) religious leader, was the ancient asylum as a culmination of Mahan people's shamanism and ancestor worship religions indicating separating between state and church forming a theocracy during the Iron Age(400 B.C.~1 B.C.). Their secular leaders as chiefs of Samhan(三韓) chiefdom society based upon clan and hierarchy are Geosu, Sinji(臣智), Geomcheuk(險側), Beonye(樊濊), Salgye(殺奚), and finally Eupcha(邑借) as orders in terms of each status and territory controlled. We believe that all the names of Samno(三老) of Okjeo(沃沮), Jangsu(將帥) of Dongokjeo(東沃沮), Hu(侯), Eupgun(邑君), Samno(三老) of Ye(濊)/東濊(Dongye), Daein(大人) of Eupnu(挹婁), and Gunjang(君長) of Suksin(肅愼) did as same status of chief in their chiefdoms as in Samhan(三韓). The Iron Age(400 B.C.~1 B.C.) representing Mahan and Baekje(百濟) set Korean academic circles have to fully accept a record illustrated in the Samguksagi(三國史記) as a historical fact that King Onjo(溫祖), the first king of Baekje Kingdom, had found Baekje(百濟) in the territory of Mahan in 18 B.C. During the Later Iron Age, or Former Three Kingdoms Period, Baekje had been coexisted with Lolang(樂浪) and Mahan(馬韓) in the Korean peninsula with forming close and active interrelationships within an interaction sphere of Korean peninsula. Without full acceptance of the early records of the Samguksagi, it is impossible to obtain any scholarly productive outcomes in the study of the ancient Korea. Quite for a long time, Korean archaeological circles have used a concept and term of Proto-Three Kingdom Period(原三國時代), whose term had been fortunately abolished by the National Museum of Korea since November 13(Tuesday), 2009. However, it is time to replace the inappropriate and illogical term and concept, the Proto-Three Kingdom Period with the Later Iron Age or Former Three Kingdoms Period. Mahan had been not only making the domestic interaction sphere among Mahan's 54 chiefdoms each other, but also forming international interaction sphere between Mahan and surrounding foreign states such as Sunwu(孫吳), Dongjin(東晋), Liang(梁) of 6 Nanchao(南朝) Dinasties, Wimanjoseon(衛滿朝鮮) and Baekje(百濟) states and even chiefdoms like Okjeo(沃沮), 東沃沮(Dongokjeo), Ye(濊)/Dongye(東濊), Byeonjin(弁辰), Kronovsky(北沃沮, 團結) and Poltze(挹婁), forming itself "Horizon" based upon "spatial continuity represented by cultural traits and assemblages" as in the Chavin and Tiahuanaco Horizons in South America. It was natural process that Mahan had adapted to its environmental niches and tried to seek the survival strategies among the international relationships with chaotic conditions in those days. However, further studies and archaeological evidence are needed to confirm the rise and fall of the Mahan in association with the historical documents in Korean peninsula.

서주 청동예기를 통해 본 중심과 주변, 그 정치 문화적 함의

심 재 훈

심재훈

단국대학교 사학과 및 동 대학원 졸. 시카고대학교 대학원 동아시아언어문명학과에서 박사학위 취득. 시카고대학교 전임강사 역임.
현) 단국대학교 사학과 교수.

주요 저작: 『화이부동의 동아시아학(역서)』, 『고고학 증거로 본 공자시대 중국사회』(역서)

I. 머리말

이 글은 광범위하게 분포된 서주(西周)(기원전 1045-771) 청동예기(靑銅禮器)의 발전 양상과 추이를 통해 그 시기 정치 문화적 공간 구조의 일단을 살펴보는 데 그 목적이 있다.

중국 先秦시대는 물질문화의 측면에서 청동예기(靑銅禮器)의 시대라 해도 과언이 아니다. "나라[國]의 대사는 제사와 전쟁에 있다"는 『좌전(左傳)』(成公 13년)의 구절과 상통하듯, 제사를 비롯한 의례에 주로 사용되었을 무수한 청동예기들이 거의 중국 전역에서 발견되고 있다. 이렇듯 상주(商周) 전 시기에 걸쳐 제작된 청동기들은 그 유형을 헤아리기 힘들 정도로 다양하면서도, 각 시대의 추이에 따라 일정한 패턴을 보여주기도 하여, 특정 주체, 즉 국가가 그 발전 양상에 강하게 작용하고 있었음을 암시한다. 당시의 국가들이 의례 규정의 제정과 함께 그 행위의 필수품인 청동예기의 생산과 유통에까지 어떤 식으로든 관여했다면,[1] 각 지역과 시대 혹은 분기별 청동예기의 분포에 기초한 기물의 형태나 문양, 조합의 추이에 대한 분석은 한 국가의 정치 문화적 공간과 그 변천 및 그 역사적 함의를 이해하는데 도움을 줄 수 있을 것이다.

사실 중국 청동기 전문가들은 청동예기의 제작 기술이 최고 수준에 도달한 시기로 상(商) 후기와 전국(戰國)시대를 꼽는다.[2] 그럼에도 후대에 청동기를 다루는 연구자의 관점에서 청동예기의 유용성에 관한 한, 서주에 버금가는 시대는 없을 것이다. 제작 기술상의 화려함은 그 두 시기에 미치지 못해도, 서주 청동예기에 담긴 전무후무한 다양한 내용의 명문들이 역사 연구 자료로서 청동기의 진가를 더해주기 때문이다. 더욱이 서주 청동예기는 그 제작 양식이나 문양, 예제상 기물의 조합에서도 극적일 만큼 두드러진 변화를 겪은 바 있다. 서주는 또한 삼경(三經)과 같은 전래 문헌의

---

1) Jessica Rawson, "Western Zhou Archaeology," in *The Cambridge History of Ancient China: From the Origin of Civilization to 221 B.C.* ed. by Michael Loewe and Edward L. Shaughnessy (Cambridge: Cambridge University Press, 1999), p.438; 로타 본 팔켄하우젠 저, 심재훈 역, 『고고학 증거로 본 공자 시대 중국사회』 (서울: 세창출판사, 2011), pp.93-96.
2) 리쉐친/심재훈 옮김, 『중국 청동기의 신비』 (서울: 학고재, 2005), pp.162-177.

일부가 최초로 남겨진 시기이기도 하여, 이들이 현재까지 발견된 청동기 명문들과 함께 활용됨으로써, 그 국가 구조 역시 이전의 상 시대보다는 훨씬 명확히 드러나고 있다.[3]

따라서 이 글에서는 주로 서주시대 중국 전역에서 제작된 청동예기와 그 발전 양상을 공간의 층차 속에서 분류하려고 시도할 것이다. 이학근(李學勤)은 이미 1985년 당시까지의 고고학 성과를 활용하여 서주 제후국 청동기에 대한 연구를 내놓았지만,[4] 서주 중심지를 벗어난 지역에서 발견된 청동예기들을 모두 제후국이라는 틀로 단순화시키고 있다. 물론 서주 국가가 왕실이 지배하던 섬서성(陝西省) 중심지 및 하남성(河南省) 낙양(洛陽) 일대를 포괄하는 왕기(王畿) 지역과 왕실로부터 분봉된 여러 봉국(封國)들로 구성되어 있었음은 주지의 사실이다.[5] 그렇지만 최근에는 서주 왕실에 대해 복속과 이반이라는 이중성을 보여주는 다양한 주변 정치체들 역시 제 삼의 세력으로 주목받고 있어서,[6] 이들의 근거지로 추정되는 지역들뿐만 아니라 이들을 넘어선 지역들에서 출토되는 청동예기의 양상 역시 보다 다양한 층차로 고찰할 필요성이 제기된다.

그러므로 이 글에서는 서주의 정치지리 이해를 제고하기 위해서 여러 지역에서 발견된 다양한 청동예기에 대해 그 조합이나 양식, 명문 등의 차이에 근거하여 공간적 분류를 시도할 것이다. 이를 통해 서주의 정치공간을 왕기와 봉국, 주변세력, 이방의 네 층차로 구분하고, 각각의 공간에서 출토된 청동예기가 표출하는 정치 문화

---

3) 리펑은 周가 周公의 東征 이래로 商을 훨씬 뛰어넘은, 질적으로 다른 국가로 발전했을 것으로 단언하고 있다(Li Feng, *Bureaucracy and the State in Early China: Governing the Western Zhou*「Cambridge: Cambridge University Press, 2009, pp.25-33). 필자 역시 고고학 자료를 통한 商과 西周의 식민 개척 양상을 분석하여 서주 국가가 상에 비해 훨씬 체계성을 띠었음을 제시한 바 있다(심재훈, 「商周시대 移民과 국가: 동서 융합을 통한 절반의 중국 형성」, 『東洋史學硏究』 103, 2008, pp.34-36).

4) 李學勤, 「西周時期的諸侯國靑銅器」, 『新出靑銅器硏究』(北京: 文物出版社, 1990), pp.30-37.

5) Li Feng, *Bureaucracy and the State in Early China*, pp.43-49.

6) 金正烈, 「기억되지 않은 왕들: 서주시대의 지역 정치체에 대한 연구」, 『崇實史學』 25, 2010, 275-309; 沈載勳, 「상쟁하는 고대사 서술과 대안 모색: 『詩經』 "韓奕" 편 다시 읽기」, 『東方學志』 137, 2007, pp.282-295.

적 함의를 살펴볼 수 있으리라 기대한다. 이러한 분류를 위해 우선 서주시기 청동예기의 표준과 그 변천 양상을 정리할 필요가 있다. 왕기 지역 출토 청동예기에 관한 여러 연구들이 그 기준을 제시해 줄 것이다.

Ⅱ. 서주 청동예기의 표준과 그 추이

현재까지 확인된 주대(周代) 청동기는 전래된 기물들과 고고학적으로 출토된 기물들을 포함하여 10,000점 이상에 달할 것으로 추정된다.[7] 이들 중 다수가 서주의 중심지였던 섬서성(陝西省) 주원(周原)[기산현(岐山縣)과 부풍현(扶風縣) 일대]과 종주(宗周)[장안현(長安縣) 일대], 하남성(河南省)의 성주(成周)[낙양(洛陽) 일대]에서 발견되었고, 이들 지역을 서주 왕실이 직접 지배한 왕기로 파악하는데 이견이 없다. 1930년대 곽말약(郭沫若)(1892-1978)의 연구에서 비롯되어 일본과 구미의 학자들까지 지대한 관심을 가진 서주 청동기의 분기(分期)와 단대(斷代) 연구는 대체로 이들 중심지에서 발견된 기물들을 표본으로 한 것이었다.

서주 청동기 분기단대 연구의 선구자로 인정받고 있는 곽말약(郭沫若)은[8] 『양주금문사대계(兩周金文辭大系)』(1931)에서 비롯된 일련의 연구에서 새로운 방법론을 제시했다. 그는 우선 명문에 그 연대가 나타나는 기물들을 표준기로 선정한 다음, 이들의 명문에 등장하는 인명이나 사적(事迹), 명문의 서체와 풍격, 기물의 형태와 문양 등을 파악했다. 이러한 여러 양상들을 명문에 연대가 명시되어 있지 않은 많은 청동기의 그것들과 대조함으로써 분기의 표식으로 활용하여, 이를 통해 동일한 왕세(王世)에 속하는 기물군을 추정해낼 수 있었다.[9] 명문의 내용을 근간으로 한 이러한 분기법은

---

7) Jessica Rawson, "Western Zhou Archaeology," p.359.
8) Edward L. Shaughnessy, *Sources of Western Zhou History: Inscribed Bronze Vessels* (Berkeley: University California Press, 1991), p.106; 朱鳳瀚, 『中國青銅器綜論』(上海: 上海古籍, 2010), p.1212.
9) 郭沫若, 「青銅器時代」, 『青銅時代』(초판 1945), 『郭沫若全集』 歷史編 第一卷 (北京: 人民出版社, 1982), p.604. 郭沫若의 서주 金文 연구는 『兩周金文辭大系圖錄考釋』(北京: 科學出版社, 1957)로 최

진몽가(陳夢家)(1911-1966)와 백천정(白川靜)(1910-2006) 등의 연구를 통해 더욱 정치하게 다듬어져, 현재까지도 서주 청동기 분기단대 연구의 중요한 토대를 이루고 있다.[10]

그렇지만 임사내부(林巳奈夫)(1925-2006)는 청동예기 중 장문의 명문을 담고 있는 기물이 차지하는 비율이 그다지 높지 않기 때문에, 자칫 기물의 형태나 문양과 같은 외적인 측면이 경시될 수 있는 명문 위주의 연구법을 통해 얻은 청동기의 분기는 불완전할 수밖에 없음을 지적한다.[11] 따라서 그는 명문보다는 주로 개별 기물의 양식에 의거한 자신만의 분기를 제시한 바 있다. 청동예기 자체에 대한 미술사적, 고고학적 측면이 중시된 이러한 상이한 관점은 1950년대 이래 섬서성(陝西省)과 인근 지역에서 빈번하게 이루어진 다양한 서주 청동기가 부장된 묘와 교장갱(窖藏坑)의 발굴과도 그 맥락을 같이 한다. 주봉한(朱鳳瀚)은 이러한 경향을 선도한 중국의 연구자로 곽보균(郭寶鈞)(1893-1971)을 들고 있는데, 고고학적으로 출토된 기물만을 중시한 곽(郭)은 1954년 장안현(長安縣) 보도촌(普渡村)에서 출토된 기물군을 집중적으로 분석하여 표준기군을 설정하고, 1965년 이전까지 고고학적으로 발굴된 서주 청동기를 전기와 후기로 분류하여 검토한 바 있다.[12] 1980년대 후반에 이르러 이러한 흐름은 황하(黃河) 유역에서 발굴된 서주묘 137기에서 출토된 청동예기들을 명문의 유무와 상관없이 형태나 문양, 조합관계, 도기와의 비교를 통해 분기한 이봉(李峰)의 연구와 섬서성(陝西省)의 비교적 잘 정리된 서주묘와 교장갱에서 출토된 청동예기들을 역시 비슷한 방식으로 분석한 노연성(盧連成), 호지생(胡智生)의 연구로 이어진다.[13]

종 보완되었고, 오늘날에도 그 가치를 인정받고 있다.

10) 陳夢家의 단대연구는 1955-56년 사이에 『考古學報』에 발표되었고, 최근 단행본으로 출간되었다 (『西周銅器斷代』 [北京: 中華書局, 2004]). 白川靜의 연구 역시 1966-84년 사이에 『白鶴美術館志』에 『金文通釋』과 『金文補釋』이라는 제목으로 전재되었고, 최근 『白川靜著作集』 別卷 (東京: 平凡社, 2004)으로 재출간되었다.

11) 林巳奈夫, 『殷周時代靑銅器の硏究: 殷周靑銅器綜覽一』 (東京: 吉川弘文館, 1984), pp.198-199.

12) 朱鳳瀚, 『中國靑銅器綜論』, pp.1216-1217; 郭寶鈞, 『商周靑銅器綜合硏究』 (北京: 文物出版社, 1981), pp.44-69.

13) 李峰, 「黃河流域西周墓葬出土靑銅禮器的分期與年代」, 『考古學報』 1988-4, pp.383-419; 盧連成, 胡

이들의 연구는 고고학적으로 그 연대 범위가 비교적 명확히 드러나는 묘나 교장갱 출토 기군을 토대로 각 분기의 표준기를 설정한 점에서 이전의 명문 위주 연구와 분명한 차이를 보이기는 하지만, 오히려 이를 보완하여 서주 청동기의 분기단대 연구를 더욱 정치하게 해주었다. 다만 기존의 명문 위주 연구에서는 간과할 수 없었던 동일한 묘나 교장갱 출토 청동예기의 조합 관계가 분기의 중요한 표식으로 새롭게 떠오르게 된 점은 주목할 필요가 있다. 이러한 두 가지 다른 경향을 종합한 가장 최근의 연구로 제시카 로슨과 왕세민(王世民) 등의 연구를 들 수 있을 것이다.[14] 이 두 연구는 현재 구미와 중국에서 서주 청동기 분기단대 연구의 표준서로 활용되고 있다.

서주 청동예기의 특징과 그 추이를 고찰한 이러한 일련의 연구들이 제시한 분기 방식은 대체로 두 가지로 나뉜다. 명문 위주의 연구를 선도한 곽말약(郭沫若)과 진몽가(陳夢家), 백천정(白川靜) 등이 서주 무왕(武王)에서 유왕(幽王)에 이르기까지 각각의 왕세(王世)를 그 기준으로 삼았다면, 고고학적 분석에 치중한 연구들은 대체로 12명의 왕이 재위한 서주시대 청동예기를 5분기[노연성(盧連成)] 혹은 6분기[이봉(李峰)]로 나누어 체계화하고 있다. 이러한 차이점에도 불구하고, 후자의 분기법을 따른 주봉한(朱鳳瀚)이 자신이 설정한 5분기 중, I기[무왕(武王), 성왕(成王)]와 II기[강왕(康王), 소왕(昭王)]를 서주 전기로, III기[목왕(穆王), 공왕(共王)]와 IV기[의왕(懿王), 효왕(孝王)]를 중기로, IV기의 마지막 이왕(夷王)부터 V기[려왕(厲王), 공화(共和), 선왕(宣王), 유왕(幽王)]까지를 후기로 파악한 것처럼,[15] 이들 각각의 방식은 서주사의 가장 보편적 시기 구분인 삼분기법으로 수렴이 가능하다. 서양 학자들의 서주 청동예기에 대한 분기

智生,「陝西地區西周墓葬和窖藏坑出土的靑銅禮器」,『寶雞強國墓地』(北京: 文物出版社, 1988), pp.470-529.

14) Rawson, *Western Zhou Ritual Bronzes from the Arthur M. Sackler Collections* (Washington D.C.: Arthur M. Sacker Foundation, 1990); 張長壽, 陳公柔, 王世民,『西周銅器分期斷代硏究』(北京: 文物出版社, 1999).

15) 朱鳳瀚은 우선 묘나 교장갱으로부터 고고학적으로 발굴된 청동예기들을 분석하여 분기한 다음, 각 분기의 특징을 명문이 담긴 전래 청동기들과 비교하여 더 세부적인 편년을 제시하고 있다(『中國靑銅器綜論』, p.1328).

역시 대체로 이를 따르고 있다.[16]

따라서 서주 중심부 청동예기의 특성과 그 발전 추이를 최대한 간략히 검토해야 하는 이장의 성격상, 필자 역시 삼시기 구분법을 따를 것이다. 본장에서는 주로 주봉한(朱鳳瀚)의 서주 청동예기 분기에 대한 정리를 토대로,[17] 위의 연구들에서 분기의 중요한 표식으로 활용된 서주 청동예기의 조합과 기형, 문양, 명문(서체 포함)의 순으로 각 시기별 특징을 최대한 간략히 살펴보고자 한다. 이를 통해 이어지는 장들에서 살펴볼 왕기 이외 청동예기들과의 비교를 위한 서주 청동예기의 표준을 설정할 수 있을 것이다.

1. 서주 전기 [I-II기, 무왕(武王)-소왕(昭王), 대략 기원전 1045-957년][18]

서주 전기의 청동예기는 상 후기의 양식을 계승하였으나 서주의 독자성도 형성되기 시작한다. 우선 I기[전기의 전단(前段)]의 여러 묘들에서 출토된 청동예기의 조합은 식기(食器)[정(鼎), 궤(簋), 력(鬲), 언(甗) 등]와 주기(酒器)[작(爵), 고(觚), 치(觶), 존(尊), 유(卣), 방이(方彝), 뢰(罍) 등]의 조합이 주류를 이루고, 드물게 식기+주기+수기(水器)[반(盤), 화(盉)]의 조합이 나타나기도 한다. II기[전기의 후단(後段)] 역시 I기와 비슷하지만, 식기 중 력(鬲)이 현저히 증가하고, 상(商) 후기 은허(殷墟)에서 유행하던 주기인 고(觚)와 가(斝)의 감소가 두드러진다. 주봉한(朱鳳瀚)은 이를 통해 서주 청동기 조합의 독특한 풍격이 개시된 것으로 본다(p.1255).

---

16) Shaughnessy, Sources of Western Zhou History, pp.126-127; Rawson, Western Zhou Ritual Bronzes, p.21; 팔켄하우젠, 『고고학 증거로 본 공자시대 중국사회』, pp.79-88.

17) 朱鳳瀚, 『中國靑銅器綜論』, pp.1211-1531. 이하 朱鳳瀚의 연구는 일일이 注記하지 않고, 필요한 경우 본문에 쪽수를 제시할 것이다.

18) 이하 서주 왕들의 재위년은 잠정적으로 Shaughnessy, Sources of Western Zhou History, xix에 제시된 연대를 따른다. 중국 夏商周斷代工程 西周 기년의 문제점에 대해서는 심재훈, 「발을 잘라 신발에 맞추기: 하상주단대공정 서주 기년의 허와 실」, 『하상주단대공정: 중국 고대문명 연구의 허와 실』(동북아역사재단, 2008), pp.58-114 참고.

[그림 1] 서주 전기: 덕방정(德方鼎), 대우정(大盂鼎), 이궤(利簋), 하존(何尊) 및 그 명문

서주 전기 청동예기는 상 후기의 특성을 이어받아 대체로 육중하고 화려하다. 특히 기물을 장식한 갈고리 모양의 테두리[비릉(扉棱)]가 강렬한 느낌을 더해주고, 두텁게 양각된 문양은 경외적인 인상을 자아낸다. 대형의 원정(圓鼎)과 방정(方鼎), 방형의 받침대를 지닌 화려한 궤(簋) 등이 이 시기를 대표한다(그림 1). 문양 역시 상의 전통을 이어받은 신비롭고 기괴한 모양의 도철문(饕餮紋)이 주류를 이루고, 운뢰문(雲雷紋)과 기문(夔紋), 유정문(乳釘紋)도 자주 나타난다.

명문은 필획의 많고 적음에 따라 글자 크기가 조절되어, 서사방식[행관(行款)]에서도 세로의 간격은 일정하나 가로 간격은 자유롭게 배열하였다. 특히 상 후기의 서풍을 이어받아 화려하면서 비대한 파책(波磔)은 이 시기 가장 두드러진 특징이라 할 수 있다. 전기의 후단부터 점차 자형이 축소되고 배열이 비교적 고르게 변모하기 시작한다.

2. 서주 중기 [III-IV기, 목왕(穆王)-이왕(夷王), 대략 기원전 956-858][19]

III기 청동예기의 조합에서 식기, 주기와 함께 수기[화(盉)/반(盤)]가 보편적으로 출현하며, 주기 중에서 호(壺)가 새로운 양식으로 추가되어 중요 기물로 자리 잡는다. 전기에 가끔씩 나타나던 주기만의 조합은 더 이상 출현하지 않는다. IV기(중기의 후단)인 의왕(懿王)과 효왕(孝王) 시기에 이르면, 두드러진 변화가 감지된다. 이전까지 자주 나타나던 상 후기 이래의 주기인 작(爵)과 치(觶), 존(尊), 유(卣) 등이 자취를 감

---

19) 앞에서 언급했듯이 朱鳳瀚은 IV기의 마지막 夷王 시기부터 서주 후기로 보았지만, 이 글에서는 서술의 편의상 IV기 전체를 중기의 후단으로 설정하기로 한다.

추고, 호(壺)가 유일하게 주기를 대표한다. 식기 중 정(鼎)/궤(簋) 조합이 주류를 이루며, 수(盨)가 새롭게 등장한다.[20] 주봉한(朱鳳瀚)은 주목하지 않았지만, 중기부터 상의 뇨(鐃)를 원조로 남방에서 발전하여 서주 중심부로 전래된 용종(甬鐘)[편종(編鐘)] 역시 중심부 청동예기의 중요한 부분을 형성하기 시작한다(그림 2).[21] 아울러 이전 시기에 동일한 묘에서 출토된 같은 기종의 기물이 거의 각각 다른 양식이었던 것과 달리, 1981년 발굴된 강가촌(強家村)의 M1에서처럼 정(鼎)과 격(鬲), 궤(簋), 호(壺) 등 각각의 기물이 (대소의 차이는 있을 수 있지만) 동일한 양식으로 일정한 수량의 세트를 이룬다(그림 5).[22] 이른바 열정제(列鼎制)의 출현이 예고되는 것이다(후술).

기물의 양식에서는 이전 시기의 육중함과 화려함이 눈에 띠게 약화된다. 전체적으로 기물의 높이가 낮아지고 폭은 넓어졌으며, 몸체가 경사지게 깊어지는 수복(垂

[그림 2] 중기의 새로운 기물: 三年 壺, 膳夫克盨, 鐘

---

20) 朱鳳瀚은 왕기지역의 묘에서 출토된 기물만을 근거로 盨의 출현을 서주 후기(V기)로 보았지만(p.1310), 이는 성급한 판단이다. 제시카 로슨은 莊白 1호 窖藏坑에서 출토된 盨를 토대로 서주 중기 후단에 盨가 출현했을 것으로 보았는데, 은 같은 교장갱에서 출토된 共王시기로 추정되는 史墻盤의 작기자인 墻보다 한 세대 후의 인물이 분명하므로(Rawson, Western Zhou Ritual Bronzes, p.100), 懿王이나 孝王 혹은 그보다 더 이른 시기에 酒器의 소멸과 함께 盨가 이미 출현했을 가능성이 크다.

21) Lothar von Falkenhausen, Suspended Music: Chime-Bells in the culture of Bronze Age China (Berkeley: University of California Press, 1993), pp.153-167.

22) 묘에서 출토된 기물을 주로 살핀 朱鳳瀚은 陝西省 중심부에서 IV기와 V기에 해당하는 중형 이상의 묘가 드물게 발굴되었기 때문에 이러한 양상을 크게 부각시키지 않았지만, 周原지역의 교장갱에서 출토된 청동예기 조합에서는 이러한 현상이 두드러져 일찍부터 주목받아 왔다(盧連成, 胡智生, 「陝西地區西周墓葬和窖藏坑出土的青銅禮器」, pp.522-523).

  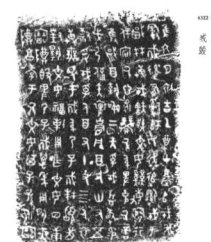

[그림 3] 서주 중기: 십오년쁼조정(十五年鼎), 궤(簋), 궤(簋) 명문

腹)의 풍격이 더욱 발전했다. 조형상 동물 장식이나 비릉(扉棱)이 부분적으로 남아 있으나 대체로 기물의 표면이 간소화되고, 문양 역시 대식(帶式)을 많이 채용한다. 이러한 새로운 변화와 함께 중기부터 문양에서도 도철문은 거의 사라지고 그보다 덜 신비적인 대칭으로 배열된 수관대조문(垂冠大鳥紋), S형 고용문(顧龍紋), 장미조문(長尾鳥紋) 등이 주류를 이룬다. IV기부터는 절곡문(竊曲紋)이나 환대문(環帶紋)[중환문(重環紋)] 같은 추상적인 기하학 문양이 출현하기 시작한다. 명문은 종횡의 배열이 고르고 자체 역시 이전보다 훨씬 우아하고 정제된 모습으로 발전한다. IV기에 이르면 자체가 장방형으로 섬세하게 변모하여 명문의 전체 배치 역시 글자 간격이 꽉 차는 느낌보다는 여유가 느껴진다(그림 3).

	전기		중기		후기
	I기	II기	III기	IV기	V기
조합	식기+주기	식기+주기; 鬲 증가, 觚, 斝 감소	식+주기+수기; 壺, 盨 출현	주기 사라짐; 甬鐘, 列鼎制 출현	甗 사라짐; 盨,簠가 주요 기물로; 盉가 匜로 대체; 編鐘, 明器 출현; 열정제 발달
형상	육중하고 화려함	扉棱과 화려함 지속	몸체기 낮아지고 폭이 넓어짐; 垂腹 현상	III기와 V기의 중간	단순, 소박 반구형
문양	깊이 양각된 饕餮紋, 雲雷紋, 夔紋, 乳釘紋	I기와 동일하지만 강도 약함	大鳥紋, S형 顧龍紋, 長尾鳥紋	竊曲紋, 重環紋 등 추상적 문양 출현	重環紋, 垂鱗紋
명문	배열 불규칙 波磔 발달	자형 축소 규격화; 배열 고르게 변모	자형 우아 정제; 배열 일정	자형 장방형으로 섬세하게 변모; 글자 간격 여유	필획 가늘고 균형; 배열 규격화

[표 1] 서주 청동예기 조합과 양식, 명문의 추이

3. 서주 후기 [V기, 려왕(厲王)-유왕(幽王), 대략 기원전 857-771]

V기의 청동예기 조합에서는 식기 중 언(甗)이 사라지고, 수(盨)와 보(簠)가 중요 기물로 자리 잡는데, 이들은 정(鼎)과 함께 세트를 이룬 궤(簋)의 기능을 대체하기 시작한 것으로 보인다. 반(盤)과 함께 수기를 구성한 화(盉)도 새로운 기물인 이(匜)로 대체되었고, 호(壺)를 제외한 주기는 여전히 사용되지 않았다. 주봉한(朱鳳瀚)은 이 때 정(鼎)[혹은 격(鬲)]과 궤(簋)[혹은 수(盨)나 보(簠)], 호(壺), 이(匜), 반(盤)으로 이루어진 비교적 완비된 실용 예기의 조합 형식이 갖추어졌을 것으로 보는데, 여기에 편종(編鐘)을 추가할 수 있을 것이다. 각각의 기물이 일정한 수로 세트를 이루는 이른바 열정제(列鼎制) 역시 더욱 두드러졌고, 일부 묘에는 부장용으로 복제하여 만든 명기(明器)가 매장되기 시작한다.[23]

주봉한(朱鳳瀚)은 이 시기 청동예기의 양식상 특징으로 소박함을 꼽는데, 그 가장 대표적인 경우로 모공정(毛公鼎) 같은 반구형(半球形)의 단순한 양식이 주류를 이루는 정(鼎)을 꼽고 있다. 마찬가지로 문양도 IV기부터 출현한 중환문(重環紋)과 절곡문(竊曲紋) 등이 성행하고, 명문은 이른바 "옥저체(玉箸體)"라고 칭할 만큼 장방형의 자체가 가늘고 균형이 잡혀 여유로웠고, 배열 역시 비교적 정제되어 규격을 갖추었다 (그림 4).

[그림 4] 서주 후기: 사송궤(史頌簋)와 명문, 모공정(毛公鼎)과 명문

---

23) 陝西省 중심지에서 예기의 明器化 경향 역시 盧連成과 胡智生이 1957년 발굴된 扶風縣 上康 墓 출토품을 통해 간파했다(「陝西地區西周墓葬和窖藏坑出土的靑銅禮器」, p.524).

4. 중후기의 의례개혁

위에서 대략적으로 살펴본 서주시대 청동예기의 발전 과정에서 가장 두드러진 현상은 중후기부터 나타나는 기물 조합과 양식상의 변화일 것이다. 이러한 변화는 서주 중기 들어 도철문의 소멸과 함께 시작되는데, 도철문에 뒤이어 조문(鳥紋)이 유행하다, 후기에는 중환문(重環紋) 같은 추상적인 기하학 문양이 주류를 이룬다. 중기의 후반부터는 당시까지 예기의 한 축을 형성하던 주기가 거의 사라진 반면,[24] 호(壺)나 수(盨), 보(簠), 이(匜)와 같은 새로운 기물들이 출현하였고, 편종(編鐘) 역시 예기의 새로운 품목으로 추가되었다. 이러한 변화는 일정한 수량의 기물 세트로 구성된 예기의 표준 조합(열정제)으로 이어져, 서주 후기 청동예기의 획일성을 보여준다.

이와 같은 일련의 변화는, 1950년대 후반 이래로 중국 학계에서도 부분적으로 주목되었고,[25] 주봉한(朱鳳瀚) 역시 서주 후기 귀족들의 예제와 종교 활동에서의 변혁을 반영하는 것으로 보고 있지만(p.1327), 실상 이를 서주 후기의 주요한 역사적 현상으로 담론화한 것은 1980년대 후반 옥스퍼드대학의 제시카 로슨이었다.[26] 위에서 언급된 새로운 변화들과 함께 섬서성(陝西省) 부풍현(扶風縣) 강가촌(强家村) 출토 청동조

---

24) 『尙書』「酒誥」와 서주 전기의 大盂鼎(集成 2837) 명문에는 商이 멸망한 주요 원인으로 술에의 탐닉이 언급되어 있어, 周의 금주정책이 암시되어 있다. 그러나 이러한 기록이 중후기 이후 주기의 소멸과 어떤 상관성이 있는지는 불명확하다.

25) 列鼎의 존재를 최초로 주목한 중국 학자로 1935년 河南省 汲縣 山彪鎭 東周시대 遺址를 발굴한 郭寶鈞을 들 수 있을 것이다(『山彪鎭與琉璃閣』 上篇 [北京: 科學出版社, 1959], pp.41-47, 51-52, 72-73). 이러한 관심은 1970년대 말, 兪偉超와 高明를 통해 서주 후기 이래로 신분에 따라 死後 부장되는 청동예기의 수량이 규정된다는 이른바 用鼎制度에 관한 연구로 확대되었다(「周代用鼎制度硏究」, 『北京大學學報』[哲學社會科學版] 1978-1, 1978-2, 1979-2). 주기의 소멸과 이에 따른 새로운 기물의 도입 역시 위에서 언급된 郭寶鈞(1985)盧連成, 胡智生(1988), 李峰(1988) 등의 연구에서도 주목되었다. 曹瑋 역시 서주 전후기 사이의 예제 변화를 논하며, 새로운 기형의 생산과 주기의 쇠락, 列器의 출현, 편종제도에 주목한 바 있다(「從靑銅器的演化試論西周前後期之交的禮制變化」, 編委會 編, 『周秦文化硏究』 [西安: 陝西人民出版社, 1998], pp.443-455).

26) Jessica Rawson, "Late Western Zhou: A Break in the Shang Bronze Tradition," *Early China* 11-12 (1985-87), pp.290-291; *Western Zhou Ritual Bronzes*, pp.93-110.

합 등을 통해(그림 5-1) 서주 전기의 청동예기에 결여되었던 중후기[의왕(懿王), 효왕(孝王), 이왕(夷王) 시기]의 획일성에 주목하며, 로슨은 청동예기의 수량과 양식의 규정을 비롯한 예제 전반의 두드러진 변용을 이른바 "의례혁명"(Ritual Revolution)이라고 명명한 바 있다. 서주 전기의 제사를 비롯한 의례가 가족 중심의 소규모였다면, 후기에는 예기의 규모 확대와 함께 편종과 같은 새로운 기물이 출현하여 시청각적 측면이 중시된 대규모 의식(儀式)으로 변모했다. 로슨은 이러한 새로운 의식이 중앙에서 규정한 방식에 따라 의례 전문가들에 의해 거행되었을 것으로 보았다. 전기에 예기의 품질과 다양성에 대한 고려가 신분 표식으로 작용한 것과는 달리, 중후기 이후에는 일률적인 예기 수량의 다과가 신분을 나타내는 기준으로 전이되어 의례를 통한 사회 질서 정립의 열망을 읽어낼 수 있다는 것이다.[27] 이러한 로슨의 주장은 서주 금문을 통한 중기 이래 제도상의 "개혁"뿐만 아니라 『시경(詩經)』의 노래들에 반영된 후기 이래 청중을 대상으로 한 의식의 변화까지도 주목한 에드워드 쇼우네시의 주장과도 그 맥을 같이 한다.[28]

로타 본 팔켄하우젠 역시 1976년 섬서성(陝西省) 부풍현(扶風縣) 장백(莊白)의 1호 교장(窖藏)에서 출토된 미족(微族)의 청동예기 103점(용기 75점과 종 28점)을 기물의 양식과 명문에 의거하여 연대순으로 분석하여, 유사한 결론에 이르고 있다(그림 5-2). 그는 대략 기원전 850년 이후 출현한 표준화된 예기조합을 규정한 새롭고 엄격한 규범이 주의 문화 영역 전체에 걸쳐 공통으로 준수되었을 것으로 보고 있다.[29] 이러한 현상은 왕기의 일부로 추정되는 하남성(河南省) 삼문협(三門峽) 상촌령(上村嶺)의 괵국(虢國)묘지 M2001[괵계묘(虢季墓)] 출토 청동예기 조합을 통해서도 확인된다(그림 5-3).[30] 로슨과 달리 이러한 변혁의 목표가 지배기구를 대체하기보다는 더욱 공고히 하

---

27) Rawson, "Western Zhou Archaeology," 433-440.
28) Edward L. Shaughnessy, "Western Zhou History," *The Cambridge History of Ancient China*, pp. 323-338. 특히 『詩經』 [周頌] "有瞽"에 나타나는 각종 음악과 함께 조상과 청중을 맞이하는 의례의 모습이 로슨이 주장하는 의례혁명의 양상과 일치하는 것으로 보고 있다.
29) 팔켄하우젠, 『고고학 증거로 본 공자시대 중국사회』, pp.88-110.
30) 河南省文物考古研究所, 三門峽市文物工作隊, 『三門峽虢國墓』 (北京: 文物出版社, 1999), pp.30-

려는 데 있는 것으로 보아 "개혁"(reform)이라는 용어를 선호하는 팔켄하우젠은 서주 중후기의 "의례개혁"이 주(周)의 귀족 사회에서 종족(宗族) 분열이라는 인구통계학적 현상을 반영하는 것으로 추정한다. 당시 고안된 새로운 예 규범은 서열이 다른 본가[대종(大宗)]와 분가[소종(小宗)] 사이의 등급 차이를 명시하려는 목적에서 비롯되었다는 것이다(그림 5).[31] 그는 공자가 주목했던 서주 초 주공(周公)의 의례 정립이 사실상 서주 후기에 일어난 것으로 파악한다.

따라서 로슨과 팔켄하우젠이 각각 의례혁명과 개혁으로 명명한 변용은 서주 후기

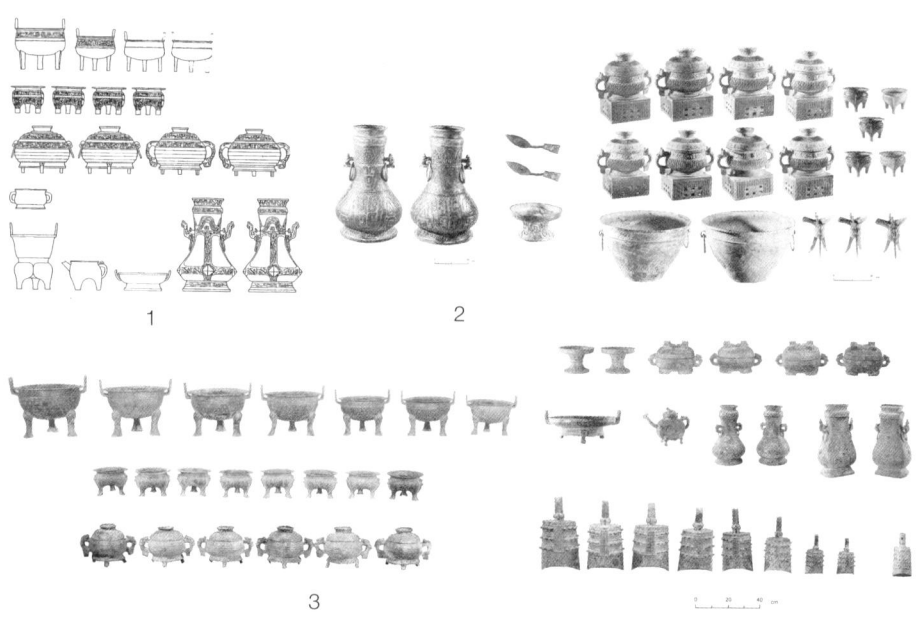

[그림 5] 의례개혁의 양상. 1. 깅가촌(强家村) M1 2. 장백(莊白) 1호 교장(窖藏) 3. 상촌령(上村嶺) 괵국(虢國)묘지 M2001

---

71. 발굴자들은 이 묘의 연대를 서주 후기 宣王-幽王시기로 파악하고 있다(p.225). 上村嶺에서는 또한 7점의 鼎이 한 세트를 이루는 사례가 4기(M2001, M2011, M1052, M2009), 5점이 한 세트를 이루는 경우가 3기(M2012, M1810, M1706)나 있었고, 다수의 묘가 3점 혹은 2점으로 구성되어 있었다. 정과 짝을 이루는 簋는 대체로 정보다 한 점 적은 짝수로 구성되어 있었다.
31) 팔켄하우젠, 『고고학 증거로 본 공자시대 중국사회』, p.96의 각주 36, pp.101-117.

청동예기의 발전에 가장 두드러진 변혁임에 틀림없다. 그렇다면 의례개혁을 비롯한 지금까지 살펴본 서주 청동예기의 분기별 특성이나 변화가 중심지인 왕기 지역을 벗어난 지역들의 청동예기에는 어떻게 반영되어 나타날까?

Ⅲ. 표준의 고수: 봉국(封國) 출토 청동예기

서주 국가가 사실상 중심지인 왕기와 다양한 지역에 건설된 봉국들 사이의 유기적 관계 속에서 발전해왔음에도 불구하고, 그 연구가 왕기 지역을 중심으로 편향된 사실은 부인하기 어려울 것이다. 이러한 문제는 당연히 자료의 부족에서 기인할 것인데, 지난 세기 후반 서주의 가장 두드러진 고고학 성과 중 하나로 많은 봉국(封國) 유적지들이 발굴됨으로써, 이제 이들에 대한 기본적인 연구를 시도할 수 있게 되었다. 리펑은 최근 서주 관료제 연구에서 고고학과 단편적인 금문 자료를 토대로, 봉국들이 축소된 규모로 주 왕실과 같은 기능을 행사하고, 유사한 정부 구조를 지녔을 것으로 추정했다. 그러나 봉국들은 주왕에 대한 의무와 함께 왕으로부터 위임된 권력만 행사할 수 있었기에 자신이 명명한 "지방 봉국"(regional states)이라는 애매한 표현처럼 상당한 한계를 지니고 있었다. 이러한 한계가 관료화로 발전하는데 장애가 되어, 춘추 초기까지도 봉국들의 사적인 비관료화 경향이 지속되었다고 보았다.[32]

『좌전(左傳)』 등의 전래문헌에는 서주 초 이래로 50개 이상의 봉국들이 분봉되었다고 기재되어 있는데,[33] 현재까지 고고학적으로 확인된 봉국들 유적지만 해도 다음과 같이 10여 곳 이상에 이른다: 북경(北京) 근교 유리하(琉璃河)의 연국묘지(燕國墓地)

---

32) Li Feng, *Bureaucracy and the State in Early China*, pp. 235-270.
33) 『左傳』 "昭公 28년"에는 무왕 극상 이후 형제의 나라가 15국, 周와 同姓인 姬姓 제후국 40국이 있었고(楊伯峻, 『春秋左傳注』, p.1494-1495), 『荀子』 「儒效」에는 周公의 섭정 기간 동안 세운 71국 중 희성이 53국이었다고 전한다(『荀子集解』, 諸子集成 [북경: 中華書局, 1986], p.73). 또한 『좌전』 "僖公 24년"에는 주공이 蕃屛으로 삼아 封한 26개에 달하는 희성 제후국이 모두 열거되어 있다(『春秋左傳注』, pp.420-423).

와 성지(城址), 산서성(山西省) 천마(天馬)-곡촌(曲村)의 진국묘지(晉國墓地), 준현(浚縣) 신촌(辛村)의 위국묘지(衛國墓地), 평정산(平頂山) 북치촌(北滍村)의 응국묘지(應國墓地), 정주(鄭州) 와유(洼劉)의 관국묘지(管國墓地), 록읍(鹿邑) 태청궁(太淸宮)의 장자구(長子口)[송미자(宋微子)] 묘(墓), 하북성(河北省) 형대(邢臺) 남소와(南小汪)의 형국묘지(邢國墓地), 산동성(山東省) 곡부(曲阜)의 노국고성묘지(魯國古城墓地), 제양(濟陽) 유대자촌(劉臺子村)의 봉국묘지(逢國墓地).³⁴ 여기에 산동성(山東省) 등주(滕州) 전장대(前掌大)와 황현(黃縣) 일대, 고청(高青) 진장(陳莊), 산서성(山西省) 강현(絳縣) 횡수(橫水), 호북성(湖北省) 로대산(魯臺山), 수주(隨州) 엽가산(葉家山) 등지에서도 위의 유적지들과 유사한 양상의 서주시대 묘지들이 다수 발굴되었다(지도1 참고).

과연 이들 유적지에서 발굴된 고고학적 양상 특히 청동예기 은 주 왕실의 그것과 어떤 연관성을 지닐까? 이 장에서는 이러한 유적지들 출토 청동예기를 모두 살피기는 불가능하므로, 서주 전시기에 걸친 유물이 비교적 잘 발굴된 천마(天馬)-곡촌(曲村)의 진후묘지(晉侯墓地)와 평정산(平頂山)의 응국묘지(應國墓地)를 대표적 사례로 서주 봉국 청동예기의 발전양상을 왕기지역과 비교 고찰하고자 한다.

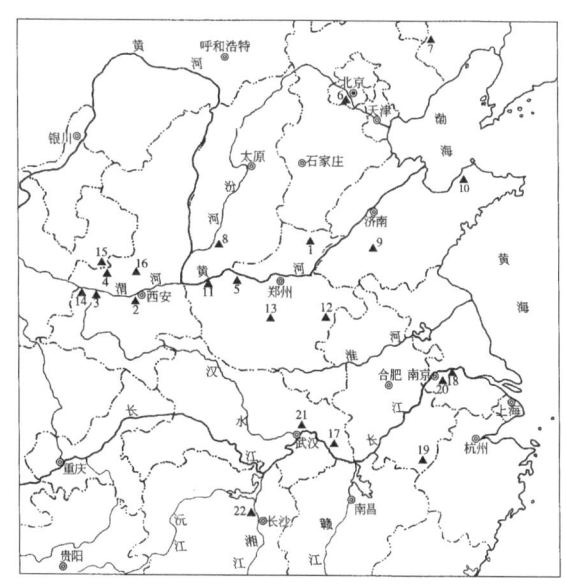

[지도 1] 서주시대 주요 청동기 출토 유적지(『중국고고학(中國考古學), 양주권(兩周卷)』, p.46)

---

34) 中國社會科學院考古硏究所, 『中國考古學 兩周卷』 (北京: 中國社會科學文獻出版社, 2004), pp.78-118; 任偉, 『西周封國考疑』 (北京: 社會科學文獻出版社, 2004).

1. 진후묘지(晉侯墓地) 출토 청동예기

먼저 산서성(山西省) 서남부 후마시(侯馬市)에서 동쪽으로 25km 정도 떨어진 곡옥현(曲沃縣)과 익성현(翼城縣) 일대의 천마(天馬)-곡촌(曲村) 지역에서 1990년대 초 발굴된 북조(北趙) 진국(晉國) 제후묘지에 대해서는 이미 국내에도 소개된 바 있다.[35] 이 묘지에서는 대략 서주 전기에서 후기 혹은 춘추 초기까지로 연대 추정되는 진후(晉侯) 묘 9기와 배우자 묘 10기를 포함한 합장묘군[36]이 발굴되었는데, 이들 중 8기가 이미 도굴되었지만, 서주 어느 제후국 묘지보다 풍성한 자료를 제공한다. 진후묘지 전체 묘에서 출토된 청동예기는 각 묘의 개략적 연대와 함께 [표 2]와 같이 정리될 수 있다. 물론 이 표는[37] 각 묘의 세부적인 연대나 『사기(史記)』 「진세가(晉世家)」에 명시된 진후와 묘지 출토 청동기 명문상의 진후를 일치시키는 문제 등에 아직까지 학자들 사이에서 의견이 일치되지 않고 있기 때문에, 상당한 한계를 지니고 있다. 그럼에도 상당히 일관되어 보이는 각 묘의 방사성탄소측정연대까지 제시되어 있어 진후묘지 출토 청동예기와 왕기 지역 청동예기의 발전 양상을 큰 틀에서 비교하는 준거는 제시해줄 수 있을 것이다.

우선 진후묘지에서 가장 이른 시기 묘로 추정되는 M114/M113은 서주 전기의 후단으로 편년되는데, 그 청동예기 조합은 식기[정(鼎), 궤(簋), 언(甗) 등]+주기[존(尊), 유(卣), 치(觶), 방이(方彝) 등]로 이루어져 있다. 진후(晉侯) 묘인 M114에서 출토된 숙시방정(叔夨方鼎)은 표면의 도철문 장식과 테두리의 비릉(扉棱)이 두드러지는 전형적인 서주 초기의 기물로, 그 명문 역시 초기의 양식이다(그림 6-[1]). 배우자 묘인 M113에서 출토된 "숙작려정(叔作旅鼎)" 명문이 있는 정(鼎)은 이미 몸체가 경사지게 깊어져

---

35) 沈載勳, 「北趙 晉侯墓地의 年代와 性格 試論」, 『中國史研究』 22, 2003, pp.1-43.
36) 여기서의 합장이란 한 무덤에 부부의 유골이 함께 매장된 것이 아니라 별개의 묘가 짝을 이룬 것을 의미한다.
37) 필자가 작성한 각주 35의 글 pp.7-8에 제시된 표를 朱鳳瀚(pp.1445-1446)의 표 및 上海博物館 편, 『晉國奇珍: 山西晉侯墓群出土文物精品』(上海人民美術出版社, 2002), pp.30-31에 제시된 표와 대조하여 수정한 것이다.

[수복(垂腹)], 주봉한(朱鳳瀚)은 이 기물의 연대를 서주 전기의 말엽[소왕(昭王)]으로 추정하고 있다(그림 6-[3]의 1). M113에서 출토된 삼족옹(三足甕)과 쌍이관(雙耳罐)이 왕기 지역에서 드물게 출현하는 것을 제외하고,[38] M114/M113 출토 청동예기 중 중심지의 표준을 벗어난 사례는 나타나지 않는다(그림 6-3).

진후묘지에서 서주 중기로 추정되는 묘들은 도굴이 심하고, 도굴되지 않은 묘들에

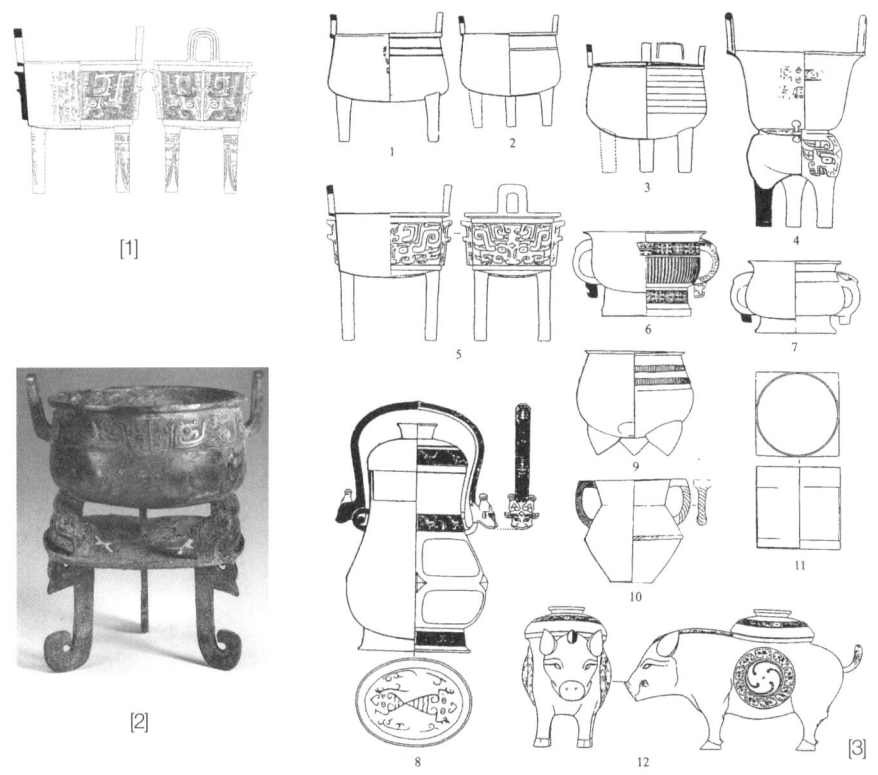

[그림 6] 진후묘지 청동기: [1] 숙矢 방정(叔矢 方鼎)(서주 전기), [2] M13 출토 온정(溫鼎), [3] M113(전기) 조합

---

38) 이 두 유형이 중국 본토의 농업 중심 지역과 중앙유라시아 초원 사이의 과도지대(陝西省과 山西省 북부, 內蒙古 등)에서 번성한 주민들이 사용하던 도기와 유사하기 때문에 陳芳妹는 이들 지역으로부터 晉으로 시집온 여성(M113의 묘주)이 고향으로부터 가져온 도기를 모방하여 晉의 공방에서 주조했을 것으로 추측한 바 있다(「晉侯墓地青銅器所見性別研究的新線索」, 上海博物館 編, 『晉侯墓地出土青銅器國際學術討論會論文集』[上海: 上海書畵出版社, 2002], pp.159-164).

		청동기	명문이 새겨진 청동기	銘文晉世家		추정연대	C14 구경 측정 연대(B.C.)**
1. M114*		鼎 2, 簋 1, 甗, 1, 鳥形尊 1, 卣 1, 觶 1, 方彝 1 (도굴)	叔矢方鼎 晉侯鳥尊	晉侯	晉侯(燮)	康-昭王	1000-925
M113		鼎 8(方鼎 2), 簋 6, 甗, 1, 猪形尊 1, 卣 2, 筒形器 1, 三足甕 1, 雙耳罐 1	晉侯溫鼎				1020-930
2. M9*		鼎 7, 簋, 斝, 觶, 卣 (각각 개수 불명), 4 甬鐘		?	武侯(寧族)	穆王	930-855
M13		鼎 7(溫鼎 2), 簋 4, 甗 1, 盉 1, 壺 1, 盤 1	晉姜簋			I	925-855
3. M6*		도굴		?	成侯(服人)	共-懿王	
M7		도굴					
4. M33*		鼎, 簋, 盂, 甗, 壺…? (도굴)	晉侯僰馬壺	僰馬	厲侯(福)	孝-夷王	879-830
M32		도굴					
5. M91*		鼎 7, 簋 5, 鬲 2, 甗 1, 豆 1, 爵 2, 方壺 1, 圓壺 1, 尊 1, 卣 1, 盤 1, 匜 1, 盂 1, 甬鐘 7	晉侯僰馬壺 晉侯喜父器	喜父	靖侯(宜臼) 858-841	夷-厲王	856-816
M92		鼎 2, 簋 2, 壺 2, 盤 1, 盂 1	晉侯喜父盤 晉侯僰馬壺 晉侯對鼎				
6. M1*		鼎 1(?), 盨 4(?), 簋 1(?), 盤 1 (도굴)	晉侯對盨	對	釐侯(司徒) 840-823	厲王	833-804
M2		鼎 1(?), 盨 4(?), 匜 1 (도굴)	晉侯對盨 ?				
7. M8*		鼎 5(?), 簋 3(?), 甗, 1, 爵 1, 方壺 2, 兔尊 3, 盂 1, 盤 1, 甬鐘 16 (도굴)	晉侯臣斤簋 晉侯蘇鼎 晉侯蘇編鐘	臣斤/蘇	獻侯(籍,蘇) 822-812	厲-宣王	814-797 814-798
M31		鼎 3, 簋 2, 方壺 2, 盤 1, 盂 1					
8. M64*		鼎 4, 簋 4, 甗 1, 爵(?) 免尊 4, 方壺 2, 盤 1, 匜 1, 簠(?), 甬鐘 8	晉侯邦父鼎 休簋 叔釗父方甗 晉叔家父盤 楚公逆鐘	邦父	穆侯(費王) 811-785	宣王	804-791 801-788
M62		鼎 4, 簋 4, 爵 1, 尊 1, 方彝 1, 觶 1, 方盒 1, 壺 1, 盤 1, 匜 1					
M63		鼎 2, 簋 2, 爵 1, 觶 1, 方彝 1, 壺 1, 盤 1, 盂 1, 方盒 2, 方座筒形器 1	楊姞壺				
9. M93*		鼎, 簋, 尊, 卣, 爵, 觶, 盤, 方彝 (각 1, 明器); 鼎 5, 簋 6, 甗 1, 壺 2, 盤 1, 匜 1, 甬鐘 16	晉叔家父壺	晉叔家父	殤叔 784-781 혹은 文侯 780-746	幽-平王	795-772 795-774
M102		鼎, 簋, 盂, 爵, 觶, 方彝 (각 1, 明器); 鼎 3, 簋 4, 壺 1, 盤 1, 匜 1					

*진후(晉侯) 묘(墓)
** Xiangyang Lu 등, "Data Analysis and Calibration of Radiocarbon Dating Results from the Cemetery of the Marquises of Jin," *Radiocarbon* 43-1 (2001), p.61.

[표 2] 진후묘지(晉侯墓地) 출토 청동기 명문과 진(晉)의 연대기

서 출토된 기물도 복원 중이어서 보고가 정확하지 않기 때문에, 그 양상을 정확히 검토하기 어렵다. 대체로 목왕기(穆王期)로 추정되는 M9/M13의 경우 아직 식기[정(鼎), 궤(簋), 언(甗) 등] +주기[가(斝), 치(觶), 유(卣) 등]의 조합을 따르고 있고, M13에서 호(壺)가 최초로 나타나는 점은 서주 중심지의 양상과 일치한다. M9에서 출토된 방좌궤(方座簋)는 뚜껑이 있고, 몸체가 경사지게 깊어지며[수복(垂腹)」, 복부와 뚜껑 상부에 대칭의 대조문(大鳥紋)이 있어 중기의 표식이 확실히 드러난다(p.1447). M13에서 출토된 온정(溫鼎) 역시 수복(垂腹)에 고룡문(顧龍紋)이 장식되어 있고(그림 6-[2]), 궤(簋) 한 점도 수복(垂腹)에 장미조문(長尾鳥紋)이 장식되어 모두 중기[주봉한(朱鳳瀚)의 Ⅲ기의 표준을 준수하고 있다.

이들 묘에서 한 가지 주목되는 현상은 용종(甬鐘)(M9)과 수(盨)(M13)의 출현으로, 이는 위에서 살펴본 왕기 지역 청동예기의 발전 양상에서 이들의 출현을 중기의 후반으로 파악한 것보다 이르다. 그러나 현재까지 왕기 지역에서 발굴된 묘들 중 묘주의 신분이나 묘의 규모면에서 진후묘지의 것들보다 앞서는 것이 거의 없기 때문에, 이러한 차이를 진의 특수성으로 간주하기는 조심스럽다. 오히려 진후묘지에서 출토된 용종(甬鐘)과 수(盨)를 통해 그 전반적 출현 시기를 앞당길 수 있을지도 모른다. M9/M13에 뒤이은 M6/M7은 완전히 도굴되었고, 그 다음 M31/M32 역시 도굴되었으나, M33에서 출토된 비교적 완전한 호(壺) 한 점에서 장미조문(長尾鳥紋)과 대칭을 이루는 대조문(大鳥紋)이 두드러져(p.1447), 역시 중기의 양상을 확인할 수 있다. 따라서 중기로 편년되는 묘에서 출토된 청동예기 역시 중심지의 그것과 배치되는 양상은 나타나지 않는다.

진후묘지 서주 후반부 묘들의 청동기 조합 역시 M91과 M8, M64에서 주기가 출토된 것을 제외하고는(후술), 앞에서 언급한 서후 중후기 의례개혁의 표준을 준수하고 있는 듯이 보인다. 진후의 묘(괄호는 배우자)인 M91(M92)과, M1(M2), M8(M31), M64(M62, M63), M93(M102)에서 발견된 청동예기들은 서주 후기 의례개혁에 따른 표준 조합인 식기[정(鼎), 궤(簋)]+주기[호(壺)]+수기[반(盤), 이(匜) 혹은 화(盉)]+악기[편종(編鐘)]로 구성을 충족시킨다. 나아가 정(鼎)과 궤(簋), 수(盨) 등의 기물이 동일한 세트로 구성된 이른바 열정제의 흔적 역시 두드러진다. M91의 경우 발굴보고서가 불완전하여 출토된 정(鼎) 7점의 양상이 불명확하지만 열정의 가능성을 배제할 수 없다. 도굴된 M1/M2의 경우 그 명확한 면모를 알 수 없으나, 그 배우자 묘인 M2에 남겨진 청동기 잔편(殘片)의 양식과 문양을 통해 1992년 상해박물관(上海博物館)에서 회수한 진후대수(晉侯對盨) 3점과 미국의 개인 수장가 범이융(范李融)이 소장 중인 진후대수(晉侯對盨) 1점이 이 묘에서 나왔을 것으로 추정된다.[39] 이 4점은 양식과 크기가 동일하여 궤(簋)를 대체한 세트임을 알 수 있다(그림 7-1). 역시 도굴된 M8에 남겨진 진후소정(晉侯蘇鼎) 1점과 동일한 세트를 이루는 진후소정(晉侯蘇鼎) 4점이 현재 곡옥현박물관(曲沃縣博物館)과 상해박물관(上海博物館) 등지에 소장되어 있어서, 이 기물 역시 5점 한 세트였음이 밝혀졌다(그림 7-2). 현재까지 2점이 확인된 같은 묘에서 출토된 것으로 추정되는 진후신근 궤(晉侯臣斤 簋) 역시 세트임이 분명하다.[40] 배우자 묘인 M31에서 출토된 정(鼎) 3점도 열정(列鼎)세트이다. M64의 경우 정(鼎) 5점 중 2점만 양식이나 명문이 동일하다고 보고되었지만, 궤(簋) 4점은 세트를 이루었고, 배우자들 묘인 M62와 M63 출토 정(鼎)과 궤(簋) 역시 모두 세트로 구성되었다.[41] 진후묘지에서 가장 늦은 시기의 묘여서 춘추 초기로 편년되기도 하는 M93의 정(鼎)과 궤(簋) 역시 열정제

[그림 7] 진후묘지의 열정제와 편종: 1. 진후대수(晉侯對盨)(M2), 2. 진후소정(晉侯蘇鼎)(M8), 3. 진후소편종(晉侯蘇編鐘)(M8)

---

39) 上海博物館 編, 『晉國奇珍』, 78-84.

40) 上海博物館 編, 『晉國奇珍』, 98-105.

41) 山西省考古研究所, 北京大學考古系, 「天馬-曲村遺址北趙晉侯墓地第四次發掘」, 『文物』 1994-8, pp.5-15.

의 조합을 준수하고 있다. 진후묘지에서 서주 후기에 속하는 모든 진후 묘에서 유명한 진후소편종(晉侯蘇編鐘)(M8 출토)을 비롯한 종이 세트로 발견되었다(그림 7-3).[42]

그렇다면 서주 후반부로 추정되는 진후(晉侯)들의 묘에서도 주기(酒器)가 지속적으로 출토되는 양상은 어떻게 이해해야 할까? 필자는 이미 다른 글에서 이에 대한 견해를 밝힌 바 있는데,[43] 왕기 지역 청동예기 조합에서 서주 후기부터 새롭게 등장하기 시작했고, 진후묘지에서도 역시 비슷한 양상으로 나타나는 명기(明器)가 그 실마리를 제공할 것으로 생각한다(그림 8). 즉, 서주 후기의 초중반으로 추정되는 M91[작(爵) 2점, 존(尊)과 유(卣) 1점씩]과 M8[작(爵) 1점, 도굴」, M64[존(尊) 4점]에서 지속적으로 주기가 부장된 반면에, 그 이후의 묘들(M63, M64, M93, M102)에서는 이러한 주기가 부장용 명기로 대체되는 양상을 확인할 수 있다. 제시카 로슨은 이러한 양상을 섬서성(陝西省) 중심부의 전통이 진(晉)에서 마지막으로 재현된 것으로 보았지만,[44] 이를 진의 특성으로 간주하기는 어렵다. 이와 관련하여 섬서성(陝西省) 장가파(張家坡)의 정(井)[형(邢)]숙묘지(叔墓地)의 대형묘인 M163에서 출토된 3점의 주기[작(爵), 존(尊), 유(卣)]를 주목할 필요가 있다. 섬서성에서 현재까지 발굴된 서주 묘들 중 거의 유일하게 규모면에서 진후 묘들과 필적하는 M163은 대체로 서주 중기의 후단의왕(懿王)이나 효왕(孝王)]으로 편년되어 이미 주기가 자취를 감추던 당시의 일반적인 청동기 조합 경향과 상충되는 듯이 보인다. 더욱이 이 묘에서 출토된 주기들은 모두 중후기의 제작품이 아니라 서주 초기 이래로 전래된 것들이 분명하여,[45] 진후묘지에서 출토된 위의 주기들과 그 경향을 같이 한다. 더욱이 이렇게 시대에 맞지 않은 주기들이 서주 후기 섬서성(陝西省)의 장백(莊白) 1호 교장갱(窖藏坑)에도 부장되어 있었다는 사실은,[46] 서주 후기의 일정 시기까지도 상류 귀족들의 의례에서 주기가 제한적으로라도

---

42) 晉侯蘇編鐘과 그 명문 355자에 대해서는 沈載勳,「晉侯蘇編鐘 銘文과 西周 後期 晉國의 發展」,『中國史研究』10 (2000), pp.1-48.

43) 沈載勳,「北趙 晉侯墓地의 年代와 性格 試論」, pp.21-23, 37-39.

44) Rawson, "Western Zhou Archaeology," 443-446.

45) 中國社會科學院考古研究所豊西發掘隊,「長安張家坡西周井叔墓地發掘簡報」,『考古』1986-1, p.24.

46) Rawson, "Western Zhou Archaeology," p.377, 435.

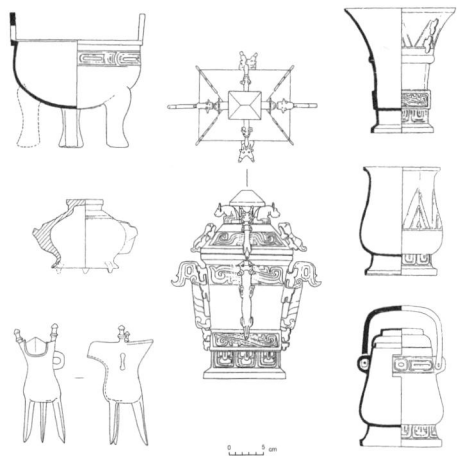
[그림 8] 진후묘지 M93 출토 명기

사용되었음을 암시한다. 진후묘지의 연대가 가장 늦은 묘들에서야 주기가 명기로 대체되어 나타나는 사실은 당시 상류 귀족들이 주기의 회피라는 당시의 일반적 경향에도 불구하고 의례에 주기를 지속적으로 사용하고자 하는 열망을 보여주는 한편, 진후 묘들에서 주기의 사용이 당시 중심지의 의례규범과 배치되지 않았을 것임을 암시한다.

진후묘지에서 서주 후기에 속하는 청동예기의 형태와 문양, 명문 역시 여기서 지면관계상 다루지는 못하지만, 서주 중심부의 표준을 고수하고 있다. 일부 학자들이 주장하는 진 청동기의 지방색과 특수성 역시 왕기 지역 청동예기에서 비롯되었음이 분명하므로, 필자는 중국 학자들이 사용하는 "서주(西周)시대의 진(晉) 문화(文化)"라는 용어는 적절하지 않고, 오히려 "주 문화의 일부"로 파악함이 타당함을 제시한 바 있다.47

2. 응국(應國) 귀족 묘지 출토 청동예기

『좌전(左傳)』 '희공(僖公) 24년'에 "우(邘)와 진(晉), 응(應), 한(韓)은 무왕(武王)의 후손이다"라는 기록이 있어 응국(應國)이 무왕(武王)의 자손에게 주초에 분봉되었음을 알 수 있고, 『한서(漢書)』「지리지(地理志)」나 『수경주(水經注)』 등의 기록을 토대로 응국(應國)의 고지(故址)가 오늘날 하남성(河南省) 평정산시(平頂山市) 인근으로 인식되어 왔다.48 1970년대 이래로 평정산시(平頂山市) 서쪽으로 약 20km 떨어진 설장향(薛莊

---

47) 沈載勳, 「北趙 晉侯墓地의 年代와 性格 試論」, pp.32-40.
48) 陳槃, 『春秋大事表列國爵姓及存滅表譔異』(臺北: 中央研究院歷史語言研究所, 1969), 338b-339a; 李

鄕) 북치촌(北滍村) 서쪽의 치양령(滍陽嶺)에서 응국(應國) 관련 청동기가 부장된 묘들이 발견되어 이 지역에 응국(應國)의 귀족묘지가 있었을 것으로 추정된다.[49]

이 지역에서 발굴된 서주 전기의 청동예기로 1985년 파손된 묘에서 출토된 정(鼎) 2점과 궤(簋)와 유(卣) 각각 1점씩을 들 수 있다. 목이 긴 원호형(圓壺形) 유(卣)와 도철문(饕餮紋)이 기물 전체를 덮고 있는 격정(鬲鼎) 1점은 서주 전기의 전단[주봉한(朱鳳瀚)의 I기]의 기물이고, 이미 수복(垂腹)의 형상과 기문(夔紋)이 장식된 정(鼎)과 역시 수복의 모습이 나타나는 궤(簋)는 전기의 후단[주봉한(朱鳳瀚)의 II기]으로 편년되어, 중심지의 표준에 부합한다.[50]

1982년 정(鼎)과 궤(簋), 작(爵), 치(觶) 각각 1점씩이 출토된 식기+주기 조합의 중형 묘는 중기 전단의 특징을 보여준다.[51] 중기의 다른 묘로 1986년 발굴된 M84를 들 수 있는데, 정(鼎) 2점과 언(甗), 수(盨) 각각 1점씩(이상 식기), 존(尊)과 유(卣) 각각 1점씩(이상 주기), 반(盤)과 화(盉) 1점씩(이상 수기)이 출토되어 전형적인 중기 전단의 조합을 보여준다. M84에서 수(盨)의 출현은 위에서 살펴본 진후 묘지에서 수(盨)가 최초로 출현한 시기와 거의 비슷하다. 청동기의 양식 역시 정(鼎) 2점의 경우 각각 속경(束頸)과 수복(垂腹) 형상과 함께 체형이 넓어졌고, 존(尊)에 나타나는 고룡문(顧龍紋)과 장미조문(長尾鳥紋), 수(盨)의 장미조문(長尾鳥紋) 역시 서주 중기의 표준을 준수하여, 지역성이 드러나지 않는다(p.1354). 응후(應侯) 칭(稱)이 문고(文考) 리공(釐公)을 위해 수(盨)에 주조한 명문 역시 필획과 배열이 정제되어 전형적인 서주 중기의 표준을 따르고 있다.[52]

1988년 공표된 M95에서는 실용기와 명기 조합이 분리되어 있었다(그림 9). 실용기

喬,「應國歷史與地理問題考述」,『中原文物』2010-6, pp.40-46.
49) 周永珍,「西周時期的應國,鄧國銅器及地理位置」,『考古』1982-1, pp.48-50; 河南省文物研究所, 平頂山市文管會,「平頂山市北滍村兩周墓地一號發掘簡報」,『華夏考古』1988-1,
50) 平頂山文管會,「平頂山市新出土西周青銅器」,『中原文物』1988-1, pp.21-22.
51) 平頂山文管會, 張肇武,「平頂山市新出土西周應國青銅器」,『文物』1984-12, pp.29-32.
52) 河南省文物考古研究所, 平頂山市文物管理委員會,「平頂山應國墓地八十四號墓發掘簡報」,『文物』1998-9, p.11.

는 정(鼎) 3점과 궤(簋) 및 격(鬲) 각각 4점, 수(盨)와 방호(方壺) 각각 2점, 언(甗)과 반(盤), 이(匜) 각각 1점에 용종(甬鐘) 7점이 추가되어 전형적인 서주 후기 예기 조합의 표준을 준수하고 있는데,[53] 식기인 정(鼎)과, 궤(簋), 격(鬲), 수(盨)는 모두 동일한 모양의 세트를 이루어 열정제가 반영되었음을 확인할 수 있다. 명기(明器) 조합은 정(鼎)과 궤(簋) 각각 2점씩, 타원형기(橢圓形器), 치(觶), 반(盤), 이(匜) 각각 1점씩으로 구성되어, 진후묘지의 가장 늦은 묘인 M93/M102의 명기 조합과 유사하다(그림 8, 9-[2]).[54] 각 기물의 양식 역시 깊이가 얕은 비교적 수복(垂腹) 형태의 정(鼎)과 수복(垂腹)에 권족(圈足) 아래에 삼족(三足)이 있는 궤(簋), 높이가 낮아지고 옆으로 퍼진 언(甗) 등이 IV 후반의 전형적 기물이고, 격(鬲) 표면의 대파문(大波紋)과 몸체가 깊고, 주둥이가 긴 이(匜) 등은 V기의 양식에 속한다. 따라서 M95에서 출토된 기물의 양식이나 조합 모두 왕기의 표준을 벗어나지 않는다. 보고서에 제시된 (응)공[(應)公]이 오복(吾攵)를 위해 주조했음이 명시된 정(鼎)과 궤(簋)의 명문은, 탁본은 제시되어 있지는 않지만, 그 내용상 왕기의 표준을 따르고 있다.[55]

이렇듯 고고학적으로 발굴된 응국(應國) 관련 청동예기 이외에, 다수의 전세기(傳世器)들뿐만 아니라 최근 들어 보리예술박물관(保利藝術博物館)과 상해박물관(上海博物館) 등에서 회수한 응공(應公)이나 응후(應侯)가 주조한 청동기들도 눈에 띈다. 주봉한(朱鳳瀚)이 이들 20여점을 망라하여 자신의 분기에 수렴했듯이(pp.1354-1356), 이들 역시 모두 왕기 지역의 양식을 고수하고 있다. 더욱이 보리예술박물관(保利藝術博物

---

53) 朱鳳瀚은 서주 후기(V기)에 이르면 甗이 사라진다고 보았지만, 서주 후기로 추정되는 應國의 M95와 진후묘지의 M64 등에는 아직 甗이 나타나, 이 역시 晋이나 應의 지역성으로 간주하기는 어려울 듯하다.

54) 河南省文物考古研究所, 平頂山市文物管理委員會, 「平頂山應國墓地九十五號墓的發掘」, 『華夏考古』 1992-3, pp.93-97.

55) 역시 이들 묘와 인근에서 1989년 발굴되어 최근 보고된 대형묘 M8도 관심을 끌만하다. 應公의 명문을 담은 기물들이 출토된 이 묘의 청동예기들 역시 그 조합이나 양식, 명문 등 여러 측면에서 서주 후기 의례개혁의 표준을 준수하고 있다. 발굴자들은 이 묘를 춘추 초기 應의 통치자 묘로 추정했지만, 대부분의 기물은 그 구분이 뚜렷하지 않은 서주 말-춘추 초의 양식을 취하고 있다(河南省文物考古研究所, 平頂山市文物管理局, 「平頂山應國墓地八號墓發掘簡報」, 『華夏考古』 2007-1, pp.20-49).

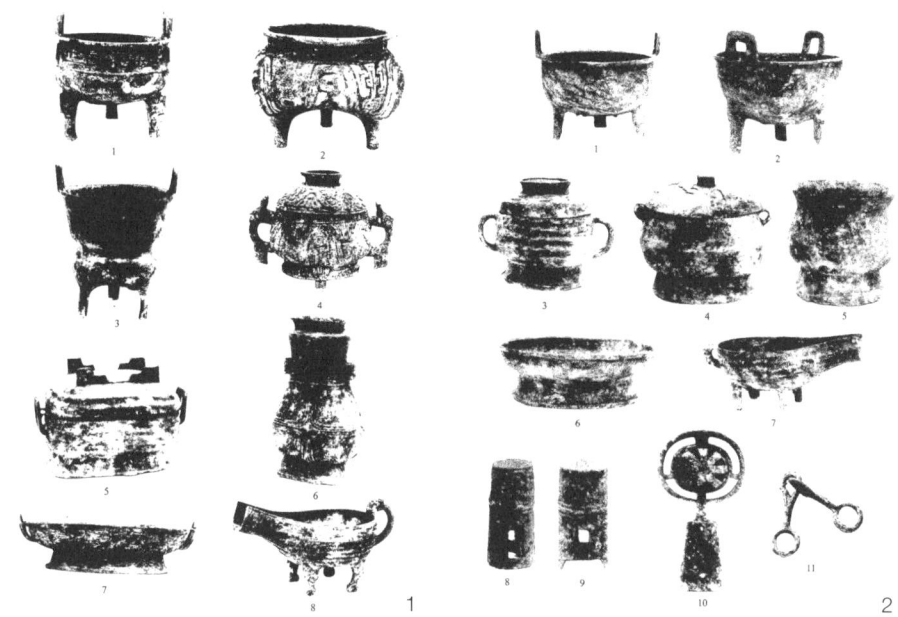

[그림 9] 응국(應國)묘지 서주 후기 M95 출토 청동예기: [1] 실용기(實用器), [2] 명기(明器)

館)에서 1990년대 회수한 서주 후기[주봉한(朱鳳瀚)의 Ⅳ기]의 응후견공종(應侯見公鐘) 명문은 응후(應侯) 견공(見公)의 왕 알현을 기록하고 있고,[56] 최근 공개된 범계융(范季融)의 소장품에 포함된 동일 인물이 주조한 응후견공궤개(應侯見公簋蓋)와 2000년 상해박물관(上海博物館)이 회수한 응후견공정(應侯見公鼎) 명문은 응후(應侯)가 왕명을 받고 남회이(南淮夷)를 정벌한 사실을 비교적 상세히 기록하고 있다.[57] 앞에서 살펴본 진후묘지에서 출토된 진후소편종(晉侯蘇編鐘) 명문에 명시된 진후(晉侯) 소(蘇)의 왕명에 따른 동방 정벌 기록과 유사한 맥락이다.[58]

---

56) 保利藝術博物館, 『保利藏金(續): 保利藝術博物館精品選』 (廣州: 嶺南美術出版社, 2001), pp.156-159.

57) 『首陽吉金: 胡盈瑩范季融藏中國古代青銅器』 (上海: 上海古籍出版社, 2008), p.112-114; 陳佩芬, 『夏商周青銅器研究』 (上海: 上海古籍出版社, 2004), 第四冊, p.413.

58) 沈載勳, 「晉侯蘇編鐘 銘文과 西周 後期 晉國의 發展」, pp.8-14.

이와 같이 서주 후기까지 이어진 왕실과 봉국들 사이의 밀접한 관계를 통해서 볼 때, 청동예기 상에 일관되게 나타나는 통합성과 획일성은 오히려 자연스러운 현상일 수도 있다. 주봉한(朱鳳瀚)은 앞에서 언급한 다른 봉국 유적들 출토 청동예기 역시 중심지의 표준을 따르는 것으로 파악하면서, 주로 하남성 서부와 북부, 하북성의 화북평원 서부와 북부, 산동성의 중부와 북부, 산서성의 남부에 위치한 이들 지역의 청동문화를 왕기 지구와 동일 계통으로 보고 있다(p.1531).[59] 서주 중후기 이후 왕실 권위의 쇠퇴와 함께 일부 봉국들과의 관계가 소원해졌을 것이라는 견해에도 불구하고,[60] 봉국의 통치자를 비롯한 최상류층 귀족들은 최소한 청동예기를 비롯한 문화적 측면에서는 중심지 최상류층의 그것을 공유했던 것이다. 서주 왕실에서 선도한 청동예기 제작과 그 기술의 보급이 주에의 소속감과 일체감을 유지시키는 중요한 기제였을 가능성이 크다. 따라서 진국(晉國)이나 응국(應國) 등 봉국들의 유적지에서 발견된 다양한 청동예기들은 당시 최상류 귀족층이 광범위하게 향유했던 동일한 의례의 양상을 보여주는 한편, 아직도 부족한 왕기 지역에서 발굴된 청동예기의 표본을 보완해 준다.

---

59) 양자강 중류 湖北省 黃陂 인근의 魯臺山의 서주 묘군에서 발견된 서주 전기 후단에 속하는 청동예기들 역시 조합이나 양식 등이 중심지의 그것과 거의 동일하다. 이들과 함께 孝感의 이른바 安州六器(中甗, 中方鼎 등)나 隨縣, 江陵 등지에서 발견된 서주 전기 청동기들 역시 서주 전기 이 지역에서 주의 강력한 존재를 암시한다(Li Feng, *Landscape and Power in Early China: The Crisis and Fall of the Western Zhou, 1045-771 B.C.* [Cambridge: Cambridge University Press, 2006], pp.325-328). 최근 발굴된 湖北省 隨州 葉家山의 대체로 서주 전기에 속하는 曾國墓地 출토 청동기 역시 유사한 맥락의 새로운 자료를 제공한다(湖北省文物考古研究所 등, 「湖北隨州葉家山西周墓地發掘簡報」, 『文物』 2011-11, pp.4-60). 그러나 중기 이후 이 지역에서 서주 청동기는 거의 발견되지 않고 있다.

60) Edward L. Shaughnessy, "Western Zhou History," *The Cambridge History of Ancient China: From the Origin of Civilization to 221 B.C.*, pp.328-331.

Ⅳ. 동화와 미숙한 독자성 추구: 주변세력

앞의 두 장에서 살펴본 왕기와 지방 봉국들 출토 청동예기의 일체성은 서주 왕실 중심의 정치적, 문화적 흡인력을 입증해준다. 이를 토대로 "거대한 통일국가"로서의 서주가 상정되기도 하지만,[61] 봉국들은 왕기 지역과 선으로 연결된 영역국가의 구성 성분보다는 광활한 여러 지역에 자리한 거점들로 이해하는 것이 더 정확할 것이다.[62] 주(周)에의 소속이 확실한 이러한 거점들 사이나 혹은 그 외곽 지역에는 독자성을 지니는 이른바 비주(非周) 정치체들도 존재하고 있었을 것이다.[63] 이들은 실제로 서주 청동기 명문을 통해서도 확인되는데, 최근 김정열은 자신들 스스로나 조상들을 왕(王)으로 칭한 금문의 사례들을 검토하여, 이들을 비주(非周) 지역 정치체로 주목한 바 있다.[64] 필자 역시 다른 맥락에서 청동기 명문들을 검토하여 서주시기 주 왕실에 복속과 이반이라는 이중성을 보여주는 정치체들을 이른바 비주(非周) "주변세력"으로 명명한 바 있다.[65]

---

61) Jessica Rawson은 주가 적어도 상류층 문화의 측면에서는 "거대한 통일국가"를 이루었다고 보고 있다("Western Zhou Archaeology," p.353). 李學勤을 비롯한 중국학자들 역시 대체로 이러한 견해를 가지고 있다.

62) Li Feng, *Landscape and Power in Early China*, pp.300-301.

63) 『左傳』 등의 전래문헌에도 春秋시대에 戎과 狄 등의 비주 세력이 주요 열국들의 변경에 혼재하고 있었던 것으로 나타나고, 東夷, 南蠻, 西戎, 北狄의 방위에 따른 蠻夷戎狄 분류도 춘추시대에 비롯되어 漢代에 완성된 것으로 파악된다(趙鐵寒, 「春秋時期의 戎狄地理分布及其原流」, 『古史考述』[臺北: 正中書局, 1965], p.314).

64) 金止烈, 「기억되지 않은 왕들」, p.277.

65) 沈載勳, 「상쟁하는 고대사 서술과 대안 모색」, pp. 282-295. 이러한 좋은 사례로 서주 穆王期 청동기 명문들에 나타나는 害夫 의 경우가 눈길을 끈다. 河南省 남부의 지역 정치체로 추정되는 害夫 는 彔作辛公簋(集成 4122)와 彔鼎(集成 2721) 명문에 周의 관할 하에 있던 지역으로 암시되어 있고, 鍼甗(集成 948) 명문에는 그 통치자가 害夫 侯로 호칭될 정도로 주 왕실과 친밀한 관계를 유지한 것으로 나타난다. 그러나 한 세대 이후의 기물로 추정되는 䍐簋(集成 4322) 명문에는 成周에 이르는 길목인 河南省 중부의 葉縣으로 비정되는 지역까지 공략하며 周의 입장에서 적을 의미하듯 戎害夫 로 지칭되고 있다(沈載勳, 「「周書」의 "戎殷"과 西周 金文의 戎」, 『東洋史學硏究』 92, 2005, pp.14-23).

그렇다면 이러한 "주변세력"들의 청동문화 발전 양상을 고고학적으로 확인할 수 있을까? 만약 그것이 가능하다면, 그러한 발전 양상은 그들의 정치적 입장만큼 독자적이었을까? 김정열은 왕을 자칭했던 지역정치체인 矢(夨)의 섬서성(陝西省) 서부 롱현(隴縣)과 천양현(千陽縣) 일대에서 발견된 청동기와 감숙성(甘肅省) 영대현(靈臺縣) 백초파(百草坡)의 夨 관련 기물을 고찰하여 백초파(百草坡)의 경우 묘의 구조나 출토된 청동무기와 도기 등에서 지역색이 드러남에도 불구하고 대체로 그 조합이나 양식 등이 서주 중심지의 그것을 따르고 있었던 것으로 보았다.66 반면에 백초파(百草坡)의 청동기군을 정치적 입장은 배제한 채 서주 중심지의 그것으로 분류하는 주봉한(朱鳳瀚)은 (pp.1229-1231) 오히려 하남성 정주(鄭州)의 와유(窪劉)[관국?(管國?)]나 산동성 동부 래양(萊陽)[기국?(紀國?)], 섬서성 보계(寶鷄) 여가장(茹家莊)[강국(弓强國)] 등에서 발굴된 청동기군이 앞 장에서 살펴본 봉국 유형보다 지역성을 드러내는 것으로 파악한다.67 그는 필자가 앞장에서 봉국의 청동기로 분류한 평정산(平頂山) 응국(應國)의 기물도 이 유형에 포함시키고 있다. 이들 지역에서 발견된 청동예기의 양식이나 문양이 왕기의 그것들과 기본적으로 동일하지만, 조합 형식에 차이를 보이는 등 비교적 지역색이 나타난다고 보고, 대체로 하남성 남부와 산동성 남부, 강소성(江蘇省) 서부, 관중(關中)평원 서부 등지 청동문화를 이러한 제 삼의 유형으로 분류한 것이다 (pp.1530-1531).

백초파(百草坡)의 유지(遺址)들을 김정열의 주장처럼 非周 지역 정치체의 유산으로 볼 수 있다면, 주봉한(朱鳳瀚)이 거기서 출토된 청동예기들을 왕기의 것으로 분류한 것처럼, 최소한 청동예기의 측면에서 봉국을 포함한 중심지와 주변세력 사이의 뚜렷한 차이를 간파해내기는 어려울지도 모른다. 마찬가지로 주봉한(朱鳳瀚)이 위에서 강조한 지역성도, 그가 봉국들과는 다르게 파악한 응국의 경우를 통해서 볼 때, 앞 장에서 살펴본 봉국들 청동문화와의 상대적 지역성을 의미하는 것 이상이 아님은 물론

---

66) 金正烈, 「기억되지 않은 왕들」, p.280-289.

67) 주봉한은 물론 필자처럼 주변세력과 같은 용어로 이들을 분류하지는 않았지만, 중심지와 봉국에 이은 제 삼의 구역이라는 점에서는 필자의 분류와 크게 차이가 나지는 않는다.

이다. 이러한 측면에서 이미 앞에서 언급한 바 있듯이 이학근(李學勤)이 왕기 지역 이외의 청동기를 모두 제후국의 청동기로 분류한 것도 이해되는 측면이 있다(각주4 참고). 청동기 명문을 통해 주변세력들의 정치적 독자성을 읽어낼 수 있음에도 불구하고, 실상 이들 지역의 최고위 귀족층 묘에서 발굴된 청동예기들은 오히려 주의 예제를 추구하며 주에 동화된 양상을 보여주는 것이다. 청동예기를 통한 서주 중심지 귀족 문화의 흡인력이 지대했음을 알 수 있다.

그렇지만 주변지역의 청동기들에서 주의 그것과 뚜렷한 차이를 구분해낼 수 없는 것은 아니다. 최근 리펑은 위에서 필자가 언급한 "주변세력"에 포함되는 괴(乖)와 악(鄂), 강(強) 등 일부 정치체의 청동예기와 특히 명문에서 주의 그것과는 다른 양상을 살펴본 바 있는데.[68] 이들의 청동예기 활용 및 제작과 관련된 그의 문제 제기는 지면을 할애하여 소개할 가치가 있다.

우선 서주 중기 공왕(共王)(922-900 B.C.)이나 의왕(懿王)(899-892 B.C.) 시기의 것으로 추정되는 괴백궤(乖伯簋)[집성(集成) 4231] 명문을 통해 알려진 괴(乖)라는 정치체는 당시 독자성을 지닌 비주(非周) 주변 정치체라는 데 이견이 없다.[69] 그 명문에 의하면 서주 중기의 어느 시점에 주(周)에 정벌당한 괴(乖)의 통치자 미오(眉敖)가 주왕(周王)을 알현했고, 왕은 이전에 미오(眉敖)의 조상이 타방(他邦)으로서 주(周)의 천명(天命)을 이루는 데 기여했음을 언급하며 예물을 하사하고 있다. 이에 괴백(乖伯)이라는 주식(周式) 칭호로 명기된 미오(眉敖)는 그 기물을 주조하여 돌아가신 부친 무괴기왕(武乖幾王)께 바치고 있다. 주에 복속과 이반을 되풀이한 乖의 정체성을 보여주는 괴백궤(乖伯簋)는 그 기물과 명문의 양식에서 주의 표준을 따르고 있다(그림 10, 11).[70]

---

68) Li Feng, "Literacy Crossing Cultural Borders: Evidence from the Bronze Inscriptions of the Western Zhou Period (1045-771 B.C.)," *The Museum of Far Eastern Antiquity* 74, 2002, pp.210-242.

69) 金正烈, 「기억되지 않은 왕들」, pp.289-291.

70) 乖伯簋 명문의 해석과 거기에 언급된 乖의 성격에 대해서는, 沈載勳, 「상쟁하는 고대사 서술과 대안 모색」, pp.288-291 참고. 眉敖는 또한 역시 서주 共王 시기의 기물로 추정되는 九年裘衛鼎(集成 2831)에도 왕을 알현한 것으로 명시되어 있다.

[그림 10] 乖伯簋와 眉敖簋蓋

그렇지만 동일한 인물이 주조한 것으로 추정되는 현재 북경(北京)의 고궁박물원(故宮博物院) 소장 미오궤개(眉敖簋蓋)[집성(集成) 4213] 명문은 그 양식이나 서체에서 아주 다른 모습을 보여준다. 현재 뚜껑만 남아 있는 이 기물은 절곡문(竊曲紋)이 장식된 서주 중후기의 유물이다(그림 10). 이 명문의 작기자인 미오(眉敖)는 괴백궤(乖伯簋)와 구년구위정(九年裘衛鼎)에 각각 언급된 미오(眉敖)와 동일시되는데, 리펑은 대부분의 서주 청동기 명문과는 확연히 다른 미오궤(眉敖簋) 명문의 조잡성과 미숙성에 주목한다. 53자의 명문은 서주 금문의 일반적 양식과는 반대로 왼쪽 상단에서 시작한 행이 오른쪽으로 이어진다. 역시 중후기의 다른 명문들과 달리 글자가 너무 빽빽하고 종

[그림 11] 괴백궤(乖伯簋)와 미오궤개(眉敖簋蓋) 명문

횡의 열 역시 일정하지 않을 뿐만 아니라 필획의 폭 역시 제대로 정리되지 않은 상태이다. 많은 개별 글자들의 불규칙성은 더 놀랄만한데, 부수의 위치가 바뀌었거나 간략화되어 거의 모든 글자가 구조적으로 부정확하다(그림 11).

명문의 불규칙성 때문에 내용도 완전히 파악하기는 어렵지만, 대체로 융(戎)[미오?(眉敖?)]이 주(周)의 관리에게 동원료로 추정되는 금(金) 100차(車)를 주고, 미오(眉敖)가 그 대가로 10균(鈞)의 가공된 금(金)으로 보상받으면서, 주의 관리들에게 옥 등 예물을 바치고, 이를 기념하기 위해 주조했음이 기록되어 있다. 주변세력으로서 괴(乖) 혹은 미오(眉敖)의 정체성을 반영하듯 명문에도 비주(非周)와 주(周) 사이의 거래가 언급되어 있는데, 미오(眉敖)라는 이름 역시 비주식(非周式) 이름의 주식(周式) 음역(音譯)으로 파악된다. 괴(乖)의 위치에 대해서는 종래 곽말약(郭沫若)과 백천정(白川靜) 등이 괴백궤(乖伯簋) 명문에 나타나는 귀(歸)를 지명으로 이해하여 호북성(湖北省) 서부의 자귀(姊歸)로 추정했으나, 리펑은 1972년 감숙성(甘肅省) 영대현(靈臺縣) 요가하(姚家河)의 한 묘에서 출토된 서주 전기의 정(鼎)에 "괴숙작(乖叔作)"이라는 명문이 주조된 것을 토대로,[71] 감숙성(甘肅省) 동부나 영하(寧夏) 남부로 파악한다. 따라서 미오궤(眉敖簋) 명문에 융(戎)이라고 명시된 것처럼 괴(乖)를 왕기의 서북방에 위치한 비주(非周) 주변세력으로 볼 수 있으며, 미오(眉敖)의 공방에서 당시 주(周)의 언어를 제대로 이해하지 못하는 사람이 작성한 그 명문 역시 비주(非周) 맥락에서 작성된 좋은 사례로 주장한다. 다른 한편으로 서주의 표준 양식을 고수한 괴백궤(乖伯簋)와 그 명문은 주의 공방에서 주조되었을 것으로 추정한다.[72]

하남성 남부의 남양(南陽) 인근이나 호북성(湖北省) 악성(鄂城) 인근에 위치했을 것으로 추정되는 악(噩)[악(鄂)][73] 역시 비주 정치체의 특색을 드러내는 청동예기를 주조했다. 악(噩)은 서주 후기 려왕(厲王) 시기의 악후어방정(噩侯馭方鼎)[집성(集成) 2810]

---

71) 甘肅省博物館文物隊 등, 「甘肅靈臺縣兩周墓葬」, 『考古』 1976-1, pp.39-42.
72) 이상 眉敖簋 명문에 관한 논의는 Li Feng, "Literacy Crossing Cultural Borders," pp.212-220에 상술되어 있다.
73) 徐少華, 『周代南土歷史地理與文化』 (武漢: 武漢大學出版社, 1994), p.25; 李學勤, 「靜方鼎與周昭王曆日」, 『夏商周年代學札記』 (沈陽: 遼寧大學出版社, 1999), p.24.

명문에는 왕이 남방의 회이(淮夷)를 성공적으로 정벌하고 귀환길에 악후(噩侯)의 근거지에서 환대를 받고 하사품을 내릴 정도로 좋은 관계를 유지했다. 또한 같은 시기의 악후궤(噩侯簋)[집성(集成) 3920] 명문에는 악후(噩侯)가 딸 왕길(王姞)을 주왕(周王)에게 시집보내는 내용까지 담겨있다. 그러나 비슷한 시기의 기물로 추정되는 우정(禹鼎)[집성(集成) 2833] 명문에서 악후(噩侯)는 남회이(南淮夷)와 동이(東夷)까지 이끌고 광범위한 반란을 주도하다, 주(周)의 대대적인 공격을 받고 우(禹)에 의해 진압, 생포된 것으로 언급되어 있다.[74] 앞의 괴(乖)와 마찬가지로 주에 복속과 이반이라는 이중성을 보여준다.

   이러한 이중성에 부합하듯 리펑은 악후어방정(噩侯馭方鼎)의 양식에서도 서주 중심지의 그것과는 다른 점들을 지적한다. 일단 속이 깊고 바닥이 원형인 그 형상은 근정(堇鼎)의 그것과 마찬가지로 전기의 양식을 따른 것으로, 바닥이 평평하거나 반구형(半球形)인 후기 정(鼎)의 모습과는 상당히 다르다. 후기의 청동기 문양이 추상적인 중환문(重環紋) 등으로 대표되는 것과 달리, 악후어방정(噩侯馭方鼎)의 문양 역시 십오년뻴조정(十五年뻴曹鼎)의 그것과 같이 중기에 유행하던 S형 기문(夔紋)으로 장식되어 있다. 비록 주의 중심지에서 유행했던 양식을 취하고 있지만, 서주 초기와 중기의 양식이 시대착오적으로 결합된 후기 제작 청동기인 것이다. 그 명문 역시 위의 미오궤(眉敖簋)보다는 질이 높지만, 글자 폭이 고르지 않을 뿐만 아니라 획이 빠지고 부수가 단순화되어, 중심지의 서체를 제대로 훈련받은 서사자가 작성한 것으로 보기는 어렵다(그림 12).

   따라서 악후어방정(噩侯馭方鼎)을 남방 악(噩)의 공방에서 주조된 지역 청동기로 파악하는데, 악(噩)과 관련된 서주 초기의 다른 청동기들 역시 이를 뒷받침한다. 즉 상해박물관(上海博物館) 소장 악계도부궤(噩季도父簋)[집성(集成) 3669]와 악후제딩계유(噩侯弟딩季卣)[집성(集成) 5325], 낙양박물관(洛陽博物館)의 악후제딩계궤(噩侯弟딩季簋)[집성(集成) 3668], 1976년 호북성(湖北省) 수현(隨縣) 서쪽 양자산(羊子山)에서 발굴

---

74) 沈載勳, 「상쟁하는 고대사 서술과 대안 모색」, pp.291-292. 禹鼎 명문에 대해서는, 沈載勳, 「金文에 나타난 西周 군사력 구성과 왕권」, 『中國史研究』 41, 2006, pp.21-24 참고.

[그림 12] 악후어방정(噩侯馭方鼎)과 그 명문, 근정(董鼎)(전기), 십오년뜰조정(十五年뜰曹鼎)(중기)

된 악후제딩계존(噩侯弟딩季尊)[집성(集成) 5912] 등에서도 서주 초기의 전형적 기물과는 다른 지역적 특색을 발견할 수 있다. 이들은 중심지의 그것들에 비해 작고 얕으며 손잡이 역시 가늘 뿐만 아니라 명문의 서체 역시 변형되어 정형을 벗어난다. 반면에 앞에서 언급된 악후궤(噩侯簋)와 상해박물관(上海博物館)에 소장 중인 악숙궤(噩叔簋)[집성(集成) 3574]는 질적으로 뛰어나 전형적인 서주의 기물과 유사하다(그림 13). 따라서 리펑은 악(噩)이 자신들의 지역적 전통을 유지하며 주의 청동기 문화를 수용한 것으로 보았다.[75]

[그림 13] 악계 도 부궤(噩季 도 父簋)와 악계존(噩季尊)(상), 악숙궤(噩叔簋)와 악후궤(噩侯簋)(하)

---

75) 이상 噩의 청동기들와 명문에 관한 논의는 Li Feng, "Literacy Crossing Cultural Borders," pp. 222-230

마지막으로 살펴볼 섬서성 서부에 위치한 강국(強國) 역시 그 통치자가 부인 정희(井姬)를 위해 주조한 강백정(強伯鼎)[집성(集成) 2677] 명문을 통해 중심지 주의 귀족 가문과 통혼한 비주 정치체였음을 알 수 있다.[76] 마찬가지로 그 묘지 출토 청동기들 역시 위의 괴(乖)나 악(噩)과 유사한 양상을 보여준다. 보계의 서쪽 위수(渭水)의 남북에 연한 지방두(紙坊頭)와 죽원구(竹園溝), 여가장(茹家莊)의 세 지역에서 각각 발굴된 어국묘지에서는 현재까지 통치자의 것으로 추정되는 일부 묘들을 비롯하여 대략 25기 정도의 청동예기를 부장한 중대형 묘들이 발견되었는데, 1988년 아주 세밀한 보고서가 출간되었다.[77]

리펑은 지방두(紙坊頭)나 죽원구(竹園溝)의 서주 전기 어국 묘들에서 출토된 청동기들은 그 조합이나 양식, 명문 등에서 대체로 서주의 표준을 따르는 것으로 보고 있다(그림 14). 일단 청동예기를 부장한 묘 15기가 발굴된 죽원구(竹園溝) 묘들의 기물 조합은 대형묘의 경우 식기+주기+수기(M13과 M4)나 식기+주기(M7) 조합을 따르고 있어 동시기 중심지의 조합과 일치한다. 주봉한(朱鳳瀚)도 죽원구(竹園溝) 묘에서 출토된 기물 중 M4에서 출토된 짧은 제족(蹄足)이 세 개 달린 강계존(強季尊)에서 특이함을 발견하는 것 이외에 다른 기물들은 대체로 서주 전기의 표준을 따르는 것으로 보고 있는데(p.1522), 명문 역시 리펑이 주목한대로 대체로 서주 전기 중심지의 양식을 취하고 있다. 식기와 주기를 담고 있는 지방두(紙坊頭)의 대형묘 M1 출토 기물들 역시 주봉한(朱鳳瀚)은 이례적으로 높은 권족(圈足)을 지닌 쌍이궤(雙耳簋)의 특이성에 주목하지만(p.1523) 대체로 중심지의 양식을 벗어나지 않는다. 다만 이어서 언급할 중기의 여가장(茹家莊) 묘(M1)와 마찬가지로 죽원구(竹園溝)의 대형묘 3기에 모두 첩의 묘[첩순장(妾殉葬)]가 동반되어 있고 이들 묘 역시 양적으로 많지 않아도 식기와 주기를 지니고 있는 점은 어국의 지역적 특색으로 보아야 할 것이다.

주로 중기 목왕(穆王) 시기로 추정되는 여가장(茹家莊) 묘지 출토 청동기에서는 확

에 상술되어 있다.
76) 沈載勳, 「상쟁하는 고대사 서술과 대안 모색」, p.293.
77) 盧連成, 胡智生, 『寶鷄強國墓地』.

[그림 14] 서주 전기 지방두(紙坊頭)와 죽원구(竹園溝) 출토 전형적 서주 청동기

실한 지역성을 발견할 수 있다는 리펑은 특히 強백(強伯)의 부인인 정희(井姬) 묘로 추정되는 여가장(茹家莊)의 M2에서 출토된 짝을 이루는 強백정(強伯鼎)의 명문을 세밀히 분석하고 있다. 24자의 명문 중 5자는 식별이 불가능하고, 다른 5자는 대조 후에야 추측이 가능할 정도로 거의 모든 글자가 완전하지 않아, 서사자가 당시의 기본 글자를 정확히 모르고 작성한 것으로 추정한다(그림 15). 나아가 強백(強伯)의 묘인 M1의 갑실(甲室)에서 출토된 동일한 모양으로 세트를 이룬 항아리 모양 정(鼎) 5점과 궤(簋) 4점(그림 16-1)[78] 역시 발굴자와 마찬가지로 지역색이 농후한 기물로 파악하고 있다. 발굴자들은 이와 함께 짧은 다리와 뚜껑, 변형된 기룡문 등이 두드러지는 위의

強백정(強伯鼎) 2점과(그림 15), M1의 을실(乙室)에서 출토된 쌍이쌍환(雙耳雙環) 強백궤(強伯簋)(그림 16-2), 역시 세트를 이루는 두(豆) 4점(그림 16-3)도 서주 왕기 지역에서는 나타나지 않는 독특한 모습으로 주목하고 있다(그림 16).[79]

[그림 15] 서주 중기 여가장(茹家莊) M2 출토 強백정(強伯鼎)과 명문

---

78) 기물들의 구연에 儿자가 새겨져 있어 보고자들은 이들을 각각 儿鼎, 儿簋로 명기하고 있다(盧連成, 胡智生, 『寶鷄強國墓地』, p.279).
79) 盧連成, 胡智生, 『寶鷄強國墓地』, pp.364-368, 408.

[그림 16] 서주 중기 여가장(茹家莊) M1 출토 지역 청동기

　물론 여가장(茹家莊)의 청동예기 역시 그 조합은 주의 그것을 대체로 따르고 있고, 위에서 언급한 지역성을 띤 기물들이 서주의 표준 기물과 뒤섞여 나타나지만, 같은 족속의 이른 시기 묘인 지방두(紙坊頭)나 죽원구(竹園溝)의 기물보다는 확실히 지역적 색체가 두드러진다. 따라서 리펑은 서주 초기에 주(周)의 양식을 채용한 어국이 중기 이후 주의 영향력이 약화되자 자신들만의 지역성을 추구했을 것으로 보았다.[80]

　그러나 서주 중기 어국 묘 출토 청동기를 통해 표출된 지역성은 질적 저하를 보여주는 데만 그치지 않고, 주봉한(朱鳳瀚)의 주장처럼 청동예기의 개조와 창신(創新)을 통한 문화적 독립성의 일단도 보여준다(p.1524). 필자가 파악하기에 리펑이 지적한 명문의 부정확성도 여가장(茹家莊) 묘지에서 출토된 다른 명문들이 나름대로의 일관성을 지니는 유사한 서체를 취하고 있는 것으로 보아, 중심지의 서체가 간화(簡化)되거나 변형되어 어국에서 통용되던 방식일 가능성도 배제할 수 없다. 따라서 제시카 로슨은 자신이 "의례혁명"이라고 명명한 서주 중후기 청동예기 상에 나타난 변용의 주요 선례들[특히 여가장(茹家莊) M1의 용종(甬鐘)과 열정궤(列鼎簋)]이 서방의 어국에서 창출되어 동쪽의 중심지로 전이되었을 가능성까지 제기한 바 있다.[81]

　지금까지 살펴본 서주의 주변 정치체인 괴(乖)와 악(噩), 어(強) 관련 청동기들은 양적으로 부족할 뿐만 아니라 어의 경우를 제외하고는 체계적인 고고학 발굴을 통해 얻어진 것도 아니어서, 이들 청동기의 지역성에 대해 제한적인 정보만을 제공할 뿐이다. 따라서 이를 토대로 어떤 일반화된 결론을 도출하기는 조심스럽지만, 그 앞에

---

80) 이상 強伯鼎 명문과 어국 청동기에 관한 논의는 Li Feng, "Literacy Crossing Cultural Borders," pp.231-236에 상술되어 있다.

81) Rawson, "Western Zhou Archaeology," pp.419-422.

언급된 다른 주변지역의 청동기들과 함께 서주시대 중심과 주변의 관계에 있어서 아래와 같은 몇 가지 실마리는 찾을 수 있을 듯하다.

첫째, 많은 주변세력들의 소유 열망이 느껴지는[82] 주식(周式) 청동예기의 광범위한 분포는 정치적 관계를 넘어서는 서주 귀족문화의 확산을 입증해준다. 이러한 확산은 정치적, 종족적으로 비주(非周)였던 다양한 주변세력들이 주(周)의 예제에 편입되어 동화되는 과정으로 볼 수 있을 것이다. 청동예기를 사용한 주식 예제는 동주시대에 더욱 확산되어,[83] 그 차용 유무가 당시 형성되어 가던 화이(華夷)의 구분에 주요한 기준들 중 하나로 기능했을 가능성이 크다.

둘째, 청동예기상 봉국을 포함한 주(周)와 주변 비주(非周)세력 사이에 나타나는 가장 뚜렷한 차이는 명문에 반영된 서사능력의 차이일 것이다. 일부 기물의 양식상 차이에도 불구하고 봉국들의 청동기 명문이 주의 서체를 벗어나는 경우는 거의 전무한 반면, 주와 정치적으로 단절된 주변세력들은 위의 세 정치체에서 작성한 명문의 경우처럼 주의 서사방식을 정확히 숙지하지 못했거나, 자신들 나름대로의 방식으로 변용했을 가능성이 크다. 이러한 명문상의 차이는 일부 비주 정치체들의 언어가 주의 그것과 달랐을 가능성을 암시하는 한편, 주식(周式)의 정확한 명문을 지닌 주변세력의 청동예기들이 주의 공방에서 주조되었거나, 최소한 주의 감독이나 후원 하에 제작되었음을 알게 해준다.

셋째, 주의 봉국들이 청동예기를 자체 제작할 수 있는 공방을 가지고 있었음이 거의 확실한 것과 마찬가지로,[84] 주변세력들 역시 주의 방식을 모방한 자신들의 공방

---

82) 팔켄하우젠은 비주 세력들에게 주의 청동예기가 위신재로 활용되었을 것으로 보고 있다(『고고학 증거로 본 공자시대 중국사회』, p.324).

83) 팔켄하우젠, 『고고학 증거로 본 공자시대 중국사회』의 제6장 「확산하는 사회」(특히 pp.328-369)에 이러한 과정이 상술되어 있다.

84) 松丸道雄, 「西周靑銅器中の諸侯製作器について: 周金文硏究, 序章その二」, 『西周靑銅器とその國家』(東京: 東京大學出版會, 1980), pp.137-182; Li Feng, "Literacy Crossing Cultural Borders," p.239. 물론 현재까지 봉국들의 청동기 제작을 밝혀줄 陶范 등을 지닌 청동기 공방 유적은 아직 발굴되지 않고 있다. 그러나 최근 산동성의 서주 중후기에서 춘추 중기까지의 萊國 遺址로 추정되는 龍口市 歸城의 城址를 발굴 조사를 주도한 리펑은 이 과정에 陶范 한 점을 발견했음을 전한다(개인적 교신

을 운영했을 가능성이 크다.⁸⁵ 그들의 제작 기술은 중심지의 그것에 비해 많이 떨어져, 주(周)로부터 세련된 청동제작 기술의 습득을 위해 많은 노력을 기울였을 것이다. 그럼에도 어국의 자체 제작 가능성이 큰 여가장(茹家莊) 출토 일부 서주 중기 청동기들의 독특한 양식은 자신들 나름대로의 독창성을 보여준다. 주변세력들 각각이 처한 정치적, 경제적 상황이나 주왕실과의 관계 및 그 추이에 따라 청동 제작 기술의 수준이 달라졌을 것임은 물론이다.⁸⁶

V. 周式 청동기의 유입, 그 예제에는 무관심: 이방

앞 장에서 필자가 서주시대 비주(非周) 주변세력으로 명명한 정치체들의 지리적 범위를 명확히 획정(劃定)하기란 실상 불가능하다. 이미 앞에서 언급했듯이 이러한 정치체들은 왕기와 봉국들 사이나 혹은 그 언저리에 위치하고 있었을 가능성이 크기

2011년 11월 3일). 귀성 성지의 발굴에 대해서는, 中美聯合歸城考古隊, 「山東龍口市歸城兩周城址調査簡報」, 『考古』 2011-3, pp.30-39 참고.

85) 리펑은 따라서 松丸道雄이 서주대 청동기 제작의 주체로 설정한 서주 왕실과 봉국들 이외에 비주 주변 정치체들의 공방에서 주조된 청동기 항목도 추가해야 할 것으로 보고 있다.

86) 본문에서 언급하지는 않았지만, 2009년 5월부터 2011년 5월까지 발굴되어 최근 簡報가 출간된 山西省 翼城縣 大河口의 서주시대 霸國 묘지의 발굴도 주변 정치체의 청동예기 활용 문제를 검토할 수 있는 귀중한 자료를 더해준다. 문헌에 등장하지 않은 서주시대 霸國의 묘지로 추정되는 이 묘지에서는 모두 1500기 이상의 묘가 조성되어 있었을 것으로 보이는데 2011년 5월까지 579기의 묘와 24기의 車馬坑이 발견되었다. 이들 중 서주 중기 霸伯의 묘로 추정되는 M1에서는 청동 鼎 24점과 簋 9점, 鬲 7점, 觶 8점, 爵 6점, 卣 4점, 尊 2점, 甗과 盤, 盉, 觚, 罍, 單耳罐, 斗 1점씩, 악기인 鐘과 鐃, 勾金翟 각각 1세트씩 8점이 출토되었다. 또 다른 묘인 M1017에서도 鼎 13점을 비롯한 많은 청동기가 발견되었다(山西省考古硏究所大河口墓地聯合考古隊, 「山西省翼城縣大河口西周墓地」, 『考古』 2011-7, pp.18). 北趙 晋侯墓地에서 동쪽으로 30km 정도에 불과한 지역에서 발견된 이 묘지 출토 청동기들은 強國의 그것처럼 기본적으로 周의 양식을 따르고 있지만, M1의 경우처럼 이례적으로 많은 수량의 기물은 周의 격식을 확실히 벗어난 것으로 보인다. 현재 大河口묘지에 대해서는 간략한 보고서 한 편만이 나온 만큼 앞으로 더 상세한 보고서가 출간되면, 서주나 주변 정치체 청동예기에 대한 흥미로운 연구 주제를 제공할 것으로 보인다.

때문이다. 그럼에도 일단 주봉한(朱鳳瀚)이 추정한 하남성 남부와 산동성 남부, 강소성(江蘇省) 서부, 관중(關中)평원 서부 등지를 이러한 범위에 포함시킬 수 있다면, 이들 지역까지 시기별, 지역별 차이는 있었겠지만 주(周)의 정치문화적 영향력이 어떤 식으로든 미친 사실은 부인하기 어려울 것이다.

그렇다면 이러한 주변부 정치체들의 지리 범위를 벗어난 지역에서도 서주 청동예기를 사용했을까? 현재까지의 고고학 성과는 사천성(四川省) 팽현(彭縣)과 요녕성(遼寧省) 객좌(喀左), 내몽고(內蒙古) 영성(寧城), 양자강(楊子江) 하류의 강소성(江蘇省) 단도(丹徒)와 안휘성(安徽省) 둔계(屯溪) 등지에서 서주 청동예기가 산발적으로 출토된 정보를 제공하고 있다. 물론 이들 지역에서 청동기가 출토된 정황이나 수량, 기물의 편년 등이 다르기 때문에 어떤 일반화를 도출하기는 어렵다. 따라서 이들 지역에서 서주식 예기가 출토되는 양상은 각 지역의 특수성을 감안하여 개별적으로 접근해야 할 것이다.

그럼에도 불구하고 한 가지 분명한 사실은 이들 청동예기가 앞에서 살펴본 세 구역의 그것들과는 달리 거의 의례나 제사를 위한 일정한 세트를 이루지 못했음은 물

[그림 17] 南山根 M101 출토 기물 조합 상열의 鼎 2점과
중열의 簋, 하열의 簠가 유입품

[그림 18] 烟墩山 M1 출토 기물 조합 1번 鼎과
5번 宜侯夨簋가 유입품

론이고, 의례개혁과 같은 중심지에서의 변화와도 무관하다는 점이다. 더욱이 양자강 하류와 내몽고 남산근(南山根) 등지에서 일부 서주식 청동예기가 토착 청동기와 뒤섞여 발견된 경우가 있기는 해도(그림 17-18), 이러한 대부분의 청동예기는 서주 중심지의 표준기와 다르지 않아 지역에서 자체 제작된 것이기보다는 최소한 앞에서 살펴본 세 구역으로부터의 유입품으로 보는 것이 합리적이다.[87]

이들 서주 청동예기들 중에는 비교적 장문의 명문을 담고 있는 것들도 있다. 1955년 강소성(江蘇省) 단도현(丹徒縣) 연돈산(烟墩山)의 토돈묘(土墩墓) M1에서 남방식 기물들과 함께 발견된 서주 강왕(康王)시기의 의후궤(宜侯簋)[집성(集成) 4320] 명문은 우후(虞侯) ()을 의(宜) 지역으로 이봉(移封)시킨 비교적 상세한 기록을 전한다. 일부 학자들은 이 기물의 출토 지점을 남방의 오(吳) 지역으로 추정하고 명문의 우(虞)를 오(吳)와 일치시키며, 이를 서주 초 주(周)가 양자강 하류 지역까지 장악한 근거로 보기도 한다.[88] 그러나 의후측궤와 동일한 묘에서 출토된 청동기들은 정(鼎) 1점을 제외하면 대부분 상과 서주의 기물을 모방한 동주시대 청동기이므로(그림 18),[89] 황성장(黃盛璋)은 의후측궤가 서주 멸망 이후 이 지역으로 유입되었을 것으로 추정한다.[90]

최근 발간된 내몽고 영성현(寧城縣) 소흑석구(小黑石溝)에서도 서주와 춘추시대 청동예기가 다수 발견되었는데, 훼손된 석곽묘 M9601에서 발견된 책명금문 94자가 담긴 사도궤(師道簋)는 서주 중후기의 전형적 기물이다.[91] 1975년 내몽고 곽림하(霍林河)

---

87) 팔켄하우젠, 『고고학 증거로 본 공자시대 중국사회』, pp.321-328; 김정열, 「요서지역 출토 상, 주 청동예기의 성격에 대하여」, 이청규 등, 『요하유역의 초기 청동기문화』(서울: 동북아역사재단, 2009), pp.82-117; 김정열, 「하가점상층문화에 보이는 중원식 청동예기의 연대와 유입 경위」, 『한국상고사학보』 72, 2011, pp.61-85

88) 唐蘭, 「宜侯簋考釋」, 『考古學報』 1956-2, p.82; 李學勤, 「從新出銅器看長江下遊文化的發展」, 『文物』 1980-8, pp.37-39.

89) 팔켄하우젠, 『고고학 증거로 본 공자시대 중국사회』, p.354. 팔켄하우젠은 이러한 土墩墓들의 연대를 기원전 750-500년 사이로 추정하고 있다.

90) 黃盛璋, 「銅器銘文宜虞矢的地望及其與吳國的關係」, 『考古學報』, 1983-3, pp.295-305. 이 글에서는 치밀한 지리고증을 통해 의후측궤 명문에서 전하는 虞에서 宜로의 移封을 서주 초기 山西省 지역

일대[철리목맹(哲里木盟)] 광구(礦區)의 교장에서 북방식 청동기와 함께 발견된 형국(邢國) 청동기인 형강대재사궤(邢姜大宰巳簋)[집성(集成) 3896][92]와 역시 내몽고에서 발견된 것으로 전해지는 䚅후(䚅侯)가 형(邢)에 시집간 딸 형강(邢姜)을 위해 주조한 잉기(媵器)인 서주 후기의 䚅후궤개(䚅侯簋蓋)[93]도 전형적인 중원식 기물로, 의후측궤나 사도궤와 유사한 방식으로 유입되었을 것이다.

그렇지만 이러한 기물들이 어떻게 그렇게 멀리 떨어진 지역들에까지 유입되었을지에 대해서는 이주나 외교적 예물, 혼인 지참물, 전리품,[94] 상업적 교환 등 여러 가능성을 열어놓고 검토해야 할 것이다. 어쨌든 그들의 관점에서는 이질적이었을 서주 청동예기가 변경 지역의 묘나 교장갱에서 출토되는 사실은 이방의 최고위층 귀족들 역시 주의 문화적 정수로서 청동예기에 대한 기호를 지니고 있었음을 보여준다.

그렇지만 이러한 주식 청동예기가 발견되는 고립적인 양상에서 주의 귀족문화에의 동화 의지를 추정해내기는 어렵다. 그러므로 많은 학자들이 이미 주목한 객좌(喀左) 일대의 서주 초기 청동예기에서 나타나는 연(燕)과의 관련성을 제외하면,[95] 서주 전시기에 걸쳐 주의 정치적 영향력이 이들 지역까지 미쳤을 가능성은 아주 희박하다.

에서 일어난 일로 단정하고 있다. 의후측궤 명문에 대한 설명과 국문 번역은, 심재훈, 「상주시대 이민과 국가: 동서 융합을 통한 절반의 중국 형성」, 『동양사학연구』 103 (2008), pp.30-33 참고.

91) 內蒙古自治區文物考古硏究所 等, 『小黑石溝: 夏家店上層文化遺址發掘報告』 (北京: 科學出版社, 2009), pp.369-70; 사도궤에 대한 설명과 국문 번역은 김정열, 「하가점상층문화에 보이는 중원식 청동예기의 연대와 유입 경위」, p.68 참고.

92) 張栢忠, 「霍林河礦區附近發現的西周銅器」, 『內蒙古文物考古』 1982-2, pp.5-8; 「霍林河上游出土周代銅器的幾點補正」, 『社會科學戰線』 1982-2, pp.185-186.

93) 陳佩芬, 『夏商周青銅器研究: 上海博物館藏品』, 西周編 下, p.486.

94) 김정열은 하가점상층문화 유적들에서 출토된 중원식 청동예기의 대다수가 서주 후기에서 춘추시기 사이에 제작되었고, 그 하한선이 춘추 전기경이라는 사실을 통해 이들 기물의 유입 역시 춘추 전기에 이루어진 것으로 추정한다. 춘추 전기는 戎系의 여러 족속들이 남하하여 중원의 제후국과 빈번하게 교전한 때이므로, 이 과정에서 청동예기가 약탈되었을 것으로 보고 있다(「하가점상층문화에 보이는 중원식 청동예기의 연대와 유입 경위」, pp.78-81).

95) 李學勤, 「北京,遼寧出土靑銅器與周初的燕」, 『新出銅器研究』, pp.46-53; Li Feng, Landscape and Power in Early China, pp.335-340.

Ⅵ. 맺음말

중국의 선진시대는 톰센(C. J. Thomsen, 1788-1865)이 제창한 삼시대법의 두 번째 단계인 청동기시대와 기막히게 부합할 정도로 전세계적으로 유례없이 청동기의 문화적 지배가 관철된 시대였다. 이 글에서는 서주시대 청동예기의 분포 및 양식과 명문상의 차이를 토대로 당시 정치 문화적 공간을 왕기와 봉국(封國), 주변세력, 이방의 네 층차로 분류해보았다. 서주시대에 광범위하게 제작되어 사용된 청동기는 당시 국가와 귀족들에게는 다양한 의미를 지녔을 것이다. 이와 관련하여 케이씨 장은 『좌전(左傳)』[선공(宣公) 3년]과 『묵자(墨子)』[경주(耕柱)] 등에 언급된 하대(夏代)에 제작되어 상(商)과 주(周)에 이르기까지 왕조의 흥망에 따라 권위의 상징으로 전이되었다는 구정(九鼎) 설화에 주목하며, 고대 중국에서 권력과 부에 이르는 최고의 수단으로 다음과 같이 청동기의 장악을 거론하고 있다.

구정(九鼎) 설화는 상당히 직설적이고, 이러한 신성한 청동용기의 소유가 왕의 통치를 합법화하 데 활용되었음을 강하게 암시한다. 이러한 용기들은 명확하고 강력한 상징이었다. 즉, 그것들은 부 자체였고 부의 분위기를 자아냈기 때문에, 부의 상징이었다. 그것들은 또한 그 소유자들로 하여금 조상에 접근하도록 하는 모든 중요한 의례의 상징이었다. 그것들은 금속에 대한 장악의 상징이기도 했는데, 이는 조상과 정치적 권위를 향한 배타적 접근권의 장악을 의미하는 것이었다.[96]

이처럼 청동기의 소유가 권력과 부를 향한 상징으로서의 실제적 가치를 지니고 있었기에, 중국의 초기국가[특히 이리두(二里頭)와 이리강(二里崗) 시기] 형성이 청동원료를 비롯한 천연자원의 장악과 밀접하게 관련되었으리라는 주장까지 제기된 바 있다.[97] 서주 국가 역시 자신들이 확보한 청동합금과 이를 토대로 개발한 청동기 제

---

96) K.C. Chang, *Art, Myth, and Ritual: the Path to Political Authority in Ancient China* (Cambridge: Harvard University Press, 1983), p.97.

작 기술을 봉국과 주변세력들에게 분여함으로써, 이들을 장악하는 방편으로 활용했을 것이다. 봉국과 주변 정치체의 고위 귀족들에게도 청동기의 소유는 권위와 부에 도달하는 상징적 수단이었음은 물론이다.

그렇지만 주의 정치적 영향권으로부터의 이탈은 청동 제작 기술 보급과의 단절을 의미할 수도 있어서, 독자적 비주 주변 정치체들은 주 왕실과 정치적 관계의 추이에 따라 때로는 주왕실의 후원 하에, 때로는 자신들의 독자적인 청동기를 제작했을 것이다. 그럼에도 이렇듯 청동예기에 대한 갈망을 유지한 주변 정치체들은 점차 주에 동화되어 동주시대에 개념화된 이른바 화하(華夏)의 구성원으로 편입되었을 개연성이 있다. 반면에 주의 청동예기에 대한 기호는 지니고 있었어도, 중심지와 봉국들 사이나 변경에 산재한 주변과 이방 정치체들의 주식 예제 자체에 대한 무관심과 거부는 후대에 이른바 만이융적(蠻夷戎狄)으로 개념화된 이족(異族)의 형성에 일조했을 것이다.

이 글에서 살펴본 왕기와 봉국, 주변세력, 이방의 네 층차는 서주시대 영역국가로의 발전이 아직 요원했기 때문에 정확히 구획하여 도식화하기는 불가능하다. 청동예기에 대한 상당히 많은 자료가 축적되어 있어도, 우연성을 지닐 수밖에 없는 고고학 자료의 성격상 그 정확한 분류 역시 일정한 한계에서 자유로울 수 없다. 이 글에서 다루지 않은 도기(陶器)나 청동무기 등의 자료 역시 청동예기와는 다른 양상을 보여줄 수 있기 때문에, 이 글은 청동예기를 토대로 서주시대 중심과 주변의 최고위층 귀족문화의 한 단면만을 살펴본 것임을 밝혀둔다.

주제어: 서주(西周), 청동예기, 봉국, 주변세력, 이방

---

97) Liu Li & Xingchan Chen 지음, 심재훈 옮김, 『중국 고대국가의 형성』 (학연문화사, 2006).

참고문헌

甘肅省博物館文物隊 등,「甘肅靈臺縣兩周墓葬」,『考古』1976-1.
郭沫若,「靑銅器時代」,『靑銅時代』(초판 1945),『郭沫若全集』歷史編 第一卷 (北京: 人民出版社, 1982).
郭沫若,『兩周金文辭大系圖錄考釋』(北京: 科學出版社, 1957).
郭寶鈞,『山彪鎭與琉璃閣』上篇 (北京: 科學出版社, 1959).
郭寶鈞,『商周靑銅器綜合硏究』(北京: 文物出版社, 1981).
김정열,「요서지역 출토 상, 주 청동예기의 성격에 대하여」, 이청규 등,『요하유역의 초기 청동기문화』(서울: 동북아역사재단, 2009).
金正烈,「기억되지 않은 왕들: 서주시대의 지역 정치체에 대한 연구」,『崇實史學』25, 2010.
김정열,「하가점상층문화에 보이는 중원식 청동예기의 연대와 유입 경위」,『한국상고사학보』72, 2011.
內蒙古自治區文物考古硏究所 등,『小黑石溝: 夏家店上層文化遺址發掘報告』(北京: 科學出版社, 2009).
盧連成, 胡智生,「陝西地區西周墓葬和窖藏坑出土的靑銅禮器」,『寶鷄強國墓地』(北京: 文物出版社, 1988).
唐蘭,「宜侯夨簋考釋」,『考古學報』1956-2.
리쉐친 지음, 심재훈 옮김,『중국 청동기의 신비』(서울: 학고재, 2005).
白川靜,『白川靜著作集』別卷 (東京: 平凡社, 2004).
保利藝術博物館,『保利藏金(續): 保利藝術博物館精品選』(廣州: 嶺南美術出版社, 2001).
본 팔켄하우젠, 로타 저, 심재훈 역,『고고학 증거로 본 공자시대 중국사회』(서울: 세창출판사, 2011).
山西省考古硏究所, 北京大學考古系,「天馬-曲村遺址北趙晉侯墓地第四次發掘」,『文物』1994-8.
山西省考古硏究所大河口墓地聯合考古隊,「山西省翼城縣大河口西周墓地」,『考古』2011-7.
上海博物館 編,『晉國奇珍: 山西晉侯墓群出土文物精品』(上海: 上海人民美術出版社, 2002).
徐少華,『周代南土歷史地理與文化』(武漢: 武漢大學出版社, 1994).
松丸道雄,「西周靑銅器中の諸侯製作器について: 周金文硏究, 序章その二」,『西周靑銅器とその國家』(東京: 東京大學出版會, 1980).
『首陽吉金: 胡盈瑩范季融藏中國古代靑銅器』(上海: 上海古籍出版社, 2008).
沈載勳,「晉侯蘇編鐘 銘文과 西周 後期 晉國의 發展」,『中國史硏究』10, 2000.
沈載勳,「北趙 晉侯墓地의 年代와 性格 試論」,『中國史硏究』22, 2003.

沈載勳,「[周書]의 "戎殷"과 西周 金文의 戎」,『東洋史學研究』92, 2005.
沈載勳,「金文에 나타난 西周 군사력 구성과 왕권」,『中國史研究』41, 2006.
沈載勳,「상쟁하는 고대사 서술과 대안 모색:『詩經』"韓奕"편 다시 읽기」,『東方學志』137, 2007.
심재훈,「商周시대 移民과 국가: 동서 융합을 통한 절반의 중국 형성」,『東洋史學研究』103, 2008.
심재훈,「발을 잘라 신발에 맞추기: 하상주단대공정 서주 기년의 허와 실」,『하상주단대공정: 중국 고대문명 연구의 허와 실』(동북아역사재단, 2008).
俞偉超, 高明,「周代用鼎制度硏究」,『北京大學學報』, 哲學社會科學版, 1978-1, 1978-2, 1979-2.
李喬,「應國歷史與地理問題考述」,『中原文物』2010-6.
李峰,「黃河流域西周墓葬出土靑銅禮器的分期與年代」,『考古學報』1988-4.
李學勤,「從新出銅器看長江下遊文化的發展」,『文物』1980-8.
李學勤,「西周時期的諸侯國靑銅器」,『新出靑銅器硏究』(北京: 文物出版社, 1990).
李學勤,「北京,遼寧出土靑銅器與周初的燕」,『新出銅器硏究』.
李學勤,「靜方鼎與周昭王曆日」,『夏商周年代學札記』(沈陽: 遼寧大學出版社, 1999).
林巳奈夫,『殷周時代靑銅器の研究: 殷周靑銅器綜覽一』(東京: 吉川弘文館, 1984).
任偉,『西周封國考疑』(北京: 社會科學文獻出版社, 2004).
張栢忠,「霍林河礦區附近發現的西周銅器」,『內蒙古文物考古』1982-2.
張栢忠,「霍林河上游出土周代銅器的幾點補正」,『社會科學戰線』1982-2.
張長壽, 陳公柔, 王世民,『西周銅器分期斷代硏究』(北京: 文物出版社, 1999).
曹瑋,「從青銅器的演化試論西周前後期之交的禮制變化」, 編委會 編,『周秦文化研究』(西安: 陝西人民出版社, 1998).
趙鐵寒,「春秋時期的戎狄地理分布及其原流」,『古史考述』(臺北: 正中書局, 1965).
朱鳳瀚,『中國靑銅器綜論』(上海: 上海古籍, 2010).
周永珍,「西周時期的應國,鄧國銅器及地理位置」,『考古』1982-1.
中國社會科學院考古研究所,『中國考古學 兩周卷』(北京: 中國社會科學文獻出版社, 2004).
中國社會科學院考古研究所豊西發掘隊,「長安張家坡西周井叔墓地發掘簡報」,『考古』1986-1.
中美聯合歸城考古隊,「山東龍口市歸城兩周城址調査簡報」,『考古』2011-3.
陳夢家,『西周銅器斷代』(北京: 中華書局, 2004).
陳槃,『春秋大事表列國作姓及存滅表譔異』(臺北: 中央研究院歷史語言研究所, 1969).
陳芳妹,「晉侯墓地靑銅器所見性別研究的新線索」, 上海博物館 編,『晉侯墓地出土靑銅器國際學術討論會論文集』(上海: 上海書畫出版社, 2002).
陳佩芬,『夏商周靑銅器硏究』(上海: 上海古籍出版社, 2004).

平頂山文管會,「平頂山市新出土西周青銅器」,『中原文物』1988-1.

平頂山文管會, 張肇武,「平頂山市新出土西周應國青銅器」,『文物』1984-12.

河南省文物考古研究所, 三門峽市文物工作隊,『三門峽虢國墓』(北京: 文物出版社, 1999).

河南省文物考古研究所, 平頂山市文物管理委員會,「平頂山應國墓地九十五號墓的發掘」,『華夏考古』1992-3.

河南省文物考古研究所, 平頂山市文物管理委員會,「平頂山應國墓地八十四號墓發掘簡報」,『文物』1998-9.

河南省文物考古研究所, 平頂山市文物管理局,「平頂山應國墓地八號墓發掘簡報」,『華夏考古』2007-1.

河南省文物研究所, 平頂山市文管會,「平頂山市北滍村兩周墓地一號發掘簡報」,『華夏考古』1988-1.

黃盛璋,「銅器銘文宜虞夨的地望及其與吳國的關係」,『考古學報』1983-3.

湖北省文物考古研究所 등,「湖北隨州葉家山西周墓地發掘簡報」,『文物』2011-11.

Liu Li & Xingchan Chen 지음, 심재훈 옮김,『중국 고대국가의 형성』(학연문화사, 2006).

Chang, K.C. *Art, Myth, and Ritual: the Path to Political Authority in Ancient China* (Cambridge, Mass.: Harvard University Press, 1983).

Falkenhausen, Lothar von, Suspended Music: *Chime-Bells in the culture of Bronze Age China* (Berkeley: University of California Press, 1993).

Li Feng, "Literacy Crossing Cultural Borders: Evidence from the Bronze Inscriptions of the Western Zhou Period (1045-771 B.C.)," *The Museum of Far Eastern Antiquity* 74 (2002).

Li Feng, *Landscape and Power in Early China: The Crisis and Fall of the Western Zhou, 1045-771 B.C.* (Cambridge: Cambridge University Press, 2006).

Li Feng, *Bureaucracy and the State in Early China: Governing the Western Zhou* (Cambridge: Cambridge University Press, 2009).

Rawson, Jessica, "Late Western Zhou: A Break in the Shang Bronze Tradition," *Early China* 11-12 (1985-87).

Rawson, Jessica, *Western Zhou Ritual Bronzes from the Arthur M. Sackler Collections* (Washington D.C.: Arthur M. Sacker Foundation, 1990).

Rawson, Jessica, "Western Zhou Archaeology," in *The Cambridge History of Ancient China: From the Origin of Civilization to 221 B.C.* ed. by Michael Loewe and Edward L. Shaughnessy (Cambridge: Cambridge University Press, 1999).

Shaughnessy, Edward L. *Sources of Western Zhou History: Inscribed Bronze Vessels* (Berkeley: University California Press, 1991).

Shaughnessy, Edward L. "Western Zhou History," *The Cambridge History of Ancient China: From the Origin of Civilization to 221 B.C.*

The Center and Periphery Reflected in the Western Zhou Ritual Bronzes, and their Political and Cultural Implications

Shim, Jae-hoon

This study focuses on the spacial analysis of the development of Western Zhou ritual bronzes. Noting the ritual reforms in the late Mid Western Zhou, it first establishes the standard ritual bronzes unearthed from the royal domain and examines their evolution. The ritual bronzes of the feudal states represented by the samples of Jin 晉 and Ying 應 are almost identical with those of the royal domain. However, while the bronzes of peripheral polities such as Guai 乖, E 噩, and Yu 強 generally follow those of the Zhou, they not only reveal their own characteristics in the style and, in particular, inscriptions, but also do not indicate the aspect of the ritual reforms. Alternating between resistance and submission in their relationships with the Zhou court, the peripheral powers seem to have tried to assimilate unskillfully with the ritual of Zhou but to pursued their own originality as well. The Western Zhou ritual bronzes even appear to have been sporadically flowed into the foreign powers beyond the peripheral polities. But it is very difficult to find that the elites in the foreign regions maintained the intention to adapt the Zhou ritual manifested in its ritual bronzes. Therefore, it is possible to propose that the acceptance and adaptation of the Zhou style ritual bronzes eventually contributed to the conceptual distinction initiated in the Eastern Zhou period between the Zhou and non-Zhou or Chinese and non-Chinese (huayi 華夷).

Keywords: Western Zhou, ritual bronzes, feudal states, peripheral polities, foreign powers

일본열도의 청동기와 국가형성

宮里 修(미야자토 오사무)

宮里 修(미야자토 오사무)

와세다(早稲田)대학교에서 박사학위 취득. 와세다대학교 문학학술원 연구원 역임.
현) 高知縣埋藏文化財센터 조사원.

주요 저작: 「私と朝鮮考古學」, 「粘土帶土器文化の地域的樣相について」

Ⅰ. 머리말

일본에서 국가형성론은 753논쟁이라고도 불린다(都出比呂志 1998). 이는 7세기의 율령국가, 5세기의 왜 오왕, 3세기의 야마타이국(邪馬台國)을 각각 국가성립단계로 볼 수 있는가라는 문제에 관한 것이다. 국가 성립을 인정하는 기준은 다양한데, 유물사관을 바탕으로 하기 시작하여, 최근에는 신진화주의가 주로 이용된다. 기준요소의 차이에 따라 국가형성과정에 대한 이해도 달라지지만, 753은 모두 일본 국가형성과정에서 중요한 전환점이므로 각각을 고찰할 필요가 있다. 그 가운데, 특히 청동기가 중요해지는 시점은 3세기론에 해당하는 야요이시대(弥生時代)이다. 야요이시대는 수도경작 개시에 따라 인구가 증가하고, 사회복잡화·계층화, 지역세력의 성장과 통합이 이루어진 시대이다. 신진화주의 관점에서는 부족단계 혹은 군장단계가 이에 해당한다(溝口孝司 2001). 야마타이국은 여왕 히미코(卑弥呼)의 귀도(鬼道)로 통합되었다고 기록되어 있는데, 제사에 의한 통합은 국가형성론의 중요항목이다. 야요이시대에는 청동무기류와 동탁으로 대표되는 청동제기가 지역통합을 위한 심볼로 기능하였다고 평가된다. 이번에는 야요이 청동제기의 전개와 그것이 고분시대의 시작에 어떻게 기여했는지에 대해 살펴보겠다.

아래에 먼저, 북부구주를 중심으로 하는 무기형 청동기문화권과 키나이(畿内)를 중심으로 하는 동탁문화권에 대하여 청동기 제기화와 전개과정을 검토하고자 한다. 그 후, 야요이시대 청동기제사와 고분시대 제사의 관계에 대하여 고찰하겠다.

Ⅱ. 청동무기류 제사권

1. 청동무기의 변화

출현기의 청동기 부장묘인 요시타케타카기(吉武高木) 3호 목관묘가 상징하는 것처럼, 북부구주를 중심으로 하는 무기형 청동기권에서 청동기가 제작되는 것은 동검, 동모, 동과, 다뉴경 등 한반도로부터 청동기문화가 전해지고부터이다. 청동기 수용 후, 바로 청동 무기가 독자적 변용을 거치는데, 동검, 동모, 동과에는 당초부터 각각 다른 의미가 부여되었다. 세형단계의 분포를 보면, 가장 광범위하게 분포하는 것은 동검으로 구주이외의 지역에서는 양이 한정되지만, 서일본 각지에도 확산되었다. 동검과 대조적 분포를 나타내는 것이 동모인데, 세형단계의 동모는 후쿠오카평야를 중심으로 하는 북부구주를 벗어나지 않는다. 동과는 중간정도의 분포권을 보여준다. 이후의 전개과정을 보아도 동모가 최상위의 사회적 가치를 점하고, 동과, 동검이 다음이다(岩永省三 1997).

 어느 청동무기나 날의 기능을 상실하면서 대형으로 변화한다. 여기에서는 동모를 예로 들어 형식변화를 확인하고자 한다. 한반도로부터 전해진 동모의 최고형식은 「세형」이다. 전장이 50cm를 넘지 않고, 절대와 둥근고리가 붙는다. 이어서 「중세형」이 되면, 길이가 길어져 50~70cm정도가 되고, 절대폭도 서서히 넓어진다. 혈구 형성과 비실용화의 증거인 날이 더 이상 형성되지 않는다. 「중광형」이 되면, 길이가 70~80cm가 되고, 절대폭이 더욱 넓어지며, 장식을 덧붙였을 것으로 생각되는 둥근고리의 구멍이 없어진다. 날도 세우지 않게 된다. 형태는 중간부분이 잘록해지고, 봉부가 부풀어진다. 자루 끝단은 문양화하여 돌대가 된다. 인부는 능형상의 마연부분이 확인되는 등 시각효과를 의도하였고, 양질이다. 최종단계인 「광형」이 되면, 길이가 90cm가까이 되고, 절대는 선각으로만 표현되다가 결국 없어진다. 돌대선은 비늘처럼 변화한다. 봉부는 편평한 판상이 되고, 호(鎬) 표현도 약해지는 등, 무기로서의 표현이 극히 희박해진다. 동과는 동모와 유사한 형태변화를 거치면서 광형으로 변한다. 동검은 광형단계가 없지만, 중광형까지는 동일한 변화를 보여준다.

2. 부장과 매납

 북부구주를 중심으로 각 형식의 소속시기 및 부장·매납형태를 보면, 세형은 야요이시대(弥生時代) 중기초두(城ノ越式)에서 전엽(汲田式)에 걸쳐 부장품으로 이용된다. 전술한 것처럼 세형단계에서는 동모가 최상위이고, 다음으로 동과, 동검이다.

중세형은 중기전엽에서 후엽(立岩式)에 걸쳐 부장품으로 이용되었지만, 비중심지역에서는 중세형 동모·동과 매납이 시작되었다. 중심지역에 부장된 중세형 동모·동과는 전세가 상정되는 만큼 늦은 시기까지 부장되고, 부장 청동기라는 전통적인 가치관과 매납행위라는 새로운 움직임이 중심과 주변에서 병행하여 존재하였다고 여겨진다(岩永省三 1994). 중요도가 약간 낮은 동검은 츄고쿠(中國)·시코쿠(四國)지방에서 출토수가 증가하고, 북부구주에서 대외용 제품으로 생산되었다고 보여진다(岩永省三 1994). 한국에서는 창원 다호리유적에서 중세형 동모, 영천 용전리유적에서 중세형 동과 등이 출토되었다(後藤直 2009).

중광형 이후는 특정지역을 제외하고 부장되지 않고, 매납 청동제기로 전환된다. 매납품은 시기판단이 어렵다. 용범(佐賀縣安永田유적)출토를 통해 중기후반에 생산되기 시작하였다고 판단되고, 약 후기전반까지 존속하였다고 생각된다. 한국에서는 김해 양동리유적에서 중광형 동모, 대구 비산동·만촌동유적에서 중광형 동과가 출토되었다.

광형 동모도 매납품이므로 귀속시기가 불분명하다. 사용기간으로 말하면, 후기전반부터 종말기에 걸쳐 확인된다(武末純一 1982). 한국에서는 김해 양동리·내동유적에서 광형 동모가 출토되었다.

북부구주는 타지역보다 앞서 계층분화가 진행되었는데, 초현기의 청동기 부장묘는 여타 공동묘지와 구별된다. 특히, 「구획묘」(常松幹雄 2007)에 집중된다. 요시타케타카기(吉武高木)유적처럼, 중기초두에서 전엽에 걸쳐 구획묘는 일찍이 혈연관계를 바탕으로 하는 유력집단묘로 여겨졌지만(高倉洋彰 1973, 寺澤薫 1990), 세형청동무기의 집중과 미토콘도리아DNA 분석결과를 통해, 요시노가리(吉野ヶ里)분구묘와 스미(隈)·니시오다(西小田)분구묘는 각 집단으로부터 선발된 유력자를 위한 묘역이라고 이해된다(溝口孝司 2000). 중기후엽에는 선행 피장자에 대한 추종을 나타내는 혈연원리를 포함한 구획묘가 등장한다(溝口孝司 2000). 이와 병행하여 스구오카모토(須玖岡本)D지점과 미쿠모코지(三雲南小路) 1호묘와 같이 다른 무덤과 단절된 「왕묘」도 출현한다.

이처럼 중기후엽 엘리트층의 고정화 및 수장 출현은 동시에 다뉴세문경을 포함하는「세형동검문화복합」에서 전한경을 포함하는「전한문화복합」으로의 전환을 의미하기도 한다(近藤喬一 2000). 청동무기류는 이 시기에 중세형에서 중광형으로 변하는데, 이는 전술한 것처럼 청동무기류의 의의가 매장의 장에서 매납의 장으로 이행함을 의미한다. 그 후, 야요이시대(彌生時代) 후기 북부구주에서는 청동기가「무덤 청동기」와「제의 청동기」로 나누어진다(武末純一 1990). 종말기에 히라하라(平原)유적과 미야노마에(宮ノ前)유적이 있지만, 묘의 경우「왕묘」로 순조롭게 발전하지 못하고, 고분시대 정치체제를 낳는 모태가 되지 않았다. 그러나 중광형 광형 청동제기에 대해서는 북부구주가 제작 분배의 중심이 되어 야요이 후기 청동기제사를 인솔하였다.

용범의 분포양상으로 볼 때, 무기형 청동제기의 중심인 동모는 그 제작지가 단계적으로 후쿠오카평야로 수렴된다. 중광형이후, 특히 광형 동모는 후쿠오카평야에서 한정적으로 제작되어 각지로 배분된다. 중광형에 비하여, 광형은 동쪽으로 그 범위가 축소되지만, 어느쪽이든 동모 제사의 분포권을 정치적 범위로 치환시켜 생각하는 경우가 많다. 다만, 동모 매납분포를 자세하게 검토해보면, 북부구주, 남서시코쿠(四國), 세토우치(瀬戶內) 연안은 중광형과 광형의 관계와 복수매납시의 작법에 차이가 있고, 제사 집행이 일률적으로 규제되어 있지 않다고 알려져 있다(武末純一 1982). 코치현(高知縣)처럼 동모와 동탁이 병행하는 지역도 있어, 청동기 제사의 공통성이 무엇에 기반하는지는 더욱 검토가 필요할 것이다. 이상의 점을 고려해 다음에 동탁에 대하여 검토한다.

Ⅲ. 동탁제사권

1. 동탁의 변화

동탁은 청동무기류와 마찬가지로 한국 청동기문화에서 기원한다고 생각되지만, 시조로 생각되는 후보와 최고형식간에 여전히 격차가 있어(春成秀爾 2008), 그 시작에 대해서 불분명한 부분이 많다. 출현 시기에 대하여 두 번째 형식인 외연부뉴식(外緣

付鈕式)에 새겨진 유수문(流水紋)이 키나이(畿內) 제2양식토기와 공반하므로, 선행하는 능환뉴식(菱環鈕式)이 언제까지 소급되는가라는 문제는 별도로 보더라도, 북부구주와 큰 시기차 없이 긴키(近畿)지방에서 제작되었다고 생각된다.

　동탁은 현수부분의 형상차이에 따라 능환뉴식(菱環鈕式), 외연부뉴식(外緣付鈕式), 편평뉴식(扁平鈕式), 돌선뉴식(突線鈕式)으로 구분되고, 순차적으로 변한다고 이해된다(佐原眞 1960). 동탁은 서서히 대형화하면서 문양이 복잡해지고, 돌선뉴식 단계가 되면 대형화가 가속화되어 기고가 1m에 달하는 것도 나타난다. 이 과정은 당초 소리를 내는 종이었던 것이 우러러보는 대상물로 변화하였음을 시사하는데, 통상적으로「듣는 동탁」에서「보는 동탁」으로 변화한다고 표현된다. 동탁에 새겨진 회화 등을 근거로 농경의례의 제기로 보는 것이 일반적이다.

　동탁의 귀속시기는 확실하지 많지만, 전술한 것처럼 토기문양과의 유사성으로 볼 때, 외연부뉴식은 중기전반에 해당한다. 다른 것은 용범 출토사례로 보아, 편평뉴식이 중기후엽, 돌선뉴식 출현이 후기전반이라고 편년된다. 동탁의 종언은 발굴조사된 매납사례에서 야요이 종말기까지 내려올 가능성이 지적되었다(寺澤薰 2010). 북부구주의 청동무기류에 비추어보면, 중세형에 외연뉴식, 중광형에 편평뉴식, 광형에 돌선뉴식이 각각 병행한다.

　동탁문양에는 크게 유수문과 가사거문(袈裟襷文)이 있고, 각각이 고유의 특징을 가진 복수의「동탁군」을 포함한다. 용범출토에 따라 구주를 포함하는 복수 지역에서 동탁이 제작되었음을 알 수 있는데, 이들 동탁군은 특정 공인집단(제작지)과 결부된다고 생각된다. 외연부뉴식인 복수의 동탁군이 등장한다. 능환뉴를 포함하여 넓은 지역에서 용범이 출토되어, 각지에서 소규모 동탁생산이 이루어졌음을 알 수 있다. 편평뉴식단계에는 10을 넘는 동탁군이 다양하게 전개된다. 용범의 출토범위는 좁지만, 오사카(大阪)・효고(兵庫)・나라(奈良)를 중심으로 하는 긴키지방 각지에서 다양한 공인그룹에 의해 대량의 동탁이 생산되었다. 최종단계의 돌선뉴식에 해당하는 용범이 출토되지 않았지만, 전단계까지 다양하던 동탁군은 긴키식(近畿式), 산엔식(三遠式)이라는 2가지 그룹으로 나누어진다. 점차 제작지가 한정되는 현상은 청동무기류 생산과 유사하다.

2. 동탁 매납과 분포

동탁은 원칙적으로 흙속에 매납된 상태로 발견된다. 매납 의미에 대해서는 폐기, 은닉, 저장, 집적 혹은 보관, 성스런 물건 격리, 공희, 경계수호 등 다양하게 이해된다. 옆으로 눕혀 매납하는 공통성이 있기 때문에 서로 공유하는 신앙지에 매납되었다고 생각되지만, 단정지을 수 없다. 다만, 동탁 매납에 두 가지 큰 획기가 있다. 매납동탁의 공반관계를 조사해보면, 돌선뉴식 동탁과 편평뉴식 이전의 동탁이 공반하는 것은 드물고, 「보는 동탁」으로 평가되는 돌선뉴 2식 이후에도 전단계의 것과 공반되는 예가 없다. 이것은 편평뉴식 단계에 한 번에 동탁을 모아 매납하는 것이 광범위하였음을 말해주고, 동시에 돌선뉴식이 전단계와는 다른 의미를 가졌음을 말해준다. 즉 편평뉴식에 비해 돌선뉴식은 분포범위가 약간 좁다. 돌선뉴식 동탁분포권에는 긴키식과 산엔식이라는 2가지 분포권이 있으며, 최종단계에 통합된다.

이러한 편평뉴식에서 돌선뉴식에 걸친 분포 변화는 대체로 중광형 동모에서 광형 동모로 변화하는 과정과 유사하다. 이것은 광형 동모와 돌선뉴식 동탁 단계, 즉 야요이시대 후기에 각지에서 일어난 제의권의 존재와 관련된다. 또한 이것은 고분시대 성립과도 관련되는 문제이므로, 고분시대 전사(前史)로서의 청동기 제사에 대하여 생각해 보도록 하겠다.

Ⅳ. 야요이 제사권과 고분제사

고분시대는 고분이라는 하나의 제장에서 이루어지던 제사가 매우 중요한 의미를 가진 시대이다. 야요이시대 후기와 대조하여, 고분시대 전기의 제사를 생각해보면, 그 무대장치로서 분구묘와 거울이 중요하다. 분구묘는 전방부, 단축(段築), 즙석(葺石), 하니와(埴輪), 수혈식 석실 등 제특징의 복합이다. 거울은 특히 중국의 신수경이 선호되었는데, 야요이 청동기제사가 땅에 대한 제의라면, 고분제사는 하늘에 대한 제의라고 평가된다. 그리고 제사 대상도 전자가 지령(地靈)·곡령(穀靈)임에 비하여 후자는 피장자 및 선조령이라고 이야기된다. 이 고분제사가 야요이 후기의 모든 제의권을 포괄하고 대체시켰다. 고분제사는 특정지역에서 단계적으로 진화 발전한 것이 아니고, 야요이 후기 각지에서 보이는 제요소가 복합되어 탄생한 것이라고 평가된다(寺澤薰 2010).

이상을 고려하여 청동기 제사권을 검토해보고자 한다.

북부구주에서 청동무기류가 본격적으로 제기화한 것은 중광형 단계부터이다. 이에 대응하는 동탁은 편평뉴식이고, 동탁은 현저하게 다양화되던 시기이다. 이들은 야요이시대 중기후엽에 해당하고, 2개의 청동기 제사권이 현저하게 대치하는 양상을 보여주는데, 중간지대에 해당하는 시코쿠(四國)지역은 매우 복잡하다. 시코쿠의 토쿠시마현(德島縣) 겐다(源田)유적에서 동검·동탁매납이 확인되고, 코치현(高知縣)에서는 공반하지 않지만, 동지역에서 중광형 동모와 편평식 동탁이 매납된다. 산인(山陰)지역 시마네현(島根縣) 시다니오쿠(志谷奧)유적에서 동검·동탁 매납, 오진다니(荒神谷)유적에서는 동모·동탁 매납이 확인되었다. 또한 오진다니유적에서는 중세형 c 식이라는 특유한 지역형식 358개가 일괄 매납되어 있었다. 중세형 c 식 동검은 시코쿠(四國)에 한정분포하는 청동제기이다. 게다가 세토나이카이(瀬戸內海)연안 지역, 특히 시코쿠측에 평형동검이라는 중세형에서 발전한 지역 독자의 청동제기가 확인된다. 그리고 편평하고 약한 긴키식(近畿式) 동과도 오사카만 연안 일대에 분포하는 독자적 청동제기이다.

이상과 같이 중기후엽단계에는 특히 시코쿠(四國)에서는 다양한 청동제기가 난립하고 있었고, 동모와 동탁이 확산되어 있었다고 해도, 그것들은 절대적인 제기는 아니었을 것이다. 그 상황이 일변하는 것이 야요이 후기이다.

야요이 후기가 되면, 중세형 c 식 동검, 평형동검, 긴키식 동과 등은 사라지고, 청동제기는 광형동모와 돌선뉴식 동탁으로 양극화한다. 각각 분포범위는 좁지만, 코치(高知)평야를 제외하면, 분포범위내에서 배타적으로 존재한다. 한편, 그 시기에 시코쿠(四國)지역의 상당부분이 청동제기가 없는 공백지대이지만, 산인(山陰)지역과 세토우치(瀬戸內) 연안지역에서는 분구묘제사가 이를 대신한다. 산인지역에서는 시마네현 니시다니(西谷) 3호묘로 대표되는 사우돌출형(四隅突出型)분구묘, 세토우치 연안 지역에서는 오카야마현(岡山縣) 타테츠키(楯築)분구묘로 대표되는 분묘 및 특수기대 특수호가 새로운 제사의 심볼이 되었다.

이처럼 야요이 후기에는 청동기 제사와 분구묘 제사가 병존하는 상태였다. 이 가운데, 청동제기는 야요이시대를 끝으로 모습을 감추고, 분구묘 제사는 전방후원분 제사의 구성요소로 되어간다. 그리되면 청동기 제사권을 벗어난 지역에서 전방후원분 제사의 기초가 만들어졌던 것이 되지만, 전방후원분 탄생지가 동탁분포권내인 야마토로 이 지역적 어긋남을 설명하기 어렵다.

한편, 청동제품이라는 점에서 동탁 동모를 대신하는 것은 중국경, 특히 신수경을 정점으로하는 동경군이다. 중국경에 대한 지향은 북부구주에서 부장품이 한국 세형동검문화복합에서 전한문화복합으로 전환한 야요이시대 중기후엽부터 시작된다. 야요이후기 이후도 방격규거경(方格規矩鏡)과 내행화문경(內行花文鏡), 이체자명대경(異体字銘帶鏡) 등 전한경이 부장되었다. 그리고 중국경 공급부족을 보충하기 위해, 분할분배한 파경과 모방제작한 소형방제경 등이 출현한다. 북부구주에서는 묘 제사의 최상위 기종으로 거울이 중요시되었다(武末純一 1990). 키나이(畿內)에서도 파경과 소형방제경이 출토되므로, 거울지향이 있었음을 알 수 있다(南健太郎 2009).

야요이 청동기에서 중국경으로의 전환은 야요이 종말기에 일어났다고 할 수 있다. 지역마다 차이는 있겠지만, 후쿠나가(福永伸哉 1999)에 의하면, 토쿠시마(德島)지역 야노(矢野)유적에서 돌선뉴식의 최후단계 동탁이 야요이 후기후반의 토기를 공반하는 수혈에 매납되어 있었다. 그리고 동지역의 야요이 종말기의 전방후원형 분구묘인 하기와라(萩原) 1호묘에서는 획문대신수경(畵文帶神獸鏡)이 출토하였다. 동경형식 검토를 통해, 후쿠나가는 이 심볼교체 시기를 3세기초로 보고 있다. 하기와라 1호묘는 나라현 호케노야마고분 등 하시하카(箸墓)고분 전단계에 해당하고, 이 시기에 동탁제사에서 고분제사로 전환되었다고 생각한다. 북부구주에서도 대량으로 거울을 부장한 히라하라(平原) 1호분구묘가 축조된 시기는 거의 비슷할 것으로 생각되고, 동모제사의 종언도 동탁과 유사한 시기일 것으로 예상된다. 역으로 말하면, 분구묘 제사의 확산과 함께, 야요이 청동기제사는 그 의의를 급속하게 상실하였다고 생각된다. 그러한 분구묘 제사로의 전환을 토대로 다음단계에는 각지에서 전방후원분

제사를 수용하였을 것이다.

V. 맺음말

 야요이시대 후기에는 환호취락 해체와 취락내 방형구획의 출현, 철기 보급 등 집단관계와 계층화를 고려할 만한 다양한 요소가 있다. 이번에 야요이시대 청동기 제사권에 대하여 검토하고, 고분제사로의 과정을 고찰하였다. 고대정치에서 제사가 가지는 의미가 매우 컸음에 틀림없겠지만, 제사권이 정치적 통합과 같지 않음은 주지의 사실이다. 예를 들면, 코치현은 광형동모와 돌선뉴 동탁을 공통으로 소유하였지만, 현재까지 전방후원분이 발견되지 않고 있다. 동일조건하에서 전방후원분 수용에 적극적이지 않았던 지역이 있음은 전방후원분 축조의 사회·정치사적 의의를 생각할 때 중요하다. 각 시대를 국가형성단계의 어디에 위치시킬 것인가를 포함하여 이후에도 검토가 필요하다.

 주제어: 고분시대, 야요이시대, 청동기제사, 청동제기, 국가형성

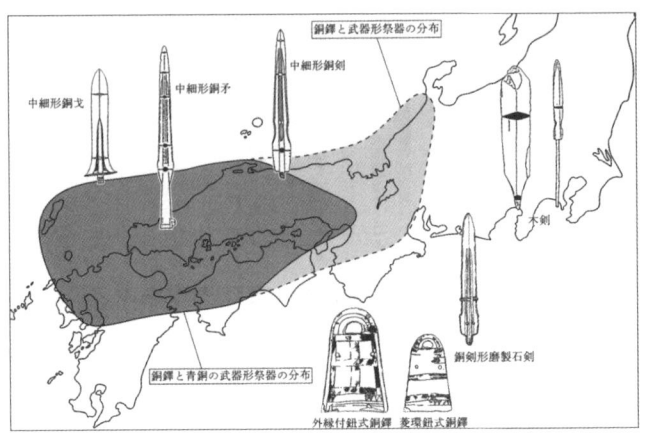

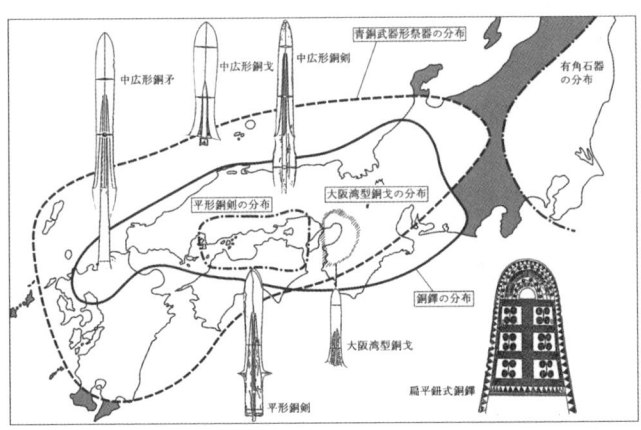

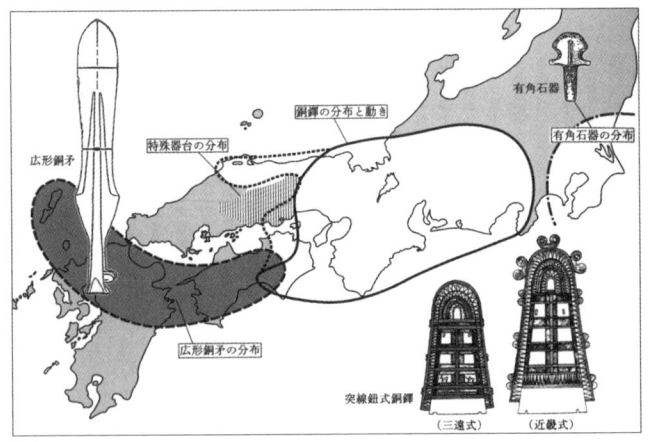

青銅器祭祀圏の変遷 (寺沢薫 2010을 改変)

그림 1. 동검·동모·동탁의 변천(島根縣敎育委員會, 『古代出雲文化展』, 1997)

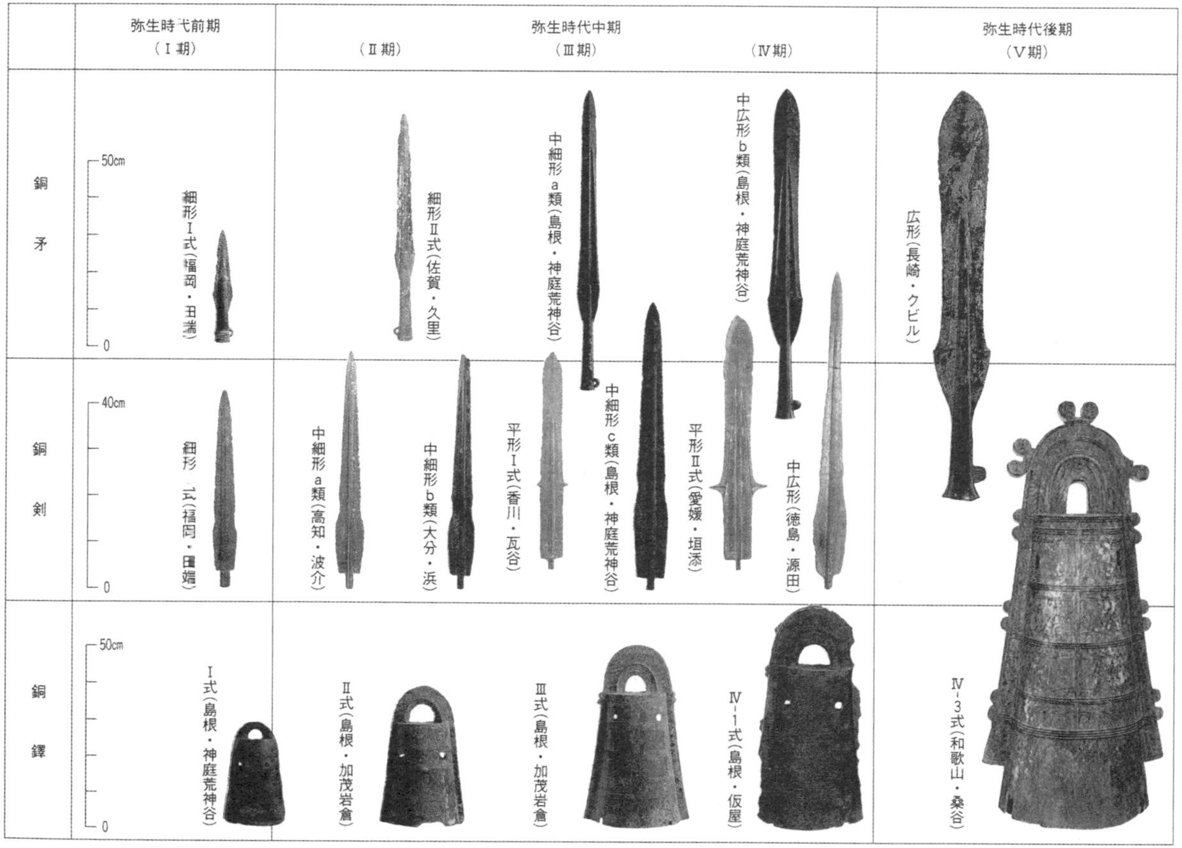

銅剣・銅矛・銅鐸の変遷 （島根県教育委員会『古代出雲文化展』, 1997 年）

그림 2. 청동기제사권의 변천(寺澤薫, 2010 개변)

참고문헌

[文獻]

岩永省三,「日本列島靑銅武器類出現の考古學的意義」,『古文化談叢』第33集, 1994, 37-60쪽.

岩永省三,『歷史發掘7 金屬器登場』, 講談社, 1997.

後藤直,「弥生時代の倭 韓交渉」,『國立歷史民俗博物館研究報告』第151集, 2009, 307-341쪽.

近藤喬一,「東アジアの銅劍文化と向津具の銅劍」,『山口縣史：資料編考古 1』, 山口縣, 2000, 709-794쪽.

佐原眞,「銅鐸の鑄造」,『世界考古學大系 第2卷：日本Ⅱ 弥生時代2』, 平凡社, 1960.

佐原眞,『銅鐸の考古學』, 東京大學出版會, 2002.

下條信行,「銅矛形祭器の生産と波及」『古文化論集上卷：森貞次郎博士古稀記念』, 同論文集刊行會, 1982, 595-623쪽.

武末純一,「埋納銅矛論」,『古文化談叢』第 9 集, 1982, 120-156쪽.

武末純一,「墓の靑銅器．マツリの靑銅器」,『古文化談叢』第22集, 1990, 47-55쪽.

武末純一,「弥生武器形靑銅祭器の集落內埋納」,『先史學・考古學論究Ⅴ：甲元眞之先生退任記念』, 龍田考古會, 2010, 383-398쪽.

高倉洋彰,「墳墓からみた弥生時代社會の發展過程」,『考古學研究』第20卷第2号, pp.7-24, 1973, 7-24쪽.

都出比呂志,『古代國家の胎動』, 日本放送出版協會, 1988.

常松幹雄,『最古の王墓：吉武高木遺跡』シリーズ「遺跡を學ぶ」024, 新泉社, 2006.

常松幹雄,「靑銅の武器と弥生人」,『稻作とともに伝わった武器』, 弥生文化博物館, 2007, 96-106쪽.

寺澤薰,「靑銅器の副葬と王墓の形成」,『古代學研究』第121号, 古代學研究會, 1990, 1-35쪽.

寺澤薰,『靑銅器のマツリと政治社會』, 吉川弘文館, 2010.

難波洋三,「銅鐸群の変遷」,『豊穰をもたらず響き 銅鐸』大阪府立弥生文化博物館図錄45, 2011.

春成秀爾,「銅鐸の系譜」,『新弥生時代のはじまり 第 3 卷：東アジア青銅器の系譜』, 雄山閣, 2008, 55-75쪽.

福永伸哉,「古墳の出現と中央政權の儀礼管理」,『考古學研究』第46卷第2号, 考古學研究會, 1999, 53-72쪽.

福永伸哉,『邪馬台國から大和政權へ』, 大阪大學出版會, 2001.

溝口孝司,「墓地と埋葬行爲の変遷」,『古墳時代像を見なおす：成立過程と社會変革』, 青木書

店, 2000, 201-273쪽.
溝口孝司,「弥生時代の社會」,『現代の考古學6: 村落と社會の考古學』, 朝倉書店, 2001, 135-160쪽.
南健太郎,「近畿地方における漢鏡・小形仿製鏡の擴散と銅鏡生産」『考古學ジャーナル』 No.582, 2009, 26-30쪽.
吉田廣,「平形銅劍をめぐる諸問題」,『地域・文化の考古學: 下條信行先生退任紀年論文集』, 同記念事業會, 2008, 255-272쪽.

The bronze tools and state formation in the Japanese Archipelago

Miyazato, Osamu

In the study of state formation, Ancient time(A.D. 7C), the period of ancient burial mounds(A.D. 5C) and Yayoi period(A.D. 3C) were handled as a big epoch in Japan. It is Yayoi period that regional integration progressed in. and In that period Bronze utensils used in ancestral rites, These are considered symbols of regional integration. The most typical Bronze utensils used in ancestral rites are bronze spear and bronze bell, they are losing step by step it's own function as articles for practical use and become utensils used in ancestral rites. Bronze utensils used in ancestral rites are forming exclusive area of ancestral rites by stages. they are related with regional integration and function connecting with local communities. At the last phase of Yayoi period, ancestral rites of Bungumyo replaced with bronze ancestral rites and finally led to ancestral rites of square at the head and rounded at the foot in the period of ancient burial mounds. It is said that there is disconnection between bronze ancestral rites in Yayoi period and ancestral rites of square at the head and rounded at the foot in the period of ancient burial mounds. But in that ancestral rites links up the whole region, bronze ancestral rites in Yayoi period could be comprehended in state formation context in the Japanese Archipelago.

Keywords: Period of ancient burial mounds, Yayoi period, ancestral rites, bronze utensils, state formation

Part 3. 북방 초원지역의 청동기 문화

남(南)시베리아 미누신스크 분지의
청동기시대 고대 문화들

N.A.보꼬벤코

Nikolay Anatolievich Bokovenko(니콜라이 아나톨리에비치 보코벤코)

우크라이나 국립과학아카데미(National Academy of Sciences of Ukraine) 연구원 역임.
현) 상트페테르부르그 러시아 과학아카데미 물질문화사연구소(Institute for the History of Material Culture of the Russian Academy of Sciences, St. Petersburg) 선임연구교수.

주요 저작: *"Climate Change and the Expansion of the Scythian Culture after 850 BC: a Hypothesis"*,
"The Emergence of the Tagar Culture"

I. 머리말

미누신스크 분지는 예니세이 강의 양안을 따라 아시아의 중앙에 위치한 스텝 분지 시스템이다. 이 지역은 동쪽과 남쪽은 사얀 산맥에 의해 서쪽은 알타이 산맥에 의해 각각 둘러싸여 있으며, 북쪽은 북극해까지 이어지는 타이가로 막혀있다. 때문에 이곳에서는 고대 문화들의 발전이 다른 문화들의 영향을 최소한으로 받았고 그리고 오랜 옛날부터 있어왔던 현지의 전통을 토대로 하여 발전하였다.

이 지역의 동물상은 극히 풍부하다. 일반적인 시베리아 동물들 외에도 남쪽 지역들로 몽골에서 동물들이 들어온다. 산악지역에는 여러 종류의 털 짐승들, 큰코손바닥사슴(엘크), 마랄(사슴), 순록, 사향노루, 산염소, 아르갈리(양), 곰, 멧돼지, 늑대가, 고산지대에는 눈표범이 각각 서식한다.

또한 산악지역에는 고대 주민들의 수요에 필요한 구리, 주석, 금, 은 등과 같은 여러 가지의 유용광물이 있다.

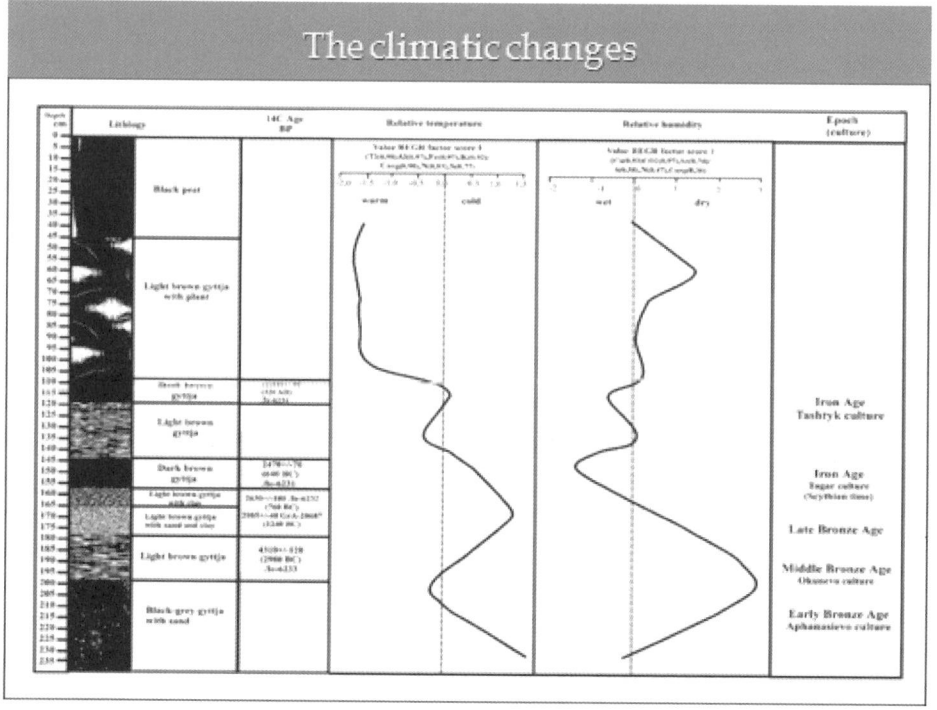

이 지역의 기후는 최근까지 혹심한 대륙성 기후였고, 곳에 따라 건조한 기후였다. 분지의 표면은 해가 나는 여름 덕분에 크게 데워지며, 연간 강수량은 24~300mm를 넘지 않는다. 자연적인 스텝 목장은 동물사육에서 사료자원의 토대가 되며, 농경은 인위적인 관개를 필요로 한다.

남시베리아에서의 古기후 연구는 홀로센 기간에 특히 청동기시대에 정기적인 기후의 변화가 있었음을 보여 주었다(Van Gil, Bokovenko, Burova and etc. 2004; 디럭센 외. 2007, p.357). 홀로센 초에는 기후가 건조하고 한랭하였고, 사람이 거주하기에 대단히 좋지 못하였다. 온난화와 상대적인 습도상승은 대략 기원전 4천년 기부터 시작되었고, 기원전 3천년기 말부터는 기후가 보다 추워졌고 그리고 기후의 대륙성이 강화되었다. 기원전 2천년기 중엽부터는 기후가 상대적으로 건조하였고 그리고 앞 시기보다 약간 따뜻해졌다. 기원전 1천년기 초부터는 기후가 보다 습기가 있어지고 그리고 따뜻해져 목축이 발전하는데 매우 좋게 되었다.

이 지역에 대한 역사적 연구는 18세기 초 시베리아의 스텝 공간에 대한 러시아인

들의 정복과 관련되며, 이 정복의 부정적인 요소는 고대의 무덤과 쿠르간들을 파낸 도굴꾼들의 출현이었다. 이 쿠르간들에서 나온 약간의 황금 유물들이 우랄의 공장들의 설립자인 니키타 데미도프에게 들어갔고, 그는 그 유물들을 1715년에 왕자 생일 선물로 표트르 1세에게 바쳤다. 이것은 고대의 쿠르간들에서 나온 스키토-시베리아 동물양식으로 만든 걸출한 황금패식들로서, 나중에 에르미타쉬 박물관의 '표트르 1세 시베리아 컬렉션'을 이루었다. 왕은 선물로 받은 이 물품들의 역사적 가치를 긍지 있게 평가하였고 그리고 즉시 러시아의 고대 유적들의 수집과 보호에 대한 일련의 칙령을 내렸다.

표트르 1세는 즉각 상-뻬쩨르부르그에서 D.G.메쎄르쉬미드트가 이끄는 학술조사단을 남시베리아로 파견하였다. 이 학술조사단은 수년(1720~1727년)에 걸쳐 수많은 고고학 유적을 폭넓게 조사 및 기록하였을 뿐만 아니라 1722년에는 학술조사단의 일원인 F.I.스트랄렌베르그에 의해 러시아에서는 처음으로 학술목적으로 미누신스크 분지에서 스키타이 시대의 쿠르간이 발굴되었다. 그 때부터 이 지역은 상-뻬쩨르부르그에서 온 학술조사단들에 의해 지속적으로 조사되었다: G.F.밀레르와 I.G.그멜린(1733~1744년), P.S.빨라스(1770년), V.P.라들로프(1863년) 등등. 1920년부터는 시베리아와 사얀-알타이의 고고학 유적들 연구에서 S.A.쩨쁠로우호프, M.P.그랴즈노프, S.I.루덴꼬, S.V.끼셀료프 등과 같은 걸출한 전문 고고학자들의 이름과 관련된 새로운 단계가 시작된다. 이 시기에 S.A.쩨쁠라우호프는 처음으로 고고학 유물의 분석에서 뿐만 아니라 일정한 과제와 목적에 종속된 야외 조사의 조직과 시행에 있어서도 진정으로 학술적인 방법을 개발하였다. 민족지학, 형질인류학, 언어학, 지명학 등의 자료를 함께 검토하는 작은 지역에서의 종합적 연구를 통해 고고학 유적들의 표준적인 편년 단위를 수립하였다.

그렇지만 고대의 문화 유적들을 구제하는 대규모 작업들은 대규모의 면적이 물에 잠기게 될 끄라스노야르 수력발전소와 사얀-슈쉔스꼬예 수력발전소의 건설과 관련되어 이루어졌다. 미래의 저수지 지역에서 소련과학원 고고학연구소 레닌그라드 지부(지금의 러시아과학원 물질문화사연구소) 끄라스노야르 고고학조사단(1958~1978년)과 사얀-슈쉔스꼬예 고고학조사단(1965~1987년)이 20년 이상 일하였다.

다년간에 걸친 조사를 통해 미누신스크 분지의 문화들에 대한 시기구분이 이루어졌다. 이 시기구분은 오늘날 남시베리아 스텝들의 여러 유적들에서 확보된 일련의 방사성탄소연대에 의해 뒷받침되고 조정되었다(Alekseev, Bokovenko, Boltrik and etc. 2001; Görsdorf, Parzinger, Nagler 2004; 알렉세예프, 보꼬벤꼬 외 2005; 뽈랴꼬프, 스비뜨꼬 2009).

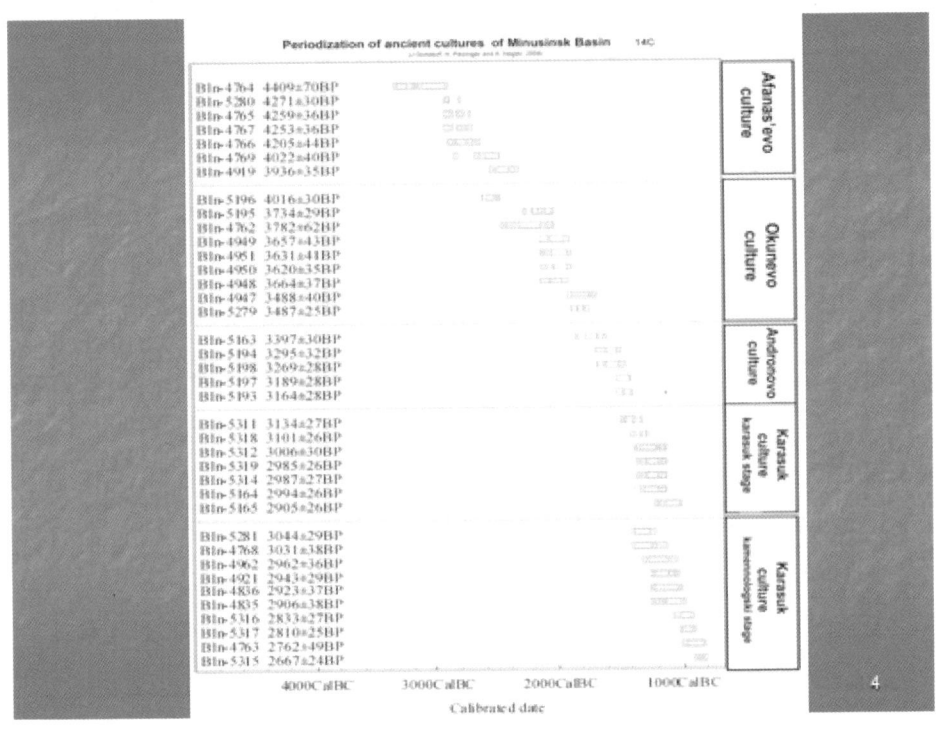

이 지역에는 구석기시대(아폰또바 문화)는 수 십 곳의 층위구분 유적들과 좋은 고고학 자료들을 가지고 있어 일정한 차원의 주민들의 거주에 대해 증명하지만, 홀로센 이른 시기의 거대한 기간(중석기시대와 신석기시대)(대략 기원전 8~4천년기)에는 고고학 자료가 사실상 없다(바실리예프 2001: 61). 비록 이 지역은 18세기부터 시작하여 수많은 조사단에 의해 조사되었지만 말이다. 중석기시대와 신석기시대의 개별적인 유적들(예를 들어, 냐샤, 끄라스노야르, 우뉵, 꼬라세보, 시자야, 마이나, 우이 2, 우스찌-헴칙 III, 또오라-다쉬 등등)도 또한 사실상 전(前)타이가 지대 및 전(前)산지대에 집중되어 있다. 스텝지대는 혹독한 기후로 인해 사실상 사람이 거주하지 않았던 것으로 보인다.

오직 신석기시대 말에 고대 주민들은 예니세이 강 중류지역의 스텝 분지들을 정복하기 시작하는데, 이에 대해서는 하카시아의 스텝 호수들에서의 개별적 유물들이 증명한다(리시쯔인 1988: 15-20). 그리고 청동기시대부터 스텝 지대는 보다 강도 높게 사람들이 거주하게 된다.

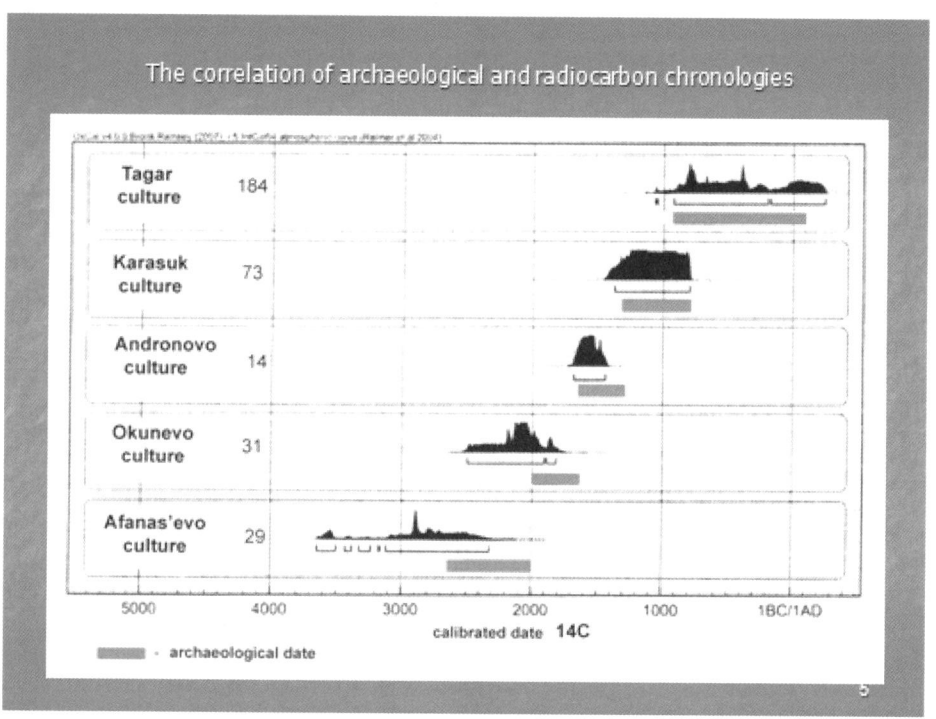

II. 아파나시예보 문화

전기 청동기시대의 **아파나시예보 문화**(기원전 4~3천년기)는 사얀-알타이 산맥의 스텝 지대에서 확인되었다. 이 문화는 이 지역 고대 유럽 인종의 첫 번째의 쿠르간 문화였고, 유라시아 유목 문화 시스템에서 가장 동쪽에 위치하였으며, 그 주민들은 인도-유럽어를 사용하였다. 그 동쪽으로 東사얀산맥 너머에는 몽골인종들이 거주하였다.

아파나시예보 문화의 기원에 대해서 3가지의 관점이 있다.

1-서쪽에서, 야마 문화 주민들이 거주하였던 흑해북안에서 도래한 문화이다(S.A. 쩨빨로우호프, S.V.끼셀료프, A.P.오끌라드니꼬프, E.B.바데쯔까야, Yu.F.끼류쉰, V.A.세묘노프 등)(바데쯔까야 1979; V.세묘노프 1993). 이 가설은, 그들의 의견에 따르면, 물질적 및 정신적 공통성(장례방식), 경제(목축 생산경제), 비슷한 모양의 토기, 그리고 하나의 형질인류학적 유형으로 발현되는 야마 문화와 아파나시예보 문화의 문화-역사적 단일성에 기초한다. 시베리아의 신석기시대 종족들은 목축을 알지 못하였으나, 아파나시예보 문화인들은 가장 처음부터 발전된 형태의 목축에 종사하였다. 그들은 큰 뿔 동물과 작은 뿔 동물을 길렀는데, 이 동물들의 기원은 남시베리아 지역과는 관련이 없다. 왜냐하면 이 지역에는 가축화에 필요한 이 동물들의 조상 형태가 없다. 이것은 준비된 모습의 문화를 가진 주민의 가능한 도래를 또 한번 뒷받침한다. 그것이 형성된 장소는 사얀-알타이에서 서쪽 어디인가였을 것이고, 그 근원지는 야마 문화의 동쪽 경계였을 수 있을 것이다.

2-서쪽에서, 그러나 동유럽의 야마 문화 분포지역이 아니라, 남동카스피아해 유역에서 서시베리아, 카자흐스탄, 알타이를 지나 예니세이와 남서 몽골로 도래한 문화이다(I.N.홀로쁜 1999). 이 가설은, 연구자의 의견에 따르면, 바로 이 지역이야말로 여러 가지 곡물과 가축의 농작물화 및 가축화, 금속의 이른 생산(구리와 청동), 아베스타의 발생 등 신석기시대부터 생산경제의 고향이었다는 사실로 뒷받침된다. 그는 예니세이까지의 이 모든 길에서 수많은 언어학적 일치점들(수명과 지명 자료들)을 찾아내었는데, 그것들은, 그의 의견에 따르면, 아베스타의 유명한 투르 민족이 동쪽으로 이동하면서 남긴 것이다.

3-토착(중부아시아) 기원의 문화이다(V.I.몰로딘, N.A.보꼬벤꼬, P.E.미따예프)(보꼬벤꼬, 미따예프 2010). 이 가설의 논리는 다음과 같다. 유럽인종은 이미 신석기시대에 (혹은 더 이른 시기에) 중부아시아와 시베리아에로 침투하였다(알렉세예프 1981), 새로 조사된 유적들(투바의 또오라-다쉬, 예니세이의 말리노브이 로그)은 이미 신석기시대에 둥근

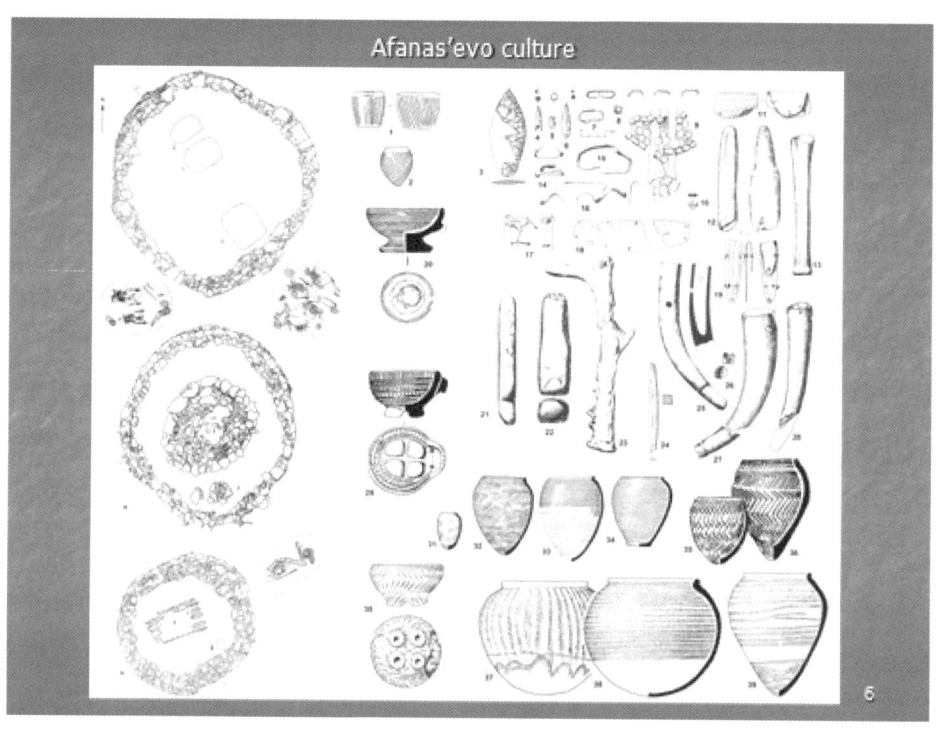

남(南)시베리아 미누신스크 분지의 청동기시대 고대 문화들

울타리[호석(護石)]가 존재하였음을 그리고 이 시대들의 유적들 사이에 유사한 특성 (거친 바위돌과 수평으로 쌓은 납작한 돌로 이루어진 직경 10~12m 이하의 작은 호석, 개별 매장, 적토(赤土)의 존재, 고식의 향로, 무덤 음식의 부재)의 장례방식이 있었음을 말한다(보꼬벤꼬, 낄루놉스까야 외 2009). 또한 앙가라 강 유역의 신석기시대 매장 복합체(뽀노마레보 고분군 3호, 7호, 16호 무덤) 출토품과 유사한 석기공작들(화살촉과 창)의 존재(오끌라드니꼬프 1974)도 있다. 피장자들의 자세는 바이칼 유역의 렌꼬브까 고분군(2호 무덤)과 포포노바 고분군의 몇몇 신석기시대 무덤들과 비슷하다(오끌라드니꼬프 1974; 게라시모프, 체르느이흐 1975).

알타이와 예니세이의 가장 오래된 아파나시예보 문화 복합체들에 대한 방사성탄소연대들은 그것들이 이미 기원전 4천년기 초-중엽에 존재하였음을, 다시 말해서 야마 문화의 유적들보다 조금도 더 늦지 않게 존재하였음을 증명한다(예르몰로바/마르꼬프 1983, p.96; 보꼬벤꼬, 미따예프 2010).

유럽인종 주민들은 바이칼 지역까지 이미 신석기시대에 존재하였고, 더 이른 시기에도 존재하였을 가능성이 있다. 알타이와 예니세이의 가장 오래된 아파나시예보 문화 복합체들에 대한 방사성탄소연대들은 그것들이 이미 기원전 4천년기 초-중엽에 존재하였음을, 다시 말해서 야마 문화의 유적들보다 조금도 더 늦지 않게 존재하였음을 증명한다. 게다가 다리가 있는 향로 혹은 완은 유럽의 후기 야마 문화에 기원전 3천년기 말에야 등장한다(카이제르 2005: p.125). 위에 열거된 자료들은 아파나시예보 인들이 머나먼 서쪽에서 도래하였다는 전통적인 관념과 모순된다. 당시 흑해북안의 야마 문화에서는 아파나시예보 문화의 수많은 고식적 특징들이 관찰되지 않는다. 아마도 이 공통성의 근원은 유럽이 아니라 (광의의 의미에서의) 중부아시아 지역 혹은 심지어는 첨저토기가 훨씬 더 빨리 나타나는 남동아시아에서, 죠몽 유형의 복합체들에서 찾아야할 것이다.

따라서 아파나시예보 문화의 형성 문제는 아직 열려있고 그리고 새로운 접근들과 유라시아 스텝 지역 유적들에 대한 종합적인 연구를 필요로 한다.

미누신스크 분지의 아파나시예보 문화 고분군들은 강안을 따라서 및 깊은 스텝 지역에서 확인된다. 아파나시예보 쿠르간들은 기저에 돌로 고리모양의 호석을 돌린

조그마한 봉토 언덕 모양을 하고 있다. 발굴조사를 통해 그 구조가 사실상 완전히 단일한 모양이라는 사실이 확인되었다. 호석의 벽은 막돌 혹은 수평으로 잘 쌓은 납작 돌로 만들었다. 간혹 납작 돌을 수직으로 세워 만든 호석이 있기도 하다. 원래는 호석의 높이가 1m, 직경이 5~20m였다. 호석의 가운데에는 통상 하나 혹은 둘, 드물게는 셋의 무덤이 위치하였다. 무덤의 형태는 방형에 가깝다(2~4m). 무덤은 통나무 격자맞춤으로 덮었고, 그 다음에는 자그마한 봉분을 쌓았는데, 간혹 봉분을 납작 돌로 덮기도 하였다. 이 기본 무덤들 외에도 호석의 안쪽에 혹은 바깥쪽에 추가 무덤을 만들어 아이들을 매장하기도 하였다. 무덤에는 한 명에서 여덟 명까지의 사람을 매장하였다. 피장자들은 무릎을 접은 채 등을 아래로 한 자세 혹은 옆으로 웅크린 자세로 누워있다(그랴즈노프 1999: 47). 이는 M.P.그랴즈노프의 의견에 따르면 장례 때에 시신을 그 어떤 좌석에 혹은 바로 웅크린 자세로 앉히었기 때문으로 설명된다. 그와 같은 자세로 굳어진 고인을 무덤에 옆으로 혹은 등을 아래로 하여 놓았고(Gryaznov 1969: 48), 간혹 시신에 적토를 뿌리기도 하였다. 두향은 흔히 서향이었으나, 집단무덤에서는 두향이 다를 수도 있었다. 피장자의 곁에서는 벽에 음식물 흔적이 있는 토기 혹은 목기, 돌도끼, 공이, 갈판, 구리 송곳, 여러 가지 장신구들(심지어는 은과 금으로 만든 것도 있다) 등이 발견된다. 용기는 계란 모양(3리터 이하)과 구상(3~200리터)이 있는데 액체 음식을 위한 것이다. 용기들은 표면이 모두 전나무 무늬 혹은 여러 가지의 빗질 무늬와 "행진하는" 다치 압인무늬로 장식되어 있다. 드물게는 향로, 즉 다리가 있는 낮은 완도 발견된다. 그 외에도 가축(양, 소, 말)의 뼈가 출토되는 것으로 보아 무덤에 고기음식 덩이도 놓았음을 알 수 있다(아파나시예바 고라, 카라수크 III, 체르노바야 VI, 쩨시 I 등). 이는 아파나시예보 인들이 모든 기본적인 종의 가축들을 사육하였음을 말한다.

그렇지만 피장자에 대한 음식으로 야생 황소, 다람쥐, 여우(아파나시예바 고라), 유럽들소(카라수크 III)와 같은 야생동물의 고기도 자주 사용하였다. 따라서 아파나시예보 인들에게서 사냥은 아직 사람들의 수요를 완전하게 충족시킬 수 없었던 목축과 동일한 의미를 지니고 있었다. 이는 목축의 시작단계들 중의 하나였다.

거주지와 체류지는 모두 임시적(계절적)이었으며, 주거지 흔적은 발견되지 않았다. 모닥불 자리와 노지 자리가 남아있는데, 부근에서 석기공작의 잔재물들이 출토되었다.

고생물학 자료는 아파나시예보 인들에게 큰 뿔 가축이 우위를 점하는 생산목축경제가 있었음을 증명한다. 토기 호에서는 내벽에 남아있는 더껑이를 통해 볼 때에 죽이나 우유가 아니라 야채 혹은 고기를 삶았다.

의복은 털과 가죽으로 만들었다. 농경에 대해서는 직접적인 증거가 없다. 발견된 뿔 망치, 갈돌을 닮은 돌들은 뿌리작물과 야생곡물을 으깨는 가사 도구로 사용되었을 수 있을 것이다.

형질인류학적 관찰은 그들의 수명이 꽤 짧았음을 말하는데, 60살에 도달한 노인들이 매우 적게 발견되었다. 물론 가장 높은 사망률을 보인 것은 아이들, 특히 젖먹이들이었다(그랴즈노프 1967). 고분군에서 발견된 성인들의 일반적인 연령은 40~50세였다. 가족 혹은 씨족의 구조에 대하 판단할 수 있게 하는 자료는 없다. 합장은 드물며, 아이들을 여성 혹은 남성과 함께 매장한 예가 있다.

매장 유적들은 아파나시예보 인들의 재산적 분화를 반영하지는 않지만, 기능적 차이와 사회적 분화의 시작에 대해 증명한다. 몇몇 여성의 무덤들에서는 하나 혹은 네 개의 다리가 있는 토제 향로가 발견되는데, 이는 공동체에서 특별 범주-여성제관-를 구분할 수 있게 한다.

이 시기에 표현예술은 잘 구분이 되지 않지만, 일련의 황소 표현들(보야르이-꼬로바)과 남카자흐스탄에서 투바, 몽골, 한국까지의 광대한 지역에 알려져 있는 암석과 암벽에 난 몇몇 구멍들은 이 시기에 속할 가능성도 있다(사마쉐프 외 2011: 107, 344; 김정배, 장석호, 보꼬벤꼬, 낄루놉스까야 2007: 112).

아파나시예보 문화는 아주 오랫동안 존속하였다. 그리고 비록 유적들이 천편일률적이지만, 속성들의 총체로 본다면 2개의 편년적 단계가 구분된다. 전기는 말리노브이 로그 유형 유적들이고 후기는 체르노바야 VI 및 카라수크 III 유형 유적들이다. 이 문화 발전에서의 기본적인 경향은 호석 구조의 개선, 토기 제작의 형태 및 질의 개량, 무덤에의 피장자의 수의 증가, 다음 단계 전기 청동기시대 오쿠네보 문화와 관련된 몇몇 특징들의 등장 등이다.

Ⅲ. 오쿠네보 문화

오쿠네보 문화(기원전 25~17세기)는 G.A.막시멘꼬프(1970)가 분리하였으며 기본적으로 중부아시아의 바로 이 지역에 집중되어 있지만, 유전적으로 아파나시예보 문화와는 관련이 없었던 것으로 보인다. 그들의 교체는 새로운 문화의 주민들이 이 지역에 앞서 살았던 주민들을 밀어낸 결과로 이루어졌다.

오쿠네보 문화 무덤들의 피장자들은 아파나예보 인들과는 다른 인종적 유형에 속하였고, 그리고 두 유형의 유전적 관계는 의심의 여지없이 서로 차이가 난다. 왜냐하면 주민들의 형질인류학적 유형이 약간의 몽골인종 혼합의 비율을 가지기 때문이다. 말하자면 당시에 발생하였던 역사적 과정들은 훨씬 더 복잡하였고 그리고 오쿠네보 단계는 아파나시예보 문화의 발전으로 설명할 수가 없다. 아마도 오쿠네보 문화는 신석기시대의 생활면모를 간직하였던 현지 종족들(사냥-어로 종사자들)과 아파나시예보 종족들의 상호작용 결과 형성되었을 것이다(바데쯔까야 1986: 28). 그럼에도 불구하고 의례와 토기의 몇몇 세부요소에서 일정한 유사성이 포착되는 점도 부정할 수는 없다. 동일하지는 않지만 피장자의 자세, 다리와 손의 위치가 서로 흡사하다. E.B.바데쯔까야는 아파나시예보의 향로가 오쿠네보 문화 향로의 원형이 되었다고 생각한다(동일한 크기, 완부분과 다리의 비율, 숭배적 의미 등). 일단의 연구자들 의견에 따르면, 이 문화의 형성에는 서쪽의, 동유럽의 카타콤브 문화의 영향이 있었고(라자레또프 1995, 사비노프 1997), 다른 연구자들의 의견에 따르면, 오쿠네프의 문화 복합체에, 특히 토기 제작기법에 극동의 문화가 영향을 끼쳤다(소꼴로바 2009). 따라서 이 문화의 형성 문제는 아직 해결되지 못하였고 그리고 종합적인 연구를 필요로 한다.

고분군들은 작은 묘역들이며(우이바트 Ⅲ-Ⅴ, 체르노바야, 베르흐니 아스키스 등), 몇몇 쿠르간들 혹은 수직의 납작 돌을 세워 만든 큰 방형 호석들(40×40m 이하)로 이루어져 있다. 방형 호석 안에는 토광, 석상(石箱), 매우 드물게 카타콤브 모양 등의 무덤들이 20기 이하로 확인된다. 기본적으로 이것은 성인과 아이들의 개별 무덤들이고 집단 무덤은 적다. 피장자의 얼굴과 몸은 적토로 채색을 하였을 수도 있는데, 몇몇 두개골에서 그 흔적이 확인되었기 때문이다. 피장자들은 옷을 입고(털 혹은 가죽 옷) 등을 아

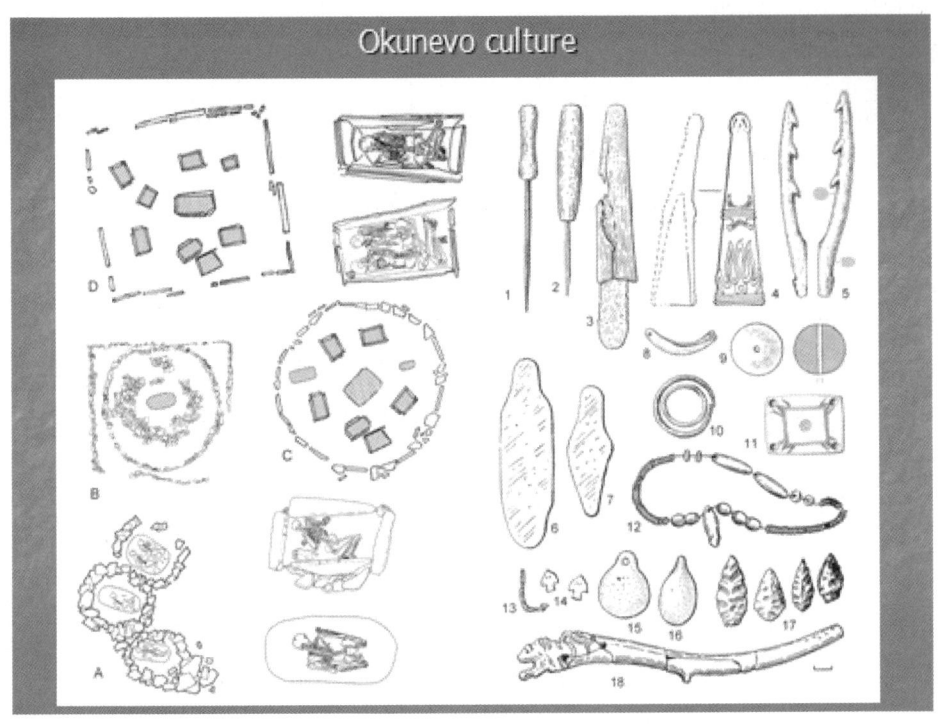

래로 무릎을 심하게 굽힌 채 하지만 팔은 펼친 상태로 매장되었다. 사실상 모든 무덤에서 여러 가지 문양으로 전체(심지어는 바닥도)가 장식된 평저 발형토기가 출토되었다. 문양에는 수평으로 배열된 압인 무늬들, 홈선들, 체스판 무늬, 지그재그 무늬 등이 있다. 향로, 즉 속이 빈 다리 위의 낮은 완도 출토된다.

남성들에게는 청동 "단검", 무기(활과 화살), 뼈 작살, 골기 및 석기, 장신구(청동 귀걸이), 그리고 다양한 호부를 부장하였다. 여성들에게는 청동 손칼, 송곳, 바늘, 다양한 장신구(청동 귀걸이, 청동 및 옥 관자놀이 고리), 그리고 여러 가지의 호부를 부장하였다(바데쯔까야 1986). 무덤에 넣은 고기 음식은 드물지만 가축과 야생 동물의 뼈가 발견되기도 한다.

표현 예술 유적들은 매우 다양하고 독특하다. 예술품은 몇 가지의 종류로 구분된다: 사람 얼굴이 있는 석상(石像)들, 작은 돌 머리들, 여성의 얼굴을 새긴 뼈 판들, 뼈와 돌을 조각하여 만든 새와 짐승의 형상들, 납작 돌과 석상에 새긴 환상적인 맹수들, 납작 돌에 얇은 선을 그어 표현한 황소 혹은 소와 같은 사실적 동물 표현들 등. 다양한 소재와 수많은 기호들은 세계관의 복잡한 형상 시스템에 대해 증명한다(사비노프 1997: 203).

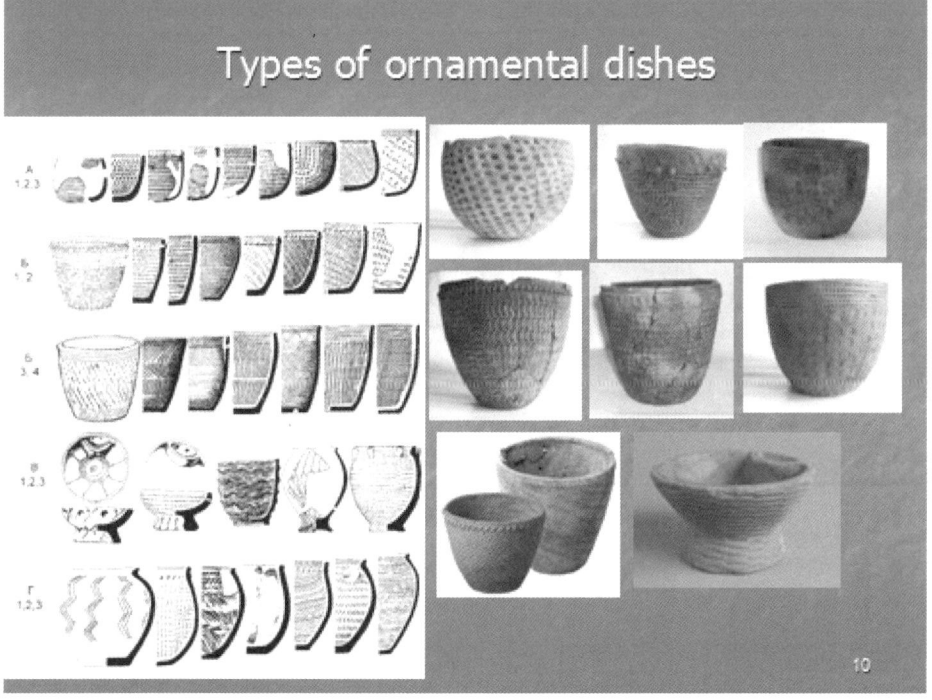

미누신스크 분지에서는 석상(石像)이 이미 300개 이상 발견되었다(레온찌예프, 까뺄꼬, 예신 2006). 이것은 높은 돌 기념비(높이 5m 이하)로서, 표면에 사람 모양의 세 눈 얼굴과 기호 표현들이 새겨지거나 갈려져 있다. 그 중의 많은 것들에는 표현물의 얼굴에, 표현물에 무서운 비실재적 모습을 부여하는, 어떤 이상한 띠들이 지나간다. 하지만 이 모든 것들은 쉽게 그리고 단순하게 설명이 된다. 체르노바야 고분군에서 일련의 두개골에서 적토의 흔적이 관찰되었는데, 언젠가 문신을 모방하여(바데쯔까야 1986) 혹은 감각기관을 보여주게(뽀돌스끼 1997: 182) 피장자의 얼굴에 채색을 한 것이다. 의심의 여지없이, 이 유적들은 여러 가지의 태양 숭배들, 지하세계 동물들의 표현들, 세계기둥 등등이 반영된 주민들의 복잡한 세계관 시스템을 복원하는데 극히 중요하다(레온찌예프, 까뺄꼬, 예신 2006: p.52).

오쿠네보 유형의 수많은 표현물들(가면들, 기하학적 기호들, 개별적 동물 형상들)이 알타이에서 근동과 한국까지의 아주 넓은 지역에서 발견되었다(김, 장, 보꼬벤꼬, 낄루놉스까야 2007: 79).

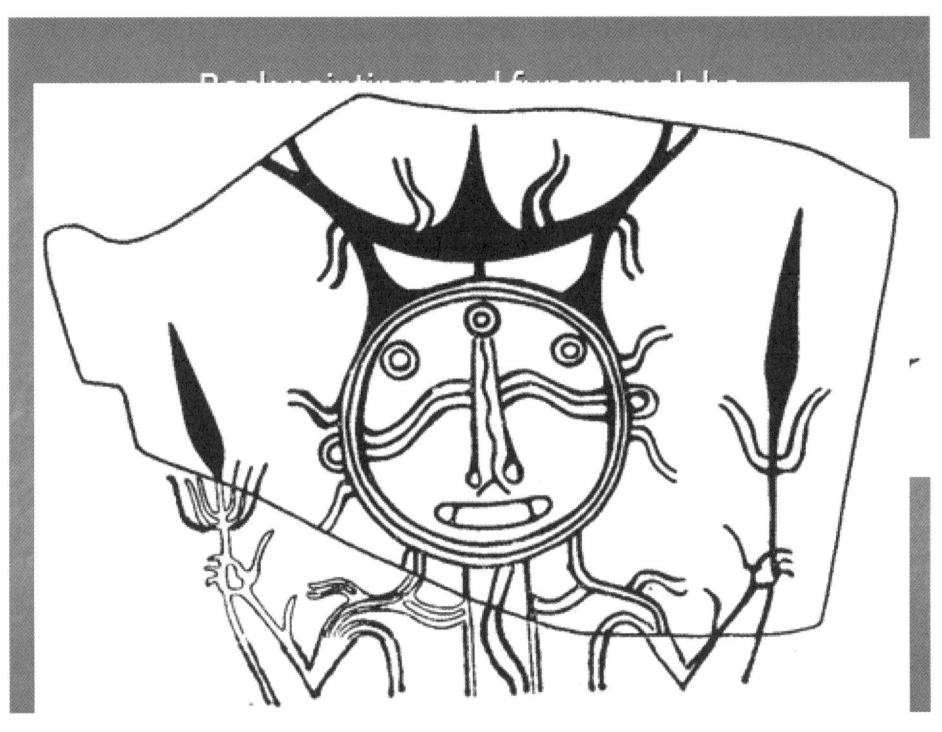

Masks with solar symbolism

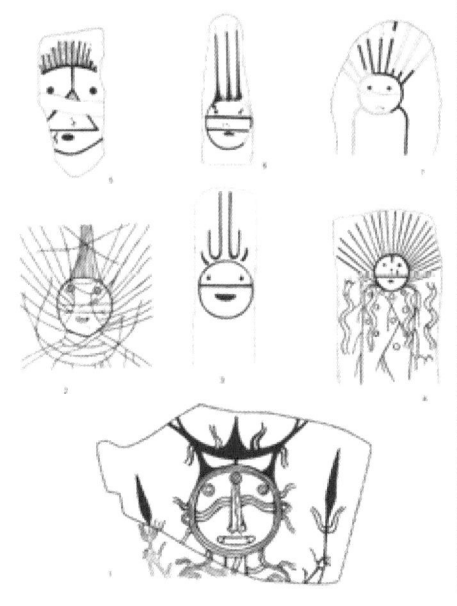

남(南)시베리아 미누신스크 분지의 청동기시대 고대 문화들

최근에는 산악지역에서 새로운 유형의 유적들이 발견되었다. 바로 방어기능뿐만 아니라 산 숭배와 관련된 성례적 의미도 지닌 요새—"스베"이다.

Ⅳ. 안드로노보 문화

오쿠네보 문화는 **안드로노보 문화**(기원전 17~15세기)에 대해 교체된다.

미누신스크 분지는 카자흐스탄 출신의 안드로노보 종족들이 거주한 가장 동쪽 지역에 해당하는데, 그들은 미누신스크 분지의 모든 분지가 아니라 북쪽 절반에 거주하였다(기원전 15~14세기). 예니세이 강 유역에는 안드로노보 유적이 다른 지역들(카자흐스탄과 서시베리아)에 비해 적다. 오라크 Ⅰ 고분군과 노바야 체르나야 Ⅱ 고분군은 거의 모두 발굴되었고, 수호예 오제로 Ⅰ 고분군은 절반 이상이 발굴되었다(막시멘꼬프 1978: 6). 아직은 무엇이 안드로노보 인들이 남쪽으로 이동하는데 방해가 되었는지 판단하기 힘들지만, 아마도 그곳에는 늦은 오쿠네보 종족들이 살고 있었을 것이다. 수많은 연구자들이 안드로노보 인들의 인도이란어 소속에 대해 말한다.

고분군들은 강 주변 혹은 큰 강들의 강변을 따라 분포하며, 이로 인해 고분군들이 흔히 모래언덕 아래에서 발견되어 진다. 고분군들은 십여 혹은 수십여 개의 호석들(50개 이하)로 이루어져 있다. 매장구조물은 수직으로 세운 혹은 수평으로 쌓은 납작 돌들로 이루어진 원형 혹은 방형의 호석 모양을 한다. 시신은 큰 석상(石箱), 석낭(石囊) 혹은 목곽에 왼편 측면으로 머리를 서쪽 혹은 남서쪽으로 향하게 하여 매장하였다. 화장은 매우 드물게 행하였다(막시멘꼬프 1978: 82). 피장바의 머리에는 통상 하나 혹은 드물게는 두 개의 평저 토기를 두었다. 토기는 호와 발 두 가지 모양이 있다. 호들은 다치구 혹은 매끈한 압인기로 시문한 기하학적 무늬(번개무늬, 삼각형, 전나무 무늬, 지그재그 띠)로 풍부하게 장식되어 있다. 발형토기들은 일반적으로 전나무 무늬로 장식되었다. 장신구들은 모든 안드로노보 문화에 전형적인 것들 – '깔때기'가 있는 고리 – 귀걸이와 청동 목걸이 – 이다. 무기는 무덤에 부장하지 않았다.

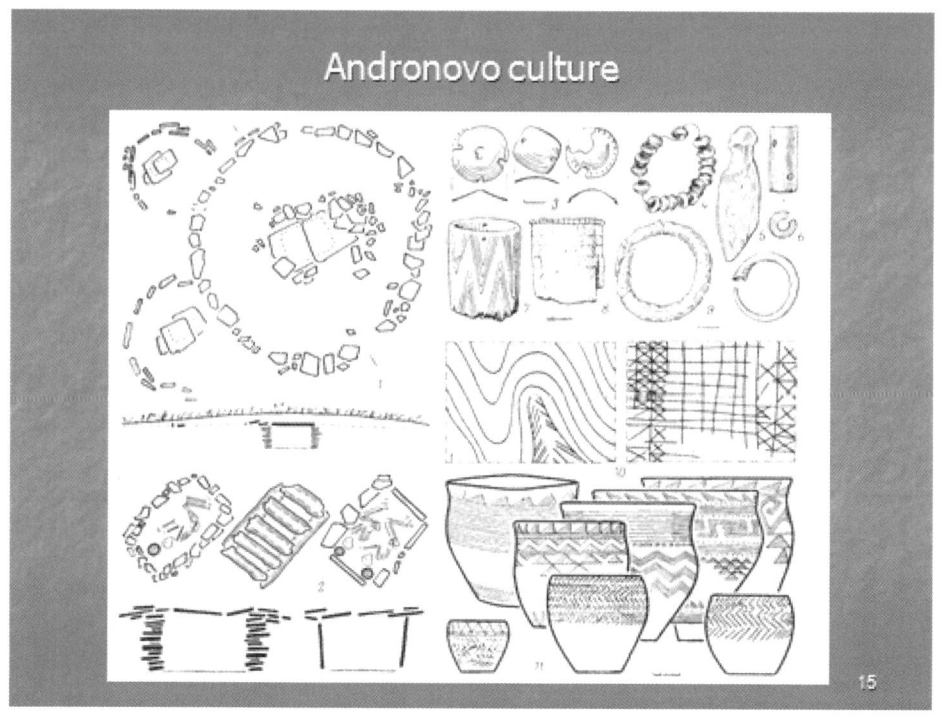

안드로노보 토기의 문양 비교는 이주민들이 어디에서 예니세이로 도래하였는지 잠정적으로 파악할 수 있게 한다. 가장 전망이 있는 지역은, G.A.막시멘꼬프의 의견에 따르면, 토기에 유사한 문양 모티브가 관찰되는 카자흐스탄 북부와 동부 혹은 서시베리아이다(막시멘꼬프 1978: 123-124).

V. 카라수크 문화

안드로노보 문화는 카라수크 문화(기원전 14~10세기)가 대체한다. 이 문화는 기본적으로 예니세이 강 중류의 미누신스크의 산악 사이 스텝 분지들에 분포한다. 이 문화는 남시베리아와 중부아시아에서 고도로 발전된 청동주조생산 중심지들을 가진 청동기시대 말의 가장 강력한 문화였다. 수천 기의 매장 유적들과 다양하고 걸출한 청동유물들이 예니세이의 스텝들에서 발견된다. 카라수크 유형 청동유물들은 중앙 카자흐스탄에서 몽골 및 중국북방지역까지의 광대한 영역에서 발견되었다. 다량의 자료는 이 문화의 기원, 발전 과정, 이웃들과의 대외 관계 등에 대한 여러 가지 가설의 토대가 되었다. 이 시기의 기후는 상대적으로 건조하고 서늘하였다.

현재 카라수크 문화의 기원에 대한 흔히 서로 상반되는 몇 개의 가설이 존재한다(바데쯔까야 1986; S.레그란 2000).

1-선행한 안드로노보 문화를 토대로 한 카라수크 문화와 그 구성요소들의 자생적(현지) 발생(M.P.그랴즈노프; G.A.막시멘꼬프; S.레그란). M.P.그랴즈노프는 비록 카라수크 문화의 안드로노보 기원에 대한 관점을 지지하였지만, 예니세이에서 중국까지의 광대한 영역에 분포하는 카라수크 모양의 손칼과 단검은 몽골의 스텝에서 온 몇몇 요소들을 가지고 있고 그리고 현지 주민들에 의해 자신들의 입맛에 맞게 개작되었다고 생각하였다(Gryaznov 1969). S.레그란은 카라수크 문화가 예니세이 강 중류지역에서 지역의 안드로노보 기층과 서쪽의 오삐 강 상류지역과 카자흐스탄 서부지역에서 도래한 주민들을 토대로 독자적으로 형성되었다고 생각한다(레그란 2006: 857-

858; 레그란 2010, 권1: 241).

2-일련의 연구자들은 청동유물의 분석을 토대로 카라수크 문화의 중부아시아(남동) 기원을 증명하였다. W.왓슨은 실제적인 카라수크 예술은 상(商)의 청동기에 전형적인 조건부적 스타일과는 크게 차이가 남을 지적하였는데, 그의 의견에 따르면, 이것은 남시베리아와 중국에 영향을 끼친 중부아시아의 그 어떤 스텝 문화의 독립적인 존재에 대해 증명한다(Watson 1961). E.A.노브고로도바와 V.V.볼꼬프는 이와 비슷한 관점을 지지한다. 이들은 청동유물들(특히 단검과 가(假)접칼을 제외한 손칼)이 중부아시아의 남쪽 스텝들에서 미누신스크 지역으로 가져온 것이라고 생각하였으며, E.A.노브고로도바의 의견에 따르면, 미누신스크 지역은 중심지가 몽골의 북부, 서부, 남서부 및 중국북방지역인 카라수크 세계의 북서 경계 지역이었다(노브고로도바 1970). 비록 지금까지 그곳에서는 특징적인 매장 구조와 유물들을 포함하는, 카라수크 유형의 동물양식 장신구가 있는 하지만 분명하지 못한 무덤 유형의 테브쉬-우울라 복합체를 제외하면, 신뢰할 수 있는 카라수크 고분군들이 전혀 발견되지 않았지만 말이다.

3-S.V.끼셀료프(1960)는, 비록 그 시작의 단초는 카자흐스탄과 시베리아에 있었다고 생각하였지만, 카라수크 문화가 중국 및 오르도스에서 기원하였다고 생각하였다.

4-카라수크 문화의 몇몇 요소들(개별 유형의 토기들과 그 문양들, 몇몇 무덤 구조물들)의 서쪽 기원은, E.B.바데쯔까야(1986)의 의견에 따르면, 중앙카자흐스탄의 베가즈이-단드이바이 주민들의 동쪽으로의 예니세이로의 침투 결과였다. N.L.츨레노바는 예니세이에서의 카라수크 문화 형성의 복잡성에 대해 인정하지만, 그럼에도 불구하고 이 문화의 개별 요소들(예를 들어, 동물양식)을 이란과 그 이웃 지역들에서 끌어온다(츨레노바 1967).

이 문제에 대한 형질인류학적 측면도 또한 모순적이다. 비록 학자들은 카라수크 문화의 대다수 주민들이 유럽인종이었다는데 의견을 같이하지만, 일부 몽골인종 요소도 존재한다. G.B.르이꾸쉬나는, 비록 이 시기에 선행하였던 오쿠네보 문화 주민들과 유전적으로 관련이 있는 주민 개체들이 존재하였다고 생각하면서도, 카라수크 문화 주민들의 카자흐스탄 서부 기원에 대해 말한다(르이꾸쉬나 2007: 91). 하지만

A.V.그로모프는 반대로 오쿠네보 문화 주민들은 카라수크 문화 주민들의 물리적 유형 형성 과정에 참여하지 않았고, 단지 그 분포의 북쪽 지역에서, 어쩌면 투바에서 부분적으로 카라수크 인들에게 동화되었다는 결론에 도달하였다. 미누신스크 분지 카라수크 주민들의 남쪽 그룹들은 지역의 안드로노보 인들보다도 카자흐스탄과 또볼 강 상류지역의 안드로노보 인들과 더 유사한데, 이는 카라수크 인들의 서쪽 근원에 대해 말할 수 있게 한다(그로모프 2002: 26).

카라수크 문화에 대해 꽤 많은 시기구분이 있었지만, 현재 사실상 모든 연구자들이 최근의 수많은 발굴조사를 통해 뒷받침된 M.P.그랴즈노프의 시기구분을 따른다. 향후 더 세분된 편년적 그룹의 구분 가능성을 남긴 다음의 두 단계 구분 안이다(레그란 2010, 뽈랴꼬프 2006):

1-카라수크(고전) 단계-기원전 14~11세기
2-까멘느이 로그(혹은 루갑스꼬예) 단계-기원전 11~9세기.

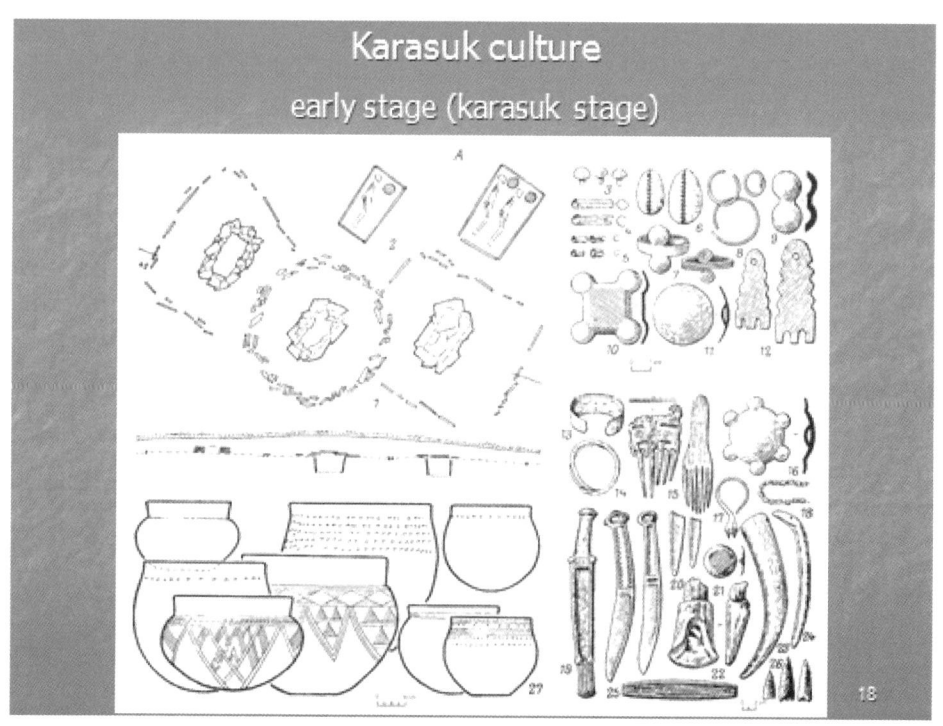

　물론 절대 편년들은 카라수크 문화의 엄청난 자료들을 연구하는 과정에 보다 세분되고 수정될 것이다. 카라수크 문화의 자료를 연구한 A.V.뽈랴꼬프는 고전 단계에서 2기를 그리고 두 번째 단계에서 다시 2기를 각각 구분하였다(뽈랴꼬프 2003). 그렇지만, 유감스럽게도, 그와 같은 구분이 항상 자료들에 의해 뒷받침되는 것은 아니다.

　현재 청동기시대 후기는 S.레그란(2010)에 의해 세부적으로 분석되었고, 다음의 두 단계로 구분되었다: 1-청동기 후기 1, 카라수크 문화가 해당, 2-청동기 후기 2, 카라수크 문화와 타가르 문화 사이의 과도기적 편년-문화 단계. 따라서 카라수크 문화 연구는 계속되고 있다.

　카라수크 문화의 고고학 유적에는 1~2천기 이상의 무덤으로 된 고분군들(150곳 이상)이 있다. 현재 3천 기 이상의 무덤이 발굴되었다. 주거유적은 아직 10개소만 불완전하게 조사되었다.

　고분군들은 흔히 물 가까기의 편리한 곳에 위치하며, 수직으로 세운 납작 돌로 만든 수십 혹은 수천 개의 호석들(방형과 원형)로 이루어진, 여러 종류가 있다. 간혹 호석들이 복잡한 복합체를 이루며 서로 연접하기도 한다. 고전적인 카라수크 고분군들에는 매장방식이 천편일률적이다. 돌로 만든 사다리꼴의 상자에 왼쪽 측면으로 다리를 약간 구부리고 머리는 북서 혹은 남동쪽을 향하게 하여 매장하였다. 머리 곁에는 액체 음식이 들어 있는 하나 혹은 두 개의 토기를 세워 놓았고, 다리에는 나무 접시 위에 가축(양, 소, 드물게는 말)의 고기 덩이들을 놓았다. 피장자들에게는 장신구(청동 귀걸이와 관자놀이 고리, 청동 및 규질점토암 목걸이), 둥근 띠고리, 팔찌와 함께 털가죽 옷을 입혔다. 고기에는 여러 가지 유형의 청동 손칼을 놓았다. 토기는 둥근 저부가 있는 구상(球狀)이며 기하학적 무늬로 장식되었다.

후기의 고분군은 크기가 훨씬 작고 매장구조물도 훨씬 좋지 못하게 만들었다. 호석의 모서리들에는 다음 시대의 것과 마찬가지로 모서리 돌들이 있다.

이 시기의 바위그림은 매우 도식적이고 비사실적이며, 소재들은 달리는 말, 사냥 장면, "세계수", 전차 표현 등 꽤 단순하다. 표현 스타일은 도식적이고 그리고 청동

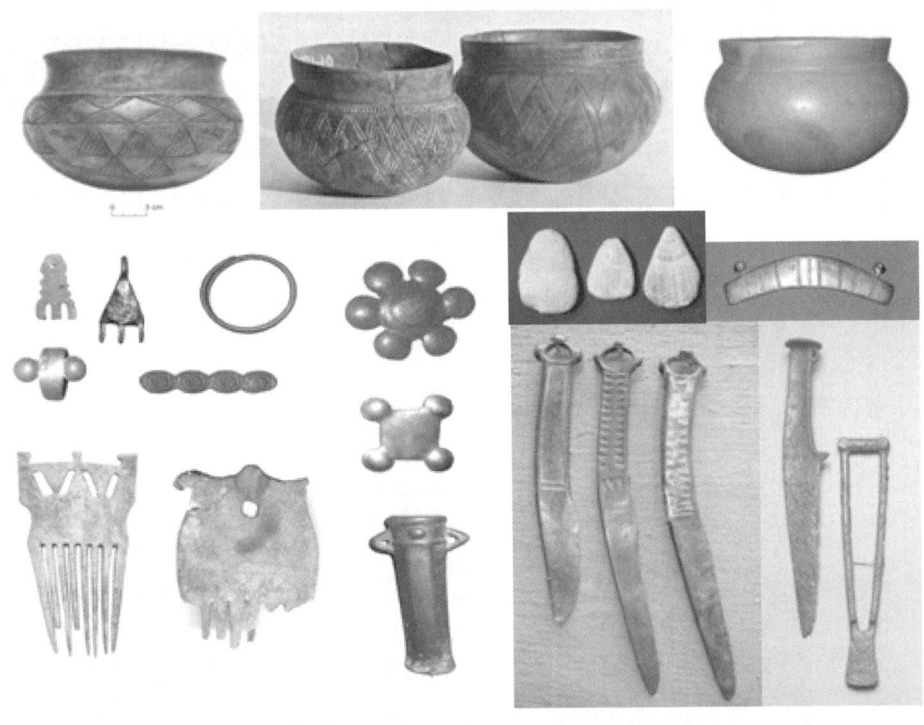
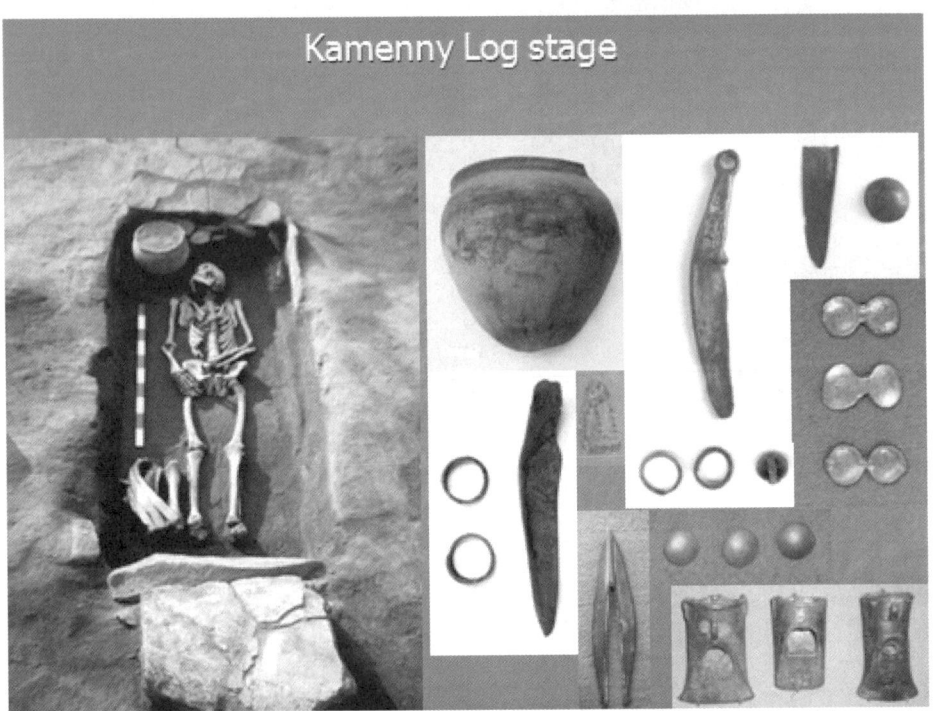

손칼 손잡이에 있는 사실적인 고품격의 주조 형상들과는 매우 차이가 난다.

주거유적은 훨씬 조사되지 못하였다. 주민들은 깊이 1m 이하의 장방형의 작은 반수혈에서 살았다. 바닥은 점토로 덧발랐고, 벽은 나무로 튼튼하게 하였다. 주거지 안에는 경제 구덩이와 노지가 위치한다. 돔 혹은 피라미드 모양의 지붕은 위가 주거지 수혈에서 파낸 흙으로 두텁게 덮여 있었으며, 지붕의 중간에는 추운 시기에 입구로도 사용된 빛-연기구멍이 있었다. 주거지 출토 토기는 비록 약간의 차이는 있어도 무덤에서 출토된 것과 동일한 유형이다. 또르가자크 주거유적에서는 모든 집의 거주자들이 바로 여기에서 청동물품의 주조에, 식물(쐐기풀, 아마, 개정향풀) 섬유를 다듬는데, 실을 잣는데, 옷을 깁는데, 도구와 공구를 제작하는데 종사하였음을 보여주는 자료들이 출토되었다(사비노프 1996).

청동 도구와 함께 석기도 계속 사용되었다. 주거유적들의 주거지 복원은 S.레그란에게 다음의 결론을 내릴 수 있게 하였다: 주거지의 구조는 이 주거지들의 장기적인 특징을 보여주며, 이는 의심의 여지없이 항시 거주에 사용되었을 것이다. 정착성은

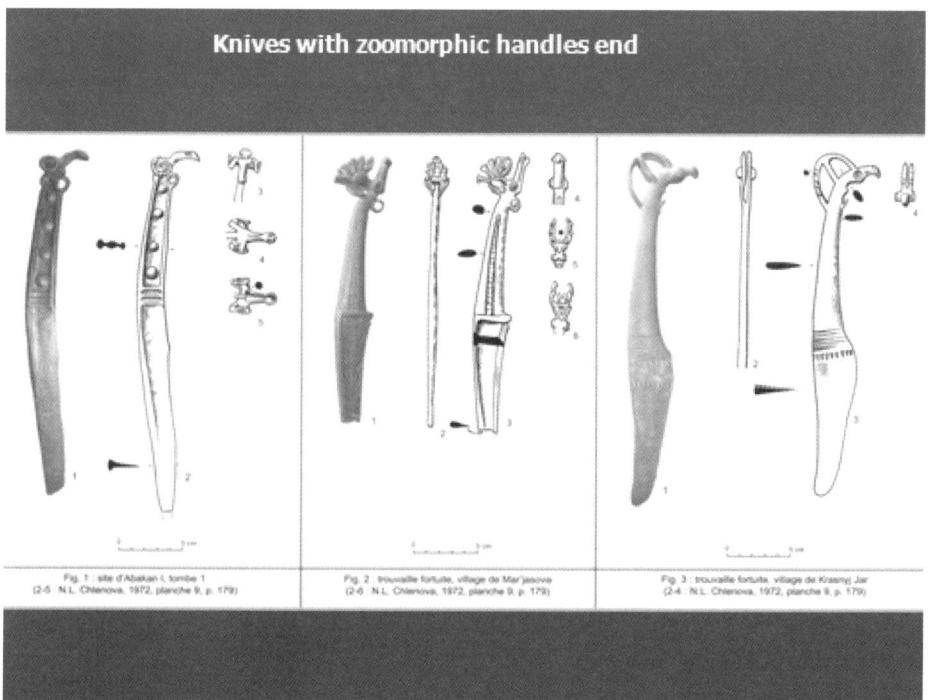

카라수크 주거유적들의 동물상의 종류들을 통해서도 확인되는데, 이는 청동기시대 말의 두 가지 유형의 목축—산지 목장 목축(양과 말)과 정착 목축(큰 뿔 가축)—이 공존하였음을 증명한다. 이 시기에 점차적으로 말을 기승용으로 길들였고 그리고 보다 유목적인 목축으로 이행하였다(Legrand 2010, 권1: 242).

청동기시대 말의 야금술 생산에 대한 연구는 S.레글란으로 하여금 카라수크의 손칼들이 지역적으로 제작되었고 그리고 (미누신스크 분지 밖에서 발견된) 카라수크 유형의 손칼들은 이 유물의 원래 생산 중심지였던 미누신스크 분지에서 혹은 다른 생산 중심지들—오르도스 혹은 중국—에서 제작되었다고 확정할 수 있게 하였다(Legrand 2004: 148-152). 또한 그녀의 의견에 따르면 청동물품의 대량생산과 교환은 공동체에서 일정한 계층화를 촉진하였는데, 이는 두 유형의 경제(산만한 목축과 야금술 생산)와 반(半)정착 생활양식에 토대를 둔 체절(體節)적인 것으로 규정될 수도 있을 것이다(Legrand 2004: 153).

사회관계에서 카라수크 공동체는 꽤 민주적이었는데, 대다수의 쿠르간들이 아주

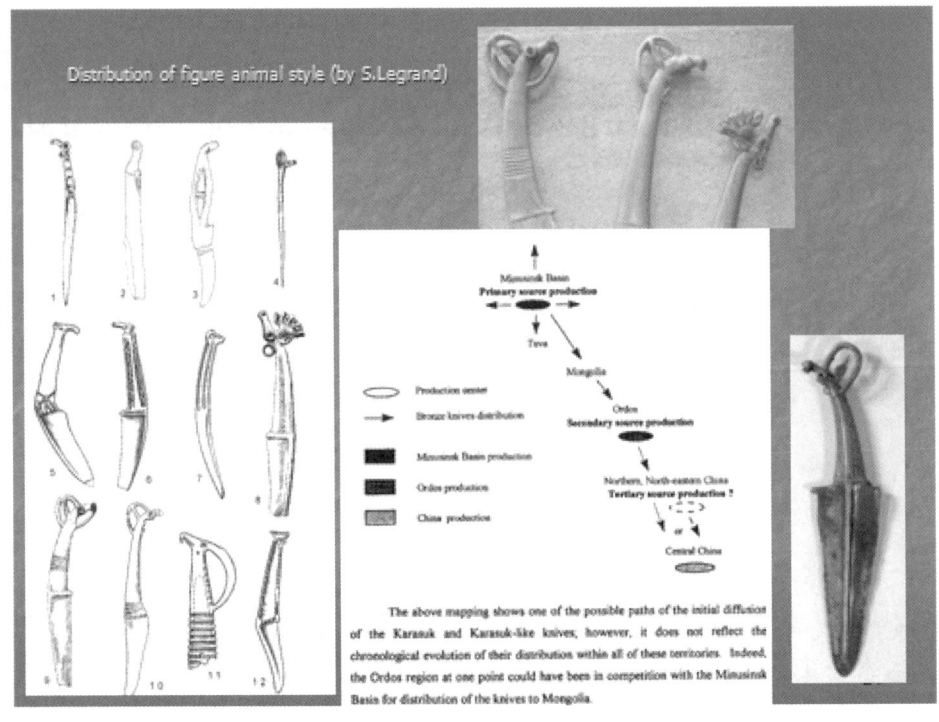

치밀하게 그리고 동일하게 만들어졌다. 하지만 구조가 매우 복잡한 대형 쿠르간들도 있는데, 이곳에는 제관들 혹은 씨족의 수령들(지도자들)이 매장되었을 것이고 그리고 이 유적들은 자기 시대의 긴 기간동안 기능을 한 일정 집단의 독특한 매장-추모의 성례 중심지였다.

Ⅵ. 타가르 문화

카라수크 문화 다음에 오는 문화는 타가르 문화이다.

타가르 문화는, 비록 그 유적들은 예외적으로 미누신스크 분지에 집중되어 있지만 그 청동유물들은 광대한 영역에서 발견된, 중부아시아의 강력한 스키타이 유형 문화들 중의 하나이다. 타가르 문화의 이른 시기 유적들에서는 카라수크 문화 및 서쪽 지역들과 유전적으로 관련된 그리고 기원전 1천년기 전반에 에니세이 강 중류지역의 문화적 혁신들에서 카자흐스탄-중앙아시아의 맥박을 보여주는 요소들이 관찰된다(보꼬벤꼬 2010). 이 시기에는 기후가 보다 습해지고 따뜻해진다.

타가르 문화의 고분군들은 사실상 하카시아의 모든 지역과 끄라스노야르 주의 남부지역에서 발견되며, 납작 돌 호설들 가장자리에 있는 수직의 돌기둥들 덕분에 지금도 꽤 잘 보인다. 가장 이른 고분군들은 수가 많고 호석의 구조가 동일 유형이며, 보다 늦은 시기의 고분군들은 수백기의 쿠르간들로 집계되며 여러 종류의 무덤들로 대표된다. 타가르 문화 고분 전통의 특성은 수직으로 세운(간혹 수평으로 쌓은) 납작 들돌로 된 방형 혹은 장방형의 호석 안에 피장자들을 매장한 것이며, 호석의 모서리들 혹은 가장자리들에는 수직의 돌들을 세워놓았다.

S.A.쩨쁠라우호프는 매장구조물의 구조, 매장방식, 그리고 부장 유물의 변화를 토대로 타가르 문화를 4기로 시기 구분하였고(쩨쁠라우호프 1929), 나중에 M.P.그랴즈노프가 이를 보완하였다(그랴즈노프 1968). 현재 각 단계의 절대연대들은 이 문화 유적들에 대한 다수의 방사성탄소연대 덕분에 구체화되었다(보꼬벤꼬 외 2005; 뽈랴꼬프, 스비뜨꼬 2009):

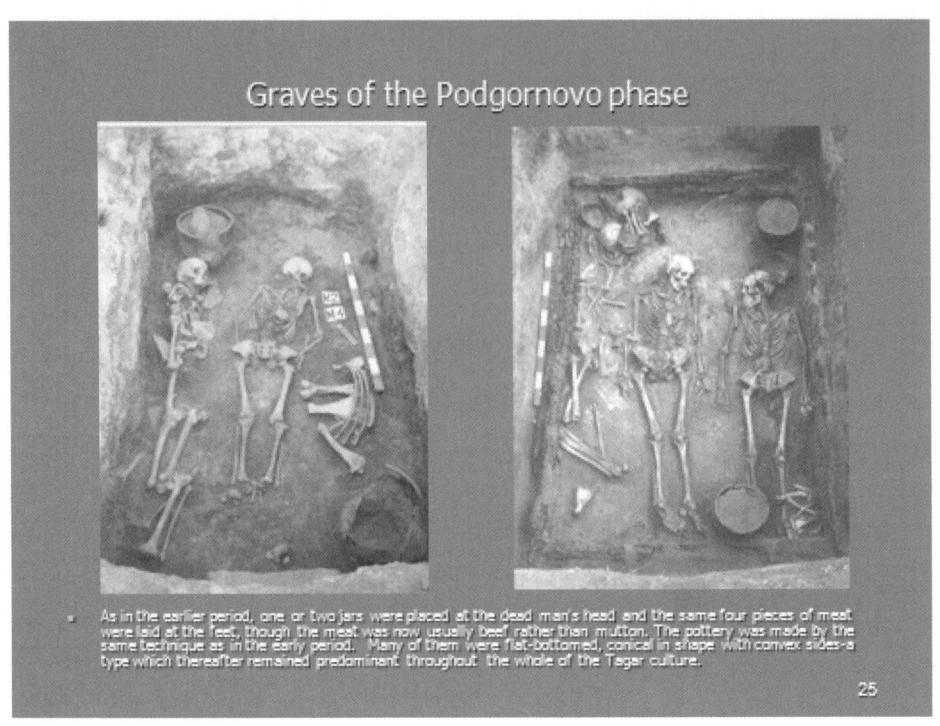

바이노프 단계-기원전 9~8세기,
뽀드고르노예 단계-기원전 8~6세기,
사라가쉬 단계-기원전 6~3세기,
쩨시 단계-기원전 2세기~서기 2세기.

타가르 문화의 이른 시기에는 호석들이 크기와 비율이 카라수크 문화(청동기시대 후기)의 것들과 비슷하였고 그리고, 비록 호석들 자체가 높이 1m까지 되었지만, 모서리들에 항상 높은 돌기둥이 있는 것은 아니었다. 호석들은 흔히 서로 연접하여 만들었고, 호석의 납작 돌 자체는 버팀벽으로 강화하였으며, 호석에는 그 수가 8개까지 달하는 수직의 돌들이 나타난다. 호석 안에는 일반적으로 하나 혹은 두 개의 무덤이 있는데, 나중의 무덤은 통상 뒤에 잇대어 만들었다. 매장구조물의 기본 유형은 돌 상자(石箱)인데, 그 안에 보통 1명 드물게는 2명의 사람을 매장하였다. 타가르 문화의 매장의례의 공통적 경향은 무덤 크기의 증가, 석상에서 점차 수 겹의 격자맞춤 뚜껑을 한 목곽으로의 대체, 피장자의 수 증가, 대형 무덤의 집단적 현실(玄室)로의 변환 등이다. 만약에 등을 아래로 곧은 자세로 안치된 피장자들이 머리를 굳건하게 남서쪽으로 두었다면(드물게는 북동쪽), 집단 무덤에서는 두향이 변동을 보인다. 남성에게는 일반적으로 머리에 액체 음식이 담긴 하나 혹은 두 개의 토기를 세워 놓았고, 발에는 소의, 드물게는 양과 말의 일정한 고기 덩이들을 두었다. 남성에게는 또한 보통 몸체를 따라 투부, 허리 왼쪽에 단검과 손칼, 발에 화살이 들어있는 살통을 부장하였다(츨레노바 1990: 211). 여성에게는 허리에 손칼 혹은 화장도구들(거울, 빗)이 든 주머니를 두었고, 의복은 수많은 구슬, 대롱 구슬, 펜던트 등으로 장식하였다. 피장자들의 의복, 모자, 혹은 머리카락을 치장하였던 여러 가지의 구슬들로 된 복잡한 세트들도 발견된다.

뽀드고르노예 단계에는 높이 4m까지의 귀족의 쿠르간들이 발견되는데, 한 변의 길이가 30m인 호석이 둘려져 있고, 10~13개의 돌기둥이 덧세워져 있으며(그랴즈노프 1968: 190; 바데쯔까야 1986: 80), 두꺼운 횡대가 있는 목곽의 내부에는 풍부한 부장품이 발견된다(카라-쿠르간, 우준-오바, 찌게이 등).

다음의 사라가쉬 단계에는 매장의례와 무덤 위 구조물의 구조가 계속 발전된다. 호석들은 8~20개의 돌로 이루어져 있으며, 면적이 200~300㎡까지의 대형이고, 내부에는 두 개, 새 개, 혹은 더 많은 수의 집단 매장을 한 근(近)방형 무덤들이 있다. 특별한 입구를 통해 지속적으로 200구까지의 일정 씨족의 구성원을 매장한 가계(家系) 현실과 함께 가장 부유한 남성과 여성들의 개별 무덤들도 존재하였다. 아이들의 매장은 석상에 개별적으로 혹은 여성들과 함께 집단 매장지에 행하였다. 부장품은 뽀드고르노예 단계와 거의 비슷하지만 토기, 도구, 무기의 모양이 약간 바뀐다. 공통적 경향은 전혀 사용이 불가능할 정도의 미니어처까지 크기가 바뀐다는 점이다. 동시에 피장자의 의복에 기워 붙인 사슴 모양의 수많은 청동 및 황금 패식이 나타난다(보꼬벤꼬, 끄라스니엔꼬 1988).

이 시기에는 아바칸에서 북쪽으로 60km 거리의 살브익 계곡에 위치하는 높이 20m까지의 거대한 엘리트들의 쿠르간들이 확인된다. S.V.끼셀료프가 발굴한 대(大)살브익 쿠르간은 높이 11m의 피라미드 모양 봉분과 거대한 납작 돌들(무게 50톤 이하)로 된

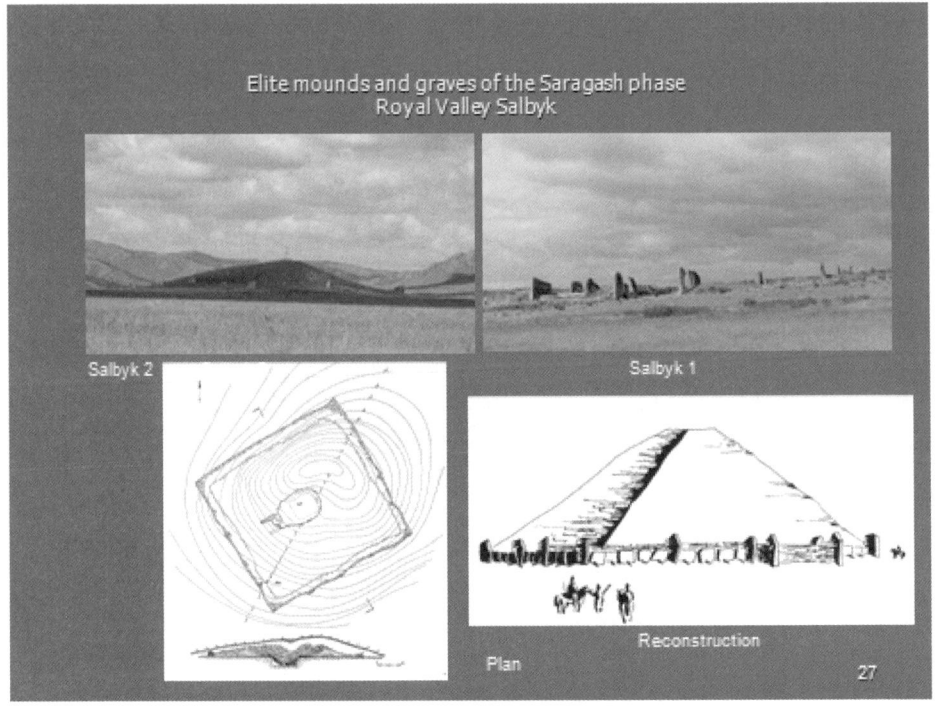

큰 호석을 가지고 있었다. 호석의 각 측면은 큰 납작 돌들과 높이 3~6m의 수직의 돌들로 구성되었고, 호석의 한 변 길이는 70m였다. 동쪽에 수직의 납작 돌들로 된 입구가 있었다. 피라미드 모양 봉분의 높이는 발굴을 시작할 즈음에는 11.5m였지만, 고대에는 약 20~30m였고, 무너져 내린 봉분 둘레의 길이는 약 500m(496m)였다. 크기 5×5m, 깊이 1.8m의 방형 무덤에는 서쪽에 입구-연도를 둔 통나무 곽이 설치되어 있었는데, 유감스럽게도, 완전하게 도굴되었다. 7명에 해당하는 인골, 금박 조각들, 청동 손칼, 청동 바늘, 대형의 토기, 소형의 토기 조각이 남아있었을 뿐이었다. 청동 손칼 1점은 두 명의 "하인" 중의 한 명 곁에서 출토되었다. 남쪽 호석 부근에서 청동 송곳과 바늘 그리고 뼈 뚜르개가 들어 있는 자작나무껍질 주머니가 발견되었다.

그렇지만 구조물 자체와 노동 양(호석의 납작 돌들을 20km와 70km 이동해 왔다)의 거대함은 살브익에서 타가르 문화의 특별한 고위급, 종족연맹의 수령을 매장하였음을 증명한다(끼셀료프 1951: 189).

타가르 문화의 말에, 사라가쉬 단계에는 매장 전에 일정기간 시신을 보관할 필요

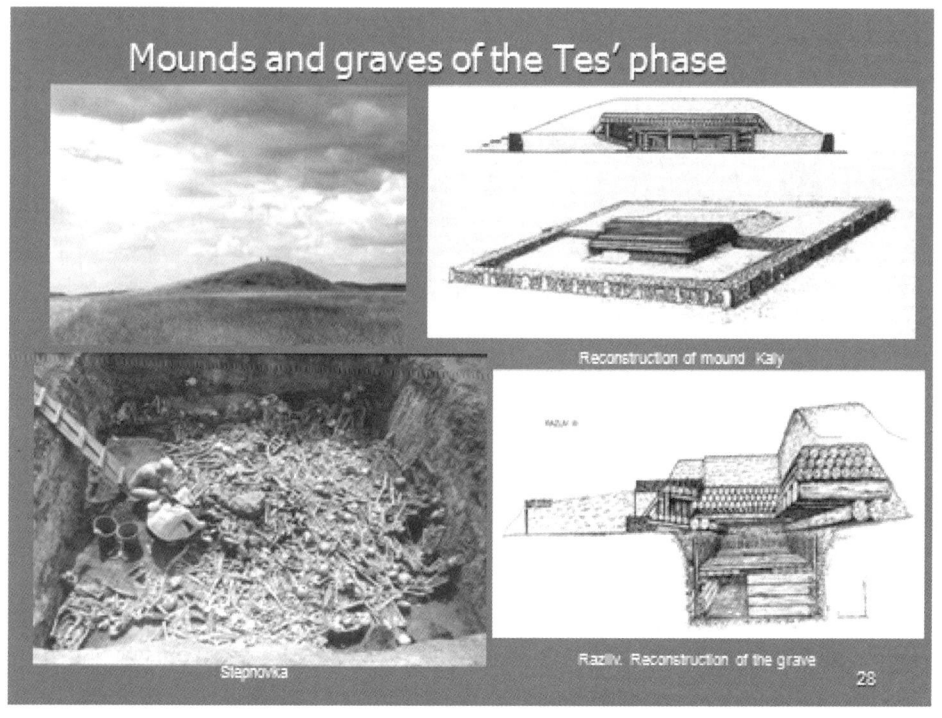

가 있는 장기적인 현실 축조 전통의 발생과 관련하여 미라를 만드는 풍습이 생겨난다(바데쯔까야 1986: 85). 일련의 유적들에서 이 과정의 발전의 연속성을 복원할 수 있다. 처음에는 시신장을 하는 일반적인 현실들에 일정기간 무덤 밖에 위치하였던 두 개골과 따로 포갠 뼈들(해부학적인 상태가 아님)을 매장하였다(타가르 섬, 말라야 이냐, 바주노보, 꼬삐예보 등). 그 다음에는 뼈들을 해부학적인 상태로 매장하려 시도하였다(하지만 무지로 인해 위치가 헷갈리고 바뀌었다)(떼쁘세이 Ⅷ). 마침내는 시신이 해체되지 않게 가느다란 회초리들로 특별히 낸 구멍들을 통해 척추를 고정시키고자 하였다. 동일한 회초리들로 지골들도 고정시켰다(메드베드까 Ⅱ, 마야끄, 사빈까 Ⅲ 등). 다음 단계는 몸에 대한 손질에 더하여 머리를 손질하고 사자(死者)의 얼굴 특징을 보존하려는 시도였다(꾸지민, 바를라모프 1988). 보다 늦은 시기에는, 특히 타쉬트익 문화에서는 미라가 아니라 풀을 채운 인형들을 매장하기도 하였다. 인형들에게 옷을 입혔고, 가죽 공 모양의 머리에는 채색을 한 가면을 씌웠고, 안에는 사자의 하소(煆燒)된 뼈를 담은 주머니를 기워 넣었다.

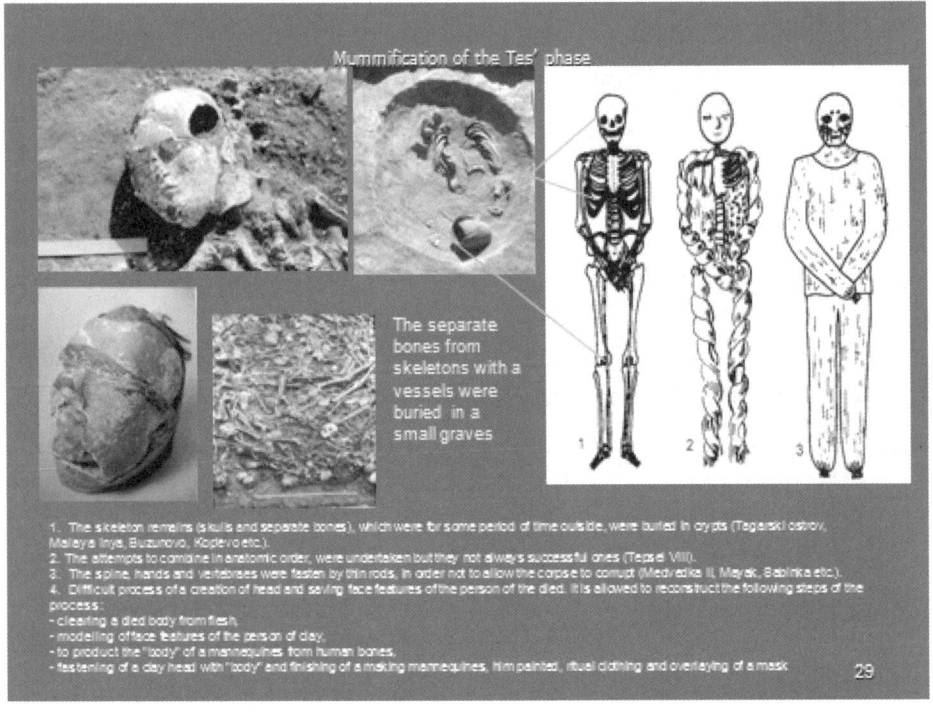

타가르 시대의 물질문화는 극히 다양하며, 특히 잘 만든 청동 유물들이 많은데(수천 점), 이는 매우 수준 높은 청동주조업에 대해 그리고 이 생산의 오랜 전통에 대해 증명한다.

무기는 기본적으로 3종류의 범주-단검, 곡괭이투부, 화살촉-로 대표된다. 단검들은 검신멈치와 검파두식의 형태가 차이가 난다. 곧은 검신멈치와 삽입형 검파두식이 있는 것들과 나비모양 검파두식과 여러 유형(굴대 모양, 고리모양, 동물 모양 등등)의 검파두식이 있는 것들이 있다. 타가르 문화의 말경에는 검심멈치가 퇴화하는데, 새로이 나타나는 철제단검들이 곧은 검심멈치가 있는 단검들을 계속 모방한다. 기원전 4~3세기에는 단검들이 비록 모양은 바뀌지 않아도 크기가 미니어처까지 작아진다.

곡괭이투부와 전투용 도끼(투부)도 타가르 문화에 매우 전형적이다. 가장 이른 곡괭이투부는 단면 원형의 봉부(鋒部)와 다각형의 등(背部), 긴 대롱자루꽂이의 버섯모양 등을 가진다. 시간이 지남에 따라 대롱자루꽂이는 작아지고, 배부는 흔히 동물(염소, 사슴)의 형상으로 만들어진다. 투부에도 버섯모양 배부가 있으며, 배부가 맹금의 머리 혹은 멧돼지의 형상으로 된 것도 있다. 화살촉은, 비록 수량은 피장자들의 살통

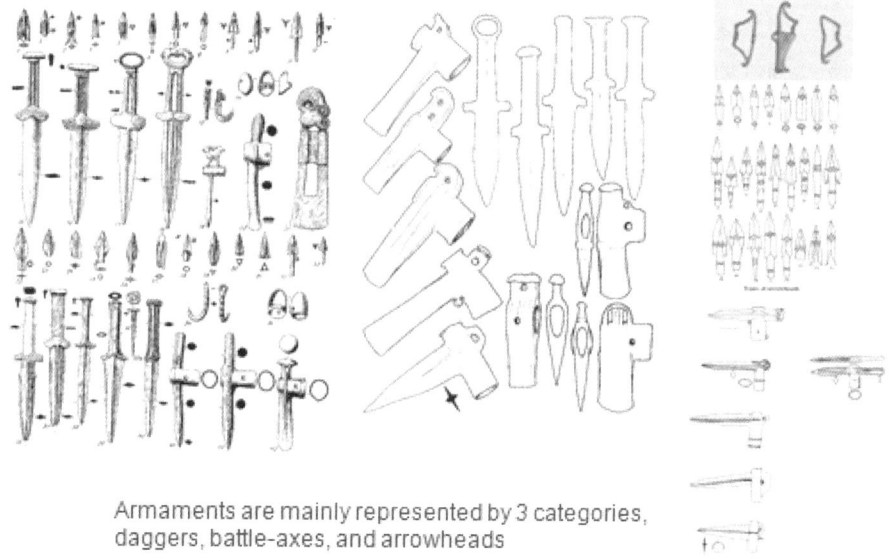

Armaments are mainly represented by 3 categories, daggers, battle-axes, and arrowheads

에 수십 혹은 수백 점의 화살촉이 들어있는 다른 지역들(투바, 카자흐스탄)에 비해 적지만, 모양이 변화를 보인다. 가장 이른 것들은 긴 대롱살대꽂이가 있는 양익화살촉(유공양익촉)인데, 흔히 미늘이 있고, 늦은 시기의 것들은 숨은 대롱살대꽂이 혹은 슴베가 있는 삼면 혹은 삼익화살촉이다. 도구는 수가 매우 많고 다양하다. 손칼은 수천 점이 되는데 진정한 유형 분류는 미래의 과제이다. 손칼의 분류가 어려운 것은 수많은 형태들이 다른 모양으로 완만하게 이행하며, 손칼의 세부가 작은 변화만을 보이기 때문이다. 차이는 손잡이에서 나타난다: 고리 모양, 작은 및 큰 구멍이 있는 것, 투공이 있는 것, 코 매듭 모양, 삽입형, 동물 장식이 있는 것, 여러 가지의 새김이 있는 것 등등. 몇몇 경우에는 손칼에 화려함을 내기위해 손칼을 주석으로 도금을 하고 손잡이의 위 부분에 가는 날로 기하학적 무늬를 새김하기도 하였다. 송곳은 단면 방형이며 머리의 모양이 차이가 난다. 가장 이른 것들은 못 모양의 송곳들이고, 늦은 것들은 이중의 머리가 있는 송곳들이다. 낫은 미약하게 굽었고 기술적인 측면에서 보면 개량되지 못한 것인데, 발전되지 못한 농경에 대해 증명할 것이다.

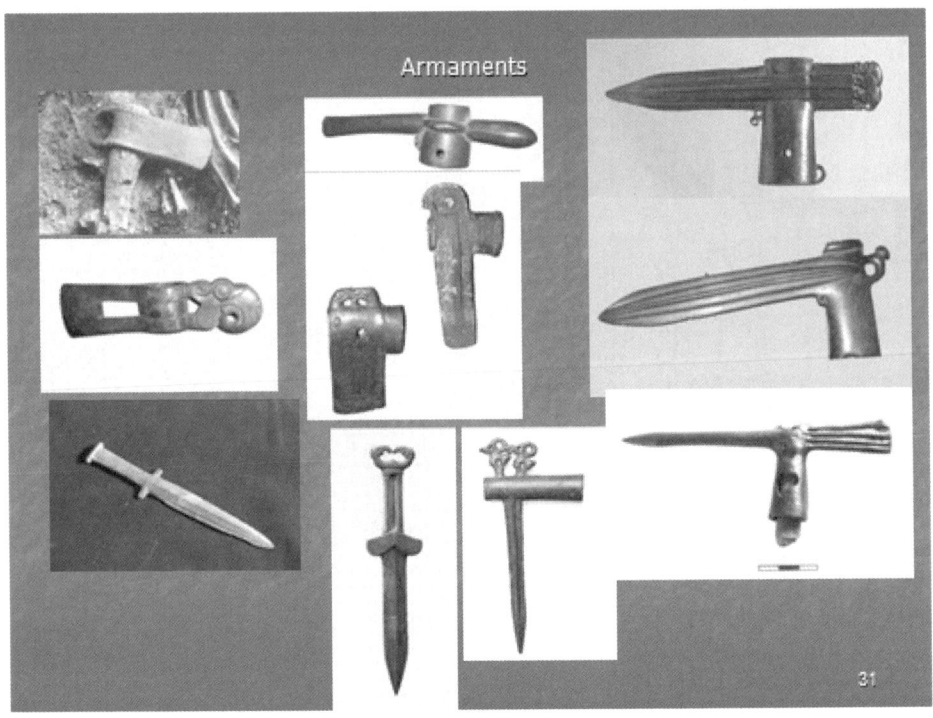

마구(재갈, 재갈멈치)는 그 수량이 극히 많다. 비록 그 대부분이 우연적 유물이지만, 그 다양성과 훌륭한 질은 타가르 공동체에서 이 범주 유물이 가졌던 중요성에 대해 증명할 것이다. 마구 유물의 풍부함과 다양함, 수많은 바위그림들은 타가르 문화에서의 말사육의 중요성에 대해 매우 확신적으로 증명한다.

용기는 점토, 나무로 만들었고, 청동으로 주조하였다. 토기는 통상 매장 복합체들에서 발견되었고 매우 규격적인데, 평행 홈선, 압인, 진주무늬, 지그재그 등의 풍부하지 못한 문양으로 장식된 발형이다. 타가르 시대의 말경에는 다리가 있는 토기와 솥 모양의 토기가 우세하게 되며, 쿱쉰이 나타난다. 나쁜 보존상태로 인해 목기는 드물게 보이며, 불에 탄 현실 덕분에 나무와 자작나무껍질로 만든 다량의 그을린 유물이 확인된다. 바로 둥근, 포물선 모양의, 방형의 나무 접시와 작은 탁자이며, 솥 모양 용기와 국자는 유목민들 사이에 널리 사용되었던 것으로 보인다(Bokovenko 1995; 보꼬벤꼬, 끄라스니엔꼬 1988, 도면 10~11).

미누신스크 분지에서는 다리가 달린 청동 주조 솥(용적 5~100리터)도 다량 출토되었다(보꼬벤꼬 1981). 청동 솥의 측면에는 일반적으로 끈 모양의 문양이 있으며, 손잡이들은 모양이 차이가 난다(고리 모양, 제철 모양, 코 매듭 모양, 버섯모양이 끝 부분이 있는 것과 없는 것, 동물모양). 청동 솥은 헤로도토스에게도 희생의례와 관련하여 언급되는데, 유목 사회에서는 다기능을 가졌던 것으로 보이며, 더욱이 몇몇 청동 솥은 의례 공간 가까이에서 출토되기도 하였다.

화장용품은 가죽 주머니 혹은 나무 패물함에 보관하였다. 뼈로 만든 입체 빗이 많아 있으며, 드물게는 나무 빗(달니 쿠르간)도 확인된다. 보통 둥근 무늬와 한쪽 끝 부분이 동물 형상으로 장식된 머리빗도 흥미로운 유물이다. 청동 대롱구슬 및 양원추형 구슬, 유리구슬, 홍옥구슬, 파스타 구슬로 꽤 전형적이며, 이것들은 모여 목걸이를 만든다. 반구상의 패식들(간혹 금박을 입히기도 하였다)은 피장자의 모자와 의복을 장식하고 있으며, 판 모양 디아데마와 동물머리가 있는 펜던트는 가슴을 장식한다.

타가르 시대에는 바위그림이 새로운 형상들과 소재들로 크게 풍부해지며, 보야리 바위그림과 같이 큰 소재 구성들도 나타난다(데블레트 1976). 옛 소재들도 발전하고 복잡해진다(생명수 곁의 말들, 길 소재들). 꽤 단순한 소재들과 함께, 타가르 공동체의 복잡한 이데올로기적 관념과 관련된 그리고 그 토대가 전체 스텝 세계에 특징적인, 의례-신화적 내용을 담은 복잡한 소재들("신성한 사슴", "태양 말", "세계수 곁의 말", "사냥 장면", "제물 동물들의 행렬" 등등)도 등장한다.

따라서 타가르 문화와 이웃하는 중부아시아의 유목 문화들은 이미 그 발전의 이른 단계들(기원전 9~8세기)에 매장 구조물의 발전된 형태에 대해, 복잡한 매장의례 시스템에 대해, 개선된 무기 유형, 마구, 예술에 대해 증명하는데, 이는 스키타이 유형의 문화들과 전적으로 일치한다.

또한 형질인류학적 유형으로 보면 타가르 인들은 유럽인종이었고 유럽의 스키타이 인들과 매우 흡사하였다는 점에 대해, 단지 타가르 문화의 말경에 몽골인종의 혼합이 증가한다는데 대해서도 지적해야만 할 것이다(꼬진쩨프 1977).

Ⅶ. 맺음말

기원전후에 타가르 문화와 공동체에 큰 변화가 일어나는데, 다음의 몇몇 원인들로 설명될 수 있다: 첫째 청동물품들이 철제물품들로 교체된다, 둘째 현실과 함께 대형의 토광 고분군들이 등장하며 부분적으로 매장의례가 변하는데, 이는 새로운 보다 몽골인종적인 주민들의 물결과 관련이 있을 것이다. 중부아시아에서 서쪽으로, 흑해와 중앙유럽까지의 유목민족들(흉노-훈족, 후기 투르크족 등등)의 강력한 이주와 관련된 새로운 시대-민족대이동의 시대-가 시작된다.

따라서 미누신스크 분지의 고대 문화들에 대한 개관은 특히 남시베리아와 남동아시아 문화들 사이의 문화적 통합 및 접촉들과 관련된 많은 문제들이 아직 해결되지 못하였음을 보여준다. 오직 공동의 노력과 종합적인 프로그램들만이 이 문제들을 해결하는데 도움을 줄 것이다.

주제어: 미누신스크 분지, 청동기, 아파나시예보 문화, 오쿠네보 문화, 안드로노보 문화, 카라수크 문화, 타가르 문화

참고문헌

Алексеев В.П. О происхождении древнейшего европеоидного населения Минусинской котловины // Вопросы этнографии Хакасии. Абакан. 1981. С.4-10. (알렉세예프 V.P. 미누신스크 분지의 고대 유럽인종 주민들의 기원에 대해 // 하카시아의 민족지학 문제들. 아바칸. 1981. pp.4-10)

Алексеев А.Ю., Боковенко Н.А., Васильев С.С., Дергачев В.А., Зайцева Г.И., Ковалюх Н.Н., Кук Г., ван дер Плихт Й., Посснерт Г, Семенцов А.А., Скотт Е.М., Чугунов К.В. Евразия в скифскую эпоху. Радиоуглеродная и археологическая хронология. СПб. 2005. 290с. (알렉세예프 A.Yu., 보꼬벤꼬 N.A., 바실리예프 S.S., 데르가체프 V.A., 자이쩨바 G.I., 꼬발유흐 N.N., 꾸끄 G., 반 데르 플리흐트 I., 포세네르트 G., 세멘쪼프 A.A., 스코트 E.M., 추구노프 K.V. 스키타이 시대의 유라시아. 방사성탄소 및 고고학 편년. 상뻬쩨르부르그. 2005. p.290)

Боковенко Н.А. Бронзовые котлы эпохи ранних кочевников в азиатских степях // Проблемы западно-сибирской археологии. Эпоха железа. Новосибирск. 1981. С.42-52. (보꼬벤꼬 N.A. 아시아 스텝들의 초기 유목민들 시대의 청동 솥들 // 서시베리아 고고학의 문제들. 철기시대. 노보시비르스크. 1981. pp.42-52)

Боковенко Н.А. Начало тагарской эпохи // Древние культуры Евразии. СПб. 2010. С.99-103. (보꼬벤꼬 N.A. 타가르 시대의 시작 // 유라시아의 고대 문화들. 상뻬쩨르부르그. 2010. pp.99-103)

Боковенко Н.А., Красниенко С.В, Могильник Медведка II // Памятники археологии в зоне мелиорации Южной Сибири. Л. 1988. С.23-45. (보꼬벤꼬 N.A., 끄라스니옌꼬 S.V. 메드베드까 II 고분군 // 남시베리아 토지개량 지역의 고고학 유적들. 레닌그라드. 1988. pp.23-45)

Боковенко Н. А., Килуновская М. Е., Красниенко С. В., Кулькова М. А., Лазаретов И. П., Семенов Вл. А. Развитие древних культур Центральной Азии в контексте климатических изменений (по материалам Минусинско-Хакасских котловин и Тувы) //Адаптация народов и культур к изменениям природной среды, социальным и техногенным трансформациям / отв. ред. А. П. Деревянко. М. 2009. С.110-118. (보꼬벤꼬 N.A., 낄루높스까야 M.E., 끄라스니옌꼬 S.V., 꿀꼬바 M.A., 라자레또프 I.P., 세묘노프 V.A. 기후 변동의 맥락에서 본 중부아시아 고대문화들의 발전 (미누신스크–하카시아 분지와 투바의 자료들을 통해) // 자연환경, 사회 및 기술 변화에 대한 민족 및 문화들의 적응 /

책임 편집 A.P.데레뱐꼬. 모스크바. 2009. pp.110-118)

Боковенко Н.А., Митяев П.Е. Афанасьевский могильник Малиновый Лог на Енисее // Афансьевский сборник. Барнаул. ≪Азбука≫. 2010. С.6-29. (보꼬벤꼬 N.A., 미땨예프 P.E. 예니세이의 말리노브이 로그 아파나시예보 고분군 // 아파나시예보 논문집. 바르나울. "아즈부까". 2010. pp.6-29)

Вадецкая Э.Б. Гипотеза происхождения афанасьевской культуры // Особенности естественно-географической среды и исторические процессы в Западной Сибири. Томск, 1979. С.98-100. (바데쯔까야 E.B. 아파나시예보 문화 기원의 가설 // 서시베리아의 자연-지리 환경의 독특성과 역사적 과정들. 똠스크, 1979. pp.98-100)

Вадецкая Э.Б. Археологические памятники в степях Енисея. Ленинград. 1986. 179 с. (바데쯔까야 E.B. 예니세이 스텝들의 고고학 유적들. 레닌그라드. 1986. pp.179

Васильев С.А. Поздние комплексы многослойной стоянки Уй II и проблема развития каменного века в голоцене на Верхнем Енисее // Археологические вести. 8. СПб. 2001. С.62-76. (바실리예프 S.A. 우이 II 다층위 유적의 늦은 복합체들과 예니세이 강 상류지역 홀로센의 석기시대의 발전 문제 // 고고학 소식지. 8. 상뻬쩨르부르그. 2001. pp.62-76)

Волков В.В. Бронзовый и ранний железный век Северной Монголии // Улан-Батор, 1967. 148 с. (볼꼬프 V.V. 북몽골의 청동기시대와 초기철기시대 // 울란-바또르, 1967. p.148)

Герасимов М.М., Черных Е.Н. Раскопки Фофоновского могильника в 1959 г. // Первобытная археология Сибири. Л., 1975. С.23-48. (게라시모프 M.M., 체르느이흐 E.N. 1959년도 포포노보 고분군 발굴조사 // 시베리아의 원시 고고학. 레닌그라드. 1975, pp.23-48)

Громов А.В. Антропология населения окуневской культуры Южной Сибири (эпоха бронзы). Автореф. канд. диссертации. СПб. 2002. 33с. (그로모프 A.V. 남시베리아 오쿠네보 문화 주민들의 형질인류학 (청동기시대). 박사학위논문 요약본. 상뻬쩨르부르그. 2002. p.33)

Грязнов М.П. Афанасьевская культура на Енисее. СПб., 1999. 136 с. (그랴즈노프 M.P. 예니세이의 아파나시예보 문화. 상뻬쩨르부르그. 1999, p.136)

Грязнов М.П., 1968. Тагарская культура // История Сибири. Т.1. Л. С.187-196. (그랴즈노프 M.P. 1968. 타가르 문화 // 시베리아의 역사. 권1. 레닌그라드. pp.187-196)

Грязнов М.П., 1979 Введение // Комплекс археологических памятников у горы Тепсей на Енисее. Новосибирск. С.89-146. (그랴즈노프 M.P. 1979. 서론 // 예니세이 떼쁘세이 산 부근의 고고학 유적 복합체. 노보시비르스크. pp.89-146)

Дирксен В.Г., van Geel B., Н.А. Боковенко, Чугунов К.В., Cook G., van der Plicht J., Scott M., Зайцева Г.И., Чугунов К.В., Семенцов А.А., Кулькова М.А., Лебедева Л.М., Бурова Н.Д. Изменение природной среды в голоцене и динамика археологических культур в горных котловинах Южной Сибири // Радиоуглерод в археологических и палеоэкологических исследованиях. ≪Теза≫. Санкт-Петербург, 2007, С.340-364. (드르크센 V.G., 반 기일 V., N.A.보꼬벤꼬, 세멘쪼프 A.A., 꿀꼬바 M.A., 레베제바 L.M., 부로바 N.D. 홀로센의 자연조건의 변화와 남시베리아 산악 분지들에서의 고고학 문화들의 역동성 // 고고학 및 고생태학 연구에서의 방사선탄소. "떼자". 상뻬쩨르부르그. 2007, pp.340-364)

Дэвлет М.А. 1976. Большая Боярская писаница. М. 20 с. (데블레트 M.A. 1976. 대보야리 바위그림. 모스크바. p.20)

Еромолова Н.М., Марков Ю.Н. Датирование археологических образцов из могильников эпохи бронзы Южной Сибири // Древние культуры евразийских степей. Л., 1983. С.95-98. (예로몰로바 N.M., 마르꼬프 Yu.N. 남시베리아 청동기시대 고분군 출토 고고학 샘플들의 편년 // 유라시아 스텝의 고대 문화들. 레닌그라드. 1983, pp.95-98)

Кайзер Э. Курильницы катакомбной культуры и чаши на подставках Северного Причерноморья – к вопросу о новой типологии // Материалы и исследования по археологии Кубани. Краснодар. Вып.5. 2005. С.121-138. (카이제르 E. 카타콤브 문화의 향로와 흑해북안의 다리 달린 완 // 쿠반 고고학의 자료와 연구. 끄라스노다르. 권5. 2005. pp.121-138)

Киселев С.В. 1951. Древняя история Южной Сибири. М.. 643 с. (끼셀료프 S.V. 1951. 남시베리아의 고대 역사. 모스크바. pp.643)

Киселев С.В. 1960. Неолит и бронзовый век Китая // Советская археология. № 4. (끼셀료프 S.V. 1960. 중국의 신석기시대와 청동기시대 // 소비예트 고고학. № 4)

Козинцев А.Г. Антропологический состав и происхождение населения тагарской культуры. Л. 1977. (꼬진쩨프 A.G. 타가르 문화의 형징인류학적 구성과 주민들의 기원. 레닌그라드. 1977)

Ким Чжонг Бэ, Чжан Со Хо, Н.А. Боковенко, Килуновская М.Е. Наскальные изображения Центральной Азии. Фонд истории Северо-Восточной Азии. Сеул. 2007. 353с. (김정배, 장석호, N.A.보꼬벤꼬, 낄루놉스까야 M.E. 중앙아시아의 바위그림. 동북아역사재단. 서울. 2007. pp.353)

Кузьмин Н.Ю., Варламов О.Б. Особенности погребального обряда племен Минусинской котловины на рубеже нашей эры. Опыт реконструкции // Методические проблемы археологии Сибири. Новосибирск. 1988. С.146–155. (꾸지민 N.Yu., 바를라모프 O.B. 기원전후 미누신스크 분지 종족들의 매장의례의 독특성 // 시베리아 고고학의 방법론적 문제들. 노보시비르스크. 1988. pp.146-155)

Лазаретов И.П. К вопросу о ямно-катакомбных связях окуневской культуры // Проблемы изучения окуневской культуры. СПб. 1995. С.14-16. (라자레또프 I.P. 오꾸네보 문화의 야마 – 카타콤브 관련성 문제에 대해 // 오꾸네보 문화 연구의 문제들. 상뻬쩨르부르그. 1995. pp.14-16)

Легран С. 2000. К вопросу о происхождения звериного стиля карасукских металлических изделий и бронзы 《карасукского типа》 // Международная конференция по первобытному искусству. Том.2. Кемерово. С.137-142. (레그란 S. 2000. 카라수크 금속제품과 "카라수크 유형" 청동기 동물양식의 기원 문제에 대해 // 원시예술에 대한 국제학술회의. 권2. 께메로보. pp.137-142)

Леонтьев Н.В., Капелько В.Ф., Есин Ю.Н. Изваяния и стелы окуневской культуры. Абакан. 2006. 236с. (레온찌예프 N.V., 까뻴꼬 V.F., 예신 Yu.N. 오꾸네보 문화의 석상들과 기둥들. 2006. p.236)

Лисицын Н.Ф. К вопросу о неолите Хакасии // Краткие сообщения Институт археологии. № 193. 1988. С.15-20. (리시쯔인 N.F. 하카시아의 신석기시대 문제에 대해 // 고고학연구소 약보. № 193. 1988. pp.15-20)

Максименков Г.А. Окуневская культура и ее окружение // Проблемы хронологии и культурной принадлежности археологических памятников Западной Сибири. Томск. 1970. С.72-74. (막시멘꼬프 G.A. 오꾸네보 문화와 그 주변 // 서시베리아 고고학 유적들의 편년과 문화적 귀속성 문제들. 똠스크. 1970. pp.72-74)

Максименков Г.А. Современное состояние вопроса о периодизации эпохи бронзы Минусинской котловины // Первобытная археологии Сибири. Л. 1975. С.48-58. (막시멘꼬프 G.A. 미누신스크 분지 청동기시대의 시기구분에 대한 문제의 현재 상태 // 시베리아의 원시 고고학. 레닌그라드. 1975. pp.48-58)

Максименков Г.А. Андроновская культура на Енисее. Наука. Ленинград. 1978. 191с.

(막시멘꼬프 G.A. 예니세이의 안드로노보 문화. 나우까. 레닌그라드. 1978. p.191)

Новгородова Э.А. Центральная Азия и карасукская проблема. М. 1970. 191 с. (노브고로도바 E.A. 중부아시아와 카라수크 문제. 모스크바. 1970. p.191)

Окладников А.П. Неолитические памятники Ангары. Новосибирск, 1974. 320с. (오끌라드니꼬프 A.P. 앙가라의 신석기시대 유적들. 노보시비르스크, 1974. p.320)

Подольский М.Л. Овладение бесконечностью (опыт типологического подхода к окуневскому искусству) // Окуневский сборник. СПб. 1997. С.168-201. (뽀돌스끼 M.L. 무한의 소유(오쿠네보 예술에 대한 유형적 접근의 경험) // 오쿠네보 논문집. 상뻬쩨르부르그. 1977. pp.168-201)

Рыкушина Г.В. Палеоантропология карасукской культуры. М. 2007. 198с. (르이꾸쉬나 G.V. 카라수크 문화의 고형질인류학. 모스크바. 2007. p.198)

Савинов Д.Г. К вопросу о формировании окуневской изобразительной традиции // Окуневский сборник. СПб. 1997. С.202-212. (사비노프 D.G. 오쿠네보 표현 전통의 형성에 대한 문제 // 오쿠네보 논문집. 상뻬쩨르부르그. 1997. pp.202-212)

Савинов Д.Г. Древние поселения Хакасии. Торгажак. СПб. 1996. 106с. (사비노프 D.G. 하카시아의 고대 주거유적들. 또르가쟈크. 상뻬쩨르부르그. 1996. p.106)

Самашев З., Чжан Со Хо, Бововенко Н., Мургабаев С. Наскальное искусство Казахстана. Фонд истории Северо-Восточной Азии. Сеул. 2011. 454 с.(사마쉐프 Z., 장석호, 보꼬벤꼬 N., 무르가바예프 S. 카자흐스탄의 바위그림. 동북아역사재단. 서울. 2011. p.454)

Семенов Вл.А. Древнейшая миграция индоевропейцев на восток (к столетию открытия тохарских рукописей) // Петербургский археологический вестник. № 4. СПб., 1993. С.25-30. (세묘노프 V.A. 인도유럽인들의 동쪽으로의 고대의 이주(토하르 원고 발견 100년을 기념하여) // 뻬쩨르부르그 고고학 소식지. № 4. 상뻬쩨르부르그. 1993. pp.25-30)

Семенов Вл.А. Неолит и бронзовый век Тувы. СПб. 1992. (세묘노프 V.A. 투바의 신석기시대와 청동기시대. 상뻬쩨르부르그. 1992)

Семенцов А.А., Зайцева Г.И., Герсдорф Й., Боковенко Н.А., Парцингер Г., Наглер А., Чугунов К.В., Лебедева Л.М. Вопросы хронологии памятников кочевников скифской эпохи Южной Сибири и Центральной Азии // Радиоуглерод и археология. СПб. 1997. Вып.2. С.86-93. (세묘노프 V.A., 자이쩨프 G.I., 게르스도르프 I., 보꼬벤꼬 N.A., 빠르쯴게르 G., 나글레르 A., 추구노프 K.V., 레베제바 L.M. 남시베리아와 중부아시아의 스키타이 시대 유목민들 유적의 편년 문제들 // 방사성탄소와 고고학. 상뻬쩨르부르그. 1997. 2호. pp.86-93)

Соколова Л.А. Формирование окуневского культурного комплекса. Авреферат канд. дисс. СПб. 2009. 28с. (소꼴로바 L.A. 오쿠네보 문화 복합체의 형성. 박사학위논문 요약본. 상뻬쩨르부르그. 2009. p.28)

Теплоухов С.А. Опыт классификации древних металлургических культур Минусинского края // Материалы по этнографии. Л. 1929. Т. IV. Вып. 2. С.41-62. (쩨쁠로우호프 S.A. 미누신스크 주의 고대 금속문화들의 형식분류 경험 // 민족지학 자료들. 레닌그라드. 1929. 권4. 2호. pp.41-62)

Членова Н.Л. Происхождение и ранняя история племен тагарской культуры. М. 1967. 298с. (츨레노바 N.L. 타가르 문화 종족들의 기원과 초기 역사. 모스크바. 1967. p.298)

Bronze Age Ancient Cultures of the Minusinsk Basin in Southern Siberia

N.A. Bokovenko

This paper is to overview the result of researches on Bronze Age Ancient Cultures of the Minusinsk Basin in Southern Siberia. Bronze cultures in the Minusinsk Basin originated from the Afanasevo culture(4000-3000BCE) of early Bronze age. Regarding the origin of the Afanasevo culture, three theories have been suggested: first, it originated from the Northen coast of the Black Sea; second, it originated from the Southeast coast of Caspian Sea, spreaded to Siberia, Kazakhstan, and Altai, and finally arrived at Yenisei and Southwest Mongolia; third, it originated in the central Asia. Indeed, the matter of the origin of the Afenasevo culture is still open and requires new approaches and synthetic research on sites in Eurasian step area.

The Afenasevo culture is succeeded by the Okunevo culture(25th-17th century BCE) and the Andronovo culture(17th-15th century BCE). Although the Okunevo cultutre is basically concentrated in central Asia, it is resulted from people of new culture who were not related to and replaced the Afanasevo culture. In graves of the Okunevo culture, men were buried with bronze dagger, weapons such as bows and arrows, bone-harpoons, boneware and stoneware, accessaries, and various periapts; and women with bronze knives, gimlets, needles, accessaries, and various periapts. The Okunevo culture was replaced by the Adronove culture originating from Northern and Eastern Kazakhstan and Western Siberia and its sites are ranged along the Yenisei river.

The Andronovo culture was replaced by the Karasuk culture(14th-10th century BCE). This culture, having the bronze-manufacturing sites most advanced in southern Siberia and central Asia, basically located in the step basin along the mid-stream of the Yenisei river between mountains of Minusinsk, and was the strongest culture in the late bronze age. Regarding the origin of the Karasuk culture, four theories were proposed: first, it originated from the Andronovo culture; second, it came from the southeastern central Asia; third, it came from China and Ordos area; fourth, it resulted from the invasion of the Begazy-Dandybai people from the central Kazakhstan to Yenisei. Most people of the Karasuk culture were caucasian, but Mongoloid minorities existed together; thus further research is required.

After the Karasuk culture came the Tagar culture(9th century BCE-2nd century CE). The material culture of the Tagar era is extremely diverse. Especially, pickaxes, axes for battle, bronze-cast kettle represent the era, and those remains prove the Tagar's high-level bronze-casting technology and its long tradition.

The overview about the ancient cultures of the Minusinsk Basin shows that the matters regarding the cultural combination and interchanges among cultures in southern Siberia and southeastern Asia are not yet solved. Communal efforts and synthetic programs only can help to solve the matters.

Keywords: Minusinsk Basin, bronzeware, Afanasevo culture, Okunevo culture, Andronovo culture, Karasuk culture, Tagar cilture

몽골 초원의 청동기 문화와 석인상 연구

디마자브 에르덴바타르

Diimaajav Erdenebaatar(디마자브 에르덴바타르)

몽골 과학아카데미(Mongolian Academy of Sciences) 교수 역임.
현) 몽골 울란바타르대학(University of Ulanbaatar) 교수.

주요 저작: *"A Xiongnu Cemetery Found in Mongolia*(공저)*"*, *"Khirigsuurs, Ritual and Mobility in the Bronze Age of Mongolia*(공저)*"*, *"A Xiongnu tomb complex: Excavations at Gol Mod 2 Cemetery, Mongolia (2002 2005)*(공저)*"*

Ⅰ. 몽골지역의 청동기 문화 연구

청동기 시대 고고학 유물 중에 사람을 위해 세운 석인상이 있는 무덤, 케렉수르, 제사유구(遺構)들이 몽골지역에서 진행한 고고학 발굴조사 과정에서 상당수 발견되었고 최근 몇 년 간 첫 연구 성과물이 출판되었다.[1] 특히 이 시기 고고학 유물들을 일일이 조사하는 연구작업이 현재 활발히 진행 중에 있다.

1950년대부터 시작해 H.페를레, Ts. 도르찌수렝, N.세르-오드잡, D. 나왕 등 고고학 선학들이 배출되고 청동기 유물들을 연구하여 첫 연구물이 나오기 시작하였

---

1) Ковалев.А.А, Эрдэнэбаатар.Д. Ранний и средний периоды бронзового века Монголии в Свете открытий международной Центрально-Азиатской археологической экспедиции. – Древние культуры Монголии и Байкальские Сибири. \\Материалы международный научной конференции 20-23 Сентября 2010 г. Вып.4. Улан-Удэ., 2010., Kovalev.A. Uberlegungen zur Herkunft der Skythenaufgrund archaologischer Daten // Eurasia Antiqua. Bd.4. 1999. S. 247-271., Die altesten Stelen am Ertix. Das Kulturphanomen Xemirxek. // Eurasia Antiqua. Bd.5. 2000. S. 135-178., Ковалев.А.А. Чемурчекский культурный феномен: его присхождение и роль в формировании культур эпохи ранней бронзы Алтая и Центральной Азии- \\Западная и Южная Сибирь в древности. \\Барнаул., 2005 г. Стр. 178-184., Ковалев.А.А, Эрдэнэбаатар.Д. Монгîюñïêêé Àëòàé â áðîíçîâîì è ðàííåì æåëåçíîì âåêõ (ïî ðåçóëüòàòàì ðàáîò Ìåæäóíàðîäíîé Öåíòðàëüíîàçèàòñêîé àðõåîëîãè÷åñêîé ýêñïåäèöèè Ñàíêò-Ïåòåðáóðñêîãî ãîñóäàðñòâåííîãî óíèâåðñèòåòà, Èíñòèòóòà èñòîðèè ÀÍ Ìîíãîëèè è Óëàí-Àòîðñêîãî ãîñäàðñòâåííîãî óíèâåðñèòåòà) – Àëòàå-Ñàÿíñêàÿ ãîðíàÿ ñòðàíà è èñòîðèÿ îñâîåíèÿ åå êî÷åâíèêàìè. Áàðíàóë., 2007 ã., Kovalev.A.A. Die altesten Stelen am Ertix. Das Kulturphanomen Xemirxek. // Eurasia Antiqua. Bd.5. 2000. S. 135-178., КовалевА.А, Дашковский.П.К, Самашев.З.С, и др. Изучение археологических памятников в Восточном Казахстане \\ Комплексные исследования древних и традиционых обществ Евразии. Барнаул., 2004 г., Ковалев.А.А, Эрдэнэбаатар.Д. Ранний и средний периоды бронзового века Монголии в Свете открытии международной Центрально-Азиатской археологической экспедиции. – Древние культуры Монголии и Байкальские Сибири. \\Материалы международный научной конференции 20-23 Сентября 2010 г. Вып.4. Улан-Удэ., 2010., Kovalev.A.A. Die altesten Stelen am Ertix. Das Kulturphanomen Xemirxek. // Eurasia Antiqua. Bd.5. 2000. S. 135-178., Ковалев.А.А, Эрдэнэбаатар.Д. Монгольский Алтай в бронзовом и раннем железном веках (по результатам работ Международной Центральноазиатской археологической экспедиции Санкт-Петербургского государственного университета, Институа истории АН Монголии и Улан-Баторского государственного университета). \\ - Алтае-Саянская горная старна и история освоения ее кочевниками. Сб. Научных трудов. Барнаул 2007 г.,

다.² 60년대부터 몽골지역에 있는 청동기시대 고고 유물에 대한 연구작업은 당시 소련 과학아카데미 고고학자들에 의해 몽골의 청동기 고고 유물 조사 및 연구작업이 매우 활발히 진행되기 시작하였다. 예를 들면, V.V. 월코프(В.В.Волков),³ Е.А. 노보고르도와(Э.А.Новогородова)⁴ 등의 연구업적을 높이 평가해야 한다.

70~80년대 몽골 청동기 고고학 유물 연구자들은 몽골지역 청동기 중·후기 시대에 해당되는 판석묘,⁵ 케렉수르에 대한 연구를 수행하였다.

90년대 이후는 몽골지역 청동기 유물 연구에 러시아 학자 P.B.코노왈로프(П.Б.Коновалов),⁶ A.D.치빅타로프(А.Д.Цыбыктаров)⁷ 등이 매우 활발히 참여하여 판석묘와 케렉수르, 사슴돌 등 이러한 유물의 시기 및 문화적 특징을 새롭게 해석하기 시작하였다. 실제로 이 시기부터 이 연구자들과 몽골 연구자들은 판석묘와 케렉수르가 독립적인 문화 일뿐만 아니라 특히 케렉수르는 사슴돌과 같은 시기 즉 청동기 중·후기 시대의 유물임을 규명하였다.⁸

2000년도부터는 몽골지역 청동기 초기에 해당하는 유물들을 새롭게 발굴·연구

---

2) Х.Пэрлээ. Овгийн байгуулалын задралын үеийн хэдэн булш. "Шинжлэх ухаан, техник" сэтгүүл. УБ., 1957, №1. 41-44-р тал, Д.Наваан. Төв музейн хүрэл зэвүүд. Археологийн судлал. Том. IY. УБ., 1965. 23-28-р тал, Н.Сэр-Оджав. Хоёр хүрэл хутга. "Шинжлэх ухаан" сэтгүүл. УБ., 1960, №6. 32-38-р тал.

3) В.В.Волков. К изучению бронзового века МНР. –Археологийн судлал. \К вопросу Древнейшей истории Монголии\ Том. III. УБ., 1964., Бронзовый иранний железный век Северной Монголии. Археологийн судлал. Том. Y. УБ., 1967., Оленные камни Монголии. УБ., 1981, мөн Оленные камни Монголии. Москва., 2002.

4) Э.А.Ногородова. К вопросу о древних связах Монголии и Сибири. Археологийн судлал. –Монголын хүрлийн үе. Том. IY. УБ., 1965. 15-22-р тал. Древняя Монголия. Москва., 1989 он.

5) Д.Наваан. Дорнод Монголын хүрлийн үе. УБ., 1975.

6) П.Б.Коновалов. Плиточные могилы и курганы-керексуры Монголии и Бурятии. (проблемы синтеза протокультур) - YI Международны конгрессмонголоведов. (Улан-Батор, август 1992 г.) Доклады российской делегации. I - М., 1992 г. Стр. 112-118. Мөн П.Б.Коновалов, Д.Наваан, В.В.Волков, Т.Санжмятав. Керексуры в Тосонцэнгэле (р.Идэр, Монголия) – Культуры и памятники бронзового и раннего железного веков Забайкалья и Монголии. Улан-Yдэ., 1995 г. Стр. 47-58.

7) А.Д.Цыбыктаров. Культура плиточных могил Монголии и Забйкалья. Улан-Yдэ., 1998 г.

8) Д.Эрдэнэбаатар. Монгол нутаг дахь дөрвөлжин булш, хиригсүүрийн соёл. УБ., 2002 он.

한다는 목적을 두고 연구작업을 수행함으로써 몽골 서부 알타이, 항가이 산지 지역 일대에서 이전에 연구대상으로 삼지 않았던 또는 외부구조 및 내부 매장풍습이 서로 많은 차이를 보이는 일부 유물들 예를 들면, "치예무르치예크 문화(切木尔切克文化)", "멍흐하이르한 문화", "멍건 타익 문화", "템쉬 문화" 등의 새로운 문화들을 발견하였으며, 이를 통하여 홉드, 바얀-얼기, 잡항, 헙스걸, 바얀홍고르, 어믄고비, 돈드고비 아이막 지역에서 고대, 좀더 엄밀히 말하자면 청동기 초·중·후기에 몽골지역에는 하나가 아니라 여러 부족들이 병립해 생활하면서 자신들만의 기원 및 문화 흔적들을 남기고 있었다는 자료들을 얻었다.[9]

이번 학술대회에서 발표자는 몽골 지역에서 새로이 발견된 청동기 시대 초기 및 후기에 해당되는 두 가지 석인상에 대하여 발표하고자 한다.

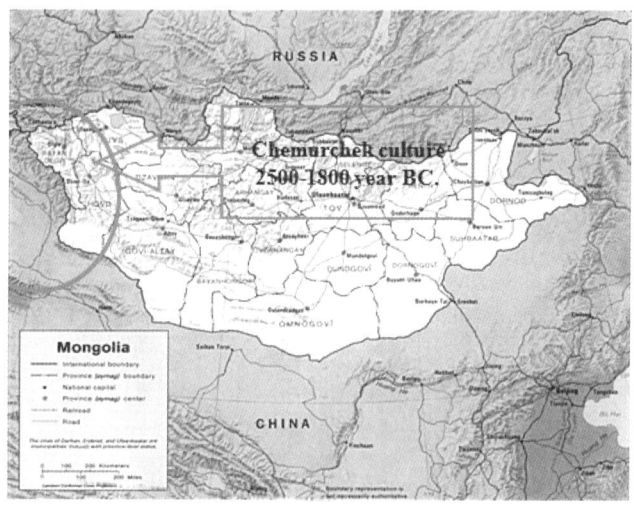

그림 1. 치예무르치예크 문화의 지역범위(왼쪽 원)와 시기

---

9) Д.Эрдэнэбаатар, А.А.Ковалев. Алтайн бүс нутгийн археологийн соёлууд. - Mongolian Journal of Anthropology, Archaeology and Ethnology. Officail Journal of the National University of Mongolia. Volume 3, No.1(287) December 2007., мөн А.А.Ковалев, Д.Эрдэнэбаатар. Ранний и средний периоды бронзового века Монголии в Свете открытий международной Центрально-Азиатской археологической экспедиции. – Древние культьуры Монголии и Байкальские Сибири. \\Материалы международный научной конференции 20-23 Сентября 2010 г. Вып.4. Улан-Удэ., 2010.

II. 치예무르치예크 문화의 석인상

청동기 초기 즉 기원전 2500~1800년에 해당되는 "치예무르치예크 문화"를 남겨 놓은 이들의 석인상이다. 우리가 이렇게 "치예무르치예크 문화"라고 부르고 있는 청동기 초기에 해당하는 유물인 석인상이 있는 무덤을 2002년에 발표자가 홉드 아이막 볼간 솜 약쉬인 허더라는 지역에서 지역주민의 제보를 통해 처음 가보고 초동 측정 및 연구를 수행하였다.

그림 2. 1호 고분 (홉드아이막 볼간 솜 약쉬인 허더)

그림 3. 고분 옆의 석인상

그림 4. 석곽

그 후 이 유물에 대한 기존 연구자료를 검토해 봤지만 몽골 지역에서 행해진 국내는 물론 국외학자들과 공동으로 실행했던 고고학 발굴 보고서에도 이 유물에 대한 자료가 없었다. 그래서 2003년, 홉드 아이막 멍흐하이르항 솜에서 진행된 몽골-러시아 "중앙아시아 고고 조사" 사업에서 수행한 고고 조사팀이 이 유물에 대한 발굴 및 연구작업을 시작하였다.

우리 합동 조사팀의 연구 결과에 따르면 기원전 3000년 중기부터, 몽골의 알타이 지역에 "치예무르치예크 문화"를 남긴 부족이 서쪽에서 이동해 오기 시작했을 가능성이 있다고 보았다.[10] 이러한 문화의 석인상이 있는 유물이 이전에는 몽골지역 외부 즉 중국의 고고 발굴 과정에서 발굴되고 있었다.[11]

바얀-얼기 아이막 올란호스 솜 지역에 있는 홀올 산의 "치예무르치예크 문화"에 속하는 2기의 무덤은 사람형상으로 조각한 석인상을 가지고 있고, 하르 호쇼에서 발견된 매장유구(埋葬遺構)는 동쪽에 붉은색 광물염료로 색칠한 선돌을 세워 놓았다.

홉드 아이막 볼강솜 지역에서 석인상을 가진 무덤은 지금까지 2기가 발견되었으며 첫 번째(제1호분) 즉 약쉬인 허더라는 곳에서 발견된 석인상이 있는 매장유구의 동쪽 정동향의 석인상은 손에는 "지팡이"와 활과 화살을 잡고 상체는 나체의 남성 형상을 가지고 있다. 헤빈 암 제1호분 매장유구에서 동쪽에 무덤으로 들어가는 길을 돌로 쌓고 가느다랗고 평평한 세움돌을 세워 "입구"를 만들었다.

---

10) Kovalev.A. Uberlegungen zur Herkunft der Skythenaufgrund archaologischer Daten // Eurasia Antiqua. Bd.4. 1999. S. 247-271., Die altesten Stelen am Ertix. Das Kulturphanomen Xemirxek. // Eurasia Antiqua. Bd.5. 2000. S. 135-178., А.А.Ковалев. Чемурчекский культурный феномен: его присхождение и роль в формировании культур эпохи ранней бронзы Алтая и Центральной Азии- \\Западная и Южная Сибирь в древности.\\ Барнаул., 2005 г. Стр. 178 184., А А.Ковалев, Д.Эрдэнэбаатар. Монгîëüñêèé Àëòàé â áðîíçîâîì è ðàííåì æåëåçíîì âåêàõ (ïî ðåçóëüòàòàì ðàáîò Ìåæäóíàðîäíîé Öåíòðàëüíîàçèàòñêîé àðõåîëîãè÷åñêîé ýêñïåäèöèè Ñàíêò-Ïåòåðáóðãñêîãî ãîñóäàðñòâåííîãî óíèâåðñèòåòà, Èíñòèòóòà èñòîðèè ÀÍ Ìîíãîëèè è Óëàí-Áàòîðñêîãî ãîñóäàðñòâåííîãî óíèâåðñèòåòà) – Àëòàå-Ñàÿíñêàÿ ãîðíàÿ ñòðàíà è èñòîðèÿ îñâîåíèÿ åå êî÷åâíèêàìè. Áàðíàóë., 2007 г, стр. 80-85.

11) Синьцзян шэхуй кэсюэюань каогу яньцзюсо. Синьцзян Кээрмуци му фацзюэ цзяньбао. (Хятад хэлээр, орчуулбал "Шиньжан дахь Чемурчекийн булшны малтлага судалгааны товч мэдээлэл)\\ Вэньу., 1981. № 1. 23-32.

[역자주: 易漫白, 「新疆克尔木齐古墓群发掘简报」, 『文物』, 1981年01期, 23-32쪽.]

이것과 동일한 매장유구는 홉드 아이막 도청 소재지 근처 보얀트 강 유역에서 발굴되었다. 또한 2006년 러시아 고고학자 A.A. 티쉬킨(A.A.Тишкин)이 보얀트 강 분지 유역에서 새로운 "치예무르치예크 문화" 매장유구들을 발견하였으며 그 중 한 기는 2007년도에, 두 기는 2008년에 각각 발굴하였다.[12] 이 발굴을 통하여 해당 무덤 동쪽에 위치한 몇 몇 석상을 발견하였다.

그림 5. 홉드, 바얀얼기   아이막의 석인상

또한 이러한 형태의 석상이 있는 매장지를 하르 이르티시강 유역 및 중국 신장위구르 자치구 치예무르치예크[역자주 : 신장위구르자치구 알타이시 서남쪽 16킬로미터 떨어진 치예무르치예크(切木尔切克) 향(鄉), 원지명은 克尔木齐] 또는 칭길 하곡(河谷) 분지에서 러시아 고고학자 A. 코발레프(A.Ковалев)가 발굴 조사하였다. 그 외 러시아 고고학자 S.P.그루쉰(С.П.Грушин), A.A. 코발레프(А.А.Ковалев) 등이 공동으로 2006년도에 고르노알타이 트레티야코프 지역에서 발굴하였다.

몽골지역에서 발견된 치예무르치예크 문화 매장유구들은 해당 시기 몽골 알타이

---

12) А.А.Тишкин, С.П.Грушин, Ч.Мунхбаяр. Археологическое изучение объектов эпохи бронзы в урочище Улаан худаг (Ховдоский аймак Монголии) – Теория и пратики археологических исследований. Вып.4. Барнаул., 2008 г. Стр.85-92.

지역 거주민의 폭넓은 문화적 연관성을 보여주고 있다. 약쉬인 허더에 있는 매장유구에서 수집한 토기는 높은 수준의 토기생산 기술을 습득하고 있었음을 보여주고 있다. 특히, 제 3호분 매장유구에서 발굴된 바닥이 납작한 토기는 러시아 알타이 지역의 고대 청동기 시대 "엘루닌 문화"와 유사하다. 뿐만 아니라 이 매장유구들에서 발견된 청동장식 및 귀걸이인 듯한 청동링 등은 "엘루닌 문화"에서 얻은 유물과 유사하다. 약쉬인 허더 제2호분 무덤, 헤빈 암과 보랄 하르 산 뒤편 매장유구들에서 발굴된 돌그릇들은 중국 지역에서 발견된 "치예무르치예크 문화" 돌제품과 같다.

 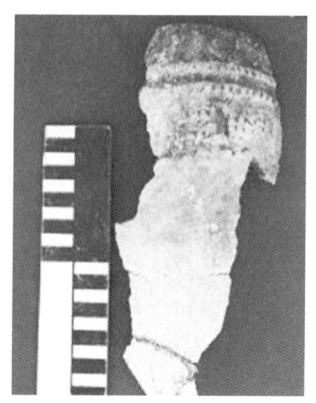

그림 6 석배와 토기편

몽골에서 발굴 조사한 "치예무르치예크 문화" 무덤에서 발굴된 일부 두개골로 수행한 측정결과물을 몽골국립대학교 인류-고고학과 연구자들이 분석한 바에 따르면 "유럽계" 인종의 특징을 나타내고 있다고 보고 있다.

홉드 아이막 볼간 솜 지역에서 발굴된 "치예무르치예크 문화"의 유물들을 대상으로 실시한 탄소연대 측정 결과가 보여주는 대부분의 수치는 기원전 2500~2000년에 해당된다는 것을 보여주고 있지만 약간 후기 시기 즉 기원전 2000~1700년에 포함된다는 몇 몇 증거물들도 나타났다.

중국 신장-위구르 자치구의 준가르, 몽골-알타이 산맥 서부지역에서 1960년 초반기부터 시작한 연구보고서에는 하르 이르타쉬 하곡분지에서 다양한 무덤 매장구조와 그와 관련된 석상들이 발견되었음을 처음 언급하였다.[13] 1961년 중국학자 이정

(李征)의 발굴조사에 이어 1963년 중국학자 역만백(易漫白)도 치예무르치예크 하곡분지으로 가 정사각형 석곽 형태를 가진 10기의 무덤을 발굴하여 조사하였다. 또한 1990년대에 이러한 형태의 석인상을 가진 유적들을 중국학자 왕박(王博)과 왕림산(王林山)이 계속해 연구하였다. 이들 연구자들은 석인상을 가진 무덤의 석인상들을 1996년에 연구해 다시 정의를 내리면서 "치예무르치예크 문화(切木尔切克文化)"라는 용어를 처음 제시하였다.14

그림 7. 중국 신강위그루자치구 阿勒泰市 喀依納尔 1호 묘지 切木尔切克 석인상 (역자 주)

13) Ли Чжэн. Алтай дицю шижэнь му дяоча цзяньбао. Вэньбу 1962., №7\8., 103-108 тал. \\Хятад хэлээр\\ (Монголоор орчуулбал "Алтайн бүс нутгийн хүн чулуун хөшөөт булшны судалгааны тухай товч мэдээ)ㆍ

[역자주: 李征, 「阿勒泰地区石人墓调查简报」, 『文物』, 1962年7~8期, pp. 103-108]

14) Ван Бо, Ци Сяо шань. Сычоу чжи лу цаоюань шижэнь яньцзю. Урумчи., 1996. 313-р тал, 199-р зураг. \\Хятад хэлээр\\(Монголоор орчуулбал "Торгоны зам" дахь тал хээрийн хүн чулуун хөшөөний судалгаа)–Сычоу чжи лу янь-цзю цуншу–(Монголоор орчуулбал "Торгоны замын судалгаа" цувралсэтгүүл).

[역자주: 王博、祁小山 合著, 『丝绸之路研究丛书：丝绸之路草原石人研究』, 新疆人民出版社, 1996]

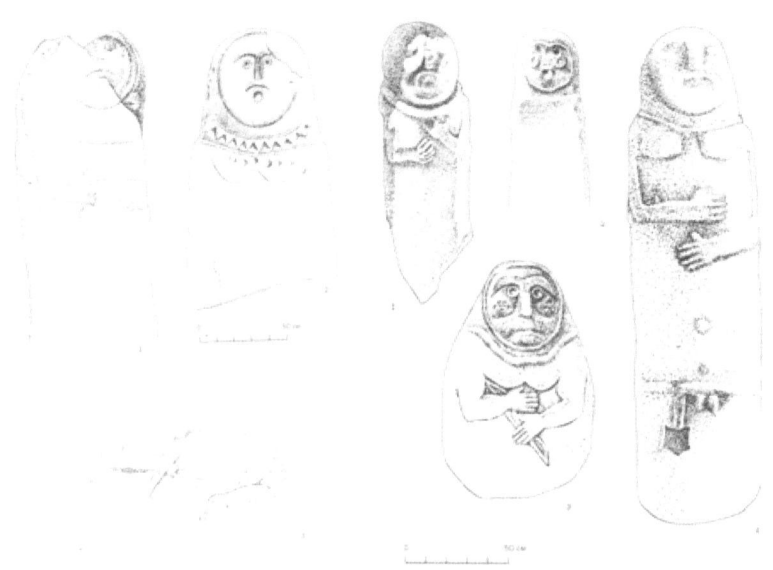

그림 8. 석인상 그림

러시아학자 A.A.코발레프는 1998년 중국 신장-위구르 지역 치예무르치예크, 칭길 강 하곡분지에서 시행한 발굴조사 과정에서 중국 고고학자 역만백이 발굴한 석인상을 가진 유구유적을 발굴하여 그것이 기원전 3000~2500년에 해당하는 몽골지역 및 러시아 지역에 있는 "치예무르치예크 문화" 유적과 동일하다고 보았다.[15]

이 외에 "치예무르치예크 문화"의 또 다른 특징은 이 시기 석인상과 암각화에 묘사된 굽은 뿔과 두 다리를 가진 소 형상이 있다는 것이다. 소뿔을 굽은 뿔 형태로 묘사하는 이 방법은 아주 고대의 방식 일뿐만 아니라 유럽에서 동쪽으로 이동한 고대 부족들과 함께 아시아에 왔다고 보는 것이다.[16]

뿐만 아니라 고대 부족들의 대표적인 유물 가운데 하나인 토기는 이 문화의 특징을 입증하는데 중요한 증거임이 명확하다. 예를 들면, 현재 몽골지역 홉드, 바얀-얼기 아이막에서 발견된 "치예무르치예크 문화"의 무덤에서 얻은 토기와 동일한 특징

---

15) A.A.Kovalev. Die altesten Stelen am Ertix. Das Kulturphanomen Xemirxek. // Eurasia Antiqua. Bd.5. 2000. S. 135-178.

16) Кубарев.В.Д. Древние изваяния Алтая. Оленные камни. Новосибирск., 1979 г. Стр.118., Древние росписи Каракола. Новосибирск., 1988 г.,

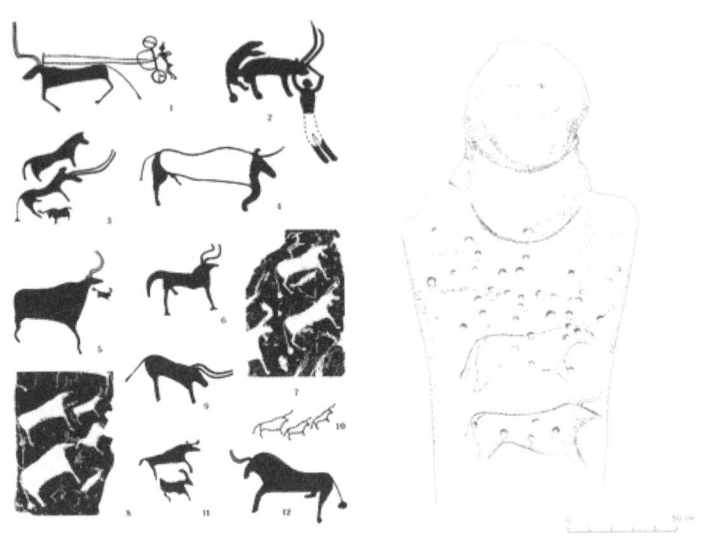

그림 9. 암각화와 석인상의 소그림

과 형태를 가진 토기들이 러시아 고르노알타이 공화국 초원의 고대 신석기와 청동기 초기의 무덤에서 발견되고 있다. 이 유물들이 무엇을 보여주는가 하면, "치예무르치예크 문화"를 남겨놓은 이들의 거주지와 이동경로를 확인할 기회를 연구자들에게 제공하고 있는 것이다.[17]

이러한 연구목적을 가지고 있는 학술팀이 10여년 전부터 조성되고 러시아 상트-페테르부르크대학 중앙아시아 국제 고고답사팀이 "고대부터 현재까지의 알타이 지역 민속학 변천 연구"라는 프로젝트를 통해 러시아 알타이국립대학교를 참여시키고, 카자흐스탄 국립고고학연구원과 공동으로 러시아-카자흐스탄 연구팀(연구책임자 Yu.F.키류쉰 Ю.Ф.Кирюшин)이 1998~2000년 사이 동카자흐스탄의 쿠르춤스키 지역 알카벡 강 유역에서 고대 청동기 시기와 관련된 정사각형 형태의 12기의 무덤을 발굴 조사하였으며, 아흐투마, 아이나-볼락 Ⅰ·Ⅱ, 코나, 불가르타보티 등의 지역에서 발굴·조사한 무덤들이 고대 청동기 시대 초기의 것이며 가장 이른 시기의 부족들의 무덤임을 확인할 수 있었다.[18]

---

17) Ю.Ф.Кирюшин, Е.Н.Симонов. Каменный сосуд из Угловского района [А] - \\Сохранение и изучение культурного наследия Алтайского края : Вып. 8. Барнаул., 1997 г. Стр.167-171.

연구자들의 조사 범위가 확대됨에 따라 각 지역에서의 고고학 유물들을 여러나라 학자들과 공동연구할 필요가 중대된 이러한 시점에 러시아 상트-페테르부르크 국립대학교, 몽골국립 울란바타르 대학교, 몽골 과학아카데미 역사연구소이 공동 구성한 "중앙아시아 고고 조사" 사업이 2001년부터 시작한 것은 몽골지역 청동기 시기의 유물들에 대한 연구작업에 획기적인 기여를 해 주었을 뿐만 아니라 유라시아 청동기 시대 고고학 조사작업을 새로운 단계로 업그레이드시키는 대업의 첫걸음이 되었다.

몽골-러시아 "중앙 아시아 고고 조사" 공동 사업의 고고 답사팀이 2003~2004년도에 홉드 아이막 볼간 솜에서 "치예무르치예크 문화"와 관련된 6개(약쉬인 허더, 헤위인 암, 허흐 우주린 도고이, 아윈 허흐 올, 보랄 하린 아르)의 매장유구를, 바얀-얼기 아이막 올란호스 솜 지역에서는 4개(홀 올, 호라이 고비, 헌디 고비, 하르 호쇼)의 매장유구를 발굴 조사 하였다.[19] 또한 2010년 고고 답사를 통하여 홉드 아이막 볼간 솜 지역 허흐 우주린 도고이의 석인상을 가진 무덤을 추가로 발굴·조사하였다.[20]

그림 10. 석인상이 있는 고분(홉드 아이막 볼간솜 허즈우즈린 도고이)

현재 연구 단계로서는 "치예무르치예크 문화"의 유물들은 러시아, 중국, 몽골 알

---

18) А.А.Ковалев, П.К.Дашковский, З.С.Самашев и др. Изучение археологических памятников в Восточном Казахстане \\ Комплексные исследования древних и традиционых обществ Евразии. –Барнаул., 2004 г. Стр. 183-190.

19) А.А.Ковалев, Д.Эрдэнэбаатар. Ранний и средний периоды бронзового века Монголии в Свете открытий международной Центрально-Азиатской археологической экспедиции. – Древние кулътуры Монголии и Байкалъские Сибири. \\Материалы международный научной конференции 20-23 Сентября 2010 г. Вып.4. Улан-Үдэ., 2010. Стр. 89-103.

20) Монгол-Оросын хамтарсан "Төв Азийн археологийн шинжилгээ" төслийн 2010 онд Ховд аймгийн Булган сумын нутагт явуулсан археологийн хайгуул, малтлага судалгааны ажлын тайлан. – Олон Улсын Монгол судлалын холбоо, МУИС-ийн Улаанбаатар сургууль, ШУА-ийн Түүхийн хүрээлэн. УБ., 2010 он. 3-37-р тал.

타이 지역에 분포되어 있음이 분명하다, 그러나 이러한 문화를 형성한 이들의 기원이 어디인지, 어떤 생활방식과 정신문화를 향유했는지에 대한 많은 문제점들을 해결하는 것이 앞으로의 연구목표가 될 것이다. 어쨌든 "치예무르치예크 문화"는 기원전 2000년 정도에 알타이 지역에 상주하였던 것은 매우 명확하다.

Ⅲ. 치예무르치예크 문화의 기원과 범위

고고학 연구범위가 확대됨에 따라 "치예무르치예크 문화"의 기원 및 생성지가 어디였는지를 추적할만한 일부 증거의 실마리가 더욱 풀리고 있다. 몽골 지역에 있는 "치예무르치예크 문화" 유물과 중국 신장-위구르 알타이 지역에서 중국 고고학자 역만백, 왕명철(王明哲) 등이 발견하여 조사한 석인상을 가진 무덤은 동일한 문화범위에 해당한다는 것이 확실하다.[21]

또한 이 문화를 형성한 이들의 선조가 동카자흐스탄 지역을 경유해 기원전 3000년 중반시기부터 서유럽에서 이 지역으로 이동해온 것이며 이들 유목민들이 가지고 왔던 문화적 성분의 표출결과를 통해 준가르와 몽골 알타이 지역 원거주민과의 문화적 통합에 대해 논의할 근거가 생긴다. 중국 신장-위구르 치예무르치예크 강 하곡에서 발견된 석곽 및 석인상을 가진 무덤구조는 정사각형 형태이며 동쪽 부분 중간에 석인상 혹은 민무늬 비석을 세웠다. 묘역 안쪽에는 그 지름선을 따라 장례용품을 담은 큰 석판으로 만든 석곽이 있다.

우리가 보고 있는 "치예무르치예크 문화"의 매장 구조, 종류 및 그 부장품들이 얼마나 많았는가는 몽골, 카자흐스탄 및 중국 지역에서 진행한 고고학 답사가 보여주고 있다. 이와 동시에 기원전 3000년 중반부터 서유럽(서 혹은 남 프랑스)에서 피난해 오면서 준가르와 몽골 알타이지역에 들여온 문화요소 및 그들과의 문화 통합현상을 확인할 수 있다.

---

21) A.A.Kovalev. Die altesten Stelen am Ertix. Das Kulturphanomen Xemirxek. // Eurasia Antiqua. Bd.5. 2000. S. 135-178.

그림 11. 방형의 석렬이 있고 동쪽에 석상이 있는 고분(바얀-얼기 아이막)

그림 12. 치예무르치예크 문화 고분의 한 형태(홉드 아이막)

　위에 언급한 매장구조들은 모두 서유럽의 문을 가진 무덤의 기본 특징을 보존하고 있다. 몽골 바얀-얼기와 중국 "치예무르치예크 문화" 범위에 속하는 동에서 서쪽으로 향하는 석곽을 가진 무덤은 보다 이전인 기원전 5000~4000년 시기에 서부 및 남부 프랑스에서 행해지고 있었다. 예를 들면 프랑스에서는 이러한 무덤양식을 "tertres tumulaires"라고 하며 정사각형 아니면 사다리꼴 형태의 구조로 만든 매장풍습까지도 동일하다. 현재로서는 프랑스의 이러한 무덤 주위에는 장례식을 행했다는 어떠한 흔적은 발견되지는 않지만 불 피운 흔적, 토기 조각, 석탄, 태운 뼈, 혹은 석탄, 돌 및 흙으로 채운 구멍과 돌을 갈아 만든 테두리 흔적이 발견되었다. 바얀-얼기 아이막 올란호스 솜 지역의 헌디 고비, 호라이 고비 등의 지역에서 발견된 무덤분봉을 둘러싼 정사각형 테두리는 우리가 결론 내리기에는 먼저 매장의식의 용도로 사용되었다는 사실을 우리 연구 팀이 구명했다. 묘역 테두리 내 흙과 석탄을 교대로 넣어 묘혈을 만든 다음 그 묘혈 안에 시체를 안치한다. 그런 다음에야 묘역 내부 나머지 공간을 돌로 가득 채웠다.

홉드 아이막 볼간 솜 지역에서 우리가 발견하여 조사중인 매장유구의 특징은 묘역 중앙에 석곽을 두르고, "계단식 피라미드" 형태 즉, 돌과 쌓은 외부가 흘러내리지 않도록 돌로 보호해 놓은 흙을 이용해 아래부터 위쪽으로 쌓아 올려 반복적인 층의 피라미드 형태를 쌓는 과정을 거친다는 것이다. 약쉬인 허더의 제1호분과 제3호분, 헤윈 암의 제1호분, 보랄 하링 아르의 매장유구에는 이러한 형식으로 쌓은 흙이 세 층이며 나머지는 모두 두 층으로 쌓았다. 또한 우리의 연구에 따르면 중국에 있는 무덤분봉, 몽골-러시아 공동 보얀트 고고 답사팀이 발굴한 보얀트 강 하곡의 "치예무르치예크" 형 무덤분봉(V.V.월코프가 설명한 바에 따르면 툴보 군 3리 근처)은 올란 호닥의 Ⅰ-12(세 층 쌓은 흙 분봉), Ⅱ-3(두 층 쌓은 흙 분봉) 등 이러한 분봉들이 동일한 구조를 가지고 있었다.

이러한 매장풍속의 원형을 찾는 과정에서 프랑스의 대서양 해변의 노르망디, 브르타뉴, 페이드라루아르, 푸아투사랑트 등의 지역에서 이러한 특징을 가진 비석을 가진 유물들이 발견되었으며 가장 남쪽은 랑그도크 루시용 지역이다. 이러한 지역들은 모두 해변과 가까운 지역들이다. 단지 이 지역에서는 아래에서 시작해 위로 흙과 돌로 반복적인 층을 쌓아 올려 만든 무덤보다 좀 더 이른 시기의 비석을 가진 유물이 발견되었다. 이렇게 쌓아올린 흙이 열 개 정도가 된다. 브레톤 고고 답사팀장 Jean L' Helgouac' h은 무덤의 여러 층으로 형성된 이러한 시스템을 '양파껍질' 형과 동일하게 보았다. 즉 양파껍질처럼 한층 한층 위로 쌓아올린 앞면은 지금까지도 잘 보존되어 있다.

약간 후기 시대에 해당되는 비석을 가진 유물인 "돌멘(Dolmen)" 유물(기원전 4000년 후반~3000년 후기)은 "다층" 형태를 잃어버리고 단지 석관을 둘러쌓아 흙만 쌓은 형태로 변했다. 그러나 이들 가운데에는 위로 한층한층 쌓아올린 흙둑을 가진 유적들이 있으며 이들은 프랑스 남부지역 돌멘 문화에서 가장 오래된 것이다.

이들은 모두 기원전 4000년 후반부터 기원전 3000년 초기에 해당된다. 이것은 알타이 지역에 "치예무르치예크 문화"를 형성한 부족의 생성시기와 더 가까운 특징을 가지며, 약간 후기의 비석을 가진 유물들이다. "돌멘"의 가장 초기에 해당되는 나지막이 쌓아올린 흙(무덤)은 몽골 홉드 아이막 볼간 솜에 있는 약쉬인 허더에 있는 "치예무르치예크 문화" 무덤과 아주 유사하다.

이들 유적의 앞면은 비스듬하거나 직각으로 세운 석판으로 덮었다. 입체사진을 통해 보면, 브르타뉴, 코트다르모르 지역에 있는 매장유구들은 흙과 작은 돌들을 이용해 만들었고 앞면을 비스듬히 눕힌 석판으로 덮었으며, 1미터가 안 되는 높이의 두 개의 흙더미를 이용하였다. 무덤 주변에는 좀 더 이른 시기의 무덤분봉의 다섯 번째 형태의 석관 주변 또한 이러한 방식으로 흙을 쌓아 올렸으며 이 주요 중심구조는 타원형 형태로 이루어져있다. 이러한 유물들의 탄소연대측정 결과를 바탕으로 한 I. 뮬레르의 논문에 따르면 기원전 4250~1750년 사이의 것이라고 하였다.[22] 피니스테르 지역의 입구 있는 무덤이 이것과 동일한 구조를 가지고 있으며 게다가 수직으로 세운 석판 위에 흙으로 된 층을 쌓아 올렸고, 무덤을 둘러 돌을 쌓아 올렸다. 이러한 유구 내부에서 발견된 태운 뼈의 연도표시는 기원전 4570-2700년 시기임을 보여주고 있다.[23]

1953년 J.아르낭은 프랑스 남부 지역에서 특이하게 군락을 이룬 유적을 언급하였다. 그들을 "(흙이나 진흙, 모래를 사용하지 않고) 순수하게 돌만 사용해 세운 고대 돌무덤"이라고 정의하였고, 이것들은 단지 동부 랑그도크, 론 강 하류 지역뿐만 아니라

---

22) Muller.J. Die absolutchronologische Datierung der europaischen Megalithik \\ Tradition und Innovation. Prahistorische Archaologie als historische Wissenschaft. Festschrift fur Christian Strahm / Fritsch>., Maute M., Matuschik I., Muller J., Wolf V. (Hrsg.). Rahden/Westf. 1997. 560 S., Abb. (Internationale Archaologie-Studia honoraria 3). S.63-105.

23) Lecornec J. L'allee couverte de Bilgroix Arzon, Morbihan//Bulletin menzuel de la Societe Polymathique du Morbihan, T. 122. 1996. P.15-64.

동쪽 이탈리아 국경까지-에로, 가르, 라르데쉬, 보쉬-듀-론, 보클류즈 지역에서도 분포되어 있음을 확인하였다.

이들 유적들을 구분하는 특징은 돌멘(Dolmen)으로 들어가는 입구와 무덤을 세울 때 (흙이나 진흙, 모래를 사용하지 않고) 순수하게 돌만 사용하는 축성법을 이용했다는 것이다. 무덤이 입구와 일체화된 형태가 적지 않게 나타나는 것은 카자흐스탄 "치예무르치예크 문화" 무덤과 아주 유사하다. 랑그도크에 있는 이러한 형태의 무덤구조에 대한 연구에서는 이 유적들을 "폰보아시에 문화가 형성되기까지"의 시기, 즉 기원전 4300여년 ~기원전 3000년 초기에 건설했다고 보고 있다.

비석을 초기에는 돌멘(Dolmen) 정문 앞에 세워 놓고 있었다는 사실은 기원전 2900~2700년도에 해당하는 시온 지역 Petit-Chasseur 거석기념물의 대규모공동묘지 발굴을 통해 알게 되었다. 1998년 A.A 코발레프에 따르면, "치예무르치예크 문화"의 유명한 조각상들에 대한 해설문에는 (이것들이) 단지 유럽의 신석기-홍동기시대(紅銅器時代)의 예술양식에 해당되며 얼굴 형태와 유사한 가장 오래된 비석은 랑그도크에서 발견되었다.

지팡이, 동전, 삽은 주로 신석기 후기 동유럽 건축양식에 주로 나타난다. "치예무르치예크 문화" 장식의 하나인 삼각형의 빛나는 무늬장식과 활 형태와 유사한 장식은 이탈리아, 스위스, 카탈루냐에서 발견되었으며 기원전 3000년에 해당되는 비석에 묘사되어 있다.

바얀-얼기 아이막 하르 호쇼 무덤분봉에서 발견된 적색광물안료로 칠한 비석도 사다리꼴 모양이며 분봉 위에 세워진 세워졌던 상황으로 봐서는 남부 프랑스의 보클류즈, 로트, 에로 지역에서 발견된 비석들과 완전히 일치하였다. 신석기 후기 즉, 기원전 3400~2900년에 이러한 판석을 쌓아 올린 흙더미 동쪽 가장자리에 사다리꼴의 좁은 편을 땅에 박아 세웠다. "엘루닌 문화"의 무덤에서 출토된 토기를 제외하면 "치예무르치예크 문화"의 돌그릇과 토기에 표현한 장식 역시 "프랑스"에서 기원한 것이다. 삼각형의 빛나는 무늬장식을 새겨넣은 장식선을 제외하면 "치예무르치예크 문화"의 토기는 민무늬 장식에 튀어나온 목이 없는데 이것은 "목없는 형태" 즉 둥근 형태, 타원형, 둥그스럼한 형태이고 절단면으로 봤을 때 위와 아래는 얇고 둥근 배부분은 두꺼운 형태의 토기였다. 따라서 전반적인 특징으로 봤을 때 이와 유사한 토기는 기원전 3000~2700년에 해당하는 남부 프랑스 신석기 후기 시대의 토기와 형태상으로 유사하다고 볼 수 있다.

약쉬인 허더의 제1호분, 제3호분 석관 벽에 보전된 적색광물염료로 그린 그림이 스페인, 남부 프랑스, 독일에서 발견된 무덤들, 케미-오비니 문화, 러시아 날칙크 무덤, 포드네프로비야 무덤 벽화와 유사하다. 약쉬인 허더의 제3호분의 한 석판위의 그림을 세밀히 관찰하면 창, 타원형 방패와 활을 묘사하고 있다고 설명할 수 있다. 만약 이것이 사실이라면 러시아 노보스보보드넨스크 매장유구의 클라드 제28호분과 골리츠쉬에서 발견된 무덤벽화와 유사하다는 점이 흥미를 끌고 있다.

이처럼 몽골지역서 발견된 "치예무르치예크 문화"의 유적을 저 멀리 떨어진 곳의 유물들과 비교해 보면 상고시대의 기원은 유럽 서쪽에서 시작해 알타이 지역까지 이동해 왔다고 할 수 있다. 이 외에 우리가 몽골 알타이 지역에서 새로이 발견 조사한 "치예무르치예크 문화"와 관련된 무덤과 석인상 조사에 대한 중간결과를 봤을 때, 현재 몽골에는 석인상을 가진 무덤 두 기,[24] 무덤 없는 석인상이 두 기,[25] 무덤만 있는 유적이 20개 정도 있다는 것이 확실하다.

---

24) А.А.Ковалев, Д.Эрдэнэбаатар. Монгольский Алтай в бронзовом и раннем железном веках (по результатам работ Международной Центральноазиатской археологической экспедиции Санкт-Петербургского государственного университета, Институа истории АН Монголии и Улан-Баторского государственного университета). \\ - Алтае-Саянская горная старна и история освоения ее кочевниками. Сб. Научных трудов. Барнаул 2007 г. Стр. 81 , Монгол-Оросын хамтарсан "Төв Азийн археологийн шинжилгээ" төслийн 2010 онд Ховд аймгийн Булган сумын нутагт явуулсан археологийн хайгуул, малтлага судалгааны ажлын тайлан. – Олон Улсын Монгол судлалын холбоо, МУИС-ийн Улаанбаатар сургууль, ШУА-ийн Түүхийн хүрээлэн. УБ., 2010 он. 3-37-р тал

25) Д.Баяр, Д.Эрдэнэбаатар. Монгол Алтайн хүн чулуу хөшөө. УБ., 1999 он. –р тал., Д.Эрдэнэбаатар, А.А.Ковалев. Монгол-Оросын хамтарсан "Төв Азийн археологийн шинжилгээ" төслийн 2006 онд Баян-Өлгийн аймгийн Улаанхус сумын нутагт явуулсан археологийн хайгуул, малтлага судалгааны ажлын тайлан. УБ., 2006 он.

우리 연구결과를 다른 각도에서 보고 있는 연구자들도 있다.[26] 그러나 이러한 연구자들은 우리가 본 서유럽 고고학 증거 유물들을 본다면 언제든지 그들의 오해를 풀 수 있을 것이라 확신한다. "치예무르치예크" 석인상의 사람형상, 손에 잡고 있는 물건, 더 정확히 예를 들면 "지팡이"는 "채찍"이 아니라 소뿔을 치며 소를 몰아가는 도구이며 청동기 시대의 고대 유목민들이 널리 사용해 왔던 도구중의 하나였다. 차후의 연구를 통하여 아마 이런 종류의 도구가 고고학적 발굴로 출토될 수도 있음을 부인할 수 없다.

Ⅳ. 사슴돌 문화

청동기 후기 시대의 대규모 고고학 유적 중 또 다른 하나는 "사슴돌 문화"이다. 연구자들은 사슴돌 비석이 사람을 위한 조형된 유물이다라는 것은 모두 인정하고 있다.[27] 그러나 사슴돌 자체를 석인상의 한 종류로 보는 의견은 아직 개진되지 않았다. 필자는 이전 논문을 통하여 사슴돌이 석인상의 한 종류일 뿐만 아니라 사슴돌에 묘사한 사슴 형상이 사람 몸 위에 새긴 문신이라는 견해를 발표한 적이 있다.[28]

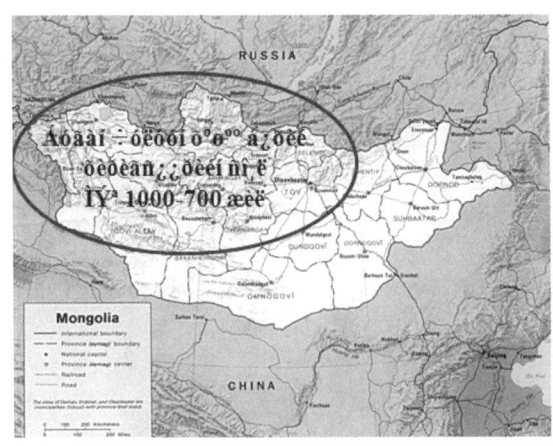

그림 13. 후기 청동기시대의 사슴돌문화

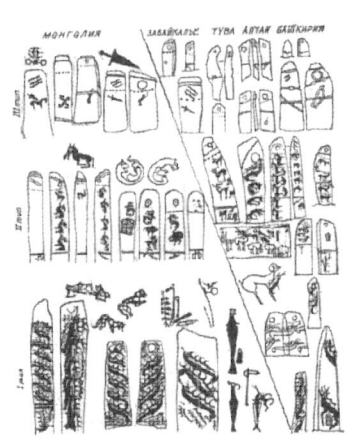

그림 14. 몽골, 러시아에서 발견된 사슴돌 형태. 노브고라고라의 저서에서 인용(역자주)

지금까지의 학자들은 외형과 사슴돌 위에 묘사한 그림으로만 사슴돌을 분류하고 있지 이 유물이 석인상이며 남자와 여자를 위해 제작된 석인상이고 보는 연구결과는 현재까지 없다. 필자의 비교연구 결과를 보면, 몽골 지역에 산재되어 있는 사슴돌들은 동-서로는 헨티 산맥 동쪽기슭에서 알타이 산맥 서쪽기슭까지, 남-북으로는 알타이산맥 남쪽의 고비에서 서연 산맥과 바이칼 호수 남쪽까지의 지역을 포함하고 있음이 분명하다. 또한 학자들의 분류에 따르면 몽골-바이칼형은 전사(戰士)들을 위한, 좀 더 구체적으로 얘기하자면 전투에서 혁혁한 전공을

그림 15.몽골지역에서 발견한사슴돌 중 사람의 얼굴모습이 새겨진 것들

그림 16. 사슴돌이 있는 케렉수르문화의 원형 둘레돌이 있는고분 (홉드아이막 멍흐하이르한솜, 하르고비)

---

28) Д.Эрдэнэбаатар. А.А.Ковалев. Археологические культуры Монголии в бронзовом веке. – Социогенез в северной Азии. Иркутск., 2009 г.

[역자주: E. A. 노브고라도바저, 정석배역, 『몽고의선사시대』, 학연문화사, 1995]

세운 용맹한 영웅을 기념하기 위한 비석이라고 보고 있다. 그 이유는 몽골-바이칼형 사슴돌에는 인간이 사용하는 장식인 귀걸이, 목걸이, 허리띠, 무기, 활과 화살과 방패뿐만이 아니라 일부의 큰 사슴돌은 사람 얼굴의 모습을 가지며, 사슴 형상을 설화상의 동물처럼 예술적으로 묘사하고 있다.

그러나 알타이-소욘 형으로 보고 있는 사슴돌은 외관상으로 봤을 때 단지 귀걸이, 허리띠, 소형 칼 만을 차고 있고 사슴돌 위에 말, 사슴, 다른 동물을 사실적으로 묘사하고 있다. 세번째 형태인 유라시아 형 사슴돌은 단지 목걸이, 허리띠와 작은 칼만을 묘사하고 있는 것을 보면 전사들을 위한 비석이 아니라 여성을 위한 비석이라고 볼 수 있다. 이러한 유형의 비석 왼쪽 얼굴 위에는 두 세 줄의 사선형 문양, 작은

그림 17 사슴돌의 다양한 형태

구멍이 있는 것을 일부 학자들은 얼굴 위에 새긴 문신이라고 보고 있다.[29]

이러한 세 가지 유형의 사슴돌은 모두 사람을 묘사하고 있는 것이 분명하다고 보여진다. 따라서 사슴돌은 청동기 후기의 부족들이 남겨놓은 석인상이라고 볼 가능성이 충분하다.

주제어: 석인상, 판석묘(석곽묘, 돌널무덤), 치예무르치예크 문화, 사슴돌, 사슴돌 문화, 청동기

---

29) Д.Баяр. Монгол Алтайд шинээр олдсон зарим буган хөшөөний тухай. – Археологийн судлал. Tom. XY. Fasc.5. УБ., 1995 г. 53-64-р тал.

참고문헌

Баяр.Д, Эрдэнэбаатар.Д. Монгол Алтайн хүн чулуу хөшөө. УБ., 1999 он.

Баяр.Д. Монгол Алтайд шинээр олдсон зарим буган хөшөөний тухай. – Археологийн судлал. Tom. XY. Fasc.5. УБ., 1995 г. 53-64-р тал.

Ван Бо, Ци Сяо шань. Сычоу чжи лу цаоюань шижэнь яньцзю. Урумчи., 1996. \\Хятад хэлээр\\(Монголоор орчуулбал "Торгоны зам" дахь тал хээрийн хүн чулуун хөшөөний судалгаа) - Сычоу чжи лу янь-цзю цуншу - (Монголоор орчуулбал "Торгоны замын судалгаа" цуврал сэтгүүл).

Волков.В.В. Бронзовый и ранний железный век Северной Монголии. Археологийн судлал. Tom. Y. УБ., 1967.

Волков.В.В. Оленные камни Монголии. УБ., 1981.

Волков.В.В. Оленные камни Монголии. Москва., 2002.

Волков.В.В. К изучению бронзового века МНР. – Археологийн судлал. \К вопросу Древнейшей истории Монголии\ Tom. III. УБ., 1964.

Волков.В.В. Улангомский могильник. - Археология и этнография Монголии. Новосибирск., 1978 г.

Кирюшин.Ю.Ф, Симонов.Е.Н. Каменный сосуд из Угловского района [А] - \\ Сохранение и изучение культурного наследия Алтайского края : Вып. 8. Барнаул., 1997 г.

Ковалев.А.А, Эрдэнэбаатар.Д. Ранний и средний периоды бронзового века Монголии в Свете открытий международной Центрально-Азиатской археологической экспедиции. – Древние культуры Монголии и Байкальские Сибири. \\ Материалы международный научной конференции 20-23 Сентября 2010 г. Вып.4. Улан-Удэ., 2010.

Kovalev.A. Uberlegungen zur Herkunft der Skythenaufgrund archaologischer Daten // Eurasia Antiqua. Bd.4. 1999. S. 247-271., Die altesten Stelen am Ertix. Das Kultur-phanomen Xemirxek. // Eurasia Antiqua. Bd.5. 2000. S. 135-178.

Ковалев.А.А. Чемурчекский культурный феномен: его присхождение и роль в формировании культур эпохи ранней бронзы Алтая и Центральной Азии- \\ Западная и Южная Сибирь в древности.\\ Барнаул., 2005 г. Стр. 178-184.

Ковалев.А.А, Эрдэнэбаатар.Д. Монгîëñêèé Àëòàé â áðîíçîâîì è ðàííåì æåëåçíîì âåêåò (ïî ðåçóëüòàòàì ðàáîò Ìåæäóíàðîäíîé Öåíòðàëüíîàçèàòñêîé àðõåîëîãè÷åñêîé ýêñïåäèöèè

Ñàíêò-Ïåòåðáóðãñêîãî ãîñóäàðñòâåííîãî óíèâåðñèòåòà, Èíñòèòóòà èñòîðèè ÀÍ Ìîíãîëèè è Óëàí-Áàòîðñêîãî ãîñóäàðñòâåííîãî óíèâåðñèòåòà) – Àëòàå-Ñàÿíñêàÿ ãîðíàÿ ñòðàíà è èñòîðèÿ îñîâàíèÿ åå êî÷åâíèêàìè. Áàðíàóë., 2007 ã,

Kovalev.A.A. Die altesten Stelen am Ertix. Das Kulturphanomen Xemirxek. // Eurasia Antiqua. Bd.5. 2000. S. 135-178.

КовалевА.А, Дашковский.П.К, Самашев.З.С, и др. Изучение археологических памятников в Восточном Казастане \\ Комплексные исследования древних и традиционых обществ Евразии. –Барнаул., 2004 г.

Ковалев.А.А, Эрдэнэбаатар.Д. Ранний и средний периоды бронзового века Монголии в Свете открытий международной Центрально-Азиатской археологической экспедиции. – Древние культуры Монголии и Байкальские Сибири. \\ Материалы международный научной конференции 20-23 Сентября 2010 г. Вып.4. Улан-Үдэ., 2010.

Kovalev.A.A. Die altesten Stelen am Ertix. Das Kulturphanomen Xemirxek. // Eurasia Antiqua. Bd.5. 2000. S. 135-178.

Ковалев.А.А, Эрдэнэбаатар.Д. Монгольский Алтай в бронзовом и раннем железном веках (по результатам работ Международной Центральноазиатской археологической экспедиции Санкт-Петербургского государственного университета, Института истории АН Монголии и Улан-Баторского государственного университета). \\ -Алтае- Саянская горная старна и история освоения ее кочевниками. Сб. Научных трудов. Барнаул 2007 г.

Коновалов.П.Б. Плиточные могилы и курганы-керексуры Монголии и Бурятии. (проблемы синтеза протокультур) - YI Международны конгрессмонголоведов. (Улан-Батор, август 1992 г.) Доклады российской делегации. I- М., 1992 г.

Коновалов.П., Наваан.Д, Волков.В.В, Санжмятав.Т. Керексуры в Тосонцэнгэле (р.Идэр, Монголия) – Культуры и памятники бронзового и раннего железного веков Забайкалья и Монголии. Улан-Үдэ., 1995 г.

Кубарев.В.Д. Древние изваяния Алтая. Оленные камни. Новосибирск., 1979 г.

Кубарев.В.Д. Древние росписи Каракола. Новосибирск., 1988 г.

Lecornec J. L'allee couverte de Bilgroix Arzon, Morbihan//Bulletin menzuel de la Societe Polymathique du Morbihan, T. 122. 1996. P.15-64.

Ли Чжэн. Алтай дицю шижэнь му дяоча цзяньбао. Вэньбу 1962., №7\8., 103-108 тал. \\ Хятад хэлээр\\ (Монголоор орчуулбал "Алтайн бүс нутгийн хүн чулуун хөшөөт булшны судалгааны тухай товч мэдээ)

Монгол-Оросын хамтарсан "Төв Азийн археологийн шинжилгээ" төслийн 2010 онд Ховд аймгийн Булган сумын нутагт явуулсан археологийн хайгуул, малтлага судалгааны ажлын тайлан. – Олон Улсын Монгол судлалын холбоо, МУИС-ийн Улаанбаатар сургууль, ШУА-ийн Түүхийн хүрээлэн. УБ., 2010 он. 3-37-р тал.

Монгол-Оросын хамтарсан "Төв Азийн археологийн шинжилгээ" төслийн 2006 онд Баян- Өлгийн аймгийн Улаанхус сумын нутагт явуулсан археологийн хайгуул, малтлага судалгааны ажлын тайлан. УБ., 2006 он.

Muller.J. Die absolutchronologische Datierung der europaischen Megalithik \\ Tradition und Innovation. Prahistorische Archaologie als historische Wissenschaft. Festschrift fur Christian Strahm / Fritsch>., Maute M., Matuschik I., Muller J., Wolf V. (Hrsg.). Rahden/Westf. 1997. 560 S., Abb. (Internationale Archaologie-Studia honoraria 3). S.63-105

Ногородова.Э.А. К вопросу о древних связах Монголии и Сибири. Археологийн судлал. –Монголын хүрлийн үе. Том. IY. УБ., 1965.

Новгородова.Э.А. Древняя Монголия. Москва., 1989 он.

Пэрлээ.Х. Овгийн байгуулалын задралын үеийн хэдэн булш. "Шинжлэх ухаан, техник" сэтгүүл. УБ., 1957, №1.

Савинов.Д.Г. Оленные камни в культуре кочевников Евразии. Санкт-Петербург., 1994 г.

Синьцзян шэхуй кэсюэюань каогу яньцзюсо. Синьцзян Кээрмуци му фацзюэ цзяньбао. (Хятад хэлээр, орчуулбал "Шиньжан дахь Чемурчекийн булшны малтлага судалгааны товч мэдээлэл)\\ Вэньу., 1981. № 1. 23-32.

Тишкин.А.А, Грушин.С.П, Мунхбаяр.Ч. Археологическое изучение объектов эпохи бронзы в урочище Улаан худаг (Ховдоский аймак Монголии) – Теория и пратики археологических исследований. Вып.4. Барнаул., 2008 г.

Төрбат.Ц, Батбаяр.Ц. Монгол Алтайгаас илрүүлсэн түрүү төмөрлөгийн хүн чулуут цогцолбор. – Археологийн судлал. Том (IX)XXIX, Fasc. 8. УБ., 2010 он.

Цэвээндорж.Д. Чандманьская культура. – Археология и этнография Монголии. Новосибирск., 1978 г.

Членова.Н.Л. Оленные камни как исторический источник. Новосибирск., 1984 г.

Эрдэнэбаатар.Д, Ковалев.А.А. Алтайн бүс нутгийн археологийн соёлууд. - Mongolian Journal of Anthropology, Archaeology and Ethnology. Officail Journal of the National University of Mongolia. Volume 3, No.1(287) December 2007.

A Study on Bronze-ware Culture and Stone-sculpture

D. Erdenbatar

This study is to examine the result of researches on stone-sculpture of the Chiyemurchiyek culture of the early bronze age and of the deer-stone culture the late bronze age among Bronze-ware culture in Mongolian area. The early bronze age in Mongolian area, that is the "Chiyemurchiyek culture" in 2500-1800BCE, came from the West to the Altai area. People of the Chiyemurchiyek culture have the characteristics of caucasian, and came from the western Europe through the eastern Kazakhstan and to the Altai region. They located throughout Russia, China, Mongolian Altai region. Around 2000BCE, they left stone-plate graves in Mongolian Altai region. These stone-plate graves are similar to dolmen in southern France, and are the evidences of the origin of the Chiyemurchiyek culture. The stone sculpture found with stone-plate graves show that people of the Chiyemurchiyek culture were nomadic people.

One of the large archaeological remains of the late bronze age is the "deer-stone culture". It is clear that the Mongolian area in which deer-stones exist includes the eastern slop of the Hentiynn Mountains in the East, the western slop of the Altai Mountains in the West, Gobi of the South of the Altai Mountains in the South, and the southern coast of the Baikal Lake in the East. The deer-stones can be classified into three types: classic mongolian, Sayan-Altai, and West Asian-European. It is clear that all of such three types describes human beings. Therefore, It is very much possible to understand that deer-stones are the stone-sculptures that the people of the late bronze age left.

Keywords: stone-sculpture, stone-plate grave, Chiyemurchiek culture, deer-stone, deer-stone culture, bronze-ware